TRAITÉ

DE LA COMPOSITION ET DE L'ORNEMENT

DES JARDINS.

TEXTE EXPLICATIF.

PARIS. TYPOGRAPHIE DE HENRI PLON, RUE GARANCIÈRE, 8.

MAISON SUISSE DITE: LE CHALET J. JANIN.

E. Lehel del et Sc.

TRAITÉ

DE

LA COMPOSITION ET DE L'ORNEMENT

DES JARDINS,

Avec cent soixante-huit Planches

REPRÉSENTANT, EN PLUS DE SIX CENTS FIGURES,

DES PLANS DE JARDINS, DES FABRIQUES PROPRES A LEUR DÉCORATION, ET DES MACHINES POUR ÉLEVER LES EAUX.

Sixième édition

Mise au courant du progrès et augmentée d'un grand nombre de Dessins nouveaux;

PAR L. E. AUDOT,

EX-SECRÉTAIRE DU COMITÉ DE LA COMPOSITION DES JARDINS A LA SOCIÉTÉ CENTRALE D'HORTICULTURE DE PARIS.

Je dirai comment l'art, dans de frais paysages,
Dirige l'eau, les fleurs, les gazons, les ombrages.
(DELILE.)

PARIS

AUDOT, LIBRAIRE-ÉDITEUR,

RUE LARREY, 8, ÉCOLE DE MÉDECINE.

M DCCC LIX.

AVIS

SUR LES CINQUIÈME ET SIXIÈME ÉDITIONS.

Cet ouvrage ayant toujours été accueilli avec bienveillance, malgré qu'il laissât beaucoup à désirer dans quelques parties, nous nous occupions depuis longtemps de rassembler des matériaux pour le compléter, en y apportant les améliorations que le goût et la pratique ont fait subir à l'ornement des jardins.

Les matériaux réunis, il s'agissait de les adapter aux vrais éléments de l'art de composer les jardins, et d'éviter plus d'une difficulté.

Quand la première édition a été publiée, il régnait encore quelque incertitude dans les principes de la composition; les nombreux auteurs de la fin du dix-huitième siècle, et même du commencement de celui-ci, offraient entre eux des contradictions; plusieurs de ces maîtres étaient étrangers : l'Anglais voulait découvrir ses compositions pour y déployer des prairies, si vertes et si belles sous son humide climat; l'Allemand, noble, grand propriétaire, et forestier par goût, ne créait que de vastes compositions silvestres; le Français voulait de l'ombrage et des ornements légers, agréables et variés, pour jouir d'une vie douce et gaie au milieu de jardins riants et pittoresques.

Or, parmi ces goûts divers, la meilleure règle que l'on dût suivre semblait être d'appliquer aux besoins du climat le pittoresque que chacun cherchait à sa manière, tout en prenant pour guides les leçons données par la nature elle-même, et d'employer les ornements susceptibles d'ajouter, sans discordance, au charme qu'elle a su répandre dans les paysages.

Aussi, lorsque la paix eut ramené l'aisance, et qu'une grande quantité de jardins eurent été créés, nos architectes, livrés à eux-mêmes, et laissant de côté les ouvrages abstraits qui avaient égaré leurs prédécesseurs, ont mieux senti alors le pittoresque et l'ont exprimé d'une manière plus heureuse dans leurs compositions. Un jardinier habile, *Gabriel Thouin*, qui longtemps avait pratiqué l'art de tracer les jardins, en a publié des exemples. Dans ses dessins il a suivi les règles de la composition telles qu'un goût épuré les adoptait, et telles, sans doute, qu'elles doivent être toujours suivies en France (*).

Pénétré des leçons que nous avions reçues de cet artiste, avant même la publication de ses dessins, nous avons cherché, à son exemple, l'harmonie dans les scènes de la nature, et nous avons choisi, parmi une foule de matériaux recueillis par nous dans tous les pays, les fabriques utiles ou agréables, les ornements de tous genres qui pouvaient dignement les accompagner, sans exclure aucun genre, dans la persuasion où nous sommes que toute fabrique et tout ornement peuvent convenir quand, guidé par la loi des convenances, on les place dans des scènes avec lesquelles ils s'harmonisent (**).

(*) *Plans raisonnés de toutes les espèces de Jardins*. Paris, 1820. Ce volume contient 52 plans, dont moitié environ représentent des parcs et jardins très-grands, et quelques-uns de moyenne grandeur; les autres sont des jardins maraîchers, fruitier non sujet à la taille, fruitier en quinconce, en quenouilles, en vases ou buissons, en espaliers; jardins pharmaceutique, de naturalisation, symétrique de ville, orangerie, les Champs-Élysées, les Tuileries, Versailles, le Jardin des Plantes de Paris, ferme de la zone torride; etc.

Cet ouvrage et la nouvelle édition du *Traité des Jardins* sont les seuls en France qui aient donné le nombre de planches nécessaire pour montrer l'application des règles dans une série de plans choisis, et de bons modèles de fabriques et d'ornements.

Dans les pays étrangers nous ne pouvons citer que l'ouvrage du laborieux Loudon : *Encyclopedia of cottage, farm and villa architecture*, contenant un grand nombre de figures.

Depuis les ouvrages de Morel (1806) et de Lalos (1817), on a publié un opuscule remarquable, où l'auteur, M. le vicomte de Viart, a su éviter la prolixité, et donner avec concision des conseils excellents sur la composition des jardins. Cet ouvrage est intitulé *le Jardiniste moderne*, mot créé par M. de Viart, ainsi que celui non moins utile de *jardinique*, pour désigner *l'art de composer les jardins*.

(**) Si cependant les exemples que nous donnons ne sont pas du goût de quelques personnes, trop rigoristes peut-être, nous leur disons que poser des principes invariables, et surtout incontestables, dans un art tout de goût et de sentiment, est chose impossible. Aucun ouvrage de ce genre n'est à l'abri de la critique, et nous supplions que l'on ait quelque indulgence pour d'involontaires erreurs dont

Nous n'avons pas la prétention de nous ériger en réformateurs. Nous donnons notre recueil pour ce qu'il est, c'est-à-dire comme le résultat de recherches consciencieuses, d'observations faites dans tous les pays où il y a des jardins composés artistement, et comme le résultat des conseils, fruit de l'expérience et du goût judicieux d'hommes qui font étude de cet art et s'y sont fait un nom mérité (*).

n'ont pas été exempts des praticiens célèbres. Thouin lui-même, dont les plans sont composés avec une grande connaissance des beautés de la nature et tracés avec un goût exquis, pèche trop souvent par le manque de poésie et le défaut d'harmonie dans les accessoires. Trace-t-il l'île de *Cythère*, où se trouvent le temple et la statue de *Vénus*, il fait aborder à cette rive par un *pont gothique* pour en sortir par un *pont hollandais*; de ce lieu, on a en vue le temple d'*Euclée* (personnage très-inconnu), et en avant de ce temple, un *pont chinois*. Ailleurs, il donne le plan d'un jardin anglais qui n'a rien du caractère anglais. Il intitule *jardin champêtre* un parallélogramme régulier de 6 arpents, entouré de *murailles*, où il n'y a *pas un seul champ*, et où l'on trouve les temples de *Diane*, de *Flore*, d'*Idmon* (fameux devin), la statue d'*Hector*, des *ponts hollandais et chinois*, qui n'ont rien de champêtre. Nous pourrions citer un grand nombre de semblables incohérences, telles qu'un ermitage *au milieu* d'un village, une île d'Amour plantée de peupliers et de saules pleureurs, attributs des tombeaux, etc.

(*) Nous n'avons pu établir dans les sujets des gravures tout l'ordre que nous aurions voulu; voici quelles en sont les raisons :

Cet ouvrage a paru pour la première fois en 1818, avec quarante-quatre planches, in-12;

La deuxième édition en 1823, avec quatre-vingt-trois planches, petit in-4°;

La troisième en 1825, avec quatre-vingt-seize planches;

La quatrième, en 1834, contenait cent et une planches.

La cinquième édition en 1839 (tirée à 3,000 exemplaires) a paru ornée de cent soixante et une planches, dont quatre-vingt-quatorze nouvelles, où quatre cents sujets ont été gravés.

A chaque édition, non-seulement nous avions ajouté de nouvelles gravures, mais des perfectionnements étaient apportés en supprimant une partie des anciennes gravures, et souvent en effaçant une partie de celles que l'on conservait pour graver à côté, sur la même planche, des sujets nouveaux.

Cette méthode a dû être suivie pour la présente édition, où dix planches ont été supprimées, dix-sept ajoutées et un grand nombre modifiées.

Il est résulté de tous ces changements que *l'on n'a pas toujours été maître de placer telle fabrique ou tel sujet quelconque sur la planche même où ils auraient dû être gravés* pour former un ensemble parfait.

Il est bon de dire aussi que plusieurs auteurs ont travaillé successivement aux trois premières éditions, et que chacun établissait des nuances différentes dans l'ordre.

Une autre raison qui, sans doute, servira à nous faire excuser, c'est que nous avons toujours cherché à donner beaucoup de sujets, sur le plus petit nombre possible de planches, afin de mettre l'ouvrage au plus bas prix. En conséquence, *les marges* ont été sacrifiées à l'utilité et à l'économie, et c'est surtout dans les cinquième et sixième éditions que l'on s'en apercevra, à cause de la différence de format entre elles et les quatre précédentes.

Sur la planche 430 on voit, à côté les uns des autres, des tombeaux et des fontaines. Cette disparité vient de ce que cette planche, lors de la première édition, dont le format était beaucoup plus petit, se coupait en deux, sous des numéros différents.

Une autre objection pourrait nous être faite. Nous avons donné les figures de constructions de divers genres, sans les accompagner de *plans* et de *coupes*, comme nous l'avons fait pour un certain nombre des plus essentielles et surtout pour les *ponts*. Notre réponse est facile : si nous avions dû faire dessiner et graver *tous les plans et coupes et les élévations latérales*, l'ouvrage eût été doublé en volume et en prix.... Nous l'avons dit dans le courant de cet ouvrage, nos gravures doivent avoir pour but principal de donner des idées de composition et de décoration. Il n'est point de propriétaire qui ne sache, mieux que personne, la distribution qu'il veut donner à l'intérieur de la construction qu'il a en vue, et nous ne doutons pas que son imagination n'aille aisément au delà de ce que nous lui indiquons.

TRAITÉ

DE LA COMPOSITION ET DE L'ORNEMENT

DES JARDINS.

INTRODUCTION.

COUP D'ŒIL SUR L'HISTOIRE DES JARDINS ET DE L'HORTICULTURE.
PROGRÈS THÉORIQUES ET PRATIQUES.

« L'éclatante verdure est le vêtement favori de la terre, » a dit Caldéron : qu'elle se fait belle alors avec sa robe de » printemps ! Et, pour former sa couronne, on voit dans les » vertes prairies, les fleurs brillant de mille couleurs sortir » du sein de la terre, s'épanouir, et se montrer au ciel » comme des étoiles ; elles n'ont pas de voix, mais les par- » fums sont leur haleine. »

De toute antiquité les hommes ont aimé les plantes. En- fants, le règne végétal, riche de prodiges et de merveilles, est ce qui charme d'abord leurs sens en frappant leur pre- mier regard ; leur admiration croît avec eux, mêlée d'un sentiment de reconnaissance pour le Créateur. « C'est une si douce chose que les fleurs, écrit un de nos plus féconds littérateurs (*), que ce n'est point assez d'en être entouré ; on veut en jouir de plus près, et quelque part qu'on en trouve, fleurs des champs, fleurs des jardins, l'instinct de l'enfant et de l'homme est de les arracher à leur tige et d'en faire un bouquet dont le parfum les suive, dont l'éclat soit à eux. » Aussi dès les premiers âges, cette parure de la terre, si admirablement variée, fut-elle mise sous la protection d'un grand nombre de divinités. C'est ainsi que, n'aimant à rencontrer que des objets gracieux, les hommes ont fait d'un terrain inculte un lieu de promenade agréable ; puis, le besoin développant leur intelligence, ils réunirent

(*) Alexandre Dumas.

les plantes comestibles qu'une Providence prévoyante avait disséminées çà et là pour les besoins de la créature, ainsi que les arbres fruitiers que la nécessité les obligeait d'aller chercher au loin.

Les jardins ne furent d'abord qu'un petit espace de terre situé auprès de l'habitation, et clos d'une haie pour en défendre l'entrée aux bestiaux et aux bêtes sauvages. Les propriétaires y plantaient, parmi les fleurs que leur prodiguait la nature, quelques légumes et des arbres fruitiers en petite quantité. Telle est l'idée que nous en donne Homère. Insensiblement les populations s'accrurent, des empires considérables s'élevèrent, les arts prirent naissance, et les hommes réunis en très-grand nombre dans les villes capitales, s'occupèrent plus particulièrement de tel art ou de telle science pour les perfectionner. Il se trouva autour des grandes villes, et pour en alimenter les marchés, des habitants uniquement livrés aux travaux du jardinage; dès lors la culture dut faire quelques progrès.

Les chaleurs, si vives dans quelques parties de l'Asie, déterminèrent les souverains et les riches propriétaires de ces contrées à planter des allées d'arbres autour de leurs habitations, afin de se créer un ombrage salutaire; puis, les peuples conquérants, plus chasseurs que cultivateurs, voulant se procurer, comme délassement et plaisir, ce qui avait été pour eux d'abord une occupation principale, plantèrent de vastes terrains, ou fermèrent de murs des parties de forêts, et les peuplèrent d'animaux sauvages pour les chasser à loisir : telle fut l'origine des parcs.

Il fallait que l'usage des plantations fût établi depuis longtemps, lorsque Sémiramis voulut se distinguer par la construction de ses jardins si vantés. Ils étaient composés de plusieurs terrasses superposées en forme d'amphithéâtre, dont la plus élevée égalait en hauteur les murs de Babylone. On montait d'une terrasse à l'autre par un escalier large de 3 mètres. La masse entière était soutenue par de grandes voûtes, bâties l'une sur l'autre, et sous les cintres desquelles s'étendaient des salles magnifiques. Le tout était fortifié d'une muraille de 7 mètres d'épaisseur. Les plate-formes établies sur ces voûtes étaient couvertes d'une épaisseur de terre assez considérable pour suffire à la végétation des arbres de première grandeur. On arrosait au moyen de pompes qui puisaient l'eau dans l'Euphrate. Ces jardins, véritables monuments de la grandeur et du génie de cette reine, avaient été construits avec tant de solidité, qu'ils existaient encore seize siècles après; Alexandre le Grand y admira des arbres de plus de 15 mètres de hauteur et de 4 de circonférence.

A peu près à la même époque, les Chinois se livrèrent au goût du jardinage, et y déployèrent un luxe inconnu jusqu'alors. Leur empereur Kie planta un jardin immense. Il y creusa des lacs, y construisit une tour d'une hauteur extraordinaire, et des bâtiments sans nombre, dans lesquels il prodigua les pierreries, jusqu'à les semer sur les parquets de ses appartements. Il porta le luxe, ou, si l'on veut, l'extravagance, jusqu'à faire remplir de vin un étang, sur les bords duquel il fit dresser une montagne formée de vivres de toutes espèces en assez grande quantité pour nourrir 3,000 hommes qui, couverts de la peau de différents quadrupèdes, venaient manger et boire à l'étang, tandis que, dans une belle gondole et au bruit d'une musique guerrière, l'empereur s'y promenait avec sa concubine Mæi-hi.

Le goût des jardins se répandit de la Mésopotamie dans la Phénicie et l'Égypte, d'où il fut porté dans la Grèce par les colons égyptiens et phéniciens qui civilisèrent cette contrée. Néanmoins les jardins y conservèrent leur première simplicité. Ceux destinés au public étaient formés de la réunion de quelques avenues d'arbres indigènes; ceux des particuliers étaient plantés de légumes et de fruits du pays, jusqu'au moment où les Grecs, s'étant emparés d'une partie des côtes de l'Asie, et ensuite de l'empire des Perses, apportèrent dans leur pays et y cultivèrent les fruits et les légumes qui purent s'y naturaliser sans autres soins que ceux donnés aux végétaux qui y croissaient naturellement.

Rome, pendant le cours de ses conquêtes, jusqu'à la défaite de Mithridate, s'était contentée de cultiver quelques plantes potagères et des fruits indigènes. Ce fut alors que Lucullus, charmé de la beauté des parcs de l'Asie, voulut former en Italie des jardins où, au milieu de la magnificence asiatique, il pût étaler aux yeux du public les monuments de ses triomphes. Les Romains suivirent bientôt cet exemple, et l'Italie fut couverte de jardins. Après la chute de la république romaine, les empereurs, maîtres des revenus de la plus grande partie du monde connu, répandirent dans leurs jardins un luxe et une profusion dont on n'avait pas encore l'idée en Europe. Néron surtout, et plus encore Adrien, y dépensèrent des sommes énormes, en accumulant tous les chefs-d'œuvre de l'art.

Mais bientôt ce peuple, dont les armées avaient foulé le sol des plus beaux pays du monde, ce peuple qui avait dicté des lois à toutes les nations, perdit sa liberté et avec elle son prestige; l'établissement du despotisme l'avait déjà dégradé et avili, son goût pour le luxe et les arts dégénéra. Des peuplades sauvages, sorties du fond de la Germanie, s'emparèrent de l'Italie, qui n'était plus cultivée que par des esclaves, et tous ces nobles jardins, souvenirs de la puissance et de la civilisation des Romains, furent détruits. L'Europe, la Grèce exceptée, retomba dans la barbarie dont la culture des sciences et des arts l'avait tirée; l'ignorance couvrit d'un voile toute sa surface. Il ne fut plus question de former de beaux jardins : on ne s'occupa que de ravager les royaumes.

Cet état malheureux dura plusieurs siècles. La conquête de l'Espagne par les Arabes de l'Afrique, opéra momentanément un changement dans la culture du midi de cette belle contrée; les jardins de Grenade se présentèrent à l'admiration de l'Europe. Bientôt de nouveaux vainqueurs, en chassant les Maures de l'Espagne, ne surent ni entretenir ces beaux jardins, ni les imiter dans les environs de leur capitale, et le goût de l'horticulture allait encore se perdre, si les Grecs, fuyant les Turcs, n'eussent rapporté quelques arts en Italie. Les Grecs avaient conservé la simplicité de leurs ancêtres dans la construction des jardins: les Italiens eussent sans doute adopté leur méthode, si le hasard n'eût fourni de nouveaux moyens de décoration. Le cardinal d'Este composa le premier jardin qui servit de modèle au genre italien. En fouillant la terre sur les ruines de l'antique jardin d'Adrien, la *villa Adriana*, on mit à jour une quantité prodigieuse de beaux morceaux de sculpture, chefs-d'œuvre qui donnèrent au propriétaire la possibilité d'orner son jardin plus magnifiquement qu'aucun souverain de l'Europe n'eût pu le faire. Les eaux du Teverone, élevées au moyen de pompes, alimentèrent des fontaines, formèrent des ruisseaux, firent jaillir des cascades. La pente du terrain le fit partager en quatre hauteurs. Chacune fut divisée en carrés, en losanges, ou autres figures symétriques bordées d'allées longues et droites. Chaque division était formée de bosquets, labyrinthes et massifs, et ornée de statues et de morceaux précieux de l'art statuaire.

Ce magnifique ensemble opéra une révolution en Italie dans l'art de disposer et de décorer les jardins et les parcs. Chaque prince voulut avoir un jardin. L'émulation, se communiquant de proche en proche, parvint jusqu'à la cour de France; François Ier suivit l'exemple des Italiens: il adopta leur genre au bois de Boulogne, à Villers-Cotterets, à Folembrai, à Chambord, à Saint-Germain et à Fontainebleau. Les choses restèrent en cet état jusqu'au siècle de Louis XIV. Ce fut alors que Le Nôtre perfectionna le genre italien, trop compassé, trop symétrique. Il tira parti des terrains, quelle que fût leur inégalité, sans chercher à les aplanir; ses succès furent tels, qu'il est considéré comme le créateur d'un nouveau genre, nommé le *genre français*. Son coup d'essai eut lieu à Vaux, près Melun. La réputation qu'il y acquit l'ayant fait choisir par Louis XIV pour la construction de ses nouveaux jardins, il exécuta ce chef-d'œuvre de l'art qui attire encore aujourd'hui tant d'étrangers à Versailles. Ensuite, par l'ordre de Condé, il créa le merveilleux parc de Chantilly. Il fixa le goût en ce genre, trop connu aujourd'hui en France pour le décrire.

Pendant que ces choses se passaient en Europe, l'Asie, exposée à des révolutions continuelles, négligeait de plus en plus les beaux-arts, car le luxe est incompatible avec l'esprit révolutionnaire. Les jardins de Sémiramis détruits, Babylone n'était plus qu'une plaine stérile. La Chine seule, moins tourmentée, n'avait pas cessé de s'occuper de jardins; cependant, après avoir épuisé toutes les ressources du luxe, les artistes de ce pays s'étaient convaincus qu'il ne leur restait, pour perfectionner leurs jardins qu'à se rapprocher de la nature. Sous le règne de Yong-Tching, ils créèrent, à quatre lieues de Pékin, un nouveau jardin qui subsiste encore, et qui a donné naissance au *genre chinois* ou *paysager*. Qu'on se figure des montagnes, des vallons, des coteaux placés çà et là par la nature ou par l'art; des eaux surgissant de terre, ou se précipitant du haut des rochers; des ponts en bois plus ou moins ornés; des ruisseaux encaissés dans un lit naturel ou creusé à dessein et serpentant vers des lacs ou des réservoirs, d'où ils s'échappent encore et convergent tous vers une mer commune. A une terre rocailleuse succède une pelouse unie; un gazon bien fourni est coupé par un ravin, des massifs d'arbres sont répandus sans ordre apparent: les allées suivent, dans leurs contours, le cours capricieux des ruisseaux; rien ne paraît tiré au cordeau; enfin, le terrain est sillonné de terres labourables, et émaillé de prairies; puis s'élèvent, de place en place, des fabriques, tantôt simples, tantôt ornées et peintes de diverses couleurs. C'est ce genre que les Anglais ont transporté en Europe, et dont Kent, artiste célèbre, a le premier tiré parti à Stow, près de Buckingham.

L'HORTICULTURE, ou l'*art de cultiver les végétaux*, n'a fait pendant longtemps que de fort lents progrès. A l'époque où de puissants monarques employaient des sommes immenses pour créer des jardins magnifiques, embellis encore par les produits des beaux-arts, et que la culture des céréales était parvenue à une grande perfection, tout le savoir des jardiniers consistait à planter et à aligner quelques grands arbres, à greffer un très-petit nombre d'arbres fruitiers, dont on se contentait de couper le bois mort, et à cultiver quelques espèces de légumes et de fruits. Les couches, l'orangerie, les serres, les bâches, étaient inconnues, et conséquemment point de primeurs, ni de culture de plantes délicates, très-peu d'acquisitions de plantes étrangères. Les descriptions des jardins que nous ont laissées Homère et Virgile font connaître combien, en ce genre, les Grecs et les Romains étaient pauvres comparativement à nos richesses actuelles.

Ce fut seulement sous les premiers empereurs romains qu'au moyen des serres et des châssis, on parvint à se procurer des roses et des lis précoces. Sous Trajan, on inventa les serres chaudes pour les primeurs. On commença à tondre les arbres et à les élaguer. Ces premiers pas faits auraient pu porter en peu de temps le jardinage à sa perfection, si la paix avait subsisté dans l'empire, et si les esprits, plus libres, eussent eu le temps et la possibilité de s'occuper des arts; mais les guerres civiles et étrangères des Romains, les ravages commis en Italie par les peuplades du Nord qui s'en emparèrent, l'ignorance de ces barbares, tout concourut à faire rétrograder l'art du jardinage comme tous les autres; on se borna, comme dans l'enfance de l'horticulture, à cultiver seulement les plantes de première nécessité.

Après plusieurs siècles de barbarie et de ravages, les voyages des Portugais dans l'Inde, la découverte de l'Amérique, et les sciences renaissantes, changèrent la face de l'Europe. Alors toutes les plantes du nouveau monde étaient inconnues à l'ancien; mais lorsque les conquérants eurent assuré leurs conquêtes, il se trouva parmi eux quelques hommes plus instruits, qui, frappés de la beauté des végétaux de ces merveilleuses contrées, voulurent enrichir leur patrie de plusieurs des plus remarquables; la plupart pourtant, nés dans des climats voisins de l'équateur, ne purent s'acclimater en Europe, et surtout dans la Hollande, dont le sol froid et humide devint mortel pour les plantes de l'Inde et de l'Amérique. Les Hollandais, livrés à la marine par nécessité, s'occupèrent à rechercher les moyens les plus propres à la conservation des plantes qu'ils rapportaient de leurs excursions lointaines : l'horticulture devint un art; et quand un art est honoré chez un peuple, il y fait nécessairement des progrès rapides. Toutes les inventions des anciens pour conserver les végétaux et obtenir des primeurs, furent perfectionnées. On sema beaucoup, et on eut le soin de mettre à part les variétés qu'on se procurait en arbres, en fleurs, en légumes de toutes espèces. Les Hollandais devinrent alors les plus savants horticulteurs de l'Europe; pendant longtemps, ce fut dans leurs jardins que les autres nations se fournirent de végétaux étrangers et de plantes d'agrément. Cependant la rigueur de leurs hivers ne leur permettant de cultiver qu'un petit nombre d'arbres et d'arbrisseaux en pleine terre, ils s'occupèrent plus particulièrement de quelques genres, dans la culture desquels ils ont conservé la supériorité.

Il était réservé à la France de donner les premiers principes de la culture des arbres fruitiers. Tandis que Le Nôtre créait des prodiges à Marly, à Versailles, à Chantilly, un homme de génie, La Quintinie, étudiait la marche de la nature dans le développement des végétaux, la nourriture la plus appropriée à chaque espèce, la terre où elle se développait avec le plus de facilité, l'exposition qui lui convenait le mieux, le degré de chaleur nécessaire pour faire parvenir les fruits à maturité. Il établissait le mode du palissage contre des murs, si utile pour les fruits qui ont besoin de chaleur, et il instituait des règles sur la direction et la taille des arbres. Les murs ne furent plus seulement des clôtures, il les employa pour la production des plus beaux et des meilleurs fruits; ils devinrent, en les couvrant de fleurs et de fruits, un des ornements des jardins. Cet homme profond mérita l'éloge d'un de nos chantres des jardins :

> Oracle des jardins, docte La Quintinie,
> Enseigne-moi quel art et quel heureux génie
> Te soumit la nature, aux champs les plus ingrats
> Fit porter des rameaux qu'ils ne connaissaient pas;
> Et, les renouvelant jusque dans leurs entrailles,
> Des fruits du monde entier sut enrichir Versailles.
> La terre à ton aspect parut d'abord changer;
> De ses vices divers tu sus la corriger;
> Celle qui fut trop forte, ou pierreuse ou légère,
> Vit confondre avec elle une terre étrangère;
> Des défauts opposés, l'un par l'autre vaincu,
> L'assemblage assorti devint une vertu.
> Tu fis jusqu'en leur sein creuser les fonds rebelles,
> Tu les rendis féconds par des terres nouvelles;
> Tu voulus qu'à l'abri des vents impétueux,
> Du midi les jardins éprouvassent les feux.
> Des arbres différents tu connus la nature,
> L'aspect qui leur convient, les lois de leur culture.
> Ainsi, dans nos jardins, tu sus de l'univers
> Transporter les terrains et les climats divers,
> Et les plants renaissants dans le sein de la France,
> Parurent habiter les lieux de leur naissance.
>
> Rosset.

Ainsi La Quintinie fut le restaurateur, et sous plusieurs rapports l'inventeur du jardinage en France, comme Olivier de Serres l'avait été de la grande culture. Beaucoup d'hommes instruits s'étant livrés depuis à l'étude et à la culture des plantes, cet art, appuyé par les découvertes de nos botanistes dans l'anatomie et la physiologie végétale, a fait de nouveaux progrès et est parvenu à l'état prospère où nous le voyons aujourd'hui. Or l'horticulture n'est plus une routine dirigée par les préjugés les plus ridicules : c'est un art fondé sur la connaissance de la marche de la nature dans l'acte de la végétation, sur le raisonnement et l'expérience.

PREMIÈRE PARTIE.

NOTIONS SUR LA THÉORIE DES JARDINS.

CHAPITRE PREMIER.

DES DIVERS GENRES DE JARDINS.

Sous la dénomination de *Jardin*, on entend non-seulement une étendue de terrain déterminée consacrée à la petite culture, mais encore toute propriété rurale, ou portion de propriété, dans laquelle on cherche à réunir l'agréable à l'utile dans de plus grandes proportions : c'est ainsi qu'un enclos, renfermant quelques terres labourées et des plantes potagères, peut n'être pas un jardin, tandis qu'un immense domaine, offrant des vignobles, des fermes, des prairies et des bois, est considéré comme tel, si l'art est venu embellir la nature dans les sites qu'elle présente.

Cette définition est indispensable à connaître, surtout pour les personnes qui voudront comprendre les auteurs qui ont écrit sur cette intéressante matière.

La théorie des jardins n'a jamais été poussée aussi loin que l'ont fait les auteurs du commencement de ce siècle et de la fin du précédent, et cependant on ne s'est peut-être jamais moins entendu qu'alors sur les principes de l'art. Chacun regardait son goût exclusif comme le bon goût, prenait ses sentiments pour des règles; voilà pourquoi ces auteurs se contredisent tous. Les uns, admirateurs enthousiastes de ce qu'ils appellent la nature, rejettent de leurs jardins les ornements qui autrefois en faisaient le charme et la richesse. Ils disent que « l'art de Le Nôtre est fastidieux; que cet art, usurpateur insigne, après avoir chassé la nature, a eu l'audace de se mettre à sa place. » Ils ne peuvent souffrir les statues, les vases, les bronzes, le marbre, les jets d'eau, et les cascades artificielles; ils reprochent surtout à Delille d'admettre les urnes, les tombeaux, les temples, les églises; de proposer des ruines, un fort, une abbaye antique, de conseiller une cabane de pêcheur, et même une serre chaude, qui, disent-ils, n'a jamais prétendu à l'honneur de faire fabrique. Mais c'est surtout sur un pont sans rivière, une ruine d'hier, et une montagne élevée à la brouette, qu'ils épanchent leur bile.

D'autres, en tolérant les fabriques, se sont pris d'une telle haine pour la symétrie, qu'ils ne peuvent voir une avenue, un quinconce, un parterre tracé géométriquement, rien enfin, de ce qui sent l'ordre et l'arrangement. Aussi trouvent-ils monotones et insignifiants nos jardins publics de Paris, et ne font-ils pas même grâce à ceux de Versailles.

Les auteurs, pénétrés de ces systèmes contraires, se sont évertués à chercher des règles pour la création des jardins. Entraînés par leurs préjugés propres et séduits par leur imagination, ils n'ont pas compris que leurs prétendus principes, résultats d'une manière particulière de voir et de sentir, ne pouvaient par conséquent convenir qu'à un petit nombre de personnes. C'est ainsi que l'académicien français Watelet, livrant carrière à son esprit, après avoir divisé les jardins en *parcs anciens* ou jardins réguliers, *parcs modernes* ou jardins anglais, et *ferme ornée*, tombe dans le ridicule en créant des genres pour chacune de ces classes. Il voit dans la ferme ornée les caractères *pastoral* et *pittoresque*; le parc moderne sera *romanesque*, *poétique* ou *pittoresque*; ce pittoresque lui-même pourra se subdiviser en *pittoresque noble, rustique, agréable, sérieux* ou *triste!*

L'Anglais Whately adopte, dans les jardins, quatre espèces : le *parc*, la *ferme*, le *jardin* et la *carrière*. Chacune de ces espèces lui fournit des genres différents : par exemple, dans la carrière, il veut faire adopter, pour les rochers, un de ces trois caractères : le *majestueux*, le *terrible* ou le *merveilleux*.

Un auteur, plus raisonnable, ne propose que quatre genres, qu'il définit très-bien : le *symétrique*, l'*italien*, le *chinois* et le *paysager*.

Morel en forme aussi quatre : le *parc*, le *jardin* proprement dit, le *pays* et la *ferme*.

Horace Walpole parle de trois : le *jardin*, la *ferme ornée*, et la *forêt* ou jardin agreste.

Mais l'architecte anglais Chambers prouve mieux encore jusqu'à quel point une imagination désordonnée peut nous conduire. Il divise les jardins en trois genres : les *réguliers*, qu'il méprise; les *paysagers*, dont il blâme la sim-

plicité; et les *chinois*, qu'il admire. Il subdivise ces derniers en *agréables*, *terribles*, *surprenants*, et en donne des descriptions tellement exagérées, qu'il tombe dans l'absurde. En voici un fragment rapporté par Morel.

« Les tableaux du genre terrible sont composés de sombres forêts, de vallées profondes inaccessibles aux rayons du soleil, de rochers arides près de s'écrouler, de noires cavernes, et de cataractes impétueuses qui se précipitent de toutes les parties des montagnes. Les arbres ont une forme hideuse; on les a forcés de quitter leur direction naturelle, et ils paraissent déchirés par l'effort des tempêtes; les uns sont renversés; ils arrêtent le cours des torrents; vous en voyez d'autres noircis et fracassés par la foudre. Les bâtiments sont en ruine ou à demi-consumés par le feu, ou emportés par la fureur des eaux. Rien d'entier ne subsiste, sinon quelques chétives cabanes dispersées dans les montagnes, qui ne vous apprennent l'existence des habitants que pour vous montrer leur misère. Les chauve-souris, les vautours et tous les oiseaux de rapine, voltigent dans les halliers. Les loups, les tigres, les chacals hurlent dans les forêts; des animaux affamés sont errants dans les plaines. Du milieu des routes on voit des gibets, des croix, des roues, et tout l'appareil de la torture; et dans les plus affreux enfoncements des bois, où les chemins sont raboteux et couverts d'herbes vénéneuses, où chaque objet porte les marques de la dépopulation, vous trouverez des temples dédiés à la vengeance et à la mort; des cavernes profondes dans les rochers; des descentes qui, à travers les broussailles et les ronces, conduisent à des habitations souterraines. Près de là sont placés des piliers de pierre, avec les tristes descriptions d'événements tragiques, et l'horrible récit des cruautés sans nombre commises dans ces lieux mêmes par les proscrits et les brigands des anciens temps. Et, pour ajouter à la sublime horreur de ces tableaux, des cavités pratiquées au sommet des plus hautes montagnes recèlent quelquefois des fonderies, des fours à chaux et des verreries, d'où s'élancent d'immenses tourbillons de flammes et des flots continuels d'une épaisse fumée, qui donnent à ces montagnes l'apparence de volcans. »

Gabriel Thouin, faible écrivain, mais homme de goût et excellent architecte de jardins, nous a laissé quelques règles trop brièvement expliquées; il divise les jardins en quatre sections : 1° les *légumiers* ou *économiques; 2°* les *fruitiers; 3°* les jardins *botaniques; 4°* les jardins d'*agrément*. Jusque-là ses divisions sont rigoureuses et vraies, parce qu'elles sont fondées sur des réalités palpables; mais, lorsqu'il arrive au jardin d'agrément, il se laisse entraîner trop facilement par l'exemple de ses prédécesseurs, et devient aussi arbitraire qu'eux dans ses distributions en espèces. Les jardins d'agrément se divisent, dit-il, en *symétriques*, de *genre*, et de la *nature* : les premiers en jardins de *ville*, *publics*, et de *palais*; les deuxièmes en *chinois*, *anglais*, *fantastiques*; les troisièmes en *champêtres*, *sylvestres*, *pastoraux*, *romantiques*, et *parcs* ou *carrières*; ce qui ne ferait en tout que quatorze genres, quoique dans son tableau il en mentionne vingt-cinq, formés encore de sous-divisions. Du reste, nous devons rendre justice à Thouin : il subordonne ses genres de jardins d'agrément à la nature du sol, à la situation des terrains et à leurs formes, à la tempé-

rature des divers climats, aux facultés des propriétaires et à leur goût, ce qui est assez dire qu'il ne donne pas ses divisions comme des règles dont on ne peut s'écarter.

Quant à nous, dans ce traité, nous nous bornerons à laisser chacun libre de suivre son goût et ses inspirations, en recommandant, pour toute règle, la rigoureuse observation des convenances locales. Chaque site porte des caractères particuliers que tout l'art possible ne peut changer. Or, pour adopter un nombre déterminé de genres, il faudrait, selon nous, en décrire autant qu'il y a de sites différents, ce qui n'est pas possible. Dans la formation des jardins, le but principal qu'on doit se proposer est de chercher à plaire. Nous indiquerons les moyens que l'on peut employer pour arriver à ce résultat, et si, parvenant à indiquer une marche sûre et facile pour créer des jardins agréables, nous n'adoptons ni chinois, ni anglais, ni poétique, ni romanesque, ni fantastique, on nous excusera sans doute de ne reconnaître simplement que les deux espèces de jardins qui existent matériellement et naturellement, les *symétriques* et les *paysagers*, soit que, de leur nature, ils soient consacrés à *l'utilité* ou à *l'agrément*.

Nous efforçant partout à être brefs dans notre enseignement, nous ne parlerons que de ce qui est généralement nécessaire au plus grand nombre d'amateurs, et, tout d'abord, nous nous abstenons de subdiviser ces deux classes si distinctes en vingt ou trente espèces. Chaque chose utile viendra successivement se présenter sous les yeux du lecteur, et il lui sera facile de s'emparer de ce qui conviendra à ses moyens, à son goût et à la situation de sa propriété.

CHAPITRE II.

DES SITES EN GÉNÉRAL. — CONVENANCES LOCALES.

Avant d'entrer dans les détails relatifs à la décoration des deux genres de jardins que nous venons de signaler, nous devons parler des sites qui par leur caractère impriment une physionomie particulière à une composition; de ceux que l'on doit préférer, si on en a le choix, et indiquer les travaux préparatoires que nécessite le genre que l'on préfère.

Assez ordinairement, lorsqu'on se propose de créer un jardin, on possède déjà l'habitation près de laquelle il doit s'étendre. Dans ce cas il n'y a pas de choix à faire; il ne reste qu'à tirer le meilleur parti possible du sol tel qu'il se trouve. Mais, quand il s'agit de dessiner le jardin en même temps que l'on aurait à fixer la place de l'habitation, on fera bien de réfléchir mûrement avant de commencer toute opération, afin de choisir judicieusement le site le plus pittoresque, eu égard à l'édifice et à l'ensemble.

Si le domaine se trouvait en plaine, on aurait moins de considérations à garder; cependant on déterminerait l'emplacement de manière à pouvoir se procurer les pièces d'eaux artificielles, s'il n'y en avait pas de naturelles. Dans ce but, on étudierait les pentes, même les plus légères, afin de réunir les eaux des pluies par le moyen de rigoles ou de canaux souterrains, ou bien d'amener celles d'une fontaine, d'un ruisseau, d'une rivière, jusque dans le jardin. Si ces moyens manquaient, il faudrait avoir recours à une machine pour les élever d'un puits; dans ce cas il serait avantageux de choisir l'endroit où les eaux sont le plus près de la surface du sol; ce que souvent, aux joncs et autres plantes aquatiques qui croissent dans certains lieux, on peut reconnaître, sans être obligé de sonder (*). On doit aussi prendre en considération la plus ou moins grande porosité de la terre; dans les endroits où elle est argileuse et forte, il arrive souvent qu'elle est assez compacte pour tenir l'eau sans que l'on soit obligé de paver et de cimenter le fond et les bords des bassins que l'on creusera; et cet avantage est immense, non-seulement parce qu'on y trouve de l'économie, mais encore parce qu'on pourra faire croître, au fond des eaux, des plantes aquatiques qui pareront leur surface, en même temps qu'elles maintiendront leur limpidité.

Si, sur le terrain choisi, courait un ruisseau, miroitait un étang, une simple mare, il faudrait, à quelque prix que ce fût, enclore cette pièce dans l'enceinte et négliger même pour cela d'autres avantages. Avec un peu d'art on tire des eaux un parti puissant, que rien autre chose ne peut remplacer.

Enfin, si l'on voyait une impossibilité réelle à former des pièces d'eau, soit à cause de la nature du terrain, soit

(*) Voir pour le sondage, l'article *Puits artésiens*, IIe partie, chap. VII, 8e sect.

par les frais trop considérables qu'elles coûteraient à établir, il faudrait déterminer l'emplacement de sa maison d'après d'autres motifs.

Le premier est le point de vue; il n'est pas de plateau, de pays nivelé, si l'on peut se servir de cette expression, qui n'offre d'une de ses parties un coup d'œil plus pittoresque que des autres. Si le sol y est profond et de bonne qualité, c'est là qu'il faut marquer la place de l'habitation.

Lorsqu'un amateur est assez heureux pour posséder une localité entrecoupée de collines et de vallées, le choix devient moins arbitraire, parce que c'est de ce choix que dépendront les agréments les plus saillants de son jardin. Pour ce site, comme pour la plaine, il doit cependant encore sacrifier à la présence de l'eau ; mais, dans ces genres de terrains, il est rare que tous les avantages soient trop éloignés les uns des autres, et ne puissent être renfermés dans le même cadre. Presque toujours un ruisseau coule dans un vallon, d'où quelques échappées permettent à l'œil de se promener sur un paysage intéressant ; si, près de ce point de vue, il se trouvait un accident tel qu'une cascade, un rocher pittoresque, un étang formé par une digue naturelle, ou si l'on était obligé de l'élever soi-même, et que l'on pût la masquer avec art, ce lieu devrait être choisi comme le plus propre à fournir la scène principale d'un jardin agréable.

Si par hasard cette vallée était bornée au nord et au couchant par une ceinture de collines offrant une suite de sites variés, en même temps qu'elles serviraient d'abri contre les vents du nord, on n'aurait plus rien à désirer, et la nature, qu'on se contenterait d'embellir, aurait fait la plus grande partie des frais d'un jardin enchanteur.

L'habitation doit être placée dans un lieu assez élevé pour que, des appartements, l'on puisse découvrir les points les plus pittoresques du paysage, et la plus grande partie des fabriques dont il sera orné.

Lorsque l'on forme un jardin, il faut penser aux saisons qui naissent et passent; il est bien que les arbustes des parties boisées soient choisis parmi ceux au feuillage persistant ou dont les feuilles se jaspent des tons chauds et colorés que revêtent à l'automne les végétaux, que les brises trop rafraîchies vont bientôt dépouiller.

Comme nous l'avons dit plus haut, chaque site a un caractère particulier que l'homme ne peut changer. Il faut l'étudier, s'identifier avec lui, et se plier aux convenances qu'il exige. Par exemple, une construction riche, d'une architecture élégante, serait on ne peut plus mal placée si elle s'élevait dans un site sauvage et romantique ; on ne peut, dans un pareil milieu, déployer les richesses de l'art sans violer toutes les lois de l'harmonie.

Dès que vous aurez déterminé l'emplacement d'un jardin paysager, il faut, avant d'y rien toucher, étudier avec le plus grand soin tous les accidents du terrain, afin d'en tirer parti avec avantage; n'abattez pas un arbre, ne détruisez pas un buisson, ne renversez pas un quartier de roche, avant d'avoir fait un dessin réfléchi et complet de tout ce que vous vous proposez d'abattre ou d'édifier.

> Hâtez-vous lentement, et sans perdre courage,
> Vingt fois sur le métier remettez votre ouvrage,

a dit Boileau. En agissant trop précipitamment, il arriverait certainement que vous vous reprocheriez de vous être trop hâté, et il deviendrait nécessaire de planter avec frais un arbre jeune dont il faudrait longtemps attendre la jouissance, à la place même où vous en auriez fait abattre un dans toute sa beauté pittoresque.

Une fois votre terrain bien étudié dans toutes ses inégalités, ses contours, et jusque dans ses plus petites inflexions, lorsque vous serez bien fixé sur tout le parti qu'on peut tirer de la localité, de ses environs, du point de vue, seulement alors vous penserez à créer des scènes, à faire ressortir les accidents, à embellir la nature sans cependant en changer le caractère; c'est ainsi que vous conserverez rigoureusement les convenances locales, et c'est peut-être à cette seule règle que se bornent les véritables principes du jardin paysager.

Dans un site agreste et sauvage, offrant des pentes abruptes, des surfaces âpres ou hérissées de rochers, des torrents qui se précipitent en cascades écumeuses, il serait ridicule de vouloir y composer des scènes douces et riantes. Cherchez au contraire à rendre plus piquants ces divers accidents; faites-les valoir par des effets d'optique, prononcez-en davantage le caractère, et vous créerez ainsi une heureuse opposition à une perspective qui aura éminemment le caractère contraire. Ces contrastes, lorsqu'ils ne sont pas heurtés et qu'ils sont ménagés à de rares intervalles, produisent un effet d'autant plus agréable qu'ils surprennent davantage.

Si vous avez à embellir une prairie dont le sol offre peu ou point d'inégalités, gardez-vous de vouloir lui faire prendre un aspect aride et rocailleux; des rochers montrant leur tête hétérogène au milieu des gazons fleuris, une cascade bouillonnante créée à force d'art au milieu d'un pré dans lequel naguère un ruisseau promenait lentement ses ondes murmurantes, sont aux yeux de l'homme de sens d'un goût fort contestable, et dévoilent la faiblesse de l'artiste lorsqu'il oppose de semblables effets à ceux de la nature. Contentez-vous de donner à la prairie des contours gracieux, de tracer au ruisseau un cours sinueux mais doux à l'œil, et d'embellir ses bords en y plantant des bocages frais ombragés par l'aune, le saule et le peuplier.

Cependant, lorsque vous aurez à former des jardins dépendant d'un palais ou d'un château, pour lequel un architecte aura déjà déployé toute la richesse de son art, oubliez les beautés pittoresques et simples de la nature, pour vous élever à des conceptions pleines de grandeur et de noblesse, excluant peut-être la grâce et le charme des scènes plus modestes. C'est alors que toutes les ressources du génie doivent se développer pour élever ces terrasses majestueuses où fleuriront loin de leur patrie les orangers, les myrtes et les grenadiers; des parterres réguliers, brillant de tout l'éclat dont la nature a paré les fleurs des quatre parties du monde, embelliront le devant des serres chaudes dans lesquelles l'esprit entreprenant de l'homme est parvenu à renfermer et à multiplier des plantes que leur organisation destinait à n'épanouir leur brillantes corolles, à ne mûrir leurs fruits délicieux que sous l'influence des rayons brûlants du soleil de la zone torride. C'est dans ces lieux que tous les prestiges d'un art magique doivent se déployer. Les ondes ne rouleront plus sur le sable argenté de la prairie; renfermées dans des conduits souterrains, elles s'en échapperont en mugissant, s'élanceront en colonnes éblouissantes, pour retomber en jets lumineux, en nappes argentées, en gerbes étincelantes dans des bassins de marbre ou de granit. Ces pièces d'eau que le génie du sculpteur ornera de tritons, de naïades et de néréides faisant jaillir le liquide écumeux de leurs conques et de leurs coquilles, ne seront pas peuplées par la carpe et le brochet : le poisson de la Chine aux rouges écailles, semées d'or et d'argent, sillonnera cette onde transparente comme le cristal ; le canard, la sarcelle et la poule d'eau, n'en rideront pas la surface, mais le cygne y déploiera majestueusement son plumage de neige. Là, des avenues de tilleuls et de platanes s'étendront à perte de vue ; ici des quinconces magnifiques, des allées ombreuses, protégeront les chefs-d'œuvre des Phidias anciens et modernes. Si quelques fabriques trouvent place dans ces lieux dont la magnificence fait une grande partie du mérite, ce ne seront plus le chalet rustique, l'humble chaumière, l'austère ermitage : l'habit brodé du maître contrasterait d'une manière aussi choquante avec la simplicité de ces ornements, que le palais et toutes ses brillantes décorations. Des temples, des pavillons élégants, des kiosques d'une architecture légère etriche, voilà les seules fabriques que permet ce genre tout de luxe.

Mais le prince redevient homme quelquefois, et les douces émotions de la nature reprennent leur place dans son cœur. C'est alors que, dépouillant les insignes de la grandeur, il aime à promener ses rêveries loin des objets qui lui rappellent un rang qui trop souvent le condamne à l'ennui d'une sévère étiquette ; son âme s'attendrit aux beautés simples et naïves d'un paysage agreste, et se plait à les retrouver entièrement isolées de ce qui peut le rappeler à ses habitudes fastueuses.

On ménagera donc, avec tout l'art imaginable, une transition du jardin symétrique au jardin paysager qui devra le toucher, de telle sorte que, quand le maître sera arrivé dans ce dernier, des groupes d'arbres et des massifs dérobent entièrement à sa vue le genre et les caractères du premier, tandis que les scènes du second se déroulent successivement devant lui.

Nous en avons dit assez, sans doute, pour faire comprendre au lecteur ce qu'il doit entendre par convenances locales.

Nous venons de traiter de tout ce qui concerne le site en général ; il nous reste actuellement à le considérer dans ses accidents particuliers, et à donner des moyens de tirer de chacun le parti le plus avantageux.

CHAPITRE III.

DES SITES EN PARTICULIER. — CONVENANCES QUI LEUR SONT PROPRES.

Nous savons que chaque paysage a une physionomie qui lui est propre, que c'est de la différence de ces physionomies que résulte la différence des sites, et que, par conséquent, ils peuvent varier à l'infini ; mais cependant on peut rapporter toutes ces variations aux trois principales qui suivent, au moins sous le rapport des travaux à y faire pour en augmenter la beauté, en leur conservant leur caractère.

PLAINES.

On appelle ainsi un terrain d'une certaine étendue, plat, ou n'ayant qu'une pente peu sensible. Ordinairement les plaines sont situées sur les bords des grandes rivières, au pied des montagnes, entre deux coteaux très-éloignés l'un de l'autre ; quelquefois c'est un grand plateau situé à mi-côte, ou sur le sommet d'une montagne.

La plaine est le site qui offre le plus d'uniformité, et par conséquent est le moins propre au jardin paysager ; une plaine convient assez au jardin régulier dont la création peut être entièrement soumise aux effets de l'art. Avec beaucoup de goût et la connaissance des végétaux, on peut encore produire des effets agréables dans un site monotone. Mais c'est vainement que l'on tenterait de donner à la plaine le mouvement d'un terrain montagneux ; outre les dépenses énormes qu'entraînerait une telle entreprise, on ne parviendrait jamais qu'à produire des inégalités ridicules, et ces prétendus coteaux, ces montagnes élevés à la pelle, ces vallons creusés au prix de tant d'efforts, n'auraient jamais que l'apparence de mesquins déblais ou remblais, dont l'aspect déplaira toujours à l'œil du spectateur qui cherche la nature.

Nous ne prétendons pas cependant que l'on doive conserver au site son parfait niveau ; on peut établir quelques pentes pour varier un peu la promenade ; mais on doit les ménager de manière à ne laisser percer aucune prétention. On donnera beaucoup de mouvement aux lignes horizontales des plantations ; on établira des massifs formant *vallon simulé* (voyez au chapitre de la perspective). On créera quelques tableaux, mais en petit nombre ; on sera plus économe encore de fabriques, et l'on devra préférer celles dont le caractère est le moins saillant ; point d'ermitage, de chalet, de chaumière, à moins que le jardin ne soit assez vaste pour permettre de les cacher dans l'épaisseur d'un bois, dans une clairière, ou sur une lisière. Ordinairement le jardin de plaine est d'une médiocre étendue ; son principal mérite consiste dans son extrême propreté, dans sa distribution élégante et commode, dans la fraîcheur de ses ombrages, dans l'agrément des salles de verdure, pergoles et berceaux dont il est orné. Si on y possède des eaux, ce site peut devenir très-agréable.

COTEAUX.

Le coteau n'est qu'une simple éminence peu prolongée, n'étant pas assez rapprochée d'une autre pour former vallon entre deux. Il peut offrir des sites beaucoup plus variés que la plaine, et se prête plus favorablement à la formation d'un jardin paysager. Il a encore sur la plaine l'avantage du point de vue ; la présence de l'eau en fait une des plus heureuses positions.

Au moyen de terrasses et de rampes, le coteau convient aussi au jardin de luxe et régulier d'un château somptueux. C'est là que l'architecte-jardinier déploiera toute son imagination et les ressources de son talent inventif.

MONTAGNES, COLLINES ET VALLONS.

Les montagnes et les collines ne diffèrent des coteaux que par les vallées qu'elles protégent et par la grande quantité des accidents qu'elles présentent. La nature inépuisable semble y avoir produit comme à dessein tous les effets piquants, majestueux ou terribles dont elle est susceptible. Aussi l'homme de génie, placé sur ce terrain favorable, se plaît à développer ce que souvent elle n'a fait qu'ébaucher, embellit et complète la nature, et tout en conservant son caractère, crée les tableaux les plus brillants et les plus énergiques.

Les montagnes ont cet avantage de pouvoir renfermer, dans un espace borné, des sites de caractères tout à fait différents, et de se prêter, par conséquent, aux scènes que les auteurs nomment *majestueuses*, *terribles*, *pittoresques*, *rustiques*, *champêtres*, *tranquilles*, *riantes*, *mélancoliques*, etc.

Nous expliquerons ici ce que l'on doit entendre par ces dénominations.

Les scènes *majestueuses* sont entièrement dues à la nature. Des arbres séculaires courbent leurs cimes élevées, et mariant leurs rameaux forment une voûte verte et frémissante que n'éclairent jamais les rayons du soleil, comme en de sombres forêts; des rivières larges et profondes, promenant leurs ondes paisibles au milieu de vastes prairies, des lacs d'une grande étendue, reflétant, sur leur surface polie comme une glace, l'image des coteaux boisés d'alentour; enfin tout ce qui, noble et grand, appelle l'admiration, inspire le sentiment des grandes et belles choses: tel est le majestueux. Les fabriques, de quelque genre

qu'elles soient, doivent être exclues de ces compositions. On doit même masquer dans le point de vue tout ce qui pourrait rappeler à l'esprit des idées trop peu élevées.

Le *terrible* peut être regardé comme une nuance du majestueux; comme celui-ci, il ne doit offrir aux yeux rien que de grand et de sublime. Là c'est une ceinture de rochers élevant jusqu'aux nues leurs crêtes hérissées; leurs masses presque coupées à pic offrent de rares et étroits sentiers suspendus sur des précipices; le chamois lui-même reculerait s'il fallait franchir les larges déchirures que quelque cataclysme a ouvertes sur les flancs de ces roches tourmentées. Sur le penchant de l'une d'elles, ombragée de sapins au triste aspect, se présente l'ouverture d'une profonde caverne; le curieux assez hardi pour s'enfoncer dans les entrailles de la terre, confiera son existence à la bonne foi d'un guide inconnu, qui, muni d'une torche résineuse dont la lumière funèbre se reflète sur les angles saillants des pierres amoncelées, conduira ses pas mal assurés à travers un labyrinthe aux voûtes sombres et humides, dont les ténèbres sont interrompues par de brillantes stalactites: parure bizarre de ces lieux souterrains. Lorsque, revenu à la clarté du jour, il voudra reposer son imagination effrayée, séduit par la vue d'un bosquet éloigné, il y dirigera ses pas, dans l'espoir qu'une impression douce et riante lui fera oublier, sous d'agréables ombrages, les sinistres sentiers qu'il vient de visiter aveuglément; mais à peine a-t-il parcouru la moitié de la distance, que son oreille est frappée des mugissements que fait entendre au loin un torrent dont les ondes écumeuses se précipitent de rochers en rochers. Bientôt il arrive sur le bord d'un précipice au fond duquel les eaux s'engouffrent en tournoyant : un pont léger et vacillant suspendu sur des cordes se présente seul pour franchir l'abîme ! Enfin de la surprise, de l'étonnement, un peu de crainte peut-être, voilà ce que doivent inspirer ces scènes.

On voit que ces deux tableaux offrent une immensité telle que bien rarement on pourra les comprendre dans ce qu'on appelle *jardin*, quelle que soit son étendue ; mais l'on peut en apercevoir une partie d'un point de vue élevé ménagé à dessein.

Les scènes *pittoresques* affectent différents caractères, que constitue dans tous les cas l'originalité du site, du point de vue, ou simplement la position heureuse d'une fabrique. Quelquefois un arbre isolé, jeté par le hasard au milieu d'une clairière, produira un effet pittoresque sans que l'on puisse précisément en assigner la cause. Un pont rustique, un kiosque, une rocaille, le feuillage blanchâtre d'un peuplier se dessinant sur le flanc rembruni d'un rocher, une simple guirlande de lierre tapissant le tronc d'un vieux chêne au front chauve, ou tombant avec grâce de ses branches aux formes singulières, un buisson, un câprier étendant ses rameaux et épanouissant ses fleurs d'un blanc de neige au sommet d'une ruine couverte de mousse et de lichen, tous ces puissants accessoires créent des effets très-pittoresques, surtout quand l'art ne s'y laisse pas soupçonner. Pour produire des scènes de ce genre, il faut non-seulement du goût, mais aussi ne pas être étranger à l'art du peintre, et savoir pratiquer sur le terrain ce que celui-ci exécute sur la toile. On doit ménager avec esprit les oppositions de lumière, combiner les contrastes de formes et de

couleurs, calculer les effets, et surtout être original sans affectation, sans tomber dans le bizarre. La nature nous offre partout le pittoresque ; il ne s'agit que de le sentir, de l'étudier, et de se l'approprier pour le transporter dans nos jardins. Pendant une promenade de quelques heures, un homme de goût remplira son portefeuille de scènes charmantes, qu'il pourra reproduire ensuite avec facilité.

Le *Pittoresque* n'étant autre chose qu'un objet qui, par sa position, son arrangement, se peint vivement à l'esprit, ou une scène dont l'ensemble frappe heureusement le regard, peut entrer, lorsqu'il est bien compris, dans presque toutes les compositions.

Le *Rustique* doit, contrairement au pittoresque, montrer de l'art dans tous ses tableaux, mais cet art utile et primitif tel que le sentaient les premiers hommes, manquant d'instruments et privés des lumières nécessaires pour exécuter, même pour concevoir le beau dans les constructions. Les fabriques rustiques seront composées des matériaux les plus simples, employés tels que la nature les présente ; la seule condition que semble exiger une construction de ce caractère, c'est la solidité, tout en évitant de tomber dans le massif et le lourd. Ce genre exige une élégance de formes qui produit d'autant plus d'effet qu'elle paraît être plus difficile à obtenir. Le rustique ne se compose pas seulement de fabriques, il faut que le site ait aussi ses convenances : peu d'accidents dans le terrain, point d'ambition dans les plantations, toutes choses doivent être distribuées dans un but utile apparent. Ce ne sera plus le ginkgo exotique dont le feuillage ombragera le toit de chaume ; la bignone ne serpentera pas autour des piliers de la construction : le poirier croîtra devant sa porte ; les pampres de la vigne encadreront ses fenêtres , et tapisseront les murailles de leur riante verdure. Il faut encore, pour caractériser ce genre, animer le tableau. On aime à voir la chèvre agile grimper avec adresse l'escalier roide et tournant qui la conduit jusqu'au dernier étage d'un pavillon où la poule et le faisan occupent le premier, tandis que la douce brebis allaite ses agneaux au rez-de-chaussée. Les scènes rustiques sont d'autant plus faciles à animer, qu'on peut, sans nuire à l'harmonie, les isoler, pour ainsi dire, par le moyen de palissades, de barrières ou de treillages artistement entrelacés, et en former ainsi de petits parcs très-propres au logement des animaux domestiques.

Aux scènes *champêtres* appartiendront les vastes cultures, les prairies et les gras pâturages où la génisse considère avec une stupide indifférence les taureaux combattant avec fureur pour se la disputer. Le mouvement caractérise les scènes champêtres et en fait tout l'agrément. Au coucher du soleil, le pâtre, regagnant l'étable avec son troupeau, fait entendre son chant mélancolique : lorsque la chaleur du milieu du jour devient accablante, le laborieux vigneron pose la houe dont il se sert pour cultiver le riant vignoble qui, s'élevant à mi-côte, se confond avec les bois et les bocages formant cadre au tableau. Éloignez de ces scènes tout ce qui sent le luxe ou l'affectation : point de temples, d'obélisques, point d'ermitages, de rochers ni de grottes ; la première et même la seule fabrique que le goût permette, c'est la *ferme-ornée*; encore faut-il que ses ornements appartiennent au caractère de la composition. N'allez pas, comme ont fait quelques Anglais,

masquer votre bâtiment rural par la voûte gothique d'une église en ruine; ne logez pas vos poules dans une chapelle, vos pigeons dans un clocher, vos bœufs dans une sacristie; ces contrastes puérils annoncent un absolu manque de goût, et une imagination déréglée. C'est surtout dans les scènes champêtres que les convenances doivent être strictement observées. Les habitations des hommes et des animaux doivent être d'une architecture simple, villageoise mais élégante, et, par-dessus tout, commode. Chaque bâtiment doit être rigoureusement approprié à l'usage auquel on le destine. Dans vos plantations, ne perdez jamais de vue que l'utile doit toujours marcher de front avec l'agréable.

Le caractère *tranquille* d'une scène se rencontrera sous l'ombre des frais bocages plantés sur les bords d'un ruisseau, dont les ondes serpentent en murmurant au fond d'une vallée solitaire. C'est là que l'aune, le saule au feuillage argenté, étendront leurs racines jusque dans les eaux limpides, afin de fournir des retraites inaccessibles à l'écrevisse et au barbeau. La fauvette, fuyant le bruit du village, viendra sous leur paisible ombrage élever sa jeune couvée, et modulera sous leurs voûtes de verdure ses chants d'amour. Partout des sentiers faciles et bien entretenus permettront d'arriver sans fatigue sous des réduits impénétrables aux rayons du soleil; les pentes seront adoucies avec art; des gazons émaillés de pâquerettes, parfumés de fraises, appelleront les friands oiseaux nichés dans les massifs de bouleaux et de sapinettes garnissant les coteaux d'alentour; des arbres d'une brillante verdure, des groupes de fleurs, des plantations d'arbrisseaux distribués avec grâce, jetteront de la diversité dans le paysage. Des fabriques choisies avec discernement achèveront de faire de ce lieu un séjour enchanteur. Éloignez tout ce qui peut rappeler des idées de tristesse; surtout point de tombeaux, d'urnes ni de cyprès; car ces lieux sont principalement consacrés à la méditation et à la vieillesse, et rien ne doit rappeler à celle-ci qu'il faudra bientôt voir se briser les derniers liens qui l'attachent encore aux objets de ses affections. Quels que soient les orages qui aient traversé la vie d'un vieillard, évoquez des souvenirs doux à son cœur, mais jamais ne déchirez d'une main barbare le voile prêt à tomber qui lui cache l'avenir. La vieillesse ne vit plus que du passé; chez elle tout est habitude : remarquez les promenades journalières de votre vieux père; ne pouvant plus aller au loin, il faut lui créer un milieu qui lui rappelle tout ce qui lui plaisait : les collines boisées, le gazon dont un ruisseau poissonneux lustre la verdure, le modeste pavillon dont le toit abritait sa quiétude, afin que dans ses derniers jours la nature qu'il aime reçoive son regard de reconnaissance et d'adieu. Dans l'enceinte qu'il se plaît à parcourir, et près du banc où il vient s'asseoir tous les jours et à la même place, vous élèverez la pêcherie où ses petits-enfants viendront épier avec impatience l'instant où l'écrevisse, entraînée par sa voracité, sort des racines impénétrables qui la défendaient, pour entrer dans le filet perfide. Là aussi vous pourrez grouper les souvenirs agréables ou glorieux; une simple guirlande, une inscription, rappelleront à ce bon vieillard le jour où sa destinée fut unie à celle d'une épouse chérie, qui lui consacre encore les derniers moments de sa vie. Un monument d'architecture étrangère, une cabane de bouleau le reporteront à l'époque où, avide d'acquérir des connaissances qu'il aime aujourd'hui à transmettre à ses jeunes enfants, il parcourait les climats lointains, et bravait les frimas du Canada ou les feux des tropiques.

Les scènes *riantes* ont une physionomie analogue aux scènes tranquilles; mais elles demandent plus de variété dans le coup d'œil, plus de grâce et de brillant dans les objets qui les composent, une perspective plus pittoresque et plus gaie. Des sentiers fleuris, des massifs d'arbustes aux fleurs éclatantes, des eaux limpides s'échappant en cascades peu élevées, des fabriques agréables, élégantes et décorées avec fraîcheur; quelques vases, des statues, mais toujours dans une position bien motivée; un parterre, un emplacement destiné aux amusements gymnastiques; tels sont les principaux ornements de ces scènes particulièrement recherchées par la jeunesse et la gaieté. Un de leurs caractères saillants est de se présenter toujours dans un site découvert et animé par le mouvement des eaux.

La scène *mélancolique* doit produire des émotions plus profondes. Il faut que dans ce site vous soyez saisi d'un sentiment de vague tristesse et de sensibilité. Un vallon solitaire, borné dans son horizon, et loin du fracas du monde, tel est le lieu qui convient à ce genre. Vos pas résonneront sourdement sur le sol des allées couvertes et sombres où les ifs, les sapins, les cyprès, marieront leurs feuillages rembrunis. Le romarin croîtra le long des sentiers silencieux, et si quelque fleur au coloris brillant ose épanouir ses corolles dans ces lieux consacrés aux méditations et aux souvenirs, ce sera l'immortelle, emblème d'une tendresse que la mort même n'a pu détruire; ce sera l'humble souci, la modeste pensée ou des plantes qui parlent à l'imagination le langage de la mélancolie.

Au milieu d'un massif de chênes, un obélisque vous rappellera les héros morts pour la patrie; plus loin un sycomore ombragera un monument simple surmonté d'une urne funéraire que le lierre grimpant menacera d'enlacer de ses branches comme de mille serpents. Une inscription dira au passant que cette urne renferme les cendres d'un homme vertueux.

Sur les bords d'une rivière dont on entend à peine le murmure, ou bien encore au milieu d'une île à l'aspect romantique, le marbre blanc d'une tombe frappera vos regards à travers la pâle verdure du saule pleureur, dont les rameaux flexibles, se courbant jusque sur la terre, semblent la protéger. A cette vue, une douce tristesse remplira votre âme! Hélas! est-il sur la terre un homme qui, avant d'avoir parcouru même le quart de sa carrière, n'ait déjà versé des pleurs sur la perte d'un être qui lui fut cher? En est-il un seul qui, à la vue de la dernière demeure en ce monde, ne se soit laissé aller, par une force irrésistible, à des souvenirs pleins d'émotion?

Ne craignez pas de donner à vos tableaux une couleur trop sombre et de réveiller la douleur : le cœur humain a des bizarreries inexplicables; on éprouve une jouissance singulière et profonde à se rappeler les événements malheureux qui ont affligé certaines périodes de notre vie.

La chose la plus difficile à bien faire, par cela même qu'elle doit produire le plus d'effet, c'est l'inscription que vous graverez sur le marbre. Souvenez-vous que l'esprit tue le sentiment là où le cœur seul doit faire les frais ; il faut que l'âme soit aussi vite frappée que la pensée par une épitaphe courte, simple et vraie. Point de latin, point de grec; ces langues, peu familières au commun des hommes, exigent encore, chez ceux qui les connaissent le mieux, un moment d'étude pour être parfaitement comprises, et ce moment suffit pour détruire l'illusion, arrêter l'émotion; elles ont encore l'inconvénient de mettre des gens, très-estimables d'ailleurs, dans le cas de rougir de leur ignorance; car rarement une femme manque de demander à celui qui l'accompagne l'explication d'une devise ou d'une inscription, et trop souvent on ne répond à cette question indiscrète que par le pénible aveu d'une humiliante négligence d'éducation. Que jamais l'on ne puisse voir dans une inscription autre chose que le sentiment délicat qui a dû vous l'inspirer.

Les scènes mélancoliques et tristes feront, mieux que toute autre, comprendre combien les auteurs se sont trompés lorsqu'ils ont prétendu former des genres dont le caractère serait exclusif, car bien certainement ils n'ont pas voulu nous donner des cimetières pour des jardins d'agrément, et cependant comment pourrait-on faire autre chose, si l'on ne devait créer dans un paysage que des scènes semblables à ces dernières.

Telles sont les principales nuances qui caractérisent les sites, et les convenances qui leur sont propres; mais il existe encore une espèce de décoration, qui peut-être a donné lieu aux auteurs d'établir leurs genres *surprenant, fantastique, merveilleux*, etc. Il serait très-difficile de définir exactement ce qu'on entend par ces épithètes, dont aucun auteur ne s'est soucié de donner l'explication. Nous voulons parler ici de ces espèces de tableaux magiques qui, mis en mouvement au moyen de mécaniques ingénieuses et invisibles, sont d'autant plus agréables que leurs effets surprennent davantage les personnes qui n'en sont pas averties. Quelques exemples feront mieux concevoir tout l'agrément que l'on peut tirer de ces machines, qui cependant ne sont guère que des jeux d'enfant. — On voyait, dans un jardin paysager des environs de Strasbourg, un ermitage pittoresque élevé sur un coteau au milieu des rochers. Le voyageur que la curiosité conduisait vers ce site romantique, arrivait par des sentiers assez rapides jusque dans le petit jardin potager décorant la façade rustique de cette fabrique. La porte en est entr'ouverte, il la pousse pour entrer et visiter l'intérieur du modeste monument; mais il craint d'avoir commis une indiscrétion, car il aperçoit le saint anachorète assis devant une table de chêne, les yeux attentivement fixés sur un livre de piété qu'il étudie et médite. A l'approche de l'étranger l'ermite se lève à demi, lui fait signe avec la main de s'asseoir un instant sur un banc de pierre adossé à la muraille; puis, après lui avoir fait une profonde inclination, il continue sa pieuse lecture avec le même recueillement. L'étranger attend patiemment que le saint homme ait fini son bréviaire pour commencer une conversation intéressante; d'abord il admire sa piété; mais le temps passe, une heure s'écoule, il commence à perdre patience, et dans le fond de son cœur il se prend à murmurer contre une dévotion qui ne lui paraît pas bien à sa place. Un soupçon se glisse dans son esprit : il a remarqué l'immobilité singulière de l'ermite, son silence obstiné, et surtout le livre ouvert toujours à la même page. Cependant la crainte d'être indiscret une seconde fois retient encore le voyageur sur la pierre où il est assis. Vainement il cherche à voir la figure de son hôte; un capuchon rejeté sur sa tête la lui couvre presque entièrement, et ne laisse apercevoir que sa barbe vénérable tombant jusque sur sa poitrine. Enfin, la patience lui échappe; le curieux étranger se lève, s'approche, et reste tout confus en reconnaissant qu'il n'a eu tant de politesse que pour un automate que lui-même a mis en mouvement en faisant tourner la porte sur ses gonds. Il sort, et, poursuivant sa course, il se trouve bientôt sur le bord d'une petite rivière au milieu de laquelle est une île charmante, des inscriptions tracées sur des écussons suspendus sur la rive opposée, piquent sa curiosité et lui font naître le désir de traverser la rivière pour aller visiter un temple de l'Amour, dont il distingue les colonnes élégantes au milieu d'un bocage de myrtes et de grenadiers; mais comment parvenir sur l'autre rive? aucune communication ne se présente entre les deux bords. Une légère nacelle est seule amarrée au rivage; qui ouvrira le solide cadenas qui la fixe au tronc d'un saule renversé sur les eaux? et d'ailleurs il ne découvre aucun instrument pour la diriger. A tout hasard il s'élance, ne fût-ce que pour se rapprocher un peu de l'autre rive. Quel prodige s'opère à l'instant où ses pieds touchent la barque enchantée! La chaîne qui la fixait au rivage se rompt tout à coup, et comme si la main invisible d'un dieu marin le dirigeait, le frêle esquif fend avec rapidité les ondes tranquilles, seul il se dirige au milieu des nénuphars et des roseaux, et ne s'arrête que dans un lieu commode au débarquement. L'étranger se dirige alors vers le temple mystérieux. Il en admire les décorations brillantes et gracieuses, il s'approche du voile qui dérobe le sanctuaire à sa vue; mais, avant que sa main profane se soit étendue pour le soulever, une musique harmonieuse charme ses oreilles, le rideau s'ouvre et lui laisse voir la statue du dieu malin, tandis que le feu sacré, emblème d'un autre feu peut-être aussi vif, mais trop souvent moins pur, s'allume spontanément et consume les parfums déposés sur l'autel. — C'en est assez pour mettre un artiste sur la voie, et lui faire créer des scènes féeriques plus ingénieuses encore s'il a de l'imagination, du goût et des connaissances en mécanique.

CHAPITRE IV.

DES CLIMATS ET DES TEMPÉRATURES.

On doit choisir, pour former un jardin, l'exposition la plus avantageuse au développement et à la vigueur des végétaux que l'on se propose d'y cultiver. Cette exposition change en raison des climats, mais généralement elle doit regarder le midi dans les pays froids; le midi, le levant, ou, mais moins bien, le couchant, dans les pays tempérés. Nous ne prétendons pas dire qu'il faut que la totalité du terrain soit en pente tournée vers le sud : cela offrirait une uniformité de surface qui exclurait les accidents pittoresques; seulement il faudrait que les masses générales et les principales scènes aient cette situation, parce qu'on aura plus de facilité pour y cultiver les végétaux exotiques qui en font le premier agrément.

« Chaque exposition a ses avantages et ses inconvé- » nients, dit le Bon Jardinier; quand on cultive les végé- » taux de différents pays, on a tellement besoin de diver- » ses expositions que, quand elles manquent, on s'en pro- » cure artificiellement par des murs, des palissades, des » massifs, des talus, etc. »

On s'attachera surtout à déterminer parfaitement le terme moyen de la température des lieux où l'on établira un jardin : c'est sur cette connaissance que l'on fera un choix combiné des végétaux qui conviendront le mieux à la localité. Ces observations sont plus nécessaires qu'on ne le croirait au premier abord; tel arbre, par exemple, aux rameaux vigoureux, au feuillage touffu, qui ferait un effet superbe sous les influences d'un milieu convenable, végétera néanmoins dans des circonstances contraires, mais il ne produira aucun effet. Son tronc, raccourci, gêné dans sa sève, se couvrira de mousses parasites; ses branches diffuses et à moitié desséchées, ne présenteront plus qu'un feuillage rare, languissant et décoloré. Loin de faire naître dans notre esprit cette admiration dont on est frappé en face des beautés de la nature, il nous montrera l'image de la stérilité et d'une mort prématurée. Aussi n'essaya-t-on pas de transporter dans le nord ces myrtes fleuris, ces grenadiers élégants, et ces orangers aux pommes d'or, qui enrichissent le sol favorisé de l'Italie et du midi de la France, quand-même on réussirait, par quelques moyens ingénieux, à leur faire braver impunément en pleine terre les rigueurs de l'hiver. De même on ne pourra transporter ni faire figurer, dans le paysage d'un climat chaud, certains arbres qui se plaisent sous les zones glacées du nord. La règle prescrite ici paraîtrait peut-être surabondante, si l'on ne savait que les végétaux sont tellement sensibles aux influences des climats, qu'il suffit de la distance de quelques lieues pour les voir prospérer ou périr. Cependant, l'homme qui a étudié la dendrologie sait qu'il y a un certain nombre de beaux végétaux étrangers qui réclament quelque abri pendant leur jeunesse, et qui, ensuite, bravent impunément toute la rigueur de nos hivers pendant des siècles. D'autres, non moins intéressants, mais plus délicats, exigent, les uns, d'être constamment abrités tous les hivers, et les autres, de l'être toute l'année.

L'amateur ne doit pas se priver des douces jouissances attachées à la possession de ces plantes exotiques dont les fleurs sont presque toujours remarquables par leur forme, la vivacité de leurs couleurs ou leur suave odeur; mais c'est dans des serres élégantes, dont ces brillantes favorites font le plus bel ornement, qu'on doit les rassembler et les cultiver, si l'on veut en obtenir tout le plaisir qu'on est en droit d'en attendre. Quelquefois on peut les employer à la décoration d'une scène étrangère : il faudra pour cela attendre chaque année la saison favorable pour les enterrer au dehors, avec leurs vases, dans l'endroit où elles devront figurer. Avec un peu d'adresse, on parviendra facilement à masquer ces vases qui tiennent leurs racines prisonnières, et leur effet pittoresque semblera n'appartenir qu'à la nature. Dès que les vents du nord se feront sentir, ces plantes frileuses seront rentrées en serre à l'abri des frimas.

Chaque climat a ses beautés comme ses productions particulières : il en résulte une différence marquée dans le caractère des sites, et, par conséquent, dans celui des scènes que l'on créera. C'est à l'artiste à se conformer à ces convenances, et à faire un choix d'espèces, pour ses plantations, parmi les végétaux qui lui offriront le plus de ressources.

DEUXIÈME PARTIE.

CHAPITRE PREMIER.

ARPENTAGE. — LEVER DES PLANS. — TRANSPORT SUR LE TERRAIN D'UN DESSIN TRACÉ SUR LE PAPIER. MÉTHODE POUR MESURER LA HAUTEUR DES ARBRES. — MESURES AGRAIRES.

L'emplacement d'un jardin étant bien déterminé d'après toutes les considérations que nous avons exposées dans les chapitres précédents, après en avoir raisonné les avantages, étudié la disposition par rapport au climat où l'on se trouve, il est tout naturel de s'occuper de le *tracer*, de donner en quelque sorte une forme au sol, et le préparer à recevoir les végétaux, les fabriques, les ornements dont un goût capricieux voudra l'embellir:

Quelques notions faciles d'arpentage, des principes clairs et concis sur les moyens de dessiner sur le terrain, vont donner au propriétaire la facilité d'exécuter lui-même.

Ayant un terrain dont les limites sont connues, le propriétaire, pour en avoir l'étendue positive, et avoir sous les yeux l'ensemble de sa propriété, devra, par les moyens que nous allons indiquer, tracer sur le papier un plan topographique qui soit la fidèle représentation de la localité sur laquelle il veut opérer. La *pratique* seule nous servira ici de guide; nous n'entrerons dans aucune des difficultés de détail qui exigent non-seulement une étude approfondie de la géométrie, mais aussi une grande sagacité, et qui, d'ailleurs, sortiraient de notre cadre. Nous nous bornerons à exposer les procédés le plus en usage formant les principes du *lever des plans*.

Lever un plan topographique. — Avant de lever un plan, on devra explorer la localité pour en reconnaître les points principaux, c'est-à-dire les murs, les contours des ruisseaux, les ponts, les allées, les lieux où il est convenable de stationner, etc., que l'on marque avec des *jalons* à la tête desquels on place une carte, afin de les distinguer de loin, tels que les points A D C B E H, fig. 1, pl. 1. Les points remarquables ainsi connus, on prend pour base, sur le terrain horizontal, une ligne droite que l'on puisse mesurer facilement, et choisie de telle sorte que, de ses deux extrémités, on doive apercevoir la plus grande partie des *jalons* déjà posés : la ligne A B, par exemple. On mesure cette base à l'aide d'une chaîne d'arpenteur ayant, bien entendu, une dimension connue. On tient note de cette mesure, ainsi que des opérations qui vont suivre. On se porte à l'extrémité A, et, y plaçant l'équerre d'arpenteur, on prend des divers degrés des angles A D — A C — A E — A H; puis en B, on note, par le même moyen, les degrés des angles B C — B D — B E — B H.

Ainsi les jalons sont unis entre eux, dans la pensée, par des lignes droites recouvrant, comme d'un réseau, la surface de la localité. Il s'agit ensuite de figurer sur le papier cette série de triangles ayant pour côté commun la base sur laquelle ils sont formés, et pour sommets les divers points remarquables de la propriété. On tracera sur le papier, pour représenter la base, une ligne droite *a b*, que l'on fera d'autant de parties de l'échelle du plan que la base A B contient de mètres, de toises ou de pieds. Ensuite, à l'aide du *rapporteur* et des mêmes degrés que ceux observés sur le terrain, on tracera du point *a* les lignes droites *a d*, *a c*, *a e*, *a h*; et du point *b*, les lignes *b c*, *b d*, *b e*, *b h*; ces lignes doivent former avec *a b* les mêmes angles que font avec A B les rayons visuels A C — A D, etc. Maintenant, si l'on veut connaître combien contient de toises, mètres, etc., chacune de ces lignes que l'on n'a pas mesurées sur le terrain, il s'agira de prendre tour à tour chacune des distances sur le plan avec un compas, et de la porter sur l'échelle de la figure.

Dans le cas où il n'est pas commode de mesurer les angles d'un triangle, on prend sur le terrain, au moyen de la chaîne, la longueur de chacun des côtés, et, reportant ces longueurs sur le papier en unissant chacune des extrémités, on obtient les angles. Ce procédé, qui demande un soin minutieux, peut être long en raison des accidents de la surface; mais il est très-exact.

Voici donc le plan topographique d'une propriété reproduite sur le papier de manière à l'embrasser d'un coup d'œil; il ne reste plus qu'à dessiner les objets que chaque angle signale. Puis on trace sur le plan une ligne qui indique le nord et le sud, et donne ainsi les divers points où telle plantation devra être produite selon l'exposition qui lui conviendra.

Déterminer la superficie d'un terrain. — Ayant, par exemple, un terrain à quatre côtés inégaux, fig. 2, si, après avoir relevé sur le papier, selon le moyen déjà indiqué, les côtés formant la limite de la localité, on veut en connaître la superficie, voici comment il faut agir : on partage la figure par une diagonale *a a*, tracée d'un angle à l'angle opposé. On abaisse sur cette diagonale deux perpendiculaires partant de chacun des sommets des deux autres angles. Au moyen de l'échelle, on a trouvé que la diagonale ou ligne de base a 20 toises (*), et que les perpendiculaires en ont l'une 120, l'autre 100. On fait ce calcul fort simple : *Multiplier la somme totale des toises de la diagonale par la demi-somme de chacune des perpendiculaires;* ainsi, la moitié de la perpendiculaire *b*, c'est-à-dire 50 multiplié par la diagonale 200 donne 1000 la moitié de *c*, c'est-à-dire 6 multiplié par 200 donne 1200

Le produit de ces deux chiffres donne . . . . . 2200 qui est le nombre de toises carrées contenues dans l'étendue de la propriété.

Si le terrain offre dans ses limites plus de quatre côtés, tel que la fig. 3, on partagera le plan par deux diagonales *d d' d''*, sur lesquelles on fait tomber, du sommet des autres angles, des perpendiculaires *e d'' h*, et on *multiplie la moitié de la somme de toises de chaque perpendiculaire par la somme totale de la diagonale sur laquelle elle tombe.*

(*) On a laissé ici les anciennes mesures telles qu'elles sont sur la gravure faite pour la 5ᵉ édition, qui auraient pu être détériorées par les grattages.

La moitié de la perpendiculaire *e* c.-à-d. 2 multiplié par 14 donne 28
   —   —   *d"* — 3 —' 15 — 45
   —   —   *h* — 4 — 15 — 60
                                     ———
                                   133

La figure 3 renferme donc dans son enceinte 133 toises carrées.

Mais si le terrain présente beaucoup de côtés, le plan est alors si étendu que, pour en déterminer la surface, il faut être versé dans la science de l'arpentage, ce qui sort entièrement de notre sujet.

Formation du plan général d'une localité. — Le propriétaire qui d'un terrain informe veut faire un séjour agréable et varié, ne doit marcher qu'ayant sous les yeux son plan topographique, sur lequel il marquera au crayon, au fur et à mesure, les améliorations et les créations que le bon goût va lui suggérer; mais, pour cela, il doit bien s'identifier avec toutes les parties de la localité, en étudier les accidents, les moindres contours. Il faut que chacune des lignes tracées sur le papier soit raisonnée de telle sorte qu'en explorant chaque position il puisse voir par avance l'effet que tel changement produira, prévoir ce qui résultera, même des détails les moins importants, par rapport à l'ensemble général.

Or, avant tout, son attention devra se porter sur la situation de l'habitation principale et des bâtiments accessoires, il étudiera l'aspect qu'ils offriront de tel ou tel point, il calculera l'étendue du parc, jugera l'emplacement le plus avantageux et le plus commode au jardin potager, à la ferme, au verger; puis il se rendra compte de l'effet que produiront un groupe d'arbres, un arbre isolé, les massifs, un petit bois; enfin il fixera convenablement la place que doit occuper la pelouse et plus loin la prairie s'il y a lieu; il donnera à la petite rivière qui court dans sa propriété une forme plus sinueuse, bâtira sur ses bords un moulin, produira un pont, une cascade, une écluse, établira non loin de là un salon vert et ombragé pour le délassement de sa jeune famille, pour les plaisirs de ses invités, car joyeux et aimable amphitryon, il voudra que chacun jouisse du paradis qu'il s'est formé, et son amour-propre d'artiste sera flatté en faisant parcourir à ses jolies conviées les allées que lui-même a tracées, les élégantes fabriques érigées sous sa direction.

Quelquefois, dans ses explorations, le propriétaire aura besoin, pour arrêter ses idées, d'employer des moyens factices; ainsi, pour se représenter l'effet des arbres qu'il voudrait y voir, il fera planter, dans les endroits qui lui sembleront propres à cette plantation, des jalons de 2 à 5 mètres de hauteur; s'il veut introduire un ruisseau dans telle partie, il s'en formera l'image par de larges bandes de toile blanche ou de papier posées sur le terrain que l'on aura nivelé à cette intention, ou bien encore par des cordes si l'espace n'est pas grand. — Pour juger d'une fabrique, il fera placer des piquets unis par des barres transversales et couvertes en partie de planches, etc.

Il reproduit ainsi ses pensées sur le plan en indiquant simplement la forme linéaire des objets et celle des masses; lorsque l'ensemble est complet, il le dessine ou le fait dessiner au net par quelqu'un d'entendu. Les parties où les constructions, le terrain, les végétaux, les eaux, doivent subir des changements, celles où de nouvelles créations doivent être formées seront dessinées en couleur. — Ce dessin une fois judicieusement arrêté et conformément aux règles naturelles établies sur la formation des jardins, une fois toutes les difficultés prévues, les travaux qui en reproduiront la fidèle et palpable représentation s'exécuteront avec précision et sans *tâtonner*. Le temps que le *jardiniste* aura employé à former le plan dans sa tête, puis sur le papier, sera bien compensé alors par la promptitude magique avec laquelle toutes les parties s'embelliront.

Tracé de figures sur le terrain. — *Transport d'un dessin du papier sur le terrain.* — Le crayon a tracé sur le papier les idées qu'un goût judicieux et le raisonnement ont appelées, il faut maintenant opérer sur le terrain selon les moyens que nous allons indiquer.

Pour tracer toute figure sur le terrain, il est bien entendu qu'il faut établir d'abord une ligne de base sur laquelle on opère suivant l'inclinaison que l'on veut donner à cette figure. — Ceci une fois convenu, nous ne le répéterons pas à chaque dessin.

1. Chacun sait qu'une *ligne droite* sur le terrain se trace au moyen d'un cordeau tendu d'un piquet à un autre à la distance de 50 mètres au plus; si la ligne que l'on veut tirer doit avoir 120 mètres par exemple, on divisera la distance entre les deux extrémités en quatre parties ou plus, au moyen de jalons, puis on marquera au cordeau, entre chaque jalon, les lignes qui réunies entre elles, donneront 180 mètres.

2. Pour tracer sur le terrain une *perpendiculaire* à une autre ligne, on prendra, sur la ligne F G, fig. 5, une distance égale de chaque côté du point O, marqué d'un piquet, où l'on veut élever ou abaisser une perpendiculaire, soient les points *i i*, et l'on plantera à ces distances des piquets dans lesquels on fixe, au moyen d'anneaux, les deux extrémités d'un cordeau. On couche le cordeau sur la terre en le tirant avec soin par le milieu de manière que les deux côtés en soient également tendus, on plante dans l'angle que forme le cordeau un autre piquet qui avec le point indiqué sur la ligne de base forme la perpendiculaire. Si l'on veut élever la perpendiculaire à l'extrémité de la ligne, comme en G, on prolongera cette ligne d'une quantité suffisante pour pouvoir prendre de chaque côté de ce point une distance et agir comme ci-dessus.

3. Tracer sur le terrain un *angle* proportionné à un angle donné sur le papier, tel que *a b c*, fig. 6, dont les côtés ont 10 pieds. Sur une ligne on marque, avec deux piquets, la valeur de 10 pieds; ayant trouvé, au moyen de l'échelle, que la distance entre les deux côtés est de 6 pieds, on prend un cordeau de 6 pieds dont on passe l'anneau dans le piquet *c*, puis ayant un autre cordeau de 10 pieds, on en fixe l'anneau dans le piquet *a*; cela fait, on conduit les deux cordeaux jusqu'à ce que leurs extrémités se rencontrent en *b*, on trace enfin les lignes *a b*, *a c*, et la figure du terrain est conforme à celle du papier.

4. Par un moyen semblable, on formera sur le terrain un *triangle* égal à un triangle donné sur le papier. On prend trois cordeaux égaux en longueur à celle que doit avoir chacun des côtés du triangle, puis, les réunissant à leurs extrémités, on obtient la figure voulue.

5. Tracer un *cercle*. Admettant que la place où on veut

tracer un cercle ait 12 pieds en ligne droite d'un jalon à l'autre, on fait de cette ligne le diamètre dont on prend pour centre le milieu, c'est-à-dire un rayon de 6 pieds, et on y fixe solidement un piquet dans lequel on passe l'anneau d'un cordeau de 6 pieds : le traçoir étant fixé dans l'anneau de l'autre extrémité, on le promène ainsi toujours tendu jusqu'à ce que l'on rencontre le point d'où l'on était parti, et le cercle est tracé. — Dans toute opération de ce genre, il sera bon qu'un homme tienne dans son aplomb le piquet du centre, que le moindre accident pourrait faire dévier.

6. Pour transporter un *polygone* du terrain sur le papier, nous allons indiquer un seul moyen fort simple, qui peut servir à obtenir depuis le triangle équilatéral jusqu'au dodécagone; c'est un problème fort utile dans l'art de tracer le dessin d'un jardin, et dont voici la question : *Faire passer un cercle par trois points donnés, toutes fois que ces trois points ne sont pas en ligne droite*, fig. 7.

Ayant les points *k m n*, on les joint d'abord par deux lignes droites *k m*, *m n*; sur le milieu de ces deux lignes, par le moyen indiqué (n° 2), on élève deux perpendiculaires que l'on prolonge jusqu'à ce qu'elles se rencontrent comme au point O, où l'on plante un piquet, et, avec un cordeau égal en longueur à la distance du point O à l'un des points donnés, on décrit (n° 5) une circonférence qui passe par les trois points.

De même, si on avait un *arc de cercle* ou une *courbe* dont on voulût trouver le centre, on prendrait sur cet arc trois points à volonté, et, opérant comme ci-dessus, on trouverait le centre au point où les deux perpendiculaires se joignent.

Ceci posé, si l'on veut former sur le terrain un polygone, soit, par exemple, un octogone égal à celui fig. 7, on prend sur l'échelle la longueur de la ligne *k m*, de 10 pieds, et, sur la ligne de base du terrain, on porte une longueur égale, en marquant chaque extrémité par un piquet; on mesure, au moyen du rapporteur, l'angle que forme sur le papier la rencontre de deux côtés de l'octogone; cet angle est de 135 degrés; au moyen d'un demi-cercle placé au point *m*, on marque par un piquet le degré voulu; de ce piquet au point *m*, on tire une ligne sur laquelle on porte la même longueur, 10 pieds, de *m* en *n*. On a obtenu ainsi deux lignes *k m*, *m n*, sur lesquelles on élève deux perpendiculaires pour trouver le centre; du point de jonction on décrit un cercle qui, passant par les trois extrémités des deux lignes connues, doit contenir dans sa circonférence les huit côtés. Tout polygone peut se tracer par la même opération, en donnant à chacun l'ouverture voulue de l'angle, selon le nombre de côtés qu'il doit renfermer; en voici la liste :

Triangle équilatéral, polygone à	3 côtés,	60 degrés.
Quadrilatère ou carré	4	90
Pentagone	5	108
Exagone	6	120
Eptagone	7	128 4/7
Octogone	8	135
Ennéagone	9	140
Décagone	10	144
Endécagone	11	147 1/3
Dodécagone	12	150

7. Il existe plusieurs manières de tracer un *ovale* sur le

terrain. Nous allons en indiquer seulement deux par lesquels on pourra obtenir tout ovale, quelque dimension qu'on veuille lui donner.

Pour tracer un ovale dont les diamètres ne sont pas déterminés, on prend de chacune des extrémités de la ligne de base A B, fig. 8, deux distances à volonté, mais égales entre elles, A I, B O; les deux points I O servent de centre pour décrire avec le cordeau deux arcs passant par les extrémités de la base, et qui se coupent en D D; à ces deux points d'intersection on fixe tour à tour le cordeau, et on trace deux arcs qui joignent les cercles déjà marqués et terminent l'ovale. — On voit que plus les distances I et O seront rapprochées des extrémités de la ligne A B, plus l'ovale sera allongé, et *vice versâ*. — L'*ovale du jardinier* ne diffère dans sa construction qu'en ce que, au lieu de prendre les distances à volonté sur la base, on divise cette ligne en trois parties égales, et que les deux points du milieu sont les centres servant à décrire les deux cercles, comme ci-dessus. — Si la mesure du grand diamètre seul était connue, on donnerait à la ligne de base la longueur voulue, et on agirait selon les mêmes principes.

Un ovale ou ellipse ayant ses deux diamètres donnés, soit fig. 9, le plus grand de 25 pieds et le petit de 13 pieds, qu'il faut transporter sur le terrain. — La base C D étant établie de 25 pieds, on trace sur le milieu E de cette ligne une perpendiculaire (n° 2) que l'on prolonge indéfiniment des deux côtés, sur laquelle, et de chaque côté du point E, on marque avec des piquets une distance de 6 pieds 1/2, pour avoir le petit diamètre. Prenant cette même mesure, c'est-à-dire la moitié du diamètre G H, on la porte à une

des extrémités du plus grand, comme en C P; on divise l'espace P E en trois parties égales, dont une est portée sur la même ligne de P en R. La distance C R est marquée à l'autre bout de D en *r*. Les deux points R *r* serviront de centre à deux petits arcs *l l* que l'on décrira aux deux extrémités du grand diamètre. Avec la longueur de R en *r*, on formera sur la ligne C D deux triangles équilatéraux (n° 4) dont les côtés viendront couper la perpendiculaire aux points Q Q; puis, prolongeant à leur base les mêmes côtés du triangle, on fixe des piquets *l l l l* aux points où ils viennent toucher les deux petits arcs déjà tracés. Les points d'intersection Q Q sont les centres des deux grands arcs qui doivent joindre les piquets *l l l l*, passent par les deux extrémités du diamètre le plus petit, et achèvent ainsi sur le terrain un ovale égal en proportions à l'ovale dessiné sur le papier.

Quand on a tracé sur le terrain un côté d'une allée ou d'un sentier, il ne serait pas aisé de tracer le bord parallèle sans un compas d'ingénieur, fig. 4, pl. 1re. Il est facile de le fabriquer avec deux tringles de bois de la forme d'un compas ordinaire. Il doit avoir 1 mètre 50 à 60 cent. de longueur. On voit dans la figure qu'il y a une traverse qui sert à le fixer à une mesure voulue qui doit être écrite au point où on veut l'assujettir avec une cheville, soit de 30 en 30 centimètres. On lui donne jusqu'à 2 mètres d'écartement.

Dresser de niveau une portion de terrain. — Pour opérer sur un terrain, on aura plus d'une fois occasion d'en niveler certaines parties. A cet effet, on choisit à l'endroit le plus élevé la partie la plus unie, telle qu'en S, fig. 10, et on y plante deux jalons de 8 à 10 pieds de long; on appuie sur leurs têtes une règle sans cambrure et bien égale. On hausse ou l'on enfonce les jalons jusqu'à ce que le niveau de maçon indique que cette règle est parfaitement droite. Le niveau enlevé, on se place à l'extrémité S; puis on fait poser d'autres jalons de distance en distance, et jusqu'au bout du terrain T, de telle sorte que leurs têtes ne dépassent pas la ligne de mire formée par la règle. Ceci fait, on mesure le jalon de la partie la plus basse, comme celui placé en T, long de 10 pieds en dehors du sol; on mesure également un de ceux fixés en S, ayant 4 pieds. La différence entre ces deux hauteurs étant ici de 6 pieds, on la divise en deux, ce qui donne 3 pieds. Il ne s'agit plus que d'enlever trois pieds de terre en S, que l'on porte en T pour combler cette partie, ayant soin, dans cette opération, de ne pas déchausser les jalons. On comble ainsi, jusqu'à ce que chaque jalon, mesuré depuis sa tête, ait 7 pieds en dehors du sol, et on a obtenu le terrain nivelé à la ligne V V.

Méthodes simples et expéditives pour mesurer la hauteur des arbres et le diamètre de leur tronc. — Les arbres sont plantés, soit serrés les uns près des autres, soit isolément, ou du moins assez séparés pour que d'un côté il y ait un espace libre. Dans le premier cas, voici le mode à employer :

Ayant une baguette de bois léger de 5 pieds ou 10 pieds de long, et de 6 lignes de diamètre, vous l'appliquez longitudinalement de la main gauche contre le tronc de l'arbre; vous tenez de la main droite un tube de fer-blanc de 4 pouces de long, et de même diamètre que la baguette; vous y faites entrer à deux pouces l'extrémité inférieure de la baguette; l'ayant ainsi fixée, vous entrez dans les deux autres pouces du tube une seconde baguette que vous glissez le long de l'arbre, et au bout de laquelle vous fixez encore un tube et une autre baguette, et ainsi jusqu'à ce que vous ayez atteint le sommet de l'arbre dont vous voulez connaître la hauteur; vous comptez vos baguettes et calculez. Cette opération peut sembler ennuyeuse; mais un homme et un enfant, avec 15 baguettes et 14 tubes, peuvent mesurer 100 arbres en un jour.

Dans le deuxième cas, lorsqu'un arbre est isolé ou qu'il existe un espace entre lui et son voisin, on peut prendre sa hauteur avec exactitude et d'une manière expéditive, en le mesurant de l'œil par un angle de 45 degrés, ou, en d'autres termes, en faisant de l'arbre un des côtés d'un carré imaginaire, et regardant son extrémité par la ligne diagonale de ce carré. A cet effet, on se forme un petit carré avec un morceau de carton ou de planchette mince, ou bien, à l'extrémité d'une petite planchette, on tracera un carré, ayant soin qu'un des côtés de cette planchette soit parfaitement droit. Dans tous les cas, on devra suspendre un petit plomb à l'un des angles du carré (voir la fig. 11, pl. 1re). — L'opérateur s'éloigne alors de l'arbre jusqu'à la distance où il peut voir son extrémité, et la ligne que suit son œil le long de la planchette (eu égard à la direction du plomb, qui doit passer par deux angles opposés) est exactement dans la direction de la diagonale du carré imaginaire. A l'inspection de la figure, on peut voir que la ligne *a b* est égale en longueur à la ligne *b c*; ajoutant à cette ligne la hauteur de l'opérateur de ses pieds à ses yeux, c'est-à-dire *d a*, et la moitié du diamètre du tronc de l'arbre, gf pris à la surface du sol, on aura la hauteur exacte de l'arbre. La ligne da doit être égale à de et à bf. Cette opération peut s'effectuer facilement en 6 et 8 minutes pour chaque arbre.

Un arbre isolé peut encore se mesurer avec promptitude sur son ombre, toutefois que le ciel est sans nuage.

— Ayant une baguette de 6 pieds, par exemple, vous la placez perpendiculairement au sol pour avoir la mesure de son ombre, puis vous voyez combien l'ombre de l'arbre a de fois la longueur de la baguette. Pour ces deux dernières méthodes, il faut supposer l'arbre sur un terrain uni ; dans toute autre position, on emploiera la première méthode, par les baguettes bout à bout.

Pour avoir le diamètre du tronc d'un arbre, on en mesure avec une ficelle la circonférence, dont le tiers est le diamètre. On peut encore se servir d'une baguette à laquelle on a adapté, à angles droits, deux petites pièces de bois dont l'une est courante, ce qui la fait ressembler à une mesure de cordonnier, et qu'on emploie de même.

Nous terminerons ce chapitre par quelques tables de mesures agraires.

MESURES AGRAIRES

OU DE SUPERFICIE.

1 pouce carré	*égale*	144 lignes carrées.
1 pied carré	—	144 pouces carrés.
1 mètre carré	—	9 pieds carrés ou 1 centiare.
1 hectare	—	100 ares ou 1,000 mètres carrés.
1 are, unité de surface,	—	947 pieds 7⁰ ou 26 toises 1/2 carrées, ou 100 mètres carrés.
1 centiare (*)	—	La 100ᵉ partie d'un are ou 1 mètre carré.

ARPENT DE PARIS. (C'est celui qui est usité le plus généralement.)

1 perche en longueur, *égale*	18 pieds.
1 perche carrée.	—	324 pieds carrés. — 9 toises carrées ou 34 mètres 19⁰ carrés.
1 arpent	—	100 perches carrées ou 32,400 pieds. — 900 toises carrées ou 3,418 mètres 87 centimètres carrés.

ARPENT DES EAUX ET FORÊTS OU D'ORDONNANCE.

1 perche en longueur, *égale*	22 pieds.
1 perche carrée	—	484 pieds carrés ou 13 toises 44⁰ carrés, ou 51 mètres 7 centimètres.
1 arpent	—	100 perches carrées ou 48,400 pieds. — 1,344 toises 44⁰ carrés, ou 5,107 mètres 20 centimètres.

(*) On emploie quelquefois le terme myriare pour exprimer 10 mille ares ou 100 mille mètres carrés.

RÉDUCTION

Des arpents (de Paris) en hectares et ares, et des hectares et ares en arpents. — La perche de 18 pieds de côté.

Arpents.	Hect.	Ares.	Cent.		Arpents.	Perches.
				1 are *égale*	0	2,85
				Hectares.		
1 *égale*	0	34	19	1 *égale*	2	92,50
2	0	68	38	2	5	85,00
3	1	02	57	3	8	77,48
4	1	36	75	4	11	70,00
5	1	70	94	5	14	62,47
6	2	05	13	6	17	54,97
7	2	39	32	7	20	47,46
8	2	73	51	8	23	39,95
9	3	07	70	9	26	32,45
10	3	41	89	10	29	24,94
100	34	18	87	100	292	49,44

RÉDUCTION

Des arpents (eaux et forêts) en hectares et ares, et des hectares et ares en arpents. — La perche de 22 pieds de côté.

Arpents.	Hect.	Ares.	Cent.		Arpents.	Perches.
				1 are *égale*	0	1,95
				Hectares.		
1 *égale*	0	51	07	1 *égale*	1	95,80
2	1	02	14	2	3	91,60
3	1	53	22	3	5	87,41
4	2	04	29	4	7	83,21
5	2	55	36	5	9	79,00
6	3	06	43	6	11	74,80
7	3	57	50	7	13	70,60
8	4	08	58	8	15	66,42
9	4	59	65	9	17	62,22
10	5	10	72	10	19	58,00
100	51	07	20	100	195	80,20

CHAPITRE II.

DU JARDIN FRUITIER-POTAGER ET DU VERGER.

Tout ce que nous avons dit jusqu'ici des règles à observer pour la composition des jardins s'applique aux jardins en général, et à tous les genres, même aux jardins d'utilité, puisque, sauf la différence dans la nature des végétaux, la forme pittoresque peut leur être tout aussi justement appropriée. Nous allons présentement donner un exposé des conditions nécessaires pour l'établissement de tous ces genres de jardins, en commençant par les *jardins d'utilité*; nous joindrons à chacun l'explication de nos plans. Le présent chapitre contient les plans de jardins d'utilité.

JARDIN FRUITIER-POTAGER.

Partout, excepté dans le jardin dit *maraîcher*, la culture des arbres fruitiers est mêlée avec celle des plantes potagères; nous traiterons donc ces deux sujets sans les diviser.

Notre traité ne comprend pas dans ses articles les *jardins marchands* en général; les cultivateurs marchands n'ont pas besoin de leçon là-dessus. Quand l'art de l'architecte ou du jardiniste entre dans la composition de ces sortes de jardins, alors ils participent du jardin d'ornement, et notre ouvrage leur est applicable.

La *situation* d'un jardin fruitier-potager dépend beaucoup de la fortune du propriétaire, de son goût et de celui de l'architecte qu'il emploie. Dans les moyennes fortunes, chez ceux qui ne peuvent avoir que cette sorte de jardin, il est placé à proximité de la maison, par devant ou par derrière, et dessiné de manière à produire une vue agréable et rapprochée. On a soin que de grands arbres environnants ne projettent pas leur ombre dans son enceinte, que leurs racines n'y pénètrent pas au travers des fondations des murs dont il doit être entouré, et ne viennent pas user la terre destinée aux arbres fruitiers et aux légumes. D'ailleurs, dans la petite et la moyenne fortune, le jardin fruitier-potager est toujours de rapport et d'agrément; chez elles, ces deux considérations sont suffisantes pour que le jardin soit dans la meilleure situation possible, et nous nous en rapportons, sur ce point, au goût, à l'intérêt et au jugement du propriétaire.

Dans beaucoup de riches propriétés, la simplicité régulière, caractère constant de ce jardin de produit, ne pouvant se plier aux combinaisons compliquées de l'architecte, il le dédaigne, ou s'il est obligé d'en tracer un, il le place loin de l'habitation et le masque de plantations serrées.

Sans doute, un jardin fruitier-potager ne doit pas être placé sous les fenêtres d'un palais, mais il faut qu'il soit en bonne terre, aéré, exposé au soleil et convenablement orienté. S'il faut absolument en cacher les murs à l'extérieur, que ce soit par des arbrisseaux à racines non traçantes, et pas plus hauts qu'eux. Mais dans ce cas, des arbrisseaux près des murs seront toujours un repaire d'insectes, de mollusques et de petits quadrupèdes qui feront continuellement des invasions dans l'intérieur du jardin et y occasionneront des dégâts sans nombre. Laissons au moins quelque intervalle entre les arbrisseaux et le mur qu'ils devront cacher.

Une situation basse ou dans la profondeur d'une vallée étroite convient peu à la qualité des produits d'un jardin fruitier-potager. On a, de plus, à y craindre les brouillards, les gelées tardives au printemps et les gelées précoces à l'automne. Une situation très-élevée s'échauffe tardivement au printemps et se refroidit hâtivement à l'automne ; le temps de la végétation y est donc raccourci : c'est une considération qui n'est pas à dédaigner. Si l'on y ajoute l'inconvénient d'être exposé à tous les vents, souvent à leurs bourrasques, à manquer d'eau, on reconnaîtra facilement que le jardin fruitier-potager le mieux situé est celui qui se trouve au niveau moyen de la contrée et abrité des vents du nord par une montagne, par un bois, ou enfin par des édifices.

Il n'est pas toujours possible de vaincre les difficultés qui s'opposent à ce qu'un jardin fruitier-potager soit parfait sous tous les rapports ; mais il arrive assez souvent qu'on l'établit imparfaitement, qu'on lui laisse des inconvénients plus ou moins graves, faute seulement de connaître toutes les conditions qui le rendraient parfait. Nous allons consacrer quelques paragraphes à l'exposition des considérations préalables, et aux moyens à employer pour obtenir des succès.

Le plan fig. 1, pl. 2, représente un modèle de jardin fruitier-potager le plus favorablement orienté, agréable dans sa simplicité, dans sa forme, dans ses détails, et qui doit offrir le plus d'avantages.

On voit d'abord, à son orientement, qu'il est plus large du côté du midi que du côté du nord. Sa contenance ne doit pas être moindre de 2 hectares, afin que ses murs extérieurs C puissent être hauts de 3 et demi à 4 mètres et les intérieurs E de 2 et demi à 3. Au lieu d'un mur pour le clore au midi, lequel aurait projeté son ombre dans le jardin et entretenu une humidité nuisible dans son voisinage, on a placé de ce côté l'habitation accompagnée de quelques massifs d'arbrisseaux qui ne peuvent intercepter l'air et le soleil. Les carrés longs M du pourtour sont élevés de 60 centimètres de plus que ceux du centre, et forment une espèce de *montreuil* au moyen des murs E. Ce pourtour, protégé par les murs, conserve la chaleur solaire mieux que les carrés du centre, et est plus propre aux primeurs. La partie du mur circulaire du fond concentre plus fortement la chaleur du soleil que ne ferait un mur en ligne droite ; aussi est-elle destinée à un espalier dont les fruits exigent beaucoup de chaleur pour mûrir. En face, et dans la direction du mur E, est une serre à ananas ou à forcer H, et en L le lieu où l'on établira les châssis et les couches pour les cultures forcées. Deux grandes portes charretières P sont destinées à l'entrée des fumiers, des terres, etc., et ne doivent s'ouvrir que pour le passage des charrettes. Les deux allées principales qui se croisent au bassin d'eau sont assez larges pour qu'une charrette les parcoure en portant le fumier où l'on en a besoin. Enfin le mur C est couvert d'arbres en espalier du côté intérieur seulement, tandis que le mur E en est couvert des deux côtés. Il est inutile de dire que les plates-bandes qui entourent les carrés doivent être garnies de poiriers en quenouille, de pommiers nains et de groseilliers. Quant au verger, ou quinconce d'arbres du côté du nord, il indique que le jardin fruitier-potager doit être garanti du vent et du froid qui viennent de ce côté, par un bois, un bâtiment, ou une élévation quelconque.

La presque totalité des murs de notre plan recevant obliquement les rayons du soleil à midi, les arbres et les fruits qui les recouvrent ne sont pas exposés à être endommagés par trop de chaleur comme ceux des murs dirigés de l'est à l'ouest, dans les étés très-chauds et très-secs. Cependant on ne craint pas la grande chaleur partout, puisque, dans la célèbre commune de Montreuil, on multiplie les murs de jardins en nombre tel, qu'on y obtient une température supérieure à celle des jardins ordinaires placés sous le même parallèle.

La *culture de Montreuil* étant classique depuis longtemps, *sa première condition doit être exposée ici.* On a dit, avec raison, de quelques peintres célèbres, qu'ils ne connaissaient pas de *couleurs ennemies.* On peut dire, avec non moins de justesse, que les habitants de Montreuil ne connaissent pas de *mauvaises expositions,* puisqu'ils plantent des pêchers à tous les rumbs de vent, tandis qu'on n'en plante jamais au nord, avec succès, dans les autres jardins. Obtenir des pêches en abondance et des légumes précoces avec la seule chaleur du soleil est la principale affaire des habitants de Montreuil, et ils y parviennent en divisant leurs jardins en plusieurs carrés entourés de murs formant autant de jardins plus petits, dont les murs rompent les vents, et dont l'intérieur conserve la chaleur produite par le soleil beaucoup plus longtemps. Chaque carré ou petit jardin a ordinairement 24 mètres de largeur sur 36 de longueur; mais on en voit aussi dans de plus petites proportions. Tous ces murs sont bâtis très-légèrement par les cultivateurs eux-mêmes, avec des moellons liés par un mortier de terre prise sur le sol même, et recouverts d'une couche de plâtre. Avant de terminer le chaperon, on scelle à 1 mètre 30 centimètres de distance des morceaux de bois saillants de 60 centimètres, un peu inclinés, sur lesquels on place de petits paillassons afin de préserver les fleurs du pêcher des gelées printanières et du mauvais temps (*).

L'*inclinaison* du terrain est une chose d'autant plus importante à considérer dans l'emplacement d'un jardin fruitier-potager, qu'il n'y a guère possibilité de la changer, et qu'elle a une grande influence sur les produits de la culture. Quand un terrain n'est pas horizontal, il s'incline plus ou moins vers l'un des quatre points cardinaux et avec plus ou moins de rapidité. L'inclinaison vers le *nord* est généralement défavorable dans toute l'étendue de la France, et si elle est considérable, on ne peut guère y établir un jardin fruitier-potager avec espérance de succès, excepté celle d'y faire mûrir quelques fruits plus tardivement, ou de les conserver plus longtemps, tels que des groseilles, des poires d'été, ainsi que des artichauts, des choux-fleurs, etc. ; mais à condition que tous ces produits auront

(*) Quand il y a un treillage, au lieu de sceller ces abris dans le mur, on les pose sur des petites potences en bois que l'on agrafe après le treillage et que l'on met ou enlève à volonté.

moins de qualité; aussi les auteurs n'en parlent-ils jamais que pour la repousser, tandis que la plupart discutent longuement sur les avantages et les inconvénients des trois autres inclinaisons. En général, on préfère celle dirigée vers le midi, surtout lorsqu'on désire avoir des productions précoces; mais, dans ce cas, il faut que la terre soit substantielle, profonde, et qu'on ait de l'eau en abondance, car si la terre est légère, sablonneuse et sèche, on pourra être satisfait des productions du printemps et de l'automne, mais celles de l'été ne pourront arriver à la perfection; les arbres fruitiers mêmes n'y croîtront pas facilement, et leurs fruits n'atteindront pas leur volume naturel. Ainsi, pour qu'une pente vers le midi n'offre que des avantages, il est nécessaire que la terre soit *normale*, ou, comme on dit, *franche* et profonde. Comme il n'y a rien d'absolu en culture, on ne demande pas que l'inclinaison soit rigoureusement vers le point juste du midi, et l'expérience a suffisamment appris qu'une pente vers le sud-est peut être souvent préférée à celle dirigée vers le midi.

L'inclinaison vers l'*est* ou le levant vient en seconde ligne dans les avantages et les inconvénients qu'elle peut avoir sur les produits de la culture. On lui accorde d'être assez favorable à la précocité et à la qualité de ses produits; mais on reconnaît qu'à l'époque des gelées printanières, si le soleil luit dès son lever, les jeunes pousses des plantes et les fleurs des arbres fruitiers y sont plus souvent endommagées qu'aux autres inclinaisons.

Quant à l'inclinaison vers l'*ouest* ou le couchant, les auteurs s'accordent à la regarder comme moins favorable que les deux précédentes. Les gelées printanières n'y sont guère à craindre, il est vrai, parce que la glace est déjà fondue quand les rayons du soleil viennent frapper les pousses tendres et les fleurs des végétaux qui sont de ce côté; mais elle n'est pas et ne saurait être précoce; elle est en butte aux pluies froides du printemps, qui la plupart viennent de l'ouest pour les trois quarts de la France; à l'automne, elle est exposée aux ouragans et aux bourrasques, qui, toujours venant de ce même côté, font tomber les fruits avant maturité, tourmentent, brisent, déracinent les arbres; de sorte qu'on ne doit établir un jardin fruitier-potager sur une inclinaison vers l'ouest que quand on ne peut trouver un lieu plus favorable.

Le plus ou le moins de rapidité d'*une inclinaison* quelconque doit aussi être pris en considération; si la pente est peu sensible et que les eaux des pluies n'entraînent pas la terre du haut vers le bas, elle sera aussi agréable qu'avantageuse, et ces deux conditions s'obtiennent ordinairement dans une pente de 30 centimètres sur 6 à 8 mètres de longueur. Quand la pente est assez rapide pour que les eaux des pluies puissent y causer des dégradations, on divise le terrain transversalement en plusieurs terrasses planes soutenues par autant de murs contre lesquels on plante des arbres en espalier; mais nous devons faire remarquer que, toutes choses égales d'ailleurs, les arbres fruitiers adossés contre un mur de terrasse ne prospèrent pas ordinairement aussi bien ni aussi longtemps que contre un mur isolé ou celui d'un bâtiment. Cela tient sans doute à l'humidité que le mur de terrasse reçoit du côté opposé aux arbres.

L'*étendue* d'un jardin fruitier-potager se détermine par

le nombre de personnes qu'il y a à faire vivre dans la maison, par la quantité de terrain que l'on a à sa disposition, et par d'autres considérations variables que nous ne pouvons ni prévoir ni indiquer. Il n'y a guère que le jardinier, chargé de fournir les légumes à la cuisine et les fruits à l'office d'une maison, qui puisse juger exactement de l'étendue du jardin qu'il faut pour les produire, et malheureusement beaucoup d'architectes ne consultent pas plus les jardiniers sur ce point que sur les autres. D'ailleurs, il y a des familles qui, par goût ou par calcul, consomment plus ou moins de fruits et de légumes que d'autres ; il y a des propriétaires, parmi la moyenne fortune, dont le jugement est assez éclairé pour faire que leur jardin soit en même temps fruitier-potager et d'agrément ; dans ce cas, il est plus grand que la nécessité ne le réclame. Nous n'avons donc aucune règle précise à établir pour l'étendue de cette sorte de jardin, sinon qu'il ne doit jamais être assez petit pour que les murs qui l'entourent empêchent les rayons du soleil de s'y répandre partout et l'air d'y circuler. Sous ces deux points de vue, la forme d'un jardin est étroitement liée à son étendue ; en effet, un étroit et long parallélogramme serait un fort mauvais jardin, quel que fût son orientement, parce que ses produits auraient en grande partie peu de qualité, faute d'air et de soleil.

Après la forme employée dans le plan de la fig. 1, pl. 2, nous donnons celle ordinairement usitée de la pl. 3, fig. 1. Dans plusieurs autres plans nous avons allié le jardin d'utilité avec celui d'agrément. Dans le plan de la pl. 4 on verra un projet de jardin entièrement composé d'arbres fruitiers, et les plates-bandes plantées de végétaux potagers, tandis que le dessin est composé suivant le goût du jardin paysager.

Le *sol* d'un jardin doit avoir une profondeur de 60 centimètres au moins ; car il existe peu d'espèces d'arbres à fruit ou de plantes potagères qui exigent moins que cette profondeur de terre pour arriver à une maturité complète. Si l'épaisseur de la couche de terre du jardin fruitier-potager est d'un mètre ou plus, elle n'en sera que meilleure ; en effet, lorsque les plantes sont à l'état de maturité, si l'on en suit les racines avec soin, telles que celles des pois, des épinards, des haricots, des laitues, etc., on verra qu'elles ont pénétré, pour chercher leur aliment, à 60 centimètres de profondeur, pourvu que le terrain soit propice. Autant que possible, on établira le jardin sur un sol dont le fond ne sera pas humecté par des sources ; on sera ainsi dispensé de faire des fossés ou des canaux de desséchement, car, lorsque la terre est bien préparée, au moyen de défoncements, de tranchées et de fumiers, pour l'accroissement des arbres fruitiers, elle est suffisamment poreuse pour que la pluie passe à travers et n'y séjourne que le temps nécessaire ; elle doit, au reste, être de nature à ne pas se dessécher trop promptement pendant l'été, ni retenir trop fortement l'eau pendant l'hiver.

Le sol d'un jardin doit être meuble ; il faut que sa texture soit assez lâche pour que l'on puisse le cultiver sans difficulté en toute saison. Si la surface du terrain est inégale, ne cherchez pas à la niveler ; car, grâce à cette inégalité et à quelque peu de différence dans la nature de la terre, vous aurez une plus grande variété de sols propres à diverses récoltes. Le meilleur sol d'un jardin est une riche terre meuble, et le pire est une argile tenace ; un sable léger ne convient pas davantage.

On place les serres et les châssis en rangées, directement au midi, ou avec une légère déviation vers l'est, mais l'essentiel est qu'ils soient à la meilleure exposition du jardin. Disposés en lignes, ils occasionnent moins de travail à ceux qui sont chargés de leur direction.

L'usage amené par le raisonnement et le goût est, depuis longtemps, de ne planter des arbres, dans les jardins fruitiers-potagers, que le long des murs et dans les plates-bandes qui entourent les carrés destinés à la culture des légumes. Les premiers se palissent, s'étendent et s'attachent sur le mur même, où ils trouvent un abri contre le vent, le froid, et où leurs fruits acquièrent souvent plus de perfection qu'ils n'en auraient obtenu à l'air libre. Les seconds, ou ceux plantés dans les plates-bandes qui entourent les carrés, étaient autrefois soumis à la forme de gobelet à patte et d'éventail ; on en voit même encore conduits sous ces deux formes dans quelques jardins ; mais, en général, on leur préfère aujourd'hui la forme en quenouille ou en pyramide, parce qu'elle contrarie moins la nature et qu'elle s'oppose moins à ce que la vue s'étende de tous côtés dans le jardin.

Nous supposons que le terrain destiné à la *plantation d'un jardin fruitier-potager* a d'abord été défoncé, amendé et fumé convenablement, et qu'ensuite il a été nivelé, divisé en carrés ou compartiments proportionnés à sa grandeur, au moyen d'allées dont la largeur est elle-même proportionnée à l'ensemble, au besoin du service et de l'agrément ; qu'on a tracé autour de chaque carré une plate-bande de largeur convenable, au milieu de laquelle doit être plantée une ligne d'arbres fruitiers ; enfin, qu'on a ménagé aussi une plate-bande au pied de tous les murs où doivent être plantés les arbres d'espalier. Nos figures pl. 2-3 montrent toutes ces dispositions.

Pour bien planter un jardin fruitier-potager, il faut se représenter en imagination la hauteur et l'étendue que pourront avoir les arbres après dix ou douze ans de plantation, soumis à la taille et à la forme qu'on se propose de leur donner ; et, pour peu qu'on ait d'expérience, on sait déjà qu'il s'en faut de beaucoup que la grandeur comparative des arbres fruitiers soit en raison de leur âge : chaque espèce, chaque variété a sa grandeur particulière ; un prunier de mirabelle n'atteint pas la hauteur d'un prunier de Monsieur ; le poirier-doyenné ne s'élève jamais autant que le poirier saint-germain, toutes choses étant égales d'ailleurs. Néanmoins, comme il faut de la régularité et de la symétrie dans un jardin fruitier-potager, on plante assez généralement tous les arbres à la même distance, et l'on diminue l'inconvénient qui pourrait en résulter en mélangeant les différentes espèces. Mais ici commencent deux difficultés assez sérieuses, qui sont : 1° la meilleure distance à mettre entre les arbres ; 2° le meilleur choix du nombre et des espèces de fruits. Nous allons tâcher d'exposer notre manière de voir sur ces deux points.

On est naturellement porté à planter les arbres plus près les uns des autres dans un petit jardin que dans un grand, d'abord par le désir d'y réunir le plus possible de fruits, et ensuite parce que, s'il ne contenait pas un certain nombre d'arbres, il ne paraîtrait pas suffisamment garni. On est donc autorisé à planter les arbres à 4 mètres les uns des autres, dans un jardin fruitier-potager dont l'étendue ne dépasse pas un demi-hectare, à condition qu'on en supprimera un entre deux quand ils se gêneront réciproquement; jusque-là, ceux qui devront être supprimés auront pu rapporter du fruit pendant dix ou douze ans, et payer bien des fois leur capital, les frais de leur entretien et le loyer de la place qu'ils occupaient.

Dans un grand jardin, les arbres doivent être placés définitivement à 8 ou 10 mètres les uns des autres, mais rien n'empêche que, dans la première plantation, ces distances soient réduites de moitié, toujours à condition qu'on supprimera un arbre entre deux quand ils se nuiront réciproquement. Nous insistons même pour qu'on en agisse toujours ainsi dans la plantation d'un grand jardin. En doublant le nombre des arbres, l'effet du dessin est plus prononcé; et puis, il y a toujours du profit à cueillir du fruit sur un arbre pendant dix ou douze ans, et ensuite à utiliser son bois d'une manière ou d'une autre. Mais nous nous empressons d'avertir qu'il faut, en plantant, prendre ses mesures de manière que la suppression ne tombe jamais sur un arbre d'encoignure.

On sent bien que c'est particulièrement pour les arbres plantés dans les plates-bandes qui entourent les carrés à légumes que nous indiquons ces distances, que c'est pour les arbres qui doivent être taillés en pyramide ou en quenouille, et dont la plupart pourront atteindre une hauteur de 7 à 8 mètres, et les branches un diamètre de 2 ou 3 mètres. L'usage est de planter, entre deux de ces arbres dirigés en quenouille, tantôt un pommmier greffé sur paradis,

qui reste toujours petit et que l'on taille en buisson, tantôt un groseillier formé également en buisson, ou élevé en tige haute de 80 centimètres, plus ou moins, et terminée par une tête arrondie. Il arrive même quelquefois que, selon le goût ou le besoin, on plante, entre deux quenouilles, deux pommiers-paradis ou deux groseilliers, ou un seul paradis et deux groseilliers, ou enfin un seul groseillier et deux paradis, ce qui vaut mieux.

Quelle que soit l'étendue d'un jardin fruitier-potager, on ne doit pas penser à y planter toutes les *espèces et variétés* de fruits portées sur les catalogues des pépiniéristes, à moins qu'on ne veuille y former une école pour l'étude, ce qui ne serait pas une combinaison favorable à la perfection de cette sorte de jardin, où l'on ne doit admettre que les fruits reconnus bons et excellents. Si la nécessité oblige d'y placer aussi quelques fruits médiocres, ce ne peuvent être que ceux qui mûrissent à une époque où l'on n'en a pas de bons. En plantant un jardin, on désire, le plus souvent, en recueillir des fruits le plus tôt possible; dans ce cas, on plante des arbres déjà formés dans la pépinière, lesquels donnent ordinairement un peu de fruits dès la première année de leur plantation, et souvent en abondance dans la seconde. Si, moins pressé d'obtenir des fruits, on veut se donner la satisfaction de former ses arbres soi-même, ou de les faire former selon son désir ou ses vues, on plante des arbres d'un an de greffe non encore soumis à aucune forme particulière.

Quant au choix des espèces de fruit, l'idée qui se présente la première est de s'attacher à celles de la meilleure qualité; mais cette première idée, qui doit rester invariable pour le propriétaire riche, peut être modifiée par la petite fortune : 1° parce que les arbres qui portent les meilleurs fruits ne sont pas toujours très-fertiles; 2° qu'ils peuvent ne pas rapporter abondamment chaque année; 3° qu'il y a des arbres à fruit médiocre dont la récolte est abondante tous les ans; 4° que les bons fruits ne sont pas toujours ceux qui se gardent le plus longtemps; 5° que, quand il est question de vente, une grande quantité de fruit médiocre, qu'on se procure facilement, produit ordinairement plus d'argent qu'une petite quantité d'excellents fruits difficiles à obtenir. Voici quelques exemples à l'appui de ces considérations. La cerise dite *belle-de-Choisy* et la cerise de Montmorency sont certainement les meilleures des cerises; mais leurs arbres chargent très-peu : elles conviennent donc au propriétaire riche, tandis que la petite fortune leur préfère la cerise commune, par la raison que cette espèce charge considérablement. Notre beurré gris ou doré est toujours la meilleure des poires, malgré les nouveautés méritantes qui lui disputent aujourd'hui la palme; mais cette poire ne dure que trois semaines, tandis que le saint-germain dure six mois. C'est donc avec raison que les bons planteurs placent dans un jardin fruitier-potager vingt saint-germains, ou autre sorte qui comme lui charge beaucoup, contre un beurré.

Les semis ayant ajouté depuis un certain temps à nos collections de nouvelles richesses fruitières, et chaque année en ajoutant encore, nous nous abstenons de donner des listes qui deviendraient bientôt incomplètes. Les pépiniéristes qui cultivent les bonnes et nouvelles espèces sont bien connus; ils font connaître le choix des meilleurs fruits dans des catalogues où l'on peut faire un choix raisonné (*).

Nous avons cru devoir entrer dans ces détails pour appuyer les conseils que nous allons donner de planter les poiriers le long des allées les plus belles et les plus fréquentées du jardin fruitier-potager, afin que la vue soit agréablement frappée à l'aspect des plus belles pyramides, et de placer les genres et espèces dont la pyramide est moins parfaite le long des allées moins fréquentées, quand toutefois cette distribution s'accordera avec le besoin des espèces : car le plus important d'une plantation, c'est que chaque espèce d'arbre se trouve dans la terre qui convient le mieux à sa croissance et à la qualité de son fruit.

Une autre considération qu'il ne faut pas négliger en plantant les arbres autour des carrés d'un jardin, c'est de placer, autant que possible, les espèces aux expositions les plus favorables à leur fruit. Des abris naturels ou artificiels rendent quelques parties du jardin plus chaudes que d'autres, ou les protégent contre les vents nuisibles. Les fruits délicats doivent obtenir les meilleures places; les plus gros doivent être garantis des bourrasques du vent d'ouest, etc., etc. Ce n'est donc pas une chose aussi aisée que beaucoup de personnes le croient que de planter un jardin fruitier-potager. Nous sommes persuadés, au contraire, qu'il n'y a que ceux qui possèdent une longue pratique, une grande connaissance des besoins et des exigen-

(*) Pour le choix des espèces de plantes *potagères*, nous renverrons à un ouvrage spécial qui éclairera en même temps sur le terrain convenable et la culture, tel, par exemple, que la *Nouvelle maison de campagne*, par M. L. E. A.; 1 vol.

ces de chaque espèce de fruits, qui puissent exécuter une telle plantation de la manière la plus convenable, et nous affirmons que, dans l'état actuel de notre horticulture, de tels hommes sont encore très-rares.

Sous le climat de Paris et ceux plus au nord, les *murs* sont indispensables pour obtenir de bonnes pêches et certaines modifications dans la maturité de plusieurs autres fruits ; et, comme on ne conçoit pas comment un jardin fruitier-potager pourrait être complet sans bonnes pêches, il est de toute nécessité qu'il soit entouré de murs pour qu'il n'y manque rien. Autrefois les murs n'existaient que pour la sûreté ; aujourd'hui l'art sait s'en servir pour favoriser le perfectionnement de beaucoup de fruits, et obtenir le *maximum* de maturité que peut produire notre climat. Outre leur propriété comme défense, les murs, en raison de leurs différentes directions, remplissent quatre fonctions importantes : ils font mûrir des fruits qui ne mûriraient pas sans protection ; ils avancent d'un côté la maturité de ceux qui mûriraient plus tard à l'air libre, et la retardent de l'autre si cela est convenable à nos intérêts ; enfin ils font prendre aux fruits un volume, un coloris et souvent un parfum qu'ils n'acquerraient pas à l'air libre, et tout cela par la puissance qu'ils ont de concentrer la chaleur solaire, de la réfléchir, de la modifier, de l'affaiblir selon la face qu'ils présentent au soleil et la direction dans laquelle ils sont construits.

Nos pêches tardives et notre raisin muscat ne mûriraient pas à Paris, si on les cultivait ailleurs que contre un mur à l'exposition du midi ; d'autres pêchers et d'autres raisins ont besoin de l'exposition du levant ou du couchant. Si le bon-chrétien d'hiver, le saint-germain, la crassane, ne peuvent pas mûrir entièrement à l'exposition du midi, ils y acquièrent du moins un volume qu'ils n'obtiendraient pas ailleurs, et des qualités qui se perfectionnent plus tard dans la fruiterie.

L'exposition au nord, la moins favorable de toutes, est cependant utile pour retarder la maturité des fruits d'été, des fruits qui passent vite, et en prolonger la jouissance. Enfin, au moyen des murs et des expositions variées, on peut, avec un petit nombre d'espèces, obtenir des fruits mûrs pendant longtemps, en plantant quelques pieds de chacune de ces espèces à différentes expositions. C'est ainsi que la cerise précoce mûrit en mai à l'exposition du midi ; que le saint-germain et les espèces équivalentes venus au nord se conservent jusqu'en juin de l'année suivante ; que le chasselas venu à l'est ou à l'ouest se conserve plus longtemps que celui venu au midi.

Le moment de planter étant arrivé et les plates-bandes du jardin bien dressées, on tend un cordeau au milieu d'une plate-bande, et l'on fiche des piquets ou petits jalons le long de ce cordeau, aux places destinées pour les arbres ; et, quelle que soit la distance qu'on ait résolu de mettre d'un arbre à l'autre, on la modifie, s'il est nécessaire, de manière qu'il y en ait un à chaque encoignure des plates-bandes.

VERGER.

Le verger est un terrain qui peut n'être clos que d'une haie, et dans lequel on plante des arbres fruitiers de plus grande dimension que dans les jardins. Comme ces arbres plantés en quinconce couvrent la terre de leur ombre, on ne peut y planter de légumes que pendant leur jeunesse. Lorsqu'ils ont pris tout leur développement, les plantes basses seraient trop privées d'air. Il est utile, en établissant la plantation, d'avoir égard à la disposition des racines, pour faire alterner les arbres à racines pivotantes et ceux à racines traçantes. Si le propriétaire qui plante un verger avait un légumier suffisant pour sa consommation, il pourrait tirer promptement parti du terrain en garnissant les intervalles des arbres destinés pour former le verger avec de petits arbres qui fructifient de bonne heure et qui vivent peu. Les vergers sont, de tous les jardins, ceux qui demandent le moins de soins, surtout lorsqu'on a formé les principaux membres des arbres. Ils n'exigent qu'un labour par an, un peu de fumier tous les cinq ou six ans, si la pousse des arbres en annonce le besoin, une visite l'hiver, pour continuer leur direction, détruire la mousse et les ·lichens et enlever le bois mort. On n'y touche, dans les autres saisons, que pour diminuer la quantité des fruits, s'ils sont trop nombreux, ce qui ne doit se faire que quand ils sont bien assurés.

Tels sont les éléments principaux de la formation d'un jardin de produit. Le but de cet ouvrage et son étendue ne nous permettaient pas d'entrer dans des détails plus minutieux et qui eussent fait partie de la culture.

Explication des plans des jardins fruitiers-potagers (*).

Pl. 2, fig. 1. *Jardin fruitier-potager à angle ouvert.* Ce plan a été expliqué en détail page 33.

(*) Nous l'avons déjà dit : Nous sommes obligés de conserver les *me-*

Pl. 3, fig. 1. *Jardin fruitier-potager.* A logement du jardinier. — B hangars. — C châssis de primeurs. — D cour. — E puits et auge d'où peut partir un tuyau qui alimentera le bassin et des tonneaux enterrés, si on juge à propos d'en placer dans différents endroits. — F bassin pour le potager. — G figuiers. — H murs de 5 pieds de hauteur. Ce potager est enclavé dans un jardin paysager et se trouve entièrement masqué; cependant il fait partie de la promenade. Il faut avoir grand soin que les bosquets qui l'entourent soient composés d'arbrisseaux qui ne dépassent pas la hauteur des murs et dont les racines ne soient point traçantes. Encore serait-il de beaucoup préférable qu'il n'y en eût aucun à la distance de 4 mètres, à cause des insectes et animaux nuisibles. Ce jardin a environ un tiers d'hectare entre les murs, et ne peut contenir de gros légumes. Un potager plus grand contiendrait plus de *carrés*, mais les proportions de chacun seraient toujours les mêmes.

Pl. 3, fig. 2. *Jardin fruitier-potager orné.* En donnant des modèles de ces sortes de jardins, nous avons préféré les adapter à des jardins de petite proportion. Celui-ci, par exemple, ne contient qu'un tiers d'hectare, mais il est facile d'en appliquer le projet à un terrain une fois plus grand, puisque alors l'étendue permettra de tracer plus de plates-bandes, d'introduire plus de planches et d'arbres de plein vent, sans déranger la partie pittoresque qui entoure

sures anciennes indiquées sur les planches, afin de ne pas détériorer les gravures qui ont servi aux éditions précédentes.

Il résultera de ce fait que dans le texte même on trouvera employées quelquefois les dénominations anciennes. Au surplus, quand nous avons laissé le mot *pied*, on doit l'entendre du *pied métrique*, lequel répond à 32 centimètres, comme l'ancien à peu près.

l'habitation. Un plus grand espace permettra l'emploi à volonté des arbres d'ornement exclus ici.

La pelouse et les parties environnantes peuvent, en suivant le même dessin, être établies sur une plus grande échelle sans que l'effet soit changé. Il est enfin plus facile, en général, de doubler l'échelle que de la réduire. — A habitation; — B bâtiment accessoire. Entre ces deux bâtiments on pourrait placer des vases et caisses d'arbustes; — C petite cour. — Une corbeille fleurie orne l'entrée de la maison. Les massifs de droite et de gauche sont plantés en arbres et arbrisseaux à fruit; des rosiers, quelques lilas et des plantes d'agrément ont été seulement favorisés d'une petite place dans ce jardin, où l'on a cherché à *orner l'utile* plutôt qu'à introduire ce qui n'est qu'ornement. Un cabinet de verdure a été ménagé dans un de ces massifs.

Tous les murs, sans exception, sont garnis d'espaliers, même ceux du nord. Des plantes à racines non pivotantes utilisent les plates-bandes qui sont au-devant. A 3 mètres des murs latéraux sont plantées des perches de 60 cent. moins hautes que ces murs; des vignes s'y entrelacent et, soutenues par des fils de fer, vont gagner en guirlandes E le dessous du chaperon du mur. Ces guirlandes, espacées de 3 mètres entre elles, ne portent pas aux arbres une ombre nuisible.

Le demi-cercle D, faisant suite aux deux allées latérales, est formé par une *Pergole*, ou berceau dans le genre italien. Ici encore les cordons de la vigne et ses grappes dorées ornent et enrichissent le jardin. Deux bancs ombragés par des cerisiers et des pommiers servent de lieux de repos sous ces guirlandes. Dans la fig. 2 de la pl. 24, on a représenté la vue en élévation d'une pergole circulaire. Elle se compose de poteaux minces, de 3 mètres environ de longueur hors de terre, retenus en haut par des traverses sur lesquelles la vigne est attachée et forme des cordons. Le raisin qui a mûri sur ces pergoles se conserve plus longtemps que celui des espaliers.

La statue de Bacchus termine en *e* le point de vue de l'allée du milieu. Du rez-de-chaussée de la maison, on l'aperçoit sous cette partie de la pergole.

Selon les conseils des meilleurs maîtres, on a placé dans les plates-bandes de ce jardin, comme dans les autres jardins potagers dont nous donnons les plans, des arbres en quenouille à la distance de 4 mètres. Entre deux sont des paradis.

Pl. 4. *Jardin fruitier-potager orné.* — Ce jardin, d'environ 2 arpents (60 ares), est composé tout en plantes potagères et en arbres fruitiers, à l'exception du bosquet L placé dans un coin, au nord. Le massif F lui-même, qui est semé ordinairement de gazon, pourra être cultivé en gros légumes. A maison d'habitation du propriétaire. — B logement du jardinier. — *bb* hangar, resserre, écurie. — C cour d'entrée avec corbeilles de plantes à fleurs d'ornement. — E petite cour. — G massifs de poiriers, cerisiers, groseilliers, framboisiers, vinettiers, espèces touffues pour masquer les potagers IJ. — H massifs d'arbres en quenouille laissant assez d'air pour ne pas nuire aux espaliers. — K massif en partie rempli d'arbres et d'arbrisseaux fruitiers peu élevés pour ne pas priver d'air cette partie anguleuse du jardin. — L salle de verdure, avec banc et statue, formée d'arbres d'ornement de troisième grandeur et d'arbrisseaux. — M parterre de fleurs.

Nous n'avons pas oublié les petits propriétaires, et dans la pl. 8, fig. 12, nous avons fait graver le plan d'un petit jardin pittoresque entièrement planté en arbres fruitiers, même en espaliers.

CHAPITRE III.

DES JARDINS MIXTES.

Par cette dénomination nous entendons les jardins dont une partie est plantée en potager-fruitier et l'autre formée d'un jardin paysager, de manière que l'une l'emporte peu en étendue sur l'autre. Le nom de mixte ne peut s'approprier à un très-grand jardin d'ornement, où se trouve renfermé ou annexé l'indispensable potager, qui alors n'en est plus que l'accessoire. Nous allons donner deux exemples de jardins mixtes.

Dans le premier, pl. 2, fig. 2, les deux jardins séparés sont bien distincts, cependant le potager est la continuation de la promenade, complète l'agrément du jardin et forme avec l'autre un ensemble qui plaît. — A habitation. — B salle de billard. — C maison du jardinier, écurie, hangar. — D cour. — E pelouse. — F cabinet de verdure orné d'un banc de gazon et de la statue de Pan. — G statue de Flore. Devant la maison, le terrain planté en paysager est plus élevé que la deuxième partie plantée en fruitier-potager. La terrasse H les sépare. — Cette terrasse est bordée, du côté du potager, par un mur d'appui, et du côté du jardin d'ornement, par un rideau de lilas et autres arbrisseaux. En J le chemin, en pente douce, passe sous le pont K, et conduit au potager sous l'abri d'une pergole ou treille de vigne. Au bas de la terrasse sont, à droite, des châssis de primeurs, et à gauche des serres. Au fond du jardin, le mur est caché, dans un espace de 10 mètres, par des alaternes ou autres arbrisseaux toujours verts. Un banc est placé devant et la statue de Pomone termine le point de vue de la pergole. Les arbres fruitiers, dans les plates-bandes, sont plantés en quenouilles avec deux paradis entre chacun. Les murs, à droite et à gauche, sont garnis d'espaliers comme dans les autres jardins potagers dont nous donnons les plans. Au fond sont deux rangées de cerisiers, pruniers et pommiers à tiges. La partie du potager contient un arpent, soit le tiers d'un hectare.

Pl. 19, fig. 1. Cette composition peut être appelée mixte. Quoique la partie d'ornement ne soit pas séparée de l'utile, elle en forme néanmoins une grande portion. L'intérieur de la maison, dont nous avons détaillé le plan du rez-de-chaussée, donne, selon nous, l'idée d'un local bien entendu, pour jouir du plaisir de *la vie dans le jardin*. Les chambres à coucher occupent le premier étage. — A habitation; — *b* couloir-galerie fermé aux deux bouts par des portes vitrées, en partie, en verres de couleur; — *c* salle à manger; — *d* cuisine communiquant à la salle à manger, seulement par un *tour*, pour passer les plats et être à proximité sans que les exhalaisons de la cuisine puissent pénétrer; — *e* salle de bains. Dans le petit couloir y attenant sont un fourneau et la chaudière d'eau arrivant par un tuyau à la baignoire. Dans le même couloir, cabinet d'aisance des maîtres, aéré par un *œil-de-bœuf*. (Dans le jardin doit être un autre cabinet commun, sous forme de pavillon, que l'on appelle *petit château*). — *f* salon; — *g* bibliothèque; — *h* salle de billard. — L serre formant jardin d'hiver. Elle est ornée de chaque côté de volières extérieures qui communiquent à des volières intérieures pour abriter les oiseaux. — M partie du jardin servant de promenade aux oiseaux de basse-cour ou de curiosité; une barrière ferme cette partie en *s* et en *t*. Le bâtiment O sert de poulailler et sa partie supérieure de pigeonnier. — N logement du jardinier. — P cour où un hangar et une écurie pourront être construits. — R petit pavillon propre à loger quelques animaux de curiosité. — V statue d'Hébé d'après Canova. Le fruitier et la serre à légumes sont placés dans le soubassement de la maison, qui sera élevée de quelques pieds au-dessus du sol. Le massif U peut être planté en gros légumes et en arbres fruitiers. En X est un bosquet formant salle de verdure. Le reste du jardin est cultivé en plantes potagères et les murs garnis d'espaliers.

Jardin paysager avec potager, pl. 3 *bis*, fig. 1.

Ce jardin, dont le terrain mesure un hectare (environ 3 arpents de Paris), renferme un potager du quart de la superficie. On a sacrifié beaucoup plus à l'agréable qu'à l'utile, et il faut supposer au dehors un enclos pour fournir à une famille nombreuse qui y séjournerait toute l'année. On peut, au surplus, planter beaucoup d'arbres fruitiers en massifs.

De l'entrée A les voitures peuvent arriver à la maison B et ressortir par la même entrée en faisant le tour de la plate-bande circulaire ou entrer dans la cour C par le chemin D. Une écurie et une remise sont situées dans cette cour. Le logement du jardinier est en E. La serre G peut être établie pour les plantes d'ornement. De la maison on a un point de vue H sur la campagne, à travers toute la prairie. La pelouse circulaire placée devant l'habitation est élégante et s'harmonise très-bien, malgré sa régularité, avec le pittoresque de la composition environnante. Le grand mur du potager reçoit le soleil de midi. Si l'exposition était contraire, on retournerait le plan.

Jardin paysager avec potager, pl. 3 *bis*, fig. 2.

Dans ce plan, sur même terrain que le n° 1, l'habitation et le potager étant disposés de même, on a changé la disposition des pelouses et des massifs de manière à multiplier les scènes. Les bosquets qui environnent la maison sont plantés en massifs d'arbres d'agrément, mais ceux qui sont placés au delà ont été composés d'arbres fruitiers de toutes sortes, tant à tiges qu'en quenouilles et buissons.

Jardin paysager avec potager, pl. 3 *ter*, fig. 1.

L'habitation A est placée de manière que son entrée, irrégulière à cause des propriétés avoisinantes, se fait par la grille *b*. Les voitures peuvent se rendre dans la cour C, où elles tourneront. En *d* sont les écurie et remise et autres bâtiments accessoires. Le potager a une entrée par la cour et fait suite au jardin paysager. En E est un Haha dont la vue sur la campagne correspond avec la façade de la maison.

On pourrait, selon le plan du terrain que l'on aurait du côté de l'habitation, modifier celui de l'entrée et des bâtiments accessoires selon les indications du dessin n° 1, pl. 3 *bis*.

Nota. — Par ces trois plans variés, sur même forme à peu près de terrain, et même contenance, on peut se faire une idée du moyen de se servir d'un projet de jardin de manières différentes. On peut le dessiner sur 30 ou 40 ares comme sur un hectare, en diminuant chaque partie en même proportion.

Par la même raison, on peut seulement ne prendre qu'une partie d'un des plans que nous donnons, quand cette partie convient au terrain que l'on a en vue de transformer en jardin.

CHAPITRE IV.

DU JARDIN ET DE L'ÉCOLE DE BOTANIQUE.

DU JARDIN BOTANIQUE,

Les espèces de plantes sont répandues en si grand nombre, présentement, dans les jardins, que l'on pourrait faire un cours de botanique dans un parc d'une médiocre étendue.

Néanmoins, on comprend par *jardin botanique* un espace d'une certaine étendue destiné à la science, où l'on cultive le plus d'espèces de végétaux que l'on a pu réunir, et presque toujours en individus uniques, afin d'en collecter le plus grand nombre possible. On conçoit que pour ce genre, plus encore peut-être que pour tout autre, un terrain accidenté est nécessaire, afin que, présentant différentes expositions, on puisse donner à chaque plante la situation que sa nature réclame. L'exposition la plus favorable serait un terrain s'inclinant vers le sud-est, qui touchât par le bas à un sol humide : on aurait alors les divers degrés de sécheresse ou d'humidité qui conviennent à chacune des espèces de végétaux. Il y a lieu de croire que, dans une telle position, on trouverait à mi-côte quelque source d'eau qui alimenterait un ruisseau dont on prolongerait le cours autant que la localité permettrait de l'étendre. S'il ne se trouvait pas d'eau naturellement, il faudrait en amener d'une manière artificielle : car sans cela on serait privé de cultiver avec succès les plantes aquatiques et celles qui ne se plaisent que sur le bord des eaux, et le nombre en est grand. Lorsque l'on fait un jardin botanique, il faut sacrifier quelquefois les points de vue pour ne s'appliquer qu'à donner une bonne exposition aux végétaux qui le composent.

Ce que nous dirons au chapitre du *Jardin fleuriste*, quant au terrain et à la diversité des terres, trouve ici son application, puisqu'il s'y trouve pareillement une certaine quantité de végétaux. Mais, par ce fait que l'emplacement d'un jardin botanique doit naturellement être plus considérable que celui d'un jardin fleuriste, on aura la chance d'y trouver des natures différentes de terres, et des nuances dont on profitera pour varier les cultures. Si le terrain était partout homogène, c'est d'une terre franche et profonde que l'on obtiendrait les meilleurs résultats.

Pour trouver toutes les expositions variées d'air ouvert et d'abri, de lumière et d'ombre, la forme du jardin paysager peut convenir ; les mouvements du terrain présenteront le midi ou le nord, le levant ou le couchant, selon les besoins. Pour parvenir à placer dans ce genre de jardin beaucoup d'espèces, les massifs devront être plus divisés et les chemins plus multipliés que dans un jardin de pur agrément. Dans les pelouses, on ménagera des corbeilles isolées, petites et grandes ; un rocher factice, où l'on aura ménagé des vides, servira à la culture des plantes qui aiment à étendre leurs racines dans les pierrailles, et jusque dans les fissures du roc.

Dans le lieu le mieux abrité, on établira les serres de toutes températures, et les châssis nécessaires soit à la multiplication, soit à la conservation des végétaux exotiques. Devant ces serres (dont la pl. 35, fig. 1, donne un projet heureux, quant à sa disposition et à sa décoration), un espace ouvert sera ménagé, afin d'y ranger dans l'été les vases et caisses sortis de la serre ; car, par la même raison que l'emplacement le plus chaud aura été choisi pour élever les serres, de même il conviendra pour la plupart des plantes que l'on expose à l'air libre dans la belle saison.

A l'angle du nord, le moins bien exposé, une portion de terrain séparée du reste de la composition, et cachée aux yeux, formera le *laboratoire* du jardinier ; c'est là que l'on transportera les terres destinées au mélange des composts. Cet espace sera d'une étendue assez vaste pour pouvoir diviser et remuer les terres sans obstacle, et aussi pour y construire les hangars et resserres où seront déposés les outils de jardinage, les poteries, etc.

DE L'ÉCOLE DE BOTANIQUE.

Par *École*, on entend un jardin de botanique où les plantes sont classées méthodiquement. Les diverses parties qui la composent ne peuvent être que régulières dans leur forme. Elle exige de longues plates-bandes de 1 mètre 30 centimètres de large, bordées de bois, comme celles que nous allons décrire pour le *rosarium*. Les plantes seront placées sur un, deux ou trois rangs, selon l'espace qu'elles occupent par leur volume : car il est impossible de suivre en cela une régularité qui ferait perdre beaucoup de place dans un terrain qui doit être circonscrit. On pourrait, en quelques parties de l'école, adopter le dessin de plates-bandes de la pl. 8, fig. 2, 3, 4, 6, 8 ; la fig. n° 1 pourrait même servir à composer l'école entière, en la doublant, c'est-à-dire en traçant une partie circulaire à chaque bout.

Une grande difficulté se présente dans la disposition d'une école de botanique : l'ordre scientifique adopté, quel qu'il soit, placerait à côté les uns des autres des végétaux d'une disparité quelquefois choquante ; le plus gigantesque se verrait à côté du plus minime, si on ne créait pas deux divisions dans une école. Les arbres formeront la première, les arbrisseaux et les plantes composeront la deuxième. Dans celle-ci se placeront, lors de la belle saison, ceux des végétaux exotiques que l'on sortira des serres et qui seront nécessaires pour compléter le système de botanique.

Dans le jardin de botanique, la disposition pittoresque permet des allées ombragées; d'ailleurs, les espèces pouvant y être multiples, on peut conséquemment multiplier les moyens d'ombrage. Mais dans l'école, où seulement un individu de chaque espèce est admis, il ne peut exister d'ombrage suivi. Il sera donc nécessaire de pratiquer une ou deux allées couvertes, où l'on aura placé des bancs en nombre suffisant pour l'usage des élèves.

Si la localité forme un carré, une allée sera établie sur chacun des deux côtés parallèles, et les plates-bandes seront dessinées entre les deux allées. Au fond s'élèveront les serres, et à leurs extrémités, à chaque angle, on aura ménagé le terrain nécessaire pour le maniement des terres et composts, ainsi que pour l'emplacement des hangars, resserres et logements dont nous avons parlé au jardin de botanique.

CHAPITRE V.

DES JARDINS SYMÉTRIQUES.

Nous occuperons peu le lecteur de description de *jardins anciens*, généralement plus luxueux dans les détails que gracieux dans leur forme. Nous les aurions même omis, si nous n'eussions voulu rendre notre traité aussi complet que possible et, en historiens impartiaux, présenter à l'étude du jardiniste-compositeur l'ancien et le moderne, ne fût-ce que comme objet de comparaison. Puis, en outre, il nous a semblé nécessaire d'en donner quelques exemples aux amateurs de choses curieuses des dix-septième et dix-huitième siècles. Les exemples que nous offrirons serviront pour donner au jardin un caractère convenable à une habitation dont l'architecture rappellerait le temps de Louis XIV, ou du moins pour harmoniser la partie d'une composition où s'élèverait un pavillon de cette époque, meublé selon le goût d'alors, et renfermant une collection de ces *anti-quités modernes* qui ont imprimé un cachet au siècle de Louis XIV, protecteur des arts, et dont le style assez pur dégénéra en *rococo* sous le règne de Louis XV. Le rapprochement, sur nos plans, de dessins symétriques anciens avec ceux des jardins symétriques modernes a, par lui-même, quelque chose de piquant et ne sera pas sans intérêt.

La figure 1, pl. 5, rappelle un jardin de ville ancien; la première partie se compose d'un parterre où ne se voient d'autres fleurs que celles que renferment les caisses et vases. Le carré long échancré, creusé de 50 centimètres, serait un *boulingrin* si le fond était semé de gazon comme les bords (de *boulingreen*, jeu de boules sur le vert); les angles, en quelque sorte gaufrés, de ce *boulingrin* s'appelaient *vertugadins*; l'ovale du milieu était semé de statice sur un fond de sable jaune. La seconde partie se compose d'un gazon octogone entouré d'un cercle aussi de gazon sur lequel posent des caisses d'orangers. Au fond une statue; à droite et à gauche, des bancs; nous y avons ajouté des vases. La pl. 6, fig. *d*, montre un jardin à peu près semblable, mais dont le parterre, dessiné en compartiments et broderies, est terminé par un bassin avec jet d'eau; une décoration en treillage sépare cette partie d'un bosquet compliqué.

Pour donner beaucoup d'exemples en peu de planches, nous avons choisi, dans une immensité de matériaux, les pièces de parterres les plus singulières par leur forme, et les moins dénuées de grâce. Quelques-unes des parties qui ne sont pas les plus compliquées pourraient encore être introduites dans des dessins de jardins fleuristes.

La lettre *a*, pl. 6, 7, indique les parterres en *pièces coupées*. Les contours en étaient marqués par des cordons de buis nain; l'intérieur servait à cultiver des plantes à fleurs et même des arbustes. On y cultivait aussi des ifs taillés, qui étaient en grande faveur autrefois.

La lettre *b* indique les *parterres de Compartiments;* ils se composaient de plates-bandes de gazon, de fleurs et de broderie.

La lettre *c* indique les *parterres de Broderie*. C'étaient les plus riches; les dessins se composaient de buis et se compliquaient de compartiments et de plates-bandes de fleurs.

Pour faire ressortir tous ces dessins, le fond du terrain était sablé en jaune, en noir ou en rouge. La brique pilée composait ce dernier et le mâchefer pulvérisé donnait le noir.

Nos voyages dans une grande partie de l'Europe ne nous ont procuré qu'une seule fois l'occasion de voir de semblables parterres; c'est à la *villa Pamfili* à Rome.

Dans la fig. *e*, pl. 7, on a figuré une partie de bosquet régulier; dans les figures *g* des quinconces découpés, et dans la fig. *f*, le parterre de l'Orangerie de Versailles tel qu'il était avant l'année 1780.

Jardin symétrique moderne. Pl. 5, fig. 2. — Ce jardin, de la contenance de 25 ares ou trois quarts d'arpent, pourrait être exécuté sur une plus grande échelle en l'augmentant dans toutes ses proportions. Devant la maison s'étend une belle pelouse entourée d'une plate-bande de fleurs; à droite et à gauche sont d'autres plates-bandes destinées à des rosiers et à des plantes d'un grand effet, telles que le genre *dahlia*. De chaque côté, une allée d'arbres sert de ceinture en se joignant au fond par une autre allée irrégulière; les murs sont masqués par une charmille. (Le graveur y a indiqué à tort de petits arbustes.) Dans le fond, au milieu est un groupe sur un piédestal, et des vases sont placés dans plusieurs endroits. En conservant l'ensemble symétrique, on a cependant ménagé quelques bosquets qui rappelleront ceux formés par la nature et distrairont l'esprit attristé par la froide symétrie. Les allées et les points de vue pris des fenêtres de la maison sont en rapport exact. C'est une condition importante de cette sorte de composition. Ce jardin est ordonné de manière à employer le moins possible le luxe des constructions en pierre et en marbre, aussi le terrain est entièrement nivelé. Le luxe que l'on aimait à déployer dans ces sortes de jardins consistait à élever le terrain des allées latérales et du fond, à creuser la place des pelouses, le tout réuni par des terrasses, des murs d'appui et des escaliers en pierre ou en marbre qui augmentaient la dépense sans qu'il en résultât de véritable magnificence.

Comme l'architecture, le jardin symétrique a ses règles et ses proportions, et quoique ce genre soit tout à fait en dehors du naturel que réclament les végétaux qui servent à l'orner, on doit avouer que, dans de vastes compositions, le jardin régulier, par ses dispositions géométriques, présente de grandes beautés. Des avenues larges, formées d'arbres séculaires s'arrondissant en dôme à 10 mètres au-dessus de vos têtes et s'étendant à perte de vue, ne sont-elles pas pleines de magnificence? Étant dans un juste rapport avec l'architecture riche et régulière de l'habitation, l'ensemble général offrira ce caractère de majesté et de grandiose qui convient à la puissance et à la richesse.

Le cadre de cet ouvrage ne pouvait renfermer des notions détaillées sur les grands jardins symétriques de ville, qui comprennent les *jardins de palais* et les *jardins publics*. Ce genre se complique de tout l'art de l'architecte, et lui seul peut donner des plans qui demandent les méditations les plus profondes. Nous avons parlé des jardins de palais page 12.

Le jardin paysager offre des ressources plus variées; avec du goût et du sentiment, on trouvera mille manières de déployer son talent en se guidant sur les exemples donnés par la nature.

Sur les planches 5, 6, 7, on a gravé des plans de parterres à compartiments dans le goût ancien, dit *français*. Il reste ici à faire connaître les parterres modernes à compartiments des Anglais. Il y a dans ces dessins quelque rapport avec les compartiments anciens, mais cependant ils offrent beaucoup plus de variété. Les bordures se composent aussi de buis nain, mais les plates-bandes sont remplies de plantes d'ornement.

Souvent on emploie dans chaque compartiment une espèce de plante de couleur différente, et on a soin, en les harmonisant d'une manière agréable à la vue, de placer des couleurs semblables dans les compartiments qui sont parallèles.

Le même système peut s'appliquer à une collection de rosiers. *Voyez* pl. 3 *ter*, fig. 2, 3.

CHAPITRE VI.

DES JARDINS FLEURISTES ET DU *ROSARIUM* OU *ROSETUM*.

On sait qu'il n'y a pas et qu'il ne peut point, en quelque sorte, exister de jardin potager sans arbres fruitiers; nous pouvons également dire qu'on ne voit pas de jardin qui ne soit *fleuriste*, qu'il n'y a pas de jardin maraîcher même où Flore n'ait laissé tomber quelques-uns de ses dons. Dans le modeste potager du pauvre, on verra toujours étinceler une fleur comme un joyau perdu.

Dans un petit nombre de jardins de ville seulement, on se borne à la culture unique des fleurs; mais hors de là, si on cherche des jardins fleuristes proprement dits, on en trouvera rarement un de loin en loin, surtout depuis que le goût s'est emparé des jardins paysagers aussi exclusivement qu'autrefois la mode avait fait adopter l'art de Le Nôtre. — Les fleurs sont et seront toujours la plus belle parure de nos jardins; elles y brillent aujourd'hui, répandues partout, parmi les végétaux ligneux, groupées en corbeilles ménagées au milieu des pelouses, sur les bords des tapis de verdure, sur la marge des massifs. Non pas que nous voulions ici contrôler ce système : nous ne saurions blâmer à cet égard le sentiment qui a fait suivre la nature : c'est le guide le plus sûr qui toujours préservera des écueils du ridicule. Néanmoins, dans notre impartialité, nous dirons que notre goût constant a été de rencontrer un nouveau tableau de chacune des façades de la maison, et c'est pour parvenir à ce but que, dans nos plans, nous avons cherché à décorer une partie du terrain faisant face à un côté de l'habitation d'un parterre de fleurs dont la forme se mariât avec le caractère général de la composition.

Depuis que l'horticulture, devenue un art, s'est enrichie de végétaux de toutes les parties du monde, un nombre infini de grandes plantes de parterre et d'autres acquisitions nouvelles ont envahi les jardins et sont venues en profusion prendre place en vue de la maison, parce qu'il était tout naturel qu'on ne se privât point de la gaieté qu'offrait un si aimable coup d'œil; de là la nécessité de tracer des plates-bandes qui, sous une autre forme, ont créé un nouveau genre de parterre.

Quant à ce qui est du *fleuriste* en lui-même, il peut former seul un jardin, soit qu'il remplisse tout le terrain d'une petite propriété, soit que, par son étendue ou par le fait de quelque obstacle, il ne puisse être placé tout à fait en vue de l'habitation. C'est de ce jardin à part que nous allons chercher à donner une idée.

Le jardin fleuriste ne pouvant, par quelque cause, être à proximité d'une des faces de la maison, il faudra néanmoins faire en sorte que d'une de ses parties les yeux puissent le découvrir, c'est-à-dire qu'on tâchera de l'éloigner le moins possible de l'habitation, car la jouissance qui s'y rattache est toujours nouvelle, comme les soins qu'il exige sont de tous les instants. L'exposition préférable à ce genre est le sud-est, la forme celle du carré ou du parallélogramme peu allongé. Le sol qui lui convient le mieux est une terre franche légère, très-meuble, défoncée, passée à la claie, et chargée de vieux engrais successifs. Les différents végétaux que l'on y cultivera demanderont, dans certaines parties du terrain, des terres rapportées; beaucoup de plantes bulbeuses veulent une terre sableuse mêlée de terreau végétal. D'autres exigent une terre forte, la terre de bruyère, une mare tirée des étangs, etc.

Cette diversité dans la nature des plantes et dans leurs besoins nécessite aussi des formes particulières dans le tracé de chaque compartiment du jardin, d'où il résulte que l'aspect général offrira difficilement un ensemble bien conforme à la loi de l'harmonie. Ainsi, par exemple, il est impossible de cultiver avec un succès égal et complet des arbrisseaux, des plantes herbacées et bulbeuses dans les mêmes planches; celles-ci, se relevant tous les ans, doivent être tenues à part, et si l'on veut en jouir longtemps, il faut les abriter des rayons fatigants du soleil.

Les abris employés dans ce but seront ou permanents, et alors ce seront des rideaux de verdure composés de tuyas ou de plantes grimpantes, et ceux-là seront des tentes de toile.

Tous ces obstacles à l'harmonie de l'ensemble feront prendre le parti de composer le jardin fleuriste en plusieurs scènes particulières que l'on rattachera avec goût les unes aux autres, en plaçant aux extrémités les plates-bandes qui demandent des abris susceptibles d'intercepter le coup d'œil. Nous pouvons d'autant moins donner sur le papier des projets de semblables jardins, que rarement les amateurs s'accordent sur le choix des genres de plantes. Tel donne des soins à une grande quantité de rosiers, tel autre préfère les liliacées, les dahlias, etc.; tel autre aime à garnir ses plates-bandes des plantes du Cap ou des tropiques que les serres fournissent du printemps à la fin de l'été, et que l'on enterre avec leurs pots pour les rentrer plus tard, ainsi que nous l'avons dit au chapitre *Des climats et des températures*. La mode, d'ailleurs, ou les nouvelles acquisitions de la science pourront faire changer de temps en temps le plan du jardin.

Un pavillon de repos pourra faire partie du jardin fleuriste et être construit à la place d'où il sera possible de jouir de la vue la plus complète qu'il se pourra du jardin. Dans la même enceinte seront nécessairement les serres et châssis propres à l'éducation et à la conservation d'une partie des plantes du fleuriste.

On verra dans les plans que nous donnons, pl. 3 *ter*, 6, 8, 9, 13, 14, 17, 18 et 19, divers motifs de parterres qui peuvent entrer dans ce genre de composition; ils sont tirés de France, d'Angleterre et d'Allemagne. On en trouvera même dans les *pièces coupées* et à *compartiments* des anciens parterres, pl. 6.

Ce sera donc, le plus souvent, dans les figures géométriques régulières ou irrégulières que l'on trouvera moyen de placer ces végétaux et de les soigner avec plus de facilité. Nous citerons surtout le tracé, fig. 1re, pl. 8, comme réunissant dans le plus petit espace la plus grande quantité de plates-bandes faciles à soigner. Si par la nature des plantes que l'on préférerait cultiver on adoptait la forme et le tracé pittoresques, le dessin fig. 1re, pl. 9, se prêterait à ce que l'on voudrait faire en ce genre pour la culture des arbrisseaux et des plantes herbacées dont on pourrait ajouter beaucoup au milieu même de la pelouse que l'on sèmerait de corbeilles bordées comme celle de la fig. 2, pl. 23.

Les fig. 2, 3, 4, 6 et 8, pl. 8, peuvent être placées, en s'harmonisant, comme il a déjà été dit, dans les parterres qui seront en vue de la maison, soit seules, soit, comme le demande la fig. 2, entourées d'arbustes en caisses et en vases. Le parterre avec exèdre de la pl. 24, fig. 4, forme un ensemble d'une grande richesse; nous le décrirons avec le jardin cosmopolite, pl. 14. Le parterre numéro 7, pl. 8, est destiné à des plantes qui exigent un demi-ombrage, et sera placé au milieu des bosquets.

Les fig. 1re, 3, 4, pl. 23, sont tirées du jardin de Muskau en Prusse; le dessin est formé avec du buis nain, et l'intérieur est orné de plantes à fleurs. La fig. 6 est aussi dessinée sur terre par le même moyen : c'est une corne d'abondance qui semble répandre les richesses du monde végétal. Plus d'un jardiniste classique pourra sourire à la vue de ces dessins d'un goût inusité : notre intention n'est pas de le discuter; c'est une fantaisie, sans doute, mais c'est une fantaisie de la déesse des fleurs, et ses moindres caprices sont toujours aimables. *Jamais fleur n'a rien enlaidi.* On a vu dans bien des jardins des croix d'honneur, des chiffres, des armoiries, exécutés avec du buis et des fleurs. A-t-on critiqué ces dessins? Ils peuvent même en suggérer d'autres, et, par exemple, ceux qui nous donneraient, dans un parterre, une *pensée*, des *corbeilles de fleurs*, telles qu'elles sont gravées fig. 5, 6, pl. 24, et fig. 6, 7, pl. 27 (*). Nous sommes dans un temps où l'on n'est exclusif sur rien; le beau, c'est *ce qui plaît!*

Nous avons vu des caisses à fleurs posées sur terre ornées de baguettes clouées comme la fig. 7, et bordées de baguettes arquées. Ces mêmes baguettes arquées, fig. 8 et 10, servent aussi pour border toutes sortes de massifs. Pl. 146.

Il nous reste encore à citer les divisions des parterres anglais, faisant partie des plans figurés, pl. 17, fig. 1re, 4,

5, et pl. 18, fig. 1re et 2. La planche 3 *ter*, ajoutée à la sixième édition, donne les plans de deux parterres anglais où l'on peut prendre une idée plus complète de ce genre de dessin régulier déjà décrit page 49. C'est en suivant ces dessins que l'on peut employer des fleurs de couleurs semblables dans des compartiments qui se répètent parallèlement, soit en plantes de pleine terre qui durent longtemps, soit par les végétaux en pots, apportés en fleur. Souvent on place un bassin au milieu de ces parterres. On pourra se décider soit en faveur de ceux-ci, soit en faveur de ceux dont nous venons de parler. La géométrie plaît à l'œil; la corne d'abondance, la pensée, la corbeille de fleurs, plaisent à l'œil et à l'esprit.

Nous terminerons cet article par quelques leçons de Soulange Bodin, célèbre horticulteur amateur.

« La *division* du jardin fleuriste sera déterminée à la fois par la nature et l'espèce des fleurs que l'on doit y cultiver; par la proportion que l'on veut mettre de chaque espèce, et par la fréquence de renouvellements propres à accroître la variété et l'intérêt de leur *succession* dans tout le cours de l'année. Une partie des fleurs destinées à son embellissement y seront cultivées dès leur naissance, une partie y sera apportée dans un état voisin de leur parfait développement; mais, dans l'un ou l'autre état, les unes et les autres devront s'y trouver dans une proportion telle que l'ensemble du parterre ne paraisse jamais trop dégarni. Les arrangements de détail qui doivent préparer cet effet exigent à la fois beaucoup de goût, de prévoyance et de connaissances en culture. Cette loi de proportion et de convenance, étant une émanation du sentiment du beau en

---

(*) Les corbeilles de la pl. 27, fig. 6, 7, se composent de brins d'osier piqués en terre et entrelacés en festons; d'autres brins d'osier plus forts, plantés d'un bord à l'autre et auxquels on entrelace des plantes grimpantes, figurent une anse. Des plantes en pots, renouvelées au besoin, rempliront ces corbeilles de tous les dons que Flore nous apporte dans chaque saison.

La corbeille fig. 5, pl. 24, est plantée sur terre comme la corne d'abondance : le buis en dessine les contours, et les fleurs qui la remplissent seront pareillement tenues dans des pots étroits et profonds. La pensée sera tracée sur terre à la manière des parterres anciens; les feuilles seront figurées en buis nain ou en gazon : la fleur se composera aussi de gazon, ou de fleurs à tiges tombantes, telles que petunia, *verbena melindres*, giroflées de Mahon, etc., les unes en pots et les autres en pleine terre.

C'est particulièrement des fenêtres que l'on peut jouir de ces sortes de *pièces coupées.*

général, ne se soumet pas à la fantaisie du compositeur. Elle veut impérieusement que les divisions ne soient pas trop multipliées dans un grand cadre, où l'effet en paraîtrait trop mesquin, et que les plates-bandes n'aient pas trop de dimension dans une petite enceinte où l'effet en paraîtrait lourd. Les divers groupes de fleurs devront aussi se balancer convenablement entre eux et se disputer l'attention du spectateur, de manière que, par exemple, elle ne se consume pas devant la plate-bande consacrée à la culture des tulipes dans l'attente ou dans le regret de fleurs si lentes à venir, si promptes à passer, sans trouver à côté d'elles des distractions et des jouissances qui consolent l'amateur de ces fréquents veuvages du parterre, et de la décadence successive de ses beautés les plus hâtives. L'art de pourvoir aux lacunes qui seraient trop sensibles s'exerce et se perfectionne par l'habitude de ces plaisirs, et dans l'exercice des travaux que leurs apprêts comportent. »

JARDIN FLEURISTE VARIABLE.

Nous nous disposions à composer un article sur cette sorte de jardin, quand nous en avons vu paraître un dans l'*Encyclopédie du Jardinage*, portant la signature de M. Keteleer, directeur des serres et jardins de Fromont. Nous en exposerons l'extrait suivant :

« Le caractère essentiel de ce jardin consiste à pouvoir en changer les productions, et par conséquent l'aspect, à volonté, de manière que toute plante ou tout groupe de plantes qui commencent à se faner puissent être enlevés et remplacés aussitôt par d'autres qui entrent en

fleur. Pour y parvenir et tenir un tel jardin dans un état satisfaisant d'entretien et de beauté, il est nécessaire d'avoir une pépinière de réserve, dans laquelle on élève les plantes en pots pour les enlever et les plonger dans les parterres, suivant le besoin.

» Les Chinois excellent dans ce genre de jardins, et des Européens qui ont résidé quelque temps à Canton ont unanimement parlé d'un mandarin qui faisait ainsi changer tout son jardin en une seule nuit, de manière à présenter le lendemain matin non-seulement des fleurs nouvelles, des arbustes rares et de ces arbres nains que les jardiniers chinois sont si habiles à façonner, mais jusqu'à une autre forme générale, et des compartiments différents. C'est, au surplus, ce qu'on voit pratiquer partout, sur une plus ou moins grande échelle, plusieurs fois dans le cours de l'année, dans le jardin des Tuileries, du Luxembourg, etc., dans la plupart des jardins tenus avec goût, et dans des jardins consacrés aux réunions et aux fêtes publiques.

» Une foule de particuliers qui ont près de Paris des maisons de campagne où leurs affaires ne leur permettent d'aller passer que quelques heures de loisir et de repos, les entretiennent ainsi de fleurs annuelles ou vivaces, et d'arbustes élevés en pots qu'ils vont acheter au *Marché aux fleurs*. Toutes les plantes se placent dans des pots enfouis dans la terre; on les enlève à mesure qu'elles défleurissent, et d'autres plus fraîches les remplacent aussitôt. Une longue succession de fleurs décore ainsi les jardins, sans interruption, pendant presque toute l'année; chaque mois a ses fleurs, et ces fleurs ne se montrent jamais que dans leur plus parfait état de développement et de beauté.

» Lorsque l'on possède des serres et des orangeries, et que l'on peut disposer d'une certaine quantité de plantes étrangères, il est une manière de donner au jardin fleuriste, durant toute la belle saison, un éclat aussi brillant qu'inaccoutumé : c'est d'y mettre en pleine terre, lorsqu'il n'y a plus de retour de gelée à craindre, et que la chaleur est bien établie, un bon nombre de ces plantes, choisies surtout parmi celles qui ont un peu souffert des atteintes du froid et des inconvénients de la clôture, et qui sont d'ailleurs remarquables, dans leur état normal, par leur port, leur feuillage, leurs fleurs, ou par quelques autres particularités dans leur végétation. Non-seulement le misérable aspect qu'offrent souvent ces plantes au sortir de la serre est promptement changé en une végétation luxuriante qui, dans beaucoup de cas, est supérieure même à celle qu'elles déploient dans les régions étrangères où elles croissent naturellement, mais encore cette influence se fait sentir sur leur existence ultérieure; et lorsque le moment de rentrer les plantes est arrivé, on peut remettre en pots, avec la plus grande facilité, celles qui ont joui ainsi, pendant quelques mois, d'une liberté revivifiante, et les replacer avec sûreté dans les serres, où elles continueront tout l'hiver de prospérer sous l'influence prolongée des excitations qu'elles auront ainsi reçues pendant l'été. Parmi ces plantes, il y en a qui n'eussent peut-être jamais porté fleur dans l'étroite captivité de la culture artificielle, et qui, rendues à une liberté passagère, offriront aux gens de goût, aux botanistes et aux peintres, des modèles à admirer, à étudier et à imiter, qui ne dépareraient point, sans doute, les régions fécondes d'où ces plantes furent primitivement tirées. »

C'est surtout dans le délicieux *jardin du roi* créé par Louis XVIII dans le parc de Versailles que l'on fait un usage charmant de ce genre de plantation renouvelée et variée à chaque instant.

Nous ferons connaître encore un moyen, sans doute peu employé parce que l'on n'y pense pas, mais que nous avons vu pratiquer d'une manière très-agréable. On plaçait en terre, dans les endroits des parterres qui se trouvaient dégarnis pour le moment, des pots pleins d'eau dans lesquels on mettait des fleurs coupées. On avait même garni ainsi des bords de massifs dénués de plantes florifères, et qui se trouvaient comme par enchantement émaillés et enrichis de mille couleurs. Non-seulement ces fleurs figuraient avec leur fraîcheur pendant la journée de fête où l'on avait voulu en jouir, mais n'étant pas exposées à un soleil ardent, et avec quelques soins, elles ont duré huit et quinze jours.

LISTE DES PLANTES POUR PARTERRES.

Nous n'indiquerons que rarement les espèces, parce que cette synonymie nous conduirait beaucoup trop loin. Nous renvoyons, pour ce choix, aux ouvrages de culture.

Bulbeuses.

Ail, — amaryllis, — anémone des fleuristes, — anémone hépatique, — asphodèle, — balisier, — colchique, — crocus, — cyclame, — cypripède, — erythrone, — fritillaire, — fumeterre, — galanth, — glaïeul, — glycine, — hémérocale, — iris, — jacinthe, — lis, — morée, — muscari, — narcisse, — nivéole, — orchis, — ornithogale, — oxalide, — pancratier, — phalangère, — renoncule, — safran, — scille, — trolle, — tulipe.

Fibreuses et vivaces.

TRÈS-HAUTES (*Fleurs au printemps*). Astère, — digitale ferrugineuse, — valériane. *(Fleurs en été.)* Alcée rose trémière, asclépiade de Syrie, — campanule pyramidale, — dahlia, — napée, — pentapétès, — phlomis tubéreux et de Sibérie, — phytolacca. (*Fleurs en automne.*) Dahlia, — hélénie, — ketmie, — silphium.

HAUTES (*Fleurs au printemps*). Ancolie, — balsamite, — dauphinelle élevée, — iris, muflier des jardins. (*Fleurs en été.*) Acanthe, — aconit, — asclépiade, — astragale, — buphthalme à feuilles en cœur, — butome campanule, — coriope, — dahlia, — digitale, — échinope, — galéga, — gentiane jaune, — ketmie, — lobélie, — lychnide de Chalcédoine, — lysimachie, — matricaire, — phlox, — rudbeckia, — spirée. (*Fleurs en automne.*) Anthemis à grandes fleurs ou chrysanthème, — boltone, — cacalie, — casse du Maryland, — épilobe à épis, — galane, — sarrète, — valériane, — véronique, — diclitra.

MOYENNES (*Fleurs au printemps*). Benoite écarlate, — celsia, — dendrie, — doronic, — elyme, — éphémérine, — épilobe, — épimède, — gentiane, — giroflée, — gnaphale orientale, — hélonias, — ibéride de Perse, — iris, — julienne, — lupin vivace, — lychnide, — ménianthes, — mimule, — orobe, — penstemon, — pervenche,

— pivoine, — podophylle, — polémoine bleue, — pulmonaire de Virginie, — sauge, — saxifrage, — verveine. (*Fleurs en été.*) Achillée, — arum, — astragale, — bétoine, — buphthalme, — campanule, — cinéraire, — coqueret, — daléa, — digitale obscure, — dracocéphale, — fabagelle, — fraxinelle, — gaillarde, — galane, — géranium et pelargonium, — giroflée, — hémérocale, — hysope, — ibéride, — immortelle, — lavande, — lin vivace, — lobélie, — lysimachie, — millepertuis, — mimule, — monarde, — œillet, — podalyria, — pois vivace, — potentille, — saponaire, — souci, — stévia. (*Fleurs en automne.*) Apocyn, — chrysocome, — coquelourde, — cupidone, — doronic, — eupatoire pourpre, — gnaphale de Virginie, — ibéride, — véronique, — verveine.

BASSES (*Fleurs au printemps*). Alysse corbeille dorée, — arénaire, — tourette printanière, — céraiste, — cynoglosse printanière, — drave, — gentianelle, — globulaire, — ellébore noir, — elléborine, — iris naine, — lobélia erinus, — pâquerette, — muguet, — gyroselle, — primevère, — auricule, — soldanelle, — violette. (*Fleurs en été.*) Phlox, — adonide, — androsace, — astère des Alpes, — bermudienne, — bragalou, — brunelle, — épervière, — swertia, — véronique. (*Fleurs en automne.*) Molène de Mycon, — tussilage odorant.

Annuelles, ou se cultivant comme telles.

TRÈS-HAUTES. Persicaire du Levant, — ricin, — soleil. HAUTES (*Fleurs au printemps*). Lunaire annuelle. (*Fleurs en été.*) Pavot, — enothère, — gaura, — ketmie, —

lavatère, — molucelle, — momordique, — sainfoin d'Espagne, — stramoine, — tabac, — tagétès. (*Fleurs en automne.*) Anserine ambroisie, — immortelle, — lotier Saint-Jacques, — tabac, — ximénésie.

Moyennes (*Fleurs au printemps*). Gomphrène. (*Fleurs en été.*) Amarante, — astère reine-marguerite, — balsamine, — belle de nuit, — campanule violette marine, — centaurée bluet, — clarkia, — chrysanthème, — coriope, — dauphinelle, — pied d'alouette, — elychrisum, — godetia, — gnaphale, — ibéride thlaspi, — immortelle à bractées, — lavatère à fleurs roses, — liseron, — lotier rouge, — malope, — martynie, — mélilot bleu, — nigelle de Damas, — nolana, — scabieuse, — seneçon des Indes, — souci, — valériane d'Alger, — xeranthemum. (*Fleurs en automne.*) Anthémis d'Arabie, — boucage anis, — célosie, — centaurée odorante, — crépide, — gilie, — giroflée, — gomphrène, — lopezie; — zinnia.

Basses (*Fleurs au printemps*). Réséda. (*Fleurs en été.*) Adonide, — améthyste, — athanasie, — basilic, — blète, — cynoglosse, — leptosiphon, — silène. (*Fleurs en automne*). Ficoïde annuelle, — martynie annuelle.

Plantes fleurissant l'hiver, propres à l'ornement des bosquets d'hiver.

Anémone hépatique, — anémone semperflorens, — ellébore noir, — rose de Noël, — galanth d'hiver, — perce-neige, — safran printanier ou crocus, et ses nombreuses variétés, — tussilage odorant, — saxifrage de Sibérie.

Grandes plantes à effet pour les grands jardins paysagers.

Les plus remarquables sont indiquées par un astérisque.

* Rheum rugosum, *rhubarbe*, * australe, — * Phytolacca decandra, — * polygonum orientale, *annuel*, — * datura tabula, *annuel*, fastuosa, *annuel*, — verbarscum ovatum, *annuel*, — dracocephalum sibiricum, — colinsonia canadensis, — nicandra physalodes, *annuel*, — carduus marianus, *annuel*, — tanacetum boreale, — * echinops sphærocephalus, * ruthenicus, * exaltatus, — arthemisia tournefortiana, — vernonia noveboracensis, præalta, — cacalia senecioïdes, — inula helenium, — silphium perfoliatum, — senecio umbrosus, doria, — * helianthus annuus, *soleil annuel*, tuberosum, *topinambour*, * atrorubens, *soleil noir pourpre*, * giganteus, *gigantesque*, — * heracleum sibiricum, — gypsophylla paniculata, perfoliata, — * dahlia, — urtica heterophylla, nivea, — * ricin, — melilotus macrorhisa, alba, — * *rose trémière*, — scabiosa tatarica, — iva xanthifolia, — * achillea filipendulina.

Plantes rampantes propres à garnir les massifs.

Alysse corbeille dorée, — arabette, — liseron, — momordique élastique, — grande et petite pervenche, — petunia, — réséda.

Plantes grimpantes propres à couvrir les tonnelles et berceaux.

Capucine, — cobée, — dolique, — gesse odorante, vivace, tubéreuse, de Tanger, — haricot d'Espagne à grandes fleurs, — houblon, — ipomée, — liseron, — trichosantes.

Plantes vivaces pour bordures.

Petite absinthe, — aira, — anémone hépatique, — anthémis odorante, — auricule, — buis nain, — fraisier, — hysope, — ibéride toujours verte, — iris, — jacinthe, — lavande, — linaire à feuilles d'orchis, — pâquerette, — matricaire, — mélisse, — œillet mignardise, de mai, de la Chine, — narcisse, — origan, — primevère, — romarin, — sauge, — safran et crocus, — saxifrage, — staticé, — thym, — violette.

Plantes annuelles, ou traitées comme telles, pour bordures et contre-bordures.

Astère reine-marguerite naine, — balsamine, — pied-d'alouette, — dracocéphale d'Autriche, — julienne de Mahon, — leptosiphon, — pensée, — primevère de la Chine, — thlaspi.

Plantes pour l'ornement des eaux.

Acorus, — butome, — cresson, — fléchière, — iris des marais, — jonc, — lysimachie, — massette, — macre, — ménianthes, — nénuphar, — parnassie, — roseau ruban, — populage, — roseau panaché, — scorpione des marais, — véronique bécabunga.

Plantes pour rocailles et ruines.

Androsace, — arénaire, — cactier raquette, — drave des Pyrénées, — érinée des Alpes, — ficoïde, — gypsophylle des murailles, — joubarbe, — lychnide des Alpes, — millepertuis, — primevère, — saxifrage, — sédum.

Plantes de serre tempérée et d'orangerie, fleurissant en été et pouvant servir à décorer les jardins fleuristes dans la belle saison, soit en les laissant dans leurs pots, soit en les rempotant lors de la rentrée.

TRÈS-GRANDES. Lophospermum scandens, — maurandia semperflorens, barkleyana, — polygala speciosa.

GRANDES. Asclepias salicifolia, — cœlestina suffruticosa, — escallonia floribunda, — fuchsia; hautes espèces, — lobelia rupa, — salvia grahami, splendens, cardinalis. formosa, — sollya heterophylla.

MOYENNES. Alonsoa elegans, incisifolia, linearis, — arctotis grandiflora, scabra, — arthropodium cirrhatum, — calceolaria, — chrysanthemum frutescens, — cineraria, — escallonia coccinea, — francoa, — fuchsia, diverses espèces, — héliotrope, — hortensia, — hypericum sinense, — linum quadrifolium, — lithrum virgatum. — lantana camara, — lobelia coronopifolia, — hederacea, — medicago arborea, — mimulus, — muraltia heisteria, — mixta, — petunia, variétés à grandes fleurs, — pelargonium, toutes les variétés, — polygala, diverses variétés, — primula sinensis, — ruta albiflora, — salvia aurea, bicolor, leucantha, — swainsonia, galegifolia, coronillefolia.

BASSES. Arcotis aureola, tricolor, — bouvardia triphylla, — calandrinia discolor, grandiflora, — isotoma axillaris, — linum quadrifolium, narboneuse, — lantana sellowi, — lobelia arguta, — nierembergia filicaulis, gracilis, intermedia, calicina, — selago fascicularis, — tagetès lucida, — verbena melindres, tweediana, venosa, sabini, sulfurea, pulchella, aubletia.

DU ROSARIUM OU ROSETUM.

Le *Rosarium* est un espace spécialement consacré à la culture des roses. C'est là que sont classées les richesses de l'amateur ; c'est dans cette pépinière charmante qu'il a placé tout son orgueil, satisfait lorsqu'une belle collection de fleurs a salué le retour de la belle saison ou qu'une nouvelle rose obtenue par lui le récompense de ses soins.

Un rosarium est une *école de rosiers* comme on établit une *école de botanique*. Le terrain est ordinairement divisé en plates-bandes larges de 1 mètre 30 centimètres sur une longueur indéterminée ; elles sont bordées de planches épaisses, peintes en vert, posées sur champ et ne sortant de terre que de la hauteur de 15 centimètres, le bord en est arrondi. Ces planches sont bien préférables aux bordures de buis dont les racines dévorent la subsistance des rosiers. Les chemins entre les plates-bandes doivent avoir 1 mètre 30 centimètres de largeur.

La fig. 1re, pl. 8, représente un plan de rosarium où l'on a ajouté une partie circulaire qui n'est pas sans élégance. Les rosiers à tige se plantent à 1 mètre 50 centimètres de distance l'un de l'autre ; l'on plante entre deux un individu franc de pied qui peut être de la même espèce que son voisin greffé sur tige. Cet arrangement donne le moyen de comparer les produits selon les deux méthodes. On place encore de chaque côté de cette ligne de rosiers une autre rangée francs de pied, ce qui fait en tout trois lignes de rosiers. On peut établir dans une plantation de rosiers ainsi disposés tout l'ordre désirable, et étudier les roses ou en jouir de la manière la plus complète et la plus agréable.

Les fig. 6 et 8 pourraient aussi servir à collecter des rosiers, d'autant que l'on peut augmenter le nombre des plates-bandes ; mais alors il faudrait employer un autre moyen pour les border.

CHAPITRE VII.

DES JARDINS PAYSAGERS.

PREMIÈRE SECTION.

RÉSUMÉ DE QUELQUES NOTIONS SUR LE TRACÉ ET LA PLANTATION DE CE GENRE DE COMPOSITION.

Dans les plans que nous donnons ci-après comme exemples, l'amateur comprendra d'une manière précise les principes que nous avons cherché à rendre aussi clairs que possible et qui trouvent ainsi leur application.

Nous résumerons d'abord quelques règles générales qui doivent guider dans les dispositions locales par rapport à l'habitation principale pour laquelle tout le reste est fait. Ces règles appliquées avec entendement éloigneront tout ce qui pourrait appeler la monotonie et la tristesse là où doivent régner la grâce et la gaieté.

Quand on trace un jardin paysager, on se conforme avant tout à l'exposition naturelle du terrain, et on établit les points de vue en conséquence.

Or, après que l'on se sera rendu compte des accidents du terrain où l'on voudra créer un jardin, après avoir bien prévu ce qui convient le mieux à la physionomie que la nature lui a donnée, il faut établir son projet de telle sorte que de l'habitation l'œil puisse découvrir les points de vue créés dans la composition elle-même et les beautés du paysage environnant. Surtout, que les murs soient cachés aux yeux, ils attristent et arrêtent les élans de l'imagination (*). La clôture du jardin étant donc dissimulée avec soin par des palissades, des talus, des plantations variées, de tel côté que se porteront les regards, ils ne devront être arrêtés que par des objets faits pour les attirer et ne pourront se rendre compte de l'étendue réelle de la propriété.

Avant de donner au sol une forme définitive, l'amateur devra diriger toute son attention sur les lignes qui, par leur contour, présenteront dans leur ensemble une composition en rapport avec la loi de convenance et de propor-

tion, et il ne se décidera à tracer ses figures qu'après de judicieuses et mûres réflexions. Comme le peintre, il devra subordonner le tout aux règles de la perspective. Il tracera les courbures qui seront le mieux en harmonie avec la forme naturelle de sa propriété, et, se rendant bien compte du résultat que doit avoir tel objet qu'il y voudra placer, il adoucira les distances en accusant les premiers plans d'une manière hardie, ou il éloignera la vue par des lignes rompues à propos. Il devra calculer l'effet que produira tel point saillant et éviter la répétition des angles qui se rapprochent trop du caractère géométrique; c'est ainsi que son tracé ne devra pas présenter de formes triangulaires ou carrées, oblongues ou rhomboïdales; l'absence de pareilles lignes, que condamne le bon goût, exclura évidemment la roideur et l'affectation : la partie d'un terrain destiné aux plantations d'ornement sera surtout exempte de semblables défauts. Un bon tracé de jardin ne devra pas présenter à l'œil des allées dont les lignes, se rompant, forment à chaque pas un zigzag anguleux pareil à la trace que laisse derrière elle la limace; la seule exception que l'on puisse faire en faveur de ces sortes de courbes, et qu'appelle la nécessité, est sur la pente rapide d'une colline; alors elles ne choqueront pas la vue, parce que les buissons ou les arbres interposés n'en laisseront pas saisir l'ensemble. La ligne courbe n'acquiert d'élégance que dessinée sur une échelle un peu grande, encore doit-elle être douce dans ses contours, et non pas heurtée comme si à tout instant il fallait faire volte-face.

Il n'y a aucune raison qui puisse faire admettre des lignes droites de grande route dans une composition pré-

---

(*) Nous avons vu employer, *pour dissimuler les murs d'un jardin*, un *moyen* aussi simple qu'heureux dans la réussite. On avait noirci temporairement des parties de murs dans des endroits où les charmilles et les rideaux d'arbrisseaux destinés à les masquer avaient laissé des vides qui permettaient à l'œil de pénétrer, ce qui aurait ôté toute illusion et détruit l'ensemble du coup d'œil. Ce noir, interrompu par quelques branchages et par les jeunes plantations qui partaient de terre, paraissait l'ombre d'un fourré épais, et l'œil ne s'y arrêtait point.

sentant une surface unie, si ce n'est lorsque l'on veut tracer l'avenue principale conduisant à un édifice d'une architecture régulière, d'un caractère sévère ou ancien, ou bien encore à une église, à un temple, à un arc de triomphe.

Si une grande composition pittoresque demande une avenue d'une certaine longueur, faites alors que par un tracé bien entendu cette route par laquelle les équipages arriveront serpente avec douceur, car l'œil sera choqué si une ligne revient sur elle-même, à quelque distance que ce soit, de manière à former une parallèle, défaut qui se présentera évidemment si l'on trace sa courbe sur un angle trop aigu. Dans un jardin d'un espace borné, on devra suivre les mêmes règles linéaires que pour le tracé d'un parc, seulement on les proportionnera à l'étendue du terrain ; mais dans ce cas, si quelque obstacle, tel qu'un arbre, une haie de clôture, ou un objet qui ne peut se déplacer, exige que l'allée tourne en demi-cercle deux fois à peu de distance et du même côté, alors on cachera ce défaut en interposant des massifs d'arbrisseaux.

Toutes les fois que l'espace à planter sera très-circonscrit, on devra faire la plus grande attention à n'employer que des arbres dont la hauteur soit proportionnée à la localité. Ainsi, dans un jardin exigu, ils ne dépasseront pas l'élévation des murs. C'est en plantant de grands arbres dans de petits jardins qu'on les a perdus, car il est évident qu'au lieu de conserver à ces jardinets leur forme primitive, celle de jardins en miniature, les arbrisseaux inférieurs seront étouffés par les arbres et l'on n'aura plus alors que quatre murs, des troncs d'arbres noirs comme le charbon, et un air malsain. L'œil d'ailleurs est choqué des disproportions : la grandeur veut l'espace ; aux arbres de première hauteur, il faut l'immensité d'un parc sans limites apparentes.

Les arbres de moyenne grandeur doivent encore trouver place partout où, voulant continuer le dessin d'un bosquet, on jugera à propos de ménager un site dont le point de vue, pris des fenêtres de la maison, passera par-dessus le bosquet.

A l'appui de ce que nous avons dit, nous allons présenter quelques-unes des règles, en petit nombre, établies par Gabriel Thouin :

« 1° Le bâtiment principal doit avoir des points de vue agréables sur le jardin pour engager à la promenade et exciter la curiosité par des monuments, qui auront eux-mêmes leurs points de vue sur la campagne ou sur quelques fabriques.

» 2° Il faut planter, non loin du bâtiment, des *arbres verts* et autres au feuillage foncé, pour faire repoussoir. Sur le second plan il faut des arbres plus petits et dont le feuillage soit plus clair ; enfin, sur le troisième plan, les arbres doivent encore être plus petits et avoir une teinte argentine, afin de rendre sur le terrain l'effet qu'un peintre de paysages rend sur la toile.

» 3° On doit établir un *chemin de ceinture* qui tourne autour de la propriété, en tâchant de l'allonger le plus possible, et de lui donner un contour agréable, pour qu'en le parcourant, soit à pied, soit à cheval ou en calèche, on n'éprouve aucune difficulté, et pour ne pas suivre l'exemple donné dans les jardins soi-disant *anglais*, où l'on voit des allées qui tortillent sans motifs, et qui ne viennent à aucun but (*).

» 4° On veillera à ce que tous les chemins qui se sépareront de celui qui tourne autour de la propriété aient une destination, soit pour conduire à différentes fabriques, salles de repos et points de vue, et à ce que chaque fabrique forme tableau.

» Les arbres les plus agréables doivent être plantés isolément dans la prairie, par groupes, en nombre impair. »

Nous ajouterons à cette règle de Thouin, qu'ils doivent toujours être placés de manière à ne masquer aucun point de vue, mais au contraire à *repousser et faire valoir* ce qui se trouve en vue.

DEUXIÈME SECTION.

PLANS ET DESCRIPTIONS DE JARDINS DE TOUTES GRANDEURS.

Nous avons diversifié, autant que possible, la grandeur et le caractère des jardins dont nous donnons les plans. On pourra objecter néanmoins que, trop souvent, la forme des jardins que l'on aura à planter ne se trouvera pas d'accord avec celle des plans que nous donnons. Cela doit être, et nous en aurions dessiné mille que le même inconvénient pourrait encore subsister plus ou moins. Nous avons eu pour but principal de mettre sous les yeux des modèles de différents genres qui pussent appeler les idées et venir en aide à l'amateur dans l'ornement et la composition de son jardin : nos figures sont le complément de la théorie, ou, mieux, la pratique appliquée à la loi des convenances qui en est la théorie.

Si parmi nos plans il s'en trouve un qui, par son caractère et ses proportions, convienne au terrain que l'on se propose d'orner, il suffira simplement de supprimer quelques parties accessoires qui pourraient gêner, ou bien on les transposera ; dans le cas où il resterait des angles à remplir, ou s'il y avait une partie du sol qui se trouvât en moins dans le dessin adopté, soit sur la longueur, soit sur la largeur, on ajouterait quelques allées et bosquets. Il arrivera fréquemment que le plan choisi ne remplira qu'une portion notable du sol dont on veut tirer parti, mais alors on pourra combler l'espace avec un potager, un jardin fruitier ou un verger de forme plus ou moins régulière.

Nous n'avons pas indiqué sur les plans tous les lieux où il aurait été possible de créer des fabriques, de placer des statues, des vases, etc. Cette disposition n'est, à vrai dire, qu'une affaire de goût appuyée par la convenance ; or,

(*) Un jour que nous visitions le parc d'une maison de plaisance dans l'un des royaumes voisins de la France, en compagnie de l'architecte du roi, nous marquâmes notre surprise de parcourir un chemin extrêmement tortueux. Pour se disculper du soupçon d'avoir pu tracer un semblable chemin, l'artiste nous dit que le roi lui-même l'avait ordonné ainsi, en disant à son jardinier de prendre une bêche, de la traîner derrière lui, et de marcher en se promenant au hasard et selon sa fantaisie. Nous nous rappelâmes à ce sujet que plus d'une fois nous avions entendu dire : « Quand on veut tracer les allées d'un jardin *anglais*, il suffit de soûler son jardinier et de suivre sa trace. » Il faut convenir que, par ce moyen expéditif, on ne composera qu'un jardin digne d'un cabaret.

chacun, d'après le dessin qu'il aura adopté, jugera l'endroit le plus convenable à la création de ces objets dont les plus saillants par leur caractère formeront *points de vue* de l'habitation ; ceux de moindre importance auront leur effet dans des scènes secondaires dont ils seront destinés à faire l'ornement principal, comme, par exemple, au milieu d'une salle de verdure, d'une clairière, à l'extrémité d'une allée, etc.

Dans aucun ouvrage publié en France, on n'a pensé à donner des exemples de compositions qui pussent être adaptés aux petites propriétés ; nous nous sommes efforcé de remplir cette lacune. Le dessin n° 9, pl. 8, peut être tracé dans un espace de 4 perches (150 mètres) carrées de terrain et contenir, comme la figure l'indique, un banc de gazon dans un cabinet de verdure, une pelouse, deux corbeilles, et avoir encore de la place pour quelques vases.

On sent bien que de semblables jardins, comme nous l'avons dit, ne peuvent et ne doivent renfermer des arbres dépassant la hauteur des murs ; il ne faudrait plus alors penser à jouir du gazon et des plantes que l'on y voudrait cultiver ; on pourrait, tout au plus, y admettre un arbre de troisième grandeur, tel qu'un cytise faux ébénier, dont le feuillage est peu compacte. Mais comme le même plan est également applicable à un espace qui serait quatre ou six fois plus grand, il est évident que le terrain, en s'élargissant, permettrait de se relâcher de cette règle, sans cependant dépasser une proportion telle que les arbres trop grands fissent périr les petits par leur ombre et leurs racines.

Le plan n° 10, pl. 8, peut avoir depuis dix jusqu'à trente perches (400 à 1200 mètres). Dans sa petite dimension, il est très-varié en jolis points de vue. A l'un des angles est un petit pavillon.

Le plan n° 11, exemple d'un terrain disposé en travers, est orné d'une volière.

Dans le n° 5, la maison est placée au milieu du terrain.

Le n° 12 est planté en arbres fruitiers et de telle manière que l'on a même réservé les murs pour espaliers ; il peut servir pour un terrain de quinze à quarante perches (400 à 1500 mètres).

Le n° 13 est un jardin de ville pour l'usage d'une maison habitée au besoin par deux locataires ayant le jardin en commun. Les plantations sont faites de telle sorte que chacun soit à peu près chez lui. Il est disposé de façon que l'on puisse établir une séparation réelle peu apparente.

Deux jardins d'un demi-arpent (1700 mètres) sont figurés pl. 9. Le dessin du n° 1 pourrait cependant s'étendre au double.

Il ne contient qu'un pavillon de repos C environné de vases de fleurs ; mais il est très-élégant par la manière dont il est planté en amphithéâtre, au moyen du choix des arbres et arbrisseaux qui augmentent successivement de grandeur depuis la pelouse jusqu'au cabinet de verdure B, et de même sur le côté droit. Ce jardin pourrait servir pour fleuriste en sillonnant les massifs de sentiers destinés au service des plantes. En B est une statue, et en D, dans un cabinet de verdure, sont un banc et une table rustiques, près de l'habitation dont l'entrée est en A.

Le n° 2 se compose d'une pelouse F, de deux pavillons B près de l'habitation dont l'entrée est en A, d'un billard C dont la façade est ornée de quatre vases, d'une salle de verdure E avec un banc de gazon. En D est une statue. On a planté sur la pelouse deux groupes d'arbres verts pour faire repoussoir sur le fond du jardin dont la salle de billard fait le point de vue. Le graveur dans ce dessin a trop ombré les abords des croisées du billard ; elles doivent être dégagées.

Le jardin n° 3, pl. 9, d'une forme démesurément longue, a été gravé ici à cause de la difficulté vaincue. Il était planté en fruitier et potager, et l'on voulait cependant, tout en conservant l'utile, ajouter l'agréable. La partie gauche de l'espalier, peu productive par son exposition, a été sacrifiée pour le bosquet. Il était impossible, sur ce long terrain de plus de 160 mètres sur 20 à 25, de ménager un point de vue depuis l'habitation A jusqu'à l'extrémité du jardin, ou au moins jusqu'au point H ; force a été de diviser cette longueur en plusieurs scènes de peu d'étendue. La première se compose de la terrasse C, plus élevée que le jardin, dont elle est séparée par un mur d'appui orné de vases. Cette terrasse, où il y a une pelouse et des arbrisseaux, formait elle-même un petit jardin d'où on descendait dans le grand. Une seconde scène était formée par le bosquet en retour jusqu'au pavillon E (lequel est figuré sur la pl. 108, n° 2). De là une troisième et une quatrième scène F G, et enfin, à partir du point H, le potager tout à fait à part. En B une basse-cour, en D une statue. Dans la maison, le présent ouvrage a été conçu et composé en partie. La cinquième édition, beaucoup plus importante que les précédentes, a employé deux années de veilles et de soins dans une autre petite habitation champêtre figurée pl. 69, n° 1.

La pl. 10 donne les plans de quatre petits jardins paysagers, dont les terrains sont irréguliers.

N° 1. *Jardin d'un demi-arpent* (1700 mètres).

A habitation, B hangar sur une cour, C volière ombragée de lilas, D cabinet de verdure, E pelouse.

N° 2. *Jardin de trois quarts d'arpent* (soit 2400 mètres).

A B habitation et petit bâtiment accessoire, entourés ou ornés de corbeilles de fleurs ; C pelouse où l'on ne devra rien placer qui puisse masquer le point de vue. Un groupe de cinq arbres verts, plantés à droite, sert de repoussoir pour le théâtre de fleurs D. Ce théâtre ou amphithéâtre, dont le terrain s'élève successivement de 1 mètre à 1 mètre et demi, est composé, en premier plan, d'une demi-corbeille de plantes peu élevées ; en deuxième plan, d'une plate-bande de plantes plus élevées ; en troisième plan, de quatorze vases à fleurs, et enfin d'une pergole couverte de vigne. Le massif qui l'entoure en partie sera planté d'arbrisseaux et plantes d'agrément. C'est le même genre de pergole figuré sur la pl. 3, fig. 2. Les statues de Flore et de Zéphire sont placées au-devant. E cabinet de verdure, F banc de gazon. Si, ce qui serait préférable, l'habitation s'élevait dans la partie large du terrain, il serait facile de changer la position de l'amphithéâtre et de le reporter sur le dessin à l'extrémité étroite du jardin.

N° 3. *Jardin d'un quart d'arpent* (800 à 900 mètres).

A habitation, B pelouse, C kiosque servant de point de vue de la maison, D E cabinets de verdure avec bancs.

N° 4. *Jardin de plus de trois quarts d'arpent.*

A habitation et petite cour à côté, B pavillon, C pelouse. Toutes les plantations qui l'entourent doivent s'élever successivement jusqu'aux arbres qui masqueront les murs. Ces arbres ne doivent être choisis que dans les espèces de moyenne grandeur, et il en sera de même dans tous les jardins de peu d'étendue, comme nous ne cesserons de le répéter. Le rocher D, surmonté d'un kiosque, forme point de vue de la maison, et en donne un autre sur le dehors. Ce kiosque et toute la partie étroite du jardin sont plantés d'arbres toujours verts. Des ifs et des pins dans le fond et des alaternes et autres arbrisseaux verts cachent la clôture. Les deux parterres de fleurs E E se marient agréablement avec les massifs de la pelouse et du bosquet F. Les massifs G doivent être garnis de plantes élevées de 60 centimètres au plus, afin de ne pas intercepter le point de vue du kiosque.

Dans le jardin n° 1, pl. 11, de près d'un arpent (3200 mètres environ), l'habitation est placée au milieu. C'est un jardin qui, comme celui de la fig. 2, est très-aéré, parce qu'ils sont tous deux peu couverts de bosquets. On pourrait les exécuter sur une échelle moitié moindre. Un fleuriste est disposé sur un côté de la maison du n° 1 ; un grand espace restant entre les bosquets et les pelouses laisse la place que doivent occuper les vases et caisses d'arbustes. C'est ce que l'on pourra observer dans beaucoup de nos plans. A l'angle du n° 2 on voit un petit temple dont le frontispice est orné de quatre colonnes.

Le n° 3 est un jardin dessiné dans le genre que Thouin appelait *fantastique*, parce que les allées tracées par la fantaisie font quelques détours et ne vont pas assez droit au but. Malgré son titre, ce plan n'en est cependant pas moins agréable ; l'irrégularité qui règne dans l'ensemble a occasionné plusieurs scènes pittoresques très-variées qui ont leur charme.

Jardin d'agrément de cinq arpents (soit 1 hectare et 2 tiers), pl. 12. L'habitation A est grande dans ses proportions et riche dans son architecture ; c'est le projet n° 16 du *Propriétaire architecte*, page 31 ; du côté de la cour d'entrée B, garnie de caisses, elle est décorée d'un portique soutenu par des cariatides. Le portique du côté du jardin est composé d'arcades supportées par des colonnes ; on descend par un double escalier découvert. Dans l'angle C sont la cour de service, les écuries et logements accessoires.

Ce jardin, créé pour un ami des arts, offre tout ce qui peut contribuer à de nobles récréations et aux plaisirs de tous les âges. Chacun, dans ce petit empire, trouvera un attrait à son goût. A droite de la grande pelouse, un chemin fleuri conduit au salon d'harmonie D (figuré pl. 111, n° 1), devant lequel a été ménagé, pour la danse, un espace ombragé par des arbres touffus ; de ce côté, vous trouverez en F le tranquille jeu de boule, puis l'étourdissante balançoire E au milieu d'une salle de verdure. A l'angle éloigné de droite s'élève un théâtre champêtre, aux décorations formées d'arbrisseaux taillés ; le fond est rempli par la façade d'un temple dont l'intérieur contient des chambres destinées aux artistes amateurs. A ceux qui aiment des occupations plus sérieuses il est en G des salons ouverts aux jouissances de l'esprit : c'est une bibliothèque renfermant les trésors des sciences et de la littérature, et où volontiers on se livre à de spirituelles causeries; c'est un cabinet de physique, une collection de curiosités naturelles. Un seul chemin mène au bosquet protégeant de son ombre ce pavillon où rien ne vient troubler de sérieuses méditations. La statue qui décore ce lieu sera celle de la Muse qui préside aux sciences, la docte Euterpe, dont le nom, comme chacun sait, veut dire : CELLE QUI AMUSE BIEN. A l'extrême gauche, après avoir gravi la pente douce d'une colline, s'élève un kiosque élégant, entouré de vases de fleurs; pour ceux qui, dans l'extase d'un doux *far niente* solitaire, égarent leurs pensées dans l'enivrante fumée d'un cigare, il est là un divan d'où se déploient aux regards les beautés du paysage d'alentour. Au pied du château le parterre paré des plus belles fleurs étale ses richesses et mille parfums s'élèvent, suaves, jusque dans les salons du maître. Vis-à-vis de la principale façade, a été ménagé un *Ha-ha* fermé par un saut-de-loup, de sorte que de l'habitation le paysage peut s'étendre à perte de vue.

Pl. 13. Jardin de dix-huit arpents (6 hectares). La grille *a* donne entrée sur un chemin circulaire conduisant à une jolie habitation, dont à l'avance on a pu apercevoir quelques parties à travers les arbres. C'est le n° 14 du PROPRIÉTAIRE ARCHITECTE; son architecture est d'une élégante simplicité. Les points de vue du jardin, qui de tous côtés se multiplient, peuvent seuls suffire à faire de ce lieu une résidence des plus agréables. A gauche, c'est la pelouse de l'entrée et le verger qui encadre le potager, puis c'est la large pelouse terminée par la rivière, bornant le jardin de ce côté, et permettant de jouir de toute la vue de la campagne; ensuite viennent le bocage et la rivière qui, dans son cours tourmenté, forme des lacs et des îles : toute cette partie est couronnée d'un bois s'étendant jusque sur le coteau; c'est enfin un élégant parterre fleuriste, tracé en cercle, qui laisse à la vue le loisir de voir au loin par le *Ha-ha*, fermant la propriété au point L. Prenant pour point de départ de la promenade le pont situé près du fleuriste, on parvient au salon de verdure A, réservé pour la danse; le pavillon qui l'orne est destiné à la musique : c'est dans le boudoir qu'il renferme que les promeneurs, en se reposant, s'abandonnent à une tranquille conversation. Retournant un peu sur ses pas, on gravit le coteau où de l'observatoire B on découvre les environs; puis dans une allée solitaire C, on rencontre un ermitage caché au milieu d'un bouquet de bois, et bientôt on se trouve sur le bord du *Lac des trois Iles*. Un bac D tient par une poulie à un câble, dont un bout est amarré au rivage, et l'autre fixé à *l'Ile du petit Bosquet*; on conduit paisiblement le bac au moyen de ce câble. On visite en passant *l'Ile des Peupliers*, au milieu de laquelle s'élève, modeste, un monument funéraire, seul souvenir d'un homme de bien. Un peu plus loin, sur la rive, est une maison de pêcheur, vis-à-vis de *l'Ile de la Chapelle*, que l'on peut aller voir en passant le pont. Que l'on suive à droite ou à gauche les sinuosités de la rivière, on arrive au moulin F, d'où l'on revient par le pont qui donne sur la prairie en face du château. Çà et là, sur les pelouses, sont plantés des bouquets de cerisiers dont les innombrables fleurs blanches, puis après leurs fruits rouges comme le corail, sont d'un bel effet au milieu de la verdure.

6.

Jardin cosmopolite.

Pl. 14. Cette localité de 70 à 80 arpents (soit 25 hectares), dont certaines parties sont accidentées heureusement, offre à l'imagination de l'artiste mille ressources pour déployer son talent dans des scènes qu'avec du sentiment et du goût, il saura varier de manière à appeler incessamment le désir du promeneur. Les détails qui suivent montrent tout ce que le caprice peut faire entrer dans une semblable composition, dont nous donnons ici un essai qui pourra inspirer des idées sans doute plus heureuses.

Une large grille ornée forme une entrée digne de ce domaine. Vous la franchissez pour suivre l'avenue sinueuse qui doit conduire au manoir, dont quelques parties se laissant voir à travers le feuillage vous préparent à l'effet général. De la façade principale, la vue s'étend sur de vertes pelouses, sur de belles prairies, dont l'une, en pente douce, n'a pas moins de six arpents; entourée de palis, elle sert de pâturage à des vaches, des moutons, à quelques biches apprivoisées, dont les divers groupes vivifient la scène. De la façade postérieure de l'habitation se déploie aux yeux le plus riche parterre; plus au loin, et entre les pilastres de l'exèdre, on découvre la campagne, que l'on aperçoit encore par-dessus le saut-de-loup qui borne la propriété dans cette partie. Les regards, de quelque côté qu'ils se portent, ne rencontrent que des objets agréables : c'est un étang, un canal dont vous voudriez suivre les bords; c'est un bocage que vous êtes impatient de parcourir; c'est la campagne extérieure offrant, sous vingt points de vue, vingt tableaux différents, etc.

Cependant, désireux de visiter ce séjour où vos idées s'égarent à l'avance, vous vous dirigez à droite vers une allée que l'on vous a indiquée comme étant celle où votre curieuse investigation trouvera le plus d'aliments. Un pavillon circulaire, à trois portes, se présente à vous. C'est là que sans doute on vient, après dîner, savourer le parfum du moka, ou que le promeneur égare ses rêveries au milieu de la molle fumée d'un cigare, ou bien encore s'abandonne à une lecture favorite; ce pavillon s'élève au milieu d'un bosquet toujours vert, sorte de labyrinthe, où trois ouvertures semblables donnent issue sur trois allées de même apparence. Après avoir parcouru les deux plus courtes, qui toujours vous ramènent au point d'où vous êtes parti, vous vous aventurez naturellement dans la troisième, si toutefois le hasard ne vous l'a pas fait suivre d'abord. C'est alors que, nouveau cosmopolite, vous allez entreprendre un véritable voyage qui, dans ce plan, n'a pas moins de trois quarts de lieue d'étendue, et que dans une plus grande propriété on pourra prolonger encore. Les sinuosités du chemin sont tracées de telle sorte qu'elles embrassent tout le terrain de ceinture; les parties de bois qui l'ombragent sont serrées et touffues, car il ne faut pas que d'une partie du chemin on découvre celle où l'on va entrer ou celle que l'on vient de quitter; pour compléter l'illusion, le voyageur trouve de loin en loin une petite borne milliaire, représentée par une distance de 100 mètres, ce qui semble décupler l'espace. — Vous vous abandonnez donc à ces ombrages épais. A peine au commencement de la route, et après une éclaircie qui vous laisse voir un côté de la campagne, vous rencontrez un ermitage dont le site borné et paisible inspire le désir d'une existence calme et exempte de soucis. Vous poursuivez, et vos réflexions prennent une teinte de mélancolique philosophie lorsque, à demi cachée par un saule, une tombe frappe votre regard : une simple pierre porte le nom d'un personnage célèbre!!! A quelques pas de là une cabane, meublée de tout ce qui caractérise les usages de l'homme de la nature, offre avec son lit de mousse un sujet à vos rêveries.

Bientôt la scène change, de plus grands paysages se déploient. Du pied d'une colline, les prés, les champs, apparaissent encore une fois riants et verts, mais c'est un autre tableau que vous apercevez, ce n'est plus le même côté de la campagne dont vous avez joui avant d'arriver à l'ermitage; vous allez les quitter, et sans doute d'autres émotions vont vous faire oublier ces belles campagnes. Tout en gravissant la colline, les pins, d'abord rares, annoncent une terre étrangère; en effet un poteau planté en terre indique que là sont les limites de *la France* et de *la Suisse*. — Les pins se montrent en plus grand nombre. Votre curiosité devient de plus en plus vive, vous vous dirigez joyeux vers une vallée baignée par un lac, qui s'étend à vos pieds. Mais quelle n'est pas votre surprise lorsque, à l'instant, et comme si un génie avait frappé du pied, surgit à vos yeux une maison suisse de la plus jolie apparence! — Le ranz des vaches se fait entendre. — A peine revenu de votre extase, une fraîche Bernoise à l'élégant corsage, à la large coiffure de dentelle noire d'où s'échappent de longues nattes de cheveux blonds, s'avance à votre rencontre et vous invite à accepter, avec l'hospitalité, un laitage pur que vous pouvez voir traire des vaches répandues

aux alentours. — Est-ce donc un rêve? Voilà bien la Suisse, ses montagnes, ses vallées et la teinte foncée de sa verdure, voilà bien ses simples habitants! « L'illusion qui plaît devrait durer toujours! » Et celle-ci est délicieuse! — Pourtant, il faut quitter ces lieux, malgré tout ce que promet de bonheur cette belle nature; ce frugal repas, offert avec tant de cordialité, vous a donné de nouvelles forces et de nouveaux désirs. Tout en suivant les bords du lac, vous adressez vos remercîments et vos adieux à votre hôtesse, et celle-ci vous engage à vous prémunir contre les dangers ou les accidents que, dans votre course aventureuse, vous pourriez rencontrer. — Le chemin, devenu moins facile, serpente, étroit et encaissé, entre des rochers, et vous amène presque au bord d'un torrent dont les eaux fournies par le lac, et qui naguère vous semblaient si tranquilles, s'échappent avec fracas. — Le pont hardi jeté sur ce torrent vous rappelle le *Pont du Diable* du Saint-Gothard. Au delà, la route prend un caractère de plus en plus agreste, le site se montre plus sauvage, le sentier escarpé se rétrécit toujours, le ciel semble se rembrunire Tout à coup, parvenu à une gorge qu'un pan de roche surplombant au-dessus de votre tête rend encore plus sombre, il vous a semblé voir, sous une anfractuosité, des chapeaux de forme conique et à larges rubans, c'est sans doute un jouet de l'imagination; vous vous avancez : des yeux brillent sous ces chapeaux, vous distinguez des fusils: plus de doute, ce sont des brigands italiens! Imprudent! vos regards cherchent un détour. — Cependant la réflexion vous met bientôt au-dessus de la crainte, et vous méprisez des ennemis impuissants. — La scène se développe, vous voici près d'une rivière d'où vous pouvez entendre encore le bruit lointain et affaibli des eaux qui s'engouffrent sous le pont du Diable; vous pouvez apercevoir, en traversant l'île, une modeste chaumière, c'est la demeure d'un pêcheur des marais Pontins, occupé dans sa barque à préparer ses filets. — Le pieux *ex-voto*, placé un peu plus loin sur les bords du chemin, puis, quelques instants après, épars sur le sol, les restes antiques d'une *maison de Pompeï* où se voient encore des fragments de peinture à fresque, des fûts de colonnes brisées, des statues mutilées, tout achève de vous dire que vous êtes sur le sol de l'Italie. Une avenue bordée d'ormeaux et de cerisiers, d'où s'élancent de l'un à l'autre des guirlandes de vigne, laisse à découvert un nouvel aspect de la campagne voisine et conduit à une église d'architecture italienne. Désirant mettre un terme à vos excursions, vous poursuivez votre route. L'ombrage d'un bois vous laisse le loisir de rapprocher vos souvenirs, et vous vous demandez si, comme tant d'autres, vous ne feriez pas bien d'écrire votre voyage, vos émotions et vos fatigues, vos joies et vos terreurs. Mais ce bois n'est qu'une transition à une nouvelle scène. Cette avenue plantée de peupliers n'a-t-elle pas l'apparence des routes que l'on voit en Hollande? En effet, parvenu à son extrémité, une maison hollandaise et un moulin frappent vos yeux. — Mais de grandes difficultés vous empêchent d'y atteindre; d'un côté un lac se présente, de l'autre un canal vous barre le passage. Le pont-levis n'est pas baissé, faut-il donc retourner au château par la même route qui vous a amené là? A tout hasard vous appelez, — une nacelle se détache du rivage opposé et vous conduit au but de vos désirs. Après une courte visite à l'habitation hollandaise, vous vous dirigez vers le manoir, dont après tant d'événements vous avez enfin retrouvé la route.

A droite du parterre fleuri (*), en se dirigeant vers l'étang, on a établi des jeux de toute espèce : balançoires, bascules, jeux de bagues et de boules, etc., puis un portique pour la gymnastique.

La pensée d'un jardin semblable nous paraît féconde. Il pourrait être exécuté sur de grandes proportions. On y placerait, comme dans celui-ci, des habitations portant avec elles un caractère particulier, selon la contrée à laquelle elles appartiennent; on les ferait occuper par des individus costumés à la manière du pays que l'on voudra représenter, ou par des habitants du pays même. C'est

(*) Il résulte d'une erreur dans les mesures que ce parterre, terminé par un exèdre, a de trop grandes dimensions sur la gravure. Cette erreur serait facile à rectifier dans l'exécution. La pl. 24 représente en détail le plan de ce riche parterre, dont voici l'explication : Devant l'habitation B, pl. 24, s'étend une pelouse de forme allongée i, à l'extrémité de laquelle se trouve une autre pelouse k, semi-circulaire, entourée de l'exèdre. Des plates-bandes l m sont destinées à des plantes d'un effet éclatant; celles extérieures m sont plus élevées que celles intérieures l. Ici se présentait un grand écueil : la longueur de telles plates-bandes n'ayant aucun point intermédiaire qui aidât l'œil à en apprécier la distance, elles auraient paru beaucoup plus courtes qu'elles ne l'auraient été réellement. C'est en pareil cas qu'il faut employer ce que les artistes appellent *repoussoir*, c'est-à-dire placer des objets intermédiaires qui coupent les lignes et aident à l'œil à mesurer la distance. Les deux corbeilles que nous avons placées au milieu des plates-bandes remplissent entièrement le but : *elles coupent les lignes sans masquer le point de vue*; ces deux simples cercles évitent la monotonie et animent la scène. Sur les côtés sont des pergoles légères semblables à la fig. 3, pl. 24. Au-devant sont deux rangées d'arbustes en caisses. Derrière la pergole sont deux plates-bandes circulaires n, plantées en rosiers. Deux statues o font face aux allées qui bordent la grande pelouse.

ainsi que des maisons anglaise, toscane, napolitaine, suisse, le hameau flamand avec sa propreté et ses murs blanchis, pourront trouver place. Des ruines de maisons imitées de quelque cité antique, avec des ustensiles et des objets d'art antique eux-mêmes, seront établies dans un site convenable. Et si, portant ses idées au delà des mers, on aime à se rappeler des voyages lointains, ne pourra-t-on pas former une scène imitant un site asiatique, un tableau de l'Amérique avec sa forêt vierge, un tableau chinois, etc.? Pour créer tout cela la dépense ne serait pas si forte, à beaucoup près, que celle de certaines *folies* (*) qui ont dévoré des millions sans avoir obtenu peut-être un résultat aussi curieux que celui que nous présentons ici. Du reste, toutes ces diverses habitations, ainsi répandues dans la localité, seraient affectées au logement de la famille et des amis du propriétaire. Dans celle dont nous venons de tracer le plan, la cabane pourra contenir le musée d'histoire naturelle du propriétaire, la maison de Pompeï, ses antiquités.

Explication du Plan, pl. 14.

A entrée par le chemin B qui mène au château C. D chemin du pavillon. E pavillon. F chemin découvert d'où l'on voit la campagne du premier côté. G ermitage. H tombeau. J cabane. K chemin découvert d'où l'on voit la campagne du second côté. L maison suisse avec jardin rustique. Cette maison doit renfermer une laiterie dont les murs sont revêtus de planches de sapin. Au milieu est une table entourée de bancs. Elle est ornée des ustensiles

suisses en bois qui servent à contenir le lait. Pour compléter l'illusion, on doit faire venir ces ustensiles de Berne, car on les fabriquerait mal ailleurs. Il est facile de se les procurer par Genève. M pont du Diable. N caverne de brigands. Deux ou trois mannequins, dont on peut ne laisser voir que la partie supérieure, des masques, des chapeaux gris, pointus, entourés de rubans et d'images de saints, des bouts de fusils rouillés, feront tous les frais de cette surprise. Ils devront être placés à l'abri de la pluie. P ex-voto où se trouve une image de saint Antoine. R fragments ou imitations de fragments d'antiquités, tels que colonnes, chapiteaux, entablements, piédestaux, membres de statues. On pourrait ici, à peu de frais, construire une maison de Pompeï en ruine. Elles sont, à Pompeï, construites en moellons fort médiocres : ce sont des restes de murs et de fûts de colonnes en brique recouverte de stuc et peintes en jaune ou rouge commun. Quelques fragments de fresques orneraient des parties de ces murs. On en trouvera plusieurs modèles dans l'ouvrage intitulé l'ITALIE, publié par l'éditeur du présent ouvrage. On ne serait pas tenté de dire que ce sont-là « des ruines nées d'hier, » parce qu'il s'agit de faire jouir d'une imitation de Pompeï, comme on pourrait l'avoir dans un tableau. D'ailleurs, ce lieu pourrait renfermer le musée archéologique du propriétaire. S petite église dans le goût italien (voy. pl. 119); elle servirait de chapelle au château. T chemin conduisant au canal.

Si on avait borné au chemin que nous avons décrit ceux en usage dans le parc, il en résulterait que l'on serait obligé de parcourir une trop longue route pour les pro-

---

(*) La folie de Chartres (Monceau), la folie Beaujon, etc.

menades ordinaires : on a donc dû tracer d'autres chemins qui sont indiqués par la lettre V. Chacun de ces chemins sera fermé d'une barrière à son point d'intersection avec la route du *Voyageur*; cette barrière devra être masquée par des buissons et un chemin de détour, et elle sera prolongée elle-même par des buissons d'épines et de ronces. On concevra que les barrières ne seront fermées que les jours où l'on voudra jouir de la surprise des étrangers visiteurs.

Quelques statues sont placées aux points indiqués par des *y*; elles ajouteraient à la richesse de l'ensemble, malgré le système admis par quelques auteurs, qui ne veulent point de statues en vue de la maison dans les jardins paysagers. Nous dirons ici que les statues devraient toujours, dans les jardins paysagers, être placées devant des arbres toujours verts, dont la teinte foncée les fait ressortir dans toutes les saisons.

Les jardins paysagers, pl. 15 et 16, ont été exécutés tous deux dans le nord de l'Allemagne. Le n° 16 en présente surtout le caractère par son peu d'ombrage, caractère qui le rapproche du jardin anglais. Une source abondante arrivant d'en haut, et dont l'eau vive est retenue par des rochers, finit par s'échapper et par se précipiter en cascade bouillonnante dans un premier lac, puis elle arrive dans un second, après avoir passé devant l'habitation et nécessité plusieurs ponts. Sur une éminence est un kiosque ou pavillon de repos élevé. Le terrain contient huit arpents.

Les eaux du jardin de la pl. 15 sont plus tranquilles; elles entourent presque le manoir. Comme l'autre, ce jardin de dix arpents est orné d'un kiosque, de beaucoup de ponts et, de plus, d'un salon de repos dans un des angles. Près d'un mur on a établi une garenne. Dans tous les deux les scènes sont variées et les chemins bien tracés, quoique avec moins de cette simplicité qui caractérise la nature.

Les pl. 17 et 18 contiennent des *Jardins paysagers Anglais*. En général les Anglais couvrent peu les approches de la maison; ils se ménagent plus que nous un point de vue général sur toute la propriété. C'est ce dont on pourra juger dans les plans 3-4, pl. 17. En effet, le climat brumeux de l'Angleterre ne fait pas sentir la nécessité d'ombrages, que l'on ne recherche que pour se garantir des ardeurs du soleil.

Les n°° 1 et 2 sont des jardins enclavés dans la ville même de Londres. Le premier est celui de la reine, le second est le jardin paysager de *Saint-James Park*, contigu au jardin de la reine. Celui-ci est public, c'est le *Jardin des Tuileries* de Londres. Malgré son usage public, il est tenu avec le soin le plus parfait et la plus grande propreté. On voit que dans ces deux *Parks* on a tiré un grand parti des eaux.

Les autres plans que nous allons décrire sont aussi des jardins anglais.

La maison, dans la pl. 17, n° 3, est bâtie sur une plate-forme d'une vaste étendue; elle est entourée des plus riants paysages; c'est là qu'on doit aimer à jouir pleinement des beautés de la nature et que la solitude a des charmes.

A droite, au fond, est l'entrée du jardin; un cottage forme l'habitation du concierge-jardinier; le chemin que l'on suit est bordé de plantations variées; arrivé par une pente douce au haut de la colline, ce chemin tourne à droite pour aller à la maison, et conduit à gauche vers les écuries. Le chemin que l'on voit à gauche de l'habitation mène au potager.

On a tiré un très-bon parti du terrain montagneux. L'ensemble de cette localité, vue d'une éminence, présente une scène rustique des plus attrayantes.

Pl. 17, n° 4. La maison est située dans la vallée; on y arrive par une route entre deux élévations. Presque tout le jardin est semé de prairies, où des groupes d'arbres donnent à cette composition un aspect des plus pittoresques; les parties *a a*, entourées de palis de fer, sont habitées par des cerfs, des biches, des moutons; *b* est l'entrée particulière de l'habitation : c'est là que la calèche ou le cheval du maître vient attendre pour le conduire à la chasse, ou, après le dîner, lui faire respirer l'air pur des collines boisées qui s'étendent au milieu d'un terrain plein d'accidents naturels, derrière la propriété. Une rivière d'une certaine étendue occupe tout le devant du plan.

Le terrain sur lequel est placée l'habitation, pl. 17, n° 5, s'élève graduellement d'environ 1 mètre sur dix; *a a* sont les entrées qui conduisent à la porte principale de la maison *b* et dans la cour *d; c* est une terrasse. La serre se voit au point *e;* le jardin potager est divisé en deux parties encadrées de haies, de massifs et de plates-bandes, placés en avant; *g* est la pelouse et le jardin d'agrément.

La pl. 18, fig. 1, réunit tout ce que (dit la description anglaise) un jardin peut avoir de plus confortable : *a* est l'entrée principale de la propriété; *b* l'entrée de la maison; au-devant, un gazon circulaire; en *c* sont la cuisine, l'office et la cour; en *d* les écuries et y attenant l'habitation du cocher et des palefreniers; *e* est un passage pratiqué pour le transport des terres, plantes, etc.; *f* corbeille devant recevoir en été des géraniums ou autres plantes aux couleurs vives; la salle de billard *g* est éclairée par le toit, l'entrée est ménagée dans un enfoncement où se trouvent des siéges rustiques; *h* est une plate-bande en forme de fer à cheval préparée pour recevoir des rosiers; un cadran solaire est placé au centre; *i* bassin en marbre orné sur son bord de vases aux formes élégantes; un dauphin en bronze, paraissant sortir du milieu de ce bassin, lance l'eau à une hauteur considérable; l'espace compris entre le bassin et le chemin est couvert de plantes fleurissantes; *k* laboratoire abrité du jardinier : c'est là qu'il dépose ses outils et ses poteries, et que dans l'hiver il rentre les vases et les statues. La grotte *l* a, en dehors, l'aspect d'un rocher : sur ses parois courent le lierre et la vigne vierge; dans l'intérieur et au centre on trouve une table de marbre entourée de larges canapés de mousse et de gazon : là, dans l'été, pour se dérober à la chaleur accablante du midi, on s'abandonne au doux *far niente*, et à l'issue du dîner on vient savourer le café brûlant.

Aux points *m n*, brilleront les plantes exotiques qui ont déserté la serre pour recevoir les rayons du soleil, souvenir de leur douce patrie; *o* monticule couvert de pins formant au centre un bosquet; *p* promenade abritée contre les chaleurs de l'été; par une pente douce, on arrive sur une plate-forme *q;* dans ce lieu est un berceau couvert : une ouverture y est ménagée, et l'œil parcourt avec admiration la vue magnifique qui s'étend au delà. Un espalier *r*, exposé à l'est, est couvert de pampres et de pêchers; *s* est

l'habitation du jardinier qui serait placée ailleurs ; *t* me-
lonnière ; *u* potager ; *x* bosquet élevé dont les chemins semblent taillés dans le roc ; des plantes grimpantes pendent
çà et là et donnent à ce lieu un aspect des plus pittoresques ;
au sommet une statue colossale semble le dieu tutélaire de
ce jardin de délices. Au point *y* est un bosquet de forme
octogone, un piédestal en granit supporte un vase au dessin antique ayant en relief une bacchante.

Pl. 18, n° 2. De l'habitation bâtie sur une éminence et
regardant le sud, la vue plane sur des plaines riantes et fécondes. — A droite de ce plan est une petite montagne
boisée naturellement, dont la pente vient mourir sur le chemin principal qui conduit à la maison et à un petit lac entouré d'arbrisseaux ; à gauche est le parterre, puis le potager,
terminé par un verger enclos de palissades. Au-dessus deux
bassins d'où partent des jets d'eau sont alimentés par un
bassin placé plus haut. Entre ces deux jets d'eau, une large
plate-bande est disposée pour recevoir des arbrisseaux en
fleurs, selon la saison ; au delà et bordant l'enclos de ce
côté, est un bois naturel de chênes et quelques monticules.
De ce côté-ci du potager, une élévation rocailleuse est couverte de buissons. A partir de cet endroit jusque sur le
bord de la rivière et bornée par la route à droite, s'étend
une vaste pelouse, où, à l'ombre de groupes d'arbres disposés avec art, des biches se reposent, des moutons, des
vaches paissent et animent cette composition pittoresque et
champêtre. Une haie vive sépare ce gazon de la maison et
du jardin proprement dit. L'habitation est rustique.

L'examen des plans que nous venons de décrire fera
comprendre la différence qui existe entre les *Jardins Anglais*
et les *Jardins Paysagers*, tels qu'on les comprend en France.
En Angleterre on n'a rien exclu ; tout ce qui est agréable
ou confortable a été employé : de là ce mélange du régulier et de l'irrégulier dans les lignes de tracé, dans la disposition du fleuriste et du potager, etc.

Le caractère des jardins anglais, c'est la vue étendue,
et les principaux accessoires sont les bouquets d'arbres et
les groupes isolés. En Angleterre un bel arbre, un arbre
séculaire, est d'un grand prix, tandis qu'ailleurs souvent il
est sacrifié sans nécessité.

Nos réflexions sur le jardin anglais nous font naître
l'idée de diviser en trois genres le jardin paysager.

Le *Jardin paysager Chinois*, le plus ancien de tous, était
autrefois le seul qui imitât la nature ; mais les jardins chinois sont maniérés, accidentés à l'excès, et l'on voit trop
que l'on a cherché à rassembler en miniature dans un espace borné ce qui se trouve disséminé à grands traits dans
une vaste contrée.

Le *Jardin paysager Anglais*, créé il y a un siècle, par
Kent, a offert le premier en Europe le tableau de la nature ; mais, comme nous l'avons déjà fait remarquer, c'est
le tableau de la nature découverte sous un climat brumeux
favorable aux prairies.

Dans ces jardins il est à regretter que des accessoires
décèlent trop souvent une recherche bizarre et détruisent
l'illusion de l'ami de la nature.

Dans le *Jardin paysager Français*, créé soixante ans plus
tard que le jardin paysager anglais, on a cherché à imiter
la nature ; mais, en général, les tableaux sont moins vastes,
parce qu'on a couvert davantage le sol par de frais om-

brages, plus convenables au climat de la France que les prairies anglaises; on a cherché aussi à donner plus de variété aux scènes, et l'on s'est approprié dans le genre chinois ce qu'il avait de bon en multipliant les accidents et les fabriques, mais avec plus de vraisemblance.

Parmi les plans gravés dont nous venons de faire la description, nous aurions bien désiré placer celui d'un des jardins paysagers français les mieux dessinés que nous connaissions, celui créé par feu Soulange Bodin à Fromont. La composition de ce parc de 200 arpents réunissait la simplicité des lignes et la richesse de l'arrangement des végétaux les plus précieux à l'entente parfaite de l'art de ménager les points de vue; mais, malheureusement pour les jardinistes, le plan géométral n'a pas été fait, le goût exquis de Soulange a tout tracé sur le terrain : son génie artistique a su tout créer sans recourir au compas; il a examiné, il a médité..... à son commandement des terrasses uniformes ont été remuées et adoucies en pentes légères, des collines harmonieuses dans leurs lignes ont surgi comme par enchantement, et un paysage charmant s'est développé.

Nous disions en 1838, dans notre cinquième édition : « Le jardin de FROMONT, situé dans la commune de Ris, sur la route de Fontainebleau, s'étend de la grande route à la Seine, sur un plan incliné à l'est et au nord, et domine une grande et riche vallée qu'arrose ce fleuve, en face de la forêt de Sénart. Il présente de belles masses d'arbres et arbrisseaux indigènes et exotiques, lesquels, en s'appuyant sur la forêt qui couronne les coteaux opposés, et en se liant parfaitement avec toute la grande scène environnante, ne forment à la vue qu'un seul et magnifique paysage, sans clôtures apparentes, sans autres bornes que le vaste horizon. C'est cette fusion, véritablement parfaite aujourd'hui, dont Soulange a pressenti les effets et dirigé l'artifice; c'est l'application à son œuvre de ce principe d'*appropriation* en matière de jardins paysagers dont il a si bien fait comprendre la puissance dans ses écrits, qui fait à la fois aujourd'hui le caractère et le mérite de cette belle et gracieuse composition. Partout, en effet, les scènes intérieures, simples et naturelles, se perdent dans les vues extérieures, riches et étendues, et le *Pays* se fond d'autant mieux dans le *Jardin* que les plans les plus reculés de celui-là reproduisent au loin l'aspect des *Cultures* introduites à dessein dans celui-ci.

» L'habitation est assise sur l'emplacement d'un ancien château dont les jardins avaient été plantés par Le Nôtre. Il ne restait plus que de faibles vestiges d'une des plus belles compositions de ce grand maître, lorsque Soulange entreprit de ramener à l'état naturel, et de refaire, en quelque sorte, un terrain alors complétement défiguré par des terrasses en ruine et des talus éboulés, pour y asseoir de belles plantations dont l'apparente irrégularité, soumise à un art caché, renferme un principe d'harmonie et de jouissances que ne peut jamais, dans son plus grand éclat, offrir le jardin symétrique.

» Cependant les terrasses, les statues, les fleurs, la Seine et le vaste coteau qui s'élève sur l'autre rive devaient former un beau tableau parce qu'il était grand.

» Mais le peu d'élévation des ornements symétriques dont les terrasses étaient accompagnées faisait sentir trop faiblement les distances; ils n'offraient pas de ces puissantes oppositions de lumière que font jouer les massifs irréguliers d'arbres touffus, et la ligne continue du coteau et des habitations qui s'y trouvent ne produisait qu'un tableau refroidi par la monotonie.

» Que fallait-il pour animer et compléter cette belle composition ? Quelques bouquets d'arbres élevés, qui, en interrompant la continuité des lignes, multipliassent les tableaux, fissent *Repoussoirs*, en ne laissant apercevoir que les scènes les plus pittoresques du coteau, et dont les fortes ombres en rendissent l'effet plus sensible.

» Nous avons tâché de faire sentir cet artifice des repoussoirs dans la pl. 22 *bis*. M. Aumont a dessiné la longue ligne de fabriques répandues sur le coteau, puis il a accusé par un dessin, pour ainsi dire superposé, les masses d'arbres qui ont été rapportées comme des rideaux pour masquer les longs murs, les parties moins pittoresques, et ne laisser pénétrer la vue que sur celles qui étaient les plus riantes et les plus variées. »

TROISIÈME SECTION.

JARDIN ZOOLOGIQUE PAYSAGER.

Cette sorte de jardin est, quant à la forme, d'invention toute moderne. A Londres, où ce genre a pris naissance, des amateurs d'horticulture et d'histoire naturelle se réunirent en société pour créer un beau jardin. L'idée leur vint de l'orner de fabriques habitées par des petits oiseaux, puis auprès de ceux-ci ils eurent des oiseaux d'espèces plus grandes, des quadrupèdes y trouvèrent place à leur tour, enfin, le nombre d'animaux de toutes les espèces s'augmenta tellement qu'aujourd'hui, par le fait du goût des Anglais pour les voyages, joint à la facilité qu'ils ont de se procurer les plus beaux individus en histoire naturelle, grâce à leurs possessions nombreuses sur tous les points de l'univers, cette collection est sans doute l'une des plus complètes de toutes celles de ce genre en Europe, sans en excepter le Jardin des Plantes de Paris. Les richesses zoologiques s'amoncelant pour ainsi dire, la société anglaise se vit forcée d'étendre considérablement le terrain, qui, dans l'origine, lui avait paru suffisant. La distribution et le tracé de ce jardin décèlent le goût et un entendement approfondi des convenances ; les soins qu'on apporte à la culture des végétaux d'ornement qui, dans la belle saison, tapissent cette enceinte de fleurs innombrables et variées, tout concourt à en faire un véritable paradis sur la terre. A chaque pas ce sont des volières élégantes bien aérées, retenant prisonniers des myriades d'oiseaux rares, ce sont des pièces d'eau égayées par toutes les espèces d'animaux aquatiques, puis des cabanes de construction gracieuse, des enceintes de verdure renfermant les quadrupèdes étrangers inoffensifs, des cavernes rocailleuses, demeures des animaux féroces, d'immenses cages que parcourent en tous sens les singes les plus gracieux et les plus laids ; c'est encore une collection curieuse des chiens de tous les pays, et, non loin de là, une peuplade d'écureuils tous plus charmants les uns que les autres. Des antilopes, un rhinocéros, des éléphants et des girafes trouvent aussi leur place dans la ménagerie de ce jardin zoologique. La société fait payer un droit d'entrée à chaque visiteur, et le nombre en est grand; ce moyen a donné la faculté d'augmenter ainsi cette collection, riche aussi des dons envoyés par des amateurs opulents. On jugera du goût et des ressources que possède la nation anglaise pour ce genre de curiosités, lorsqu'on saura qu'une société émule s'est constituée pour créer, dans un quartier opposé de la métropole des trois royaumes, un jardin non moins étendu, non moins beau et dont les richesses, tant en végétaux rares qu'en animaux remarquables, égalent celles de la première.

La *Société d'acclimatation de France* fonde en ce moment au bois de Boulogne un établissement dans le même genre.

Ce qui fait le charme des jardins zoologiques de Londres, c'est que, dessinés entièrement selon le système paysager, la division de chacune des parties est plus naturelle, les sites sont plus variés, et conséquemment les fabriques destinées aux animaux sont présentées d'une manière bien plus pittoresque que beaucoup d'autres jardins consacrés à l'étude de la zoologie; mais ce qu'ils n'ont pas, c'est cette école de botanique si complète et si savamment ordonnée, qui fait de notre Jardin des Plantes le lieu le plus riche, peut-être, et le plus approprié à l'étude des sciences.

La pl. 92 représente des fabriques dessinées dans les jardins zoologiques de Londres. Le n° 1, du jardin de Regent's Park, le premier fondé, est la cage de l'ours blanc, et le n° 3 celle des singes. Le n° 2 est un *tunnel* servant à communiquer d'une partie du jardin à l'autre, et passant sous le chemin public. Les n°s 4, 5, 6 donnent diverses loges parmi les animaux, prises dans le *Zoological garden* de Surrey.

QUATRIÈME SECTION.

HAMEAU ORNÉ.

Celui qui de son enclos fera un hameau orné, se préparera des jouissances qu'on ne rencontre pas dans les autres compositions. Ce ne sera plus une seule habitation renfermant, sous le même toit, les appartements du maître, de sa famille, de ses amis; ce ne sera plus un unique jardin dont les différentes parties sont, il est vrai, fort agréables, mais assimilées à un objet principal. La pensée, ici, a quelque chose de beaucoup plus pittoresque, et la variété en fait le plus grand mérite. Des pavillons, des maisonnettes de divers caractères et grandeurs, même des chaumières de constructions champêtre ou agreste, semées dans la propriété, forment autant d'habitations particulières destinées aux conviés du seigneur de ce charmant village, dont tous les habitants se connaissent; là, point de gêne, liberté pleine et entière, chacun se lève à l'heure qu'il lui plaît, sort et rentre selon son caprice, sans craindre de troubler le sommeil de ses voisins, ou bien d'être éveillé par eux ou par les domestiques matineux. — Le propriétaire aura sa maison composée d'un seul étage; elle ne devra contenir que les pièces nécessaires à son logement et à celui de sa jeune famille. La salle à manger et la cuisine seront en dehors, vis-à-vis de la *Place publique*, et déguisées sous un titre, tel que *café, billard, bal champêtre*, ou bien encore elle s'appellera CABARET DU GRAND VAINQUEUR, et sera ornée d'une *Belle* enseigne. — C'est là qu'en effet une pergole au feuillage épais conduira le seigneur du hameau et sa famille. Attenant à la salle à manger est le billard *Public* : de là, vous pouvez voir la salle du bal champêtre, une voûte de tilleuls en ombrage le sol uni, garni à l'entour de tables et de bancs rustiques, dominés par l'orchestre d'une structure analogue.

En hiver, la pergole sera couverte et fermée d'un vitrage mobile. De chacune des petites maisons, on aura soin de ménager quelque point de vue agréable; mais le manoir seigneurial aura vue sur tout le tableau, il sera proche de la place publique et à peu de distance de la *Ferme*; les plans éloignés s'élèveront en amphithéâtre de manière à faire ressortir l'*Église du Hameau*, bâtie sur le penchant d'un coteau enrichi de ceps de vigne, et le *Moulin* placé sur la hauteur. On jouira de la vue du vert enclos réservé aux pâturages des animaux ruminants dont la présence rend plus agrestes les scènes variées que le sentiment et le goût feront attrayantes et vraies.

On peut se figurer tout l'agrément qui résulterait d'un plan ainsi composé, à combien d'illusions il pourra prêter et même quelles scènes plaisantes y pourraient naître. —

Les anniversaires de famille deviendront de petites fêtes publiques : ici la danse et les jeux, plus loin les tréteaux des saltimbanques, les boutiques des marchands forains, puis sur une pelouse le théâtre et l'orchestre d'harmonie, tout cela illuminé joyeusement; enfin, et pour terminer dignement la soirée, le feu d'artifice, accessoire obligé de toutes les réjouissances publiques et particulières. — On comprend que toutes ces choses auront beaucoup moins de vérité apparente dans un parc d'ornement, et par cela même feront beaucoup plus de plaisir dans un hameau orné. Celui dont nous donnons le plan contient une ferme, mais elle pourrait être supprimée et le hameau aurait toujours une apparence pleine d'attrait; néanmoins elle en est le complément et ajoute au bien-être comme au charme de cette situation champêtre.

Plan du Hameau Orné, pl. 19. — *Explication.*

La maison n° 1 de la pl. 71 conviendrait très-bien pour cette situation. A entrée. B ferme. C potager. D maison du maître avec jardin paysager. On placerait sur la façade cette inscription : MAIRIE. E *Cabaret du grand vainqueur*, avec décorations et peintures analogues. F fontaine publique près d'un quinconce de marronniers taillés en parasols. G église accompagnée de la *Maison Curiale* : sur la butte on voit le moulin à vent et le logement du meunier. Toutes les autres constructions indiquées sont des maisonnettes, la plupart seulement avec rez-de-chaussée élevé d'un mètre au-dessus du niveau du sol, et accompagnées de jardinets de différentes formes. Le pigeonnier H, près de la ferme, pourra contenir une division pour les pigeons de luxe.

Toutes ces constructions séparées et légères n'occasionneront pas plus de dépense qu'un seul corps de bâtiment renfermant tous les logements. Les enclos J peuvent être entourés de palis et servir de pâturages au vaches, aux moutons, etc., qui animeront la scène.

Nous avons eu l'idée de ce projet de hameau il y a déjà longtemps; désirant le publier, nous l'avons, à cet effet, communiqué à M. Canissié, architecte, qui a bien voulu enrichir le présent ouvrage de ses compositions gracieuses; on verra sur la pl. 20 comment il l'a rendu; *a* cour du propriétaire, comprenant son logement et deux pavillons accessoires. Le pavillon principal est au milieu, et domine une vallée arrosée par une petite rivière qui se partage et forme plusieurs îles; — *b* pompe et petit réservoir à l'usage des habitants du hameau; — *c* église précédée d'une enceinte où l'on a placé les stations et une croix au centre; —*d* école de filles et de garçons, avec logement du maître

et de sa femme; — *e* place publique; — *f* lavoir couvert, fontaine et abreuvoir; — *g* salle de danse ombragée par des marronniers; — *h* petite pièce d'eau en communication avec la rivière; — *i* île communiquant avec la propriété par un pont en fer; — *j* fontaine. Les maisons rustiques et pavillons sont répandus, comme on le voit, sur le quai et dans les rues du hameau. L'église, l'école, l'habitation principale, etc., se trouvent gravées sur les pl. 45, 47, 119.

Nous avions conçu un hameau pittoresque, tel que nous l'avons ensuite dessiné pl. 19; M. Canissié a vu en artiste et beaucoup plus en grand.

Au reste, le hameau orné dont nous n'avons parlé jusqu'ici que comme une création de fantaisie et jardin d'ornement, peut devenir, à la volonté d'un amateur du pittoresque, un hameau véritable habité par les employés d'un domaine, les ouvriers d'une usine, ou de tout établissement dont le personnel serait nombreux.

CINQUIÈME SECTION.

FERME ORNÉE.

La *Ferme Ornée* diffère de la ferme ordinaire par un degré d'élégance et de propreté qu'on ne rencontre pas dans celle-ci; l'habitation en est plus belle et les approches sont plus soignées; les chemins sont çà et là garnis de massifs de verdure : l'*utile* est même *orné*. Le jardiniste doit faire ici une scrupuleuse attention à ce que l'habitation ne dépasse en aucune manière le caractère qui fait de ce genre de composition son principal mérite, il doit bien se convaincre qu'une *Ferme Ornée*, destinée à la science agricole, ne peut être un palais, mais que sa forme ni les ornements ne doivent être non plus d'une mesquinerie ridicule. A l'exception de la demeure du propriétaire, d'un style semi-champêtre, plus ou moins orné, quoique avec simplicité, on ne devra se permettre presque exclusivement que des fabriques rustiques. On pourra y rencontrer un temple construit de bois en grume, dédié par une simple inscription à Cérès, à Pomone, à Bacchus ; tous les ornements de ce temple seront quelques attributs, mais point de statues de marbre ni de bronze, rien qui annonce le luxe : le naturel partout. Édifiés avec des matériaux analogues, s'élèveront des pavillons de délassement sous forme de kiosques, puis une laiterie, des volières, un rucher, des enceintes réservées aux bêtes à laine, à des animaux étrangers, nécessaires par eux-mêmes, ou dont l'étude sera profitable. On y cultivera avec les céréales, le mûrier, les plantes économiques d'un bel effet, et celles utiles aux arts industriels. Quand aux tableaux, la ferme ornée ne doit se composer que de ce qui convient aux scènes tranquilles, champêtres, pastorales.

La planche 21 donne seulement la partie centrale d'une ferme ornée qui, dans son ensemble, contient 150 arpents (soit 50 hectares).

La ferme A est représentée en élévation sur la pl. 40, fig. 2 et 5 ; elle se compose de trois ailes de bâtiments entourant la cour ; le côté, fig. 3, qui regarde la maison du propriétaire, est fermé, au milieu, d'une barrière en demi-cercle. — Quatre tourelles flanquent les angles, celles du côté de l'avenue D servent de pigeonniers ; les deux autres d'observatoire et de logements. Les façades B B, pl. 21, pourraient être occupées par une orangerie et une serre. L'habitation C, pl. 40, fig. 1, est placée de manière à dominer sur tout et à ce que le maître puisse surveiller toutes les parties de la propriété, sans pourtant que le bruit de la ferme parvienne jusqu'à lui. — L'entrée de la ferme a lieu par l'avenue D, plantée de pommiers. Un chemin irrégulier prend à la demi-lune E, et mène à l'habitation qu'il ne laisse apercevoir que successivement à travers les arbres. — Des enceintes F en palis séparent le jardin d'agrément et le verger H des terres cultivées, ils garantissent des troupeaux qui animent le paysage en vue de la maison. En I, à l'extrémité de la pelouse du milieu, est un bosquet avec un pavillon de repos et une salle de verdure. — La clôture du potager, indiqué par la lettre J, est masquée par des arbrisseaux légers qui ne la dépassent pas, et ne peuvent nuire aux cultures. — Un moulin à vent L, une maison de garde M, et le village que l'on voit à droite forment une partie des points de vue de l'habitation.

Les bâtiments de la ferme sont décorés d'ornements en brique qui n'augmenteront pas le prix de la bâtisse.

Des chemins ombragés partent du jardin d'agrément dans plusieurs directions, de même que de la porte de la ferme, à la demi-lune N, convergent d'autres chemins pour le service du domaine.

Il nous a semblé indispensable de donner un deuxième exemple de ferme ornée, pl. 22. L'habitation A est située ici au milieu de la scène et isolée de la ferme B. Le propriétaire de ce domaine est assez heureux pour posséder une petite rivière qui dans sa course produit un étang C et une île D ; quatre chemins prenant leur point de départ du manoir se prolongent sur toutes les parties du terrain ; la ferme a pareillement ses directions et son entrée particulière. De l'entrée E, où est un pavillon de gardien, on arrive au manoir par un chemin en courbe allongée. Du manoir on se dirige vers la ferme par une route ombragée conduisant aussi au moulin, non loin du pont, et voisin de la ferme ainsi que le potager, placé lui-même sur le bord de la rivière. Une autre avenue mène à l'île où s'élève un temple en rotonde à jour, avec un autel en pierre, supportant les attributs de Cérès. Enfin, par un autre chemin, on parvient à l'étang qui alors prend le nom de lac. Au débarcadère G est amarrée une barque près d'une chaumière de pêcheur. De là on ira visiter l'île des peupliers; le cippe que l'on y rencontre supporte l'image d'un ami de la nature. Une vieille tour H fait point de vue. Les chemins et massifs ont été tracés de façon à repousser et faire valoir les vues dont la campagne environnante peut être riche.

SIXIÈME SECTION.

JARDIN PAYSAGER : TRAVAUX PRÉPARATOIRES.

Le terrain dégrossi, pour ainsi dire, par le tracé, les figures que l'on y a dessinées ne seront bien senties que lorsque la main du jardinier aura distribué les richesses végétales qui doivent orner chacune des parties.

Avant d'entrer dans les détails relatifs aux matériaux que la nature a mis à notre disposition pour l'ornement des jardins, nous allons rapidement indiquer les travaux préparatoires qui, d'avance, s'exécuteront sur le sol.

D'abord il faut se représenter à l'esprit la forme et les mouvements que l'on désire donner au jardin, et voir si la surface du terrain peut s'y prêter plus ou moins facilement. Si cette surface est plane ou à peu près plane, et que l'on se décide à la conserver telle, il n'y aura d'abord que des défoncements à exécuter. Si elle présente des élévations et des enfoncements, ce serait une chose extrêmement rare qu'ils fussent placés aux endroits où on les désire, et justement dans les proportions les plus convenables; et cependant ce serait folie que de vouloir les changer de place. Que l'on fasse disparaître de légères élévations et que l'on comble de légers enfoncements, rien de mieux; mais, pour peu que les unes et les autres soient considérables, il faut leur subordonner son plan. L'art ne consiste pas à bouleverser ce qu'a fait la nature; mais bien à l'embellir et à l'harmoniser.

Après ce premier aperçu, il faut penser à s'orienter et à préserver le site des vents dominants ou en prendre avantage; il faut se rappeler que les pelouses sont plus belles et se conservent mieux à l'exposition du nord qu'aux feux brûlants du midi; que certaines espèces d'arbres aiment les lieux bas, que les unes préfèrent une côte inclinée vers le sud, d'autres vers le nord; que celles-ci se plaisent sur les hauteurs, et d'autres dans les fonds; et qu'enfin aux végétaux, tels que les rosages et les magnoliers, il faut absolument une terre particulière et une exposition abritée.

En harmonisant les mouvements d'un terrain, il est rare qu'on ne soit pas obligé de creuser davantage quelques lieux bas, et d'exhausser encore quelques éminences. Dans ce cas, il y a une précaution à prendre pour ne pas s'exposer à rendre la terre stérile. On sait que les couches supérieures du sol sont ordinairement plus fertiles que les couches inférieures, si parfois même elles ne sont pas tout à fait impropres à la végétation ; si donc on en recouvrait les couches supérieures, il arriverait que les plantations réussiraient mal ou pas du tout. Pour éviter cet inconvénient, on enlèvera la bonne terre aux endroits que l'on devra élever ou abaisser, et quand les mouvements seront exécutés on la replacera où on l'avait prise.

Ces considérations préliminaires établies, on tracera, d'après les règles exposées, le plan topographique de toutes les plantations, avec une scrupuleuse exactitude ; surtout que ce tracé, avant de l'arrêter définitivement, soit réfléchi, mûri, de manière à n'avoir aucun changement à y faire, une fois les travaux commencés. C'est le seul moyen de conserver un ensemble harmonieux et point heurté dans ses parties ; sans cette attention, les inconvenances se montrent bientôt, et le bizarre ou le mauvais goût viennent usurper la place de l'agréable et du pittoresque. On doit dessiner ce plan au lavis. Les bosquets, massifs, pelouses, etc., y seront de nuances différentes ; des chiffres de renvoi indiqueront en marge, non-seulement leurs noms, mais encore la nature des arbres, arbrisseaux et arbustes qui doivent y être plantés, afin que le terrain puisse être préparé d'avance à les recevoir de la manière la plus analogue à leur constitution et à leur manière de végéter. On évitera ainsi de grands frais de défonçage, par la raison que telle partie ne demande à être labourée que de la profondeur d'un fer de bêche, tandis que telle autre exige un minage de 60 centimètres, 1 mètre et même plus. Un exemple rendra la chose plus sensible. Supposons que l'on ait à planter trois massifs d'arbres : le premier, composé de cytises des Alpes, d'érables jaspés et d'érables d'Orient ; le second, de robiniers faux acacia, d'acacia-triacanthos ; le troisième, de peupliers. Les terrains de ces trois massifs demandent trois préparations différentes. Dans le premier, les arbres sont pivotants : la terre doit être minée de plus d'un mètre ; dans le second, les arbres pivotent peu : 60 centimètres à 1 mètre de minage sont suffisants ; dans le troisième, les arbres ne pivotent pas, leurs racines traçantes courent entre deux terres pour aller au loin chercher leur nourriture : un simple défonçage de 60 centimètres leur suffit.

Il est facile de concevoir, que si l'on ne prend pas toutes ces choses en considération, on s'exposera à deux inconvénients très-graves : le premier, de voir languir des arbres dans un terrain qui ne leur sera pas approprié, et où ils ne pourront émettre facilement leurs racines ; le second, d'avoir dépensé deux ou trois fois plus d'argent qu'il n'était nécessaire, si l'on a fait défoncer le terrain à une grande profondeur dans les parties où cette opération coûteuse n'était pas d'une utilité réelle.

Il ne faut pas conclure de tout ceci qu'un arbre à racines traçantes ne peut prospérer que dans un trou de 80 centimètres de profondeur seulement. Tous les végétaux exigent que la terre sur laquelle on étend leurs racines, ait été remuée et même changée, celle qui était à la surface placée au fond du trou, et celle du fond dessus.

Lorsqu'un arbre est planté dans un trou, ou plutôt dans un encaissement creusé dans un sol qui n'a pas été défoncé, il en résulte que la terre dans laquelle sont placées les racines, ayant une grande porosité, absorbe avec facilité les eaux de pluie, et même l'humidité qui suinte continuellement des parois du trou. Le terrain de ces parois étant dur et compacte, elles n'absorbent rien à leur tour, de manière que la fosse devient une espèce de vase dans lequel les eaux s'amoncèlent, croupissent et font rapidement périr l'arbre, si déjà elles n'en ont pas empêché la reprise. L'inconvénient est encore bien plus grand, si la surface du terrain environnant n'a pas été labourée du tout; les eaux de pluie ne peuvent la pénétrer, elles coulent dessus et viennent se rendre autour des racines du jeune arbre comme dans un réservoir.

On doit s'occuper à disposer le terrain conformément au plan que l'on a arrêté en premier lieu, et ce travail sera peu de chose, parce que, comme nous l'avons déjà dit, l'artiste se sera conformé aux accidents et aux inflexions naturelles du site. Peut-être cependant aura-t-on à faire quelques déblaiements pour caractériser davantage ce que la nature n'aura fait qu'ébaucher. Dans ce cas, on enlèverait la terre dans l'endroit où il y en aurait trop, pour la reporter sur un lieu voisin que l'on voudrait prononcer davantage. En rapprochant ainsi les travaux on gagnera du temps, on épargnera de la dépense, et l'effet en sera plus marqué, parce que l'endroit creusé, et celui exhaussé, se feront réciproquement valoir. Jamais un mouvement de terrain ne doit être trop brusque; la transition en sera presque insensible et ira se fondre avec les surfaces voisines. Surtout on n'essaiera jamais d'élever ces buttes de terre ridicules, auxquelles on donne plus ridiculement encore le nom de montagnes. Ces inconvenances ne sont tolérables que dans un jardin d'une médiocre étendue, pour se procurer un point de vue par-dessus une muraille ou une palissade; encore faut-il, pour les motiver mieux, leur donner une forme conique et l'apparence d'une glacière.

On est aujourd'hui dans l'usage de faire prendre à presque tous les jardins d'une étendue bornée, la forme d'une petite vallée creusée dans le centre et fermée par deux élévations plus ou moins prononcées, l'une à droite et l'autre à gauche. S'il ne s'agissait que de donner ce mouvement au terrain, on pourrait l'entreprendre sans trop de hardiesse. On le tracerait par le moyen de jalons en bois dont la longueur, hors de terre ou dans la terre, indiquerait la quantité à rapporter ou à enlever dans chaque endroit. On se servirait, pour moyen de transport, de brouettes et de tombereaux. Mais, avant de commencer cette opération extrêmement dispendieuse, il faudra faire ses calculs avec la plus grande précision, car rien n'est plus ordinaire que de voir des gens entraînés à une dépense quadruple de celle qu'ils pensaient faire, faute d'avoir su que, même dans un très-petit espace, l'enlèvement d'un millier de brouettées de terre s'aperçoit à peine.

Lorsque l'on aura marqué la place que doivent occuper les corbeilles et les plates-bandes, on leur donnera la forme d'un dos d'âne, en y rapportant des terres. Les massifs peuvent se trouver dans le même cas; on agit alors de la même manière.

Dans les jardins fleuristes, destinés à la culture d'une multitude de plantes délicates plus ou moins difficiles sur la qualité du sol, on fait subir à celui-ci diverses préparations pour l'approprier aux différentes espèces. On l'amende avec des terreaux très-consommés, des engrais, etc.

Quelle que soit la nature du jardin que l'on veut établir, il faut, avant tout, défoncer le terrain profondément, le remuer, en extirper les pierres, les racines, et surtout les mauvaises herbes vivaces; on écrase les mottes de terre, et on unit au râteau à dents de fer, si l'espace est borné, ou à la herse, s'il est d'une vaste étendue. Toutes ces opérations doivent se faire avant l'hiver.

C'est lorsque le jardin est dans cet état que l'on dessine sur le terrain les allées, les plates-bandes, gazons, bosquets, massifs, conformément au plan arrêté. Quant aux *allées*, si les plus larges se trouvent en bonne terre, on peut l'enlever pour la porter aux endroits qui doivent être plantés, la remplacer par des gravois, des recoupes, des terres dont on a extrait le salpêtre, mettre par-dessus du gravier et du sable, bomber un peu le milieu, donner à l'ensemble de la solidité au moyen d'un rouleau ou d'une *batte* emmanchée au bout d'un manche incliné. Si, au contraire, il n'y avait pas d'avantage à enlever la terre des allées, et qu'elle fût assez ferme pour résister aux pluies et aux voitures, on se contenterait de la recouvrir d'une couche de gravier fin ou de sable que l'on roulerait ou battrait comme il est dit ci-dessus. Le milieu des allées peut être aussi élevé que les parties du terrain où elles passent, mais les côtés doivent s'incliner progressivement de 6 à 8 centimètres, et plus selon la largeur du chemin, afin de faciliter l'écoulement des eaux.

Il ne reste plus à faire que les plantations. Les plantes vivaces, au bout de deux ou trois ans de culture, auront atteint toute leur beauté; mais il n'en sera pas de même des arbres et arbrisseaux : aussi conseillerons-nous à l'amateur de choisir des sujets déjà parvenus à un certain point de croissance ; il en tirera le double avantage d'une jouissance plus rapprochée et d'une économie bien calculée. Ce dernier point étonnera peut-être quelques personnes ; mais, en y réfléchissant mieux, elles se rendront facilement à notre avis. Supposons que l'on exécute ces plantations avec des sujets d'un ou de deux ans; dans ce premier âge de la végétation, la plupart des plantes ligneuses sont très-délicates, et beaucoup même craignent le froid. Si l'on ne peut leur donner des soins minutieux, il en périt un grand nombre; d'autres, blessées dans leur organisation, dans leur *tempérament*, n'ont pas la force de surmonter le mal qu'on leur a fait en les transplantant : elles languissent pendant plusieurs années, restent rachitiques, et finissent par mourir, après avoir occupé fort longtemps et inutilement un espace de terrain précieux.

Dans tous les cas, il faut connaître assez la végétation des arbres et les effets qu'ils doivent produire un jour par leur port et leur couleur pour planter avec discernement.

Si on emploie dans les plantations des sujets forts, vigoureux, ayant déjà atteint une partie de leur développement, sans être trop vieux, ils résisteront mieux au changement de climat et de terrain, il en faudra beaucoup moins pour garnir, et l'artiste pourra juger de son ouvrage peu de temps après avoir terminé ses travaux. Ce qu'ils auront coûté de plus par pied se trouvera, et au delà, compensé par la moindre quantité qu'il en faudra, et par le peu de mortalité. Cependant, il ne faut pas donner dans l'abus contraire, en employant des arbres trop vieux qui languiraient longtemps sans jamais arriver à une bonne végétation.

SEPTIÈME SECTION.

EMPLOI ET ARRANGEMENT DES VÉGÉTAUX DANS LES COMPOSITIONS.

Les matériaux que la nature a mis à la disposition de l'homme pour l'ornement et la formation des jardins sont les végétaux et les eaux; ceux qu'elle s'est réservés sont les climats, les saisons, la lumière et les ombres, les sites. C'est en vain que nous cherchons à soulever un coin du voile qui dérobe à notre intelligence curieuse ces merveilleux secrets; la nature, bonne et prodigue, est là qui nous donne elle-même les fonds de nos tableaux, et met sous nos mains les richesses qui doivent en orner toutes les parties. L'art seul nous reste; c'est par lui que nous devons grouper, harmoniser les végétaux de tous genres, emprisonner les eaux, les étendre ou les faire jaillir à volonté; c'est par lui que nous complétons nos compositions en plaçant convenablement les constructions ou les fabriques.

Parmi les matériaux d'un grand effet, on peut aussi compter les rochers, mais il faut s'en servir avec un discernement bien juste; il vaut mieux, tant qu'on le peut, laisser à la nature le soin de cette puissante partie d'un tableau. L'homme, dans sa faiblesse, ne peut ni ne doit changer le caractère de ces masses imposantes, qu'avec tous les efforts de l'art il ne parviendra jamais à imiter. Isolés, ou dans de petites proportions, les rochers ne font que rendre plus pittoresque une scène partielle; c'est alors que l'on peut tenter de les transporter ou d'en *construire* à leur imitation; mais ce cas est fort rare, et demande, dans un architecte des jardins, une grande étude et un goût approfondi. Nous en reparlerons.

Les végétaux sont à la terre ce que l'âme est aux corps animés. Sans eux, la campagne n'offrirait que le spectacle désolant de la stérilité. Les végétaux, comme chacun sait, se divisent en *ligneux*, comprenant tout ce qui tient de la nature du bois : les arbres, arbrisseaux et arbustes; et en *herbacés*, qui sont les plantes à tiges vertes, molles, succulentes, annuelles et vivaces, les gazons et graminées.

Les premiers forment les forêts, les bois, les bocages, les bosquets, les groupes, les massifs, les buissons, les arbres isolés, etc. Les seconds nous présentent les gazons et prairies, les massifs de fleurs, les plates-bandes et corbeilles, les parterres, etc.

Avant d'entrer dans des détails sur la formation d'un parc ou d'un jardin, d'une forêt ou d'un bois, nous allons donner quelques idées sur la disposition générale des arbres dans chacune de ces parties, et la manière de les y approprier comme *ornement*.

Outre les avantages d'une bonne distribution dans les jardins, qui consiste à grouper artistement les végétaux, de manière à présenter un ensemble satisfaisant au goût, il faut encore savoir les placer de telle sorte que, dans leur développement, leurs couleurs, formant un contraste trop frappant, ne fassent pas l'effet d'une carte d'échantillon de marchand de draps, ce qui détruirait le pittoresque, où doit toujours tendre l'artiste jardinier. Si vous regardez un paysage peint par un maître célèbre, vous vous apercevrez que la couleur de son premier plan est vive, que les teintes du fond sont vagues et incertaines, et que le milieu de son dessin tient des deux et s'harmonise avec le reste par des tons fondus graduellement. C'est ainsi que vous devez faire un judicieux arrangement des matériaux que vous avez à votre disposition.

Il arrive quelquefois que dans un terrain il se trouve une situation peu favorable à la culture; dans ce cas, aucun arbre indigène qui y vient naturellement ne doit en être arraché inconsidérément, telle défectueuse que soit sa forme et malgré le peu d'intérêt qu'il puisse présenter, fût-ce même un chêne étêté ou frappé de la foudre, un orme ou un frêne de peu d'apparence. On choisira ce lieu rebelle à la science du jardinier pour en former un site pittoresque. Au moyen de végétaux, tels que le lierre grimpant, la vigne vierge, la bignone de Virginie, etc., on regarnira ces arbres mutilés, et les mille branches des arbrisseaux grimpants les entoureront bientôt d'une parure qui ne sera pas sans charme; quelques fabriques, placées à propos, compléteront l'ensemble désiré. Si on a choisi ce lieu pour y construire quelque temple d'un modèle antique, le guy, qui se plaît à enlacer les arbres à écorces tendres, sera d'un bel effet. Du temps des druides, cette plante, par son adhé-rence aux chênes, avait un caractère sacré : elle mérite aussi qu'on la cultive çà et là dans les parties boisées, non pas seulement comme décoration, mais parce qu'elle offre une nourriture attrayante au rossignol.

La *Forêt* est un espace immense que la nature a couvert d'arbres élevés et plantés irrégulièrement. Leur antiquité, les mousses et les lichens qui couvrent leurs énormes troncs, la sombre épaisseur de leur feuillage, ce silence mystérieux qui règne sous leur voûte, sont les caractères distinctifs de cette majestueuse composition que l'artiste ne se trouvera jamais, ou très-rarement, dans le cas de créer, mais dont il s'attachera à tirer le meilleur parti possible, toutes les fois qu'un hasard heureux le mettra à même de profiter de tout ou partie d'une forêt. Ce n'est qu'après de longues méditations qu'il se déterminera à porter la hache destructive dans ces solitudes profondes, où depuis des siècles la cognée du bûcheron n'a pas fait retentir l'écho des rochers. Là, tout doit être en harmonie avec la majesté des lieux; on n'y verra pas figurer des petites fabriques, qui partout ailleurs pourraient être pittoresques, mais qui ne produiraient ici qu'un effet mesquin. Si l'on y veut des constructions, elles doivent avoir des caractères grands et imposants; respecter, par exemple, les restes d'un château féodal, heureux si le marteau des démolisseurs, si l'action incessante du temps ont laissé debout ses vieilles murailles à demi ruinées, ses tourelles que la foudre a déchirées. Au fond d'une vallée, dans un lieu reculé où des chênes séculaires interceptent les rayons du jour et projettent sur la terre une obscurité qui porte dans l'âme un sentiment de frayeur religieuse, on s'intéressera en rencontrant *la pierre levée*, sur laquelle nos barbares ancêtres sacrifiaient des victimes humaines à Teutatès.

Lorsque la forêt se trouvera à proximité de l'habitation, c'est surtout comme lieu de promenade que l'artiste devra l'envisager. Mais qu'il se garde bien d'y tracer des allées droites et à perte de vue, se croisant géométriquement à des distances égales, comme on ne le voit que trop dans les parcs destinés à la chasse. Rien n'est plus triste, plus monotone que ces avenues sans fin qui se ressemblent toutes. Les chemins, au contraire, ne devront avoir rien de régulier ; tantôt s'élargissant en vastes clairières, on brisera les lignes par des groupes et des arbres isolés dont l'effet plaira toujours ; plus loin, se rétrécissant, ils serpenteront au fond d'une vallée, ou suivront le cours sinueux d'un ruisseau. Il ne faut pas cependant les diriger sans un but arrêté. Faites qu'un chemin montant se divise, à travers les halliers, en plusieurs sentiers coupés comme par le hasard, formant entre eux une sorte de labyrinthe, et aboutissant à un lieu de halte et de délassement sous quelques larges buissons en fleurs ; là un simple banc de gazon invitera le promeneur à s'arrêter et à se plonger pour quelques instants dans de douces rêveries inspirées par le charme magique que la nature s'est plu à répandre en ces lieux : ou bien encore que d'une partie élevée la vue s'étende sur les campagnes environnantes et se fixe sur des lieux habités. Cette dernière précaution sera nécessaire pour empêcher de faire naître l'inquiétude qui nous accompagne souvent dans les solitudes écartées. L'artiste portera toute son attention à la décoration de la ligne extérieure de la forêt ; elle sera tranchée de manière à n'offrir aucun des détails qui peuvent fixer l'attention et la détourner de l'objet principal ; nuls arbustes, surtout de ceux à fleurs apparentes, ne doivent se montrer à l'entrée ; à peine doit-on y voir quelques buissons épars, quelques arbres isolés. Ses contours seront à la fois pleins de grâce et de majesté.

Le *Bois* diffère de la forêt, en ce que les arbres qui le composent sont moins élevés et toujours mélangés de taillis et de futaies, d'où il résulte que la vue ne peut s'y étendre beaucoup. Pour cette raison, on l'emploie souvent à masquer des portions de terrains assez bornées auxquelles on veut supposer une étendue beaucoup plus vaste qu'elle ne l'est en réalité. Il sera planté irrégulièrement, sans intention ni dessein préconçu. Son caractère ne doit pas viser à la majesté et au grandiose de la forêt ; il doit être pittoresque, souvent champêtre, quelquefois sauvage. Les fabriques dont on l'embellit n'exigent pas non plus la même sévérité de style. C'est là que l'humble chaumière habitée par le bûcheron, la cabane du charbonnier, l'ermitage du saint anachorète, figureront avec toutes leurs convenances. Le bois est quelquefois formé d'arbres élevés, assez rapprochés les uns des autres pour ne pas laisser de vide entre leurs branches ; c'est alors qu'il prend le nom de *Futaie*. Si les arbres se trouvent trop éloignés, on les rapproche par un taillis. Enfin, il n'est souvent que la réunion d'arbrisseaux de quelques pieds de hauteur, et c'est alors simplement un *Taillis*. Celui-ci, seul et sans aucun mélange d'arbres élevés, produit, sur une petite étendue, des effets souvent plus agréables que les autres ; mais lorsque au contraire il couvre une grande étendue de terrain, il faut toute l'habileté de l'artiste pour déguiser sa monotonie. C'est de sa ligne extérieure que le bois tire une grande partie de ses agréments. C'est particulièrement lorsqu'il s'étend jusque sur le sommet d'une colline, que les enfoncements et les parties saillantes que cette ligne présente, produisent un mélange de lumière et d'ombre pleins d'effets, et bien préférable à une lisière uniforme et également éclairée. Les enfoncements seront accompagnés de diverses plantations, et pourront devenir l'emplacement de scènes extrêmement agréables. Des arbres isolés allégeront et varieront les limites des bois, et, lorsque celles-ci auront de l'étendue, quelques groupes légers pourront se montrer à l'entrée des enfoncements. Lorsque l'on fera une plantation de bois, on la prolongera jusqu'au sommet du coteau, si on veut lui donner une étendue apparente ; car si la cime de la colline en était dégarnie, il paraîtrait petit et perdrait son caractère principal. Dans cette situation, les bois ont beaucoup plus d'attraits que dans toute autre ; on y trouve de l'ombre et de la fraîcheur, sans humidité ; les points de vue peuvent y être ménagés très-avantageusement, parce que la plantation en amphithéâtre permet à l'artiste de diriger l'œil à sa volonté par-dessus les masses de verdure. Les agréments d'un bois ne se bornent pas à sa surface et à ses contours, l'intérieur peut fournir à la création de scènes charmantes. Des allées s'entre-coupant, fourniront des promenades délicieuses ; mais elles ne doivent pas rester renfermées longtemps dans son épaisseur, sous peine de monotonie. Dans la partie montueuse des bois, on ne ratissera pas les allées, le gazon doit soutenir les terres et aider à la marche du promeneur. Des clairières habilement ménagées, des bancs de gazon et autres lieux de repos motivés par des points de vue pittoresques, embelliront le paysage. C'est particulièrement à choisir l'entrée la plus convenable que l'on doit s'appliquer. Si, à proximité de l'habitation, se trouvaient deux petites collines formant un enfoncement entre elles, c'est là que la route serait le plus favorablement placée. « Des lignes d'arbres, dit M. de Viart, peuvent, dès le commencement, suivre quelque temps les sinuosités de cette route, en se développant avec elle, sur le milieu d'une pelouse, limitée de chaque côté par des bois touffus, et dont les bords se fermeront au moyen de grands massifs séparés par des intervalles, toujours moins étendus que la clairière où se dirige le chemin, et afin de ne point distraire du trait principal. A mesure qu'on avance, les bois venant à se rapprocher, la ligne d'arbres qui faisait la bordure ira se perdre et se fondre dans celle du bois, qui servira pendant quelque temps de cadre à une avenue se dirigeant à l'habitation. L'espace s'élargira insensiblement, et donnera naissance à plusieurs clairières qui s'enfonceront de côté et d'autre dans le fourré, dont les entrées seront divisées, tantôt par de petits massifs, d'autres fois par des arbres jetés en avant, mais toujours disposés de manière à ne point interrompre la marche de la route, surtout si elle est destinée à former avenue, mais plutôt à la déterminer. Si l'emplacement vient à s'élargir davantage, des groupes d'arbres d'un côté, un arbre isolé de l'autre, que quelque singularité fasse remarquer, ressortiront avec grâce sur la pelouse, et serviront à indiquer la continuité du chemin. »

L'observation du mouvement journalier du soleil reçoit des applications plus fréquentes que celle de sa marche annuelle. C'est en frappant nos paysages par les horizons du levant et du couchant que sa lumière, en éclairant profondément d'un côté l'intérieur des grandes masses, détermine de l'autre le projettement des grandes ombres. Il ne faut demander ces effets ni au nord ni au midi. C'est sur cette observation que repose aussi la théorie des allées consacrées à la promenade : l'ombre est peut-être ce qu'il y a de plus désirable dans un jardin, par rapport surtout à la saison où les jardins sont le plus fréquentés; mais un jardin paysager bien composé n'étant qu'un enchaînement harmonieux de tableaux divers dont le spectateur ne peut jouir qu'en se tenant hors de leur cadre, il en résulte que les masses boisées qui les composent ou les embellissent sont toujours sous ses yeux et non au-dessus. Tous ces beaux effets de perspective et d'optique, qui produisent l'enchantement des scènes, sont perdus pour lui s'il marche continuellement sous des charmilles épaisses ou à travers des bosquets fourrés, et comme c'est naturellement des allées et des repos qui y sont préparés que se prennent les principaux points de vue, les promenades sont nécessairement d'autant plus découvertes et dépourvues d'arbres sur leur développement, qu'il y a plus de points de vue à admirer. Il est donc difficile de placer dans l'agencement d'un jardin paysager ces longues allées régulièrement couvertes, qu'Académus avait consacrées aux méditations et aux conférences de la sagesse. On pourra, toutefois, se défendre contre les grandes ardeurs du jour pour la direction qu'il sera possible de donner, du nord-est au sud-est, au mouvement général des allées. L'ombre des arbres voisins s'y projettera pendant une grande partie de la journée : c'est à quoi l'on doit avoir surtout égard quand on trace le *chemin de ceinture*; accessoire obligé, et dont le caractère essentiel est de se développer autour de l'ensemble, en ramenant insensiblement le promeneur au manoir par le côté opposé à celui d'où il est parti, sans détour, sans ressaut, sans retour sur ses pas, dont l'utilité et la beauté sont de faire contempler et admirer successivement tous les détails, et dont le plus commun défaut est de trop se rapprocher des limites et des clôtures, dont il faudrait constamment chercher à détruire jusqu'au moindre sentiment.

C'est à quoi l'on parviendra si le manoir est favorablement situé, soit par la disposition et le large dessin des pelouses intérieures, qui, s'étendant inégalement entre les masses boisées, iront au loin se fondre dans les vastes plaines; soit par la disposition des plantations qui, s'appuyant sur quelque forêt voisine, la rattacheront tellement au jardin, qu'elle semblera en être le cadre.

Les poëtes appellent *Bocage* un bois sauvage de peu d'étendue et où l'on trouve les gazons et les ombrages.

Sous le nom de bocage, tiré de l'italien *bosco*, bois, les jardinistes entendent un bois romantique éloigné de l'habitation; il est formé par la réunion de plusieurs groupes irrégulièrement espacés, et laissant toujours entre eux des intervalles distincts. Ces groupes seront très-variés dans leur largeur et leur hauteur; leur réunion formera une seule composition, semée de clairières qui la traverseront dans tous les sens, et produiront une multitude d'effets pittoresques. S'il fallait, pour rapprocher les parties trop éloignées ou remplir un trop grand espace vide, planter un arbre isolé, on le choisirait parmi les espèces dont la forme ou le feuillage ont quelque chose de très-remarquable par leur singularité; sans cela, absorbé par les groupes voisins, il serait de nul effet : et c'est pour cette raison que rarement on l'admet dans ce genre de plantation. Pour être agréable, il faut que le bocage ait autant de légèreté que de grâce; on atteint ce but en espaçant davantage les groupes et en jetant dans les intervalles quelques groupes de dimensions plus petites, sans rapports entre eux, et placés à d'assez grandes distances. Dans différentes situations, cette manière devient nécessaire; il suffit dans d'autres de tenir le bocage plus clair, ce qui est facile en formant les groupes d'un moins grand nombre d'arbres, et en agrandissant les clairières. Une observation qui reste à faire, c'est que les arbres dont on se servira pour composer ce genre agréable de plantation, seront choisis dans les espèces qui ont entre elles le plus d'analogie par leur port, leur feuillage et la teinte de leur verdure; ne formant qu'un tout, on doit, autant que possible, en éloigner ce qui nuirait à l'ensemble général. Ici ce ne seront plus des routes ni mêmes des chemins qui dirigeront le promeneur dans sa marche, mais de simples sentiers serpentant à travers les clairières, et aboutissant toujours dans des endroits qui offrent quelque chose de piquant à l'œil ou à l'imagination. Si un artiste se trouvait dans le cas de disposer d'un bois en futaie pour le convertir en bocage, nous ne lui donnerions pas d'autres conseils que ceux de M. de Viart. « Ce n'est alors qu'avec beaucoup d'étude, de travail et de soin, qu'il pourra parvenir à produire l'effet qu'on attend d'un bocage composé d'après les principes; mais aussi, s'il y réussit, quelques printemps seulement suffiront pour garnir de jeunes branches les arbres qui resteront, et pour procurer une jouissance qui n'est ordinairement que le résultat d'une longue attente. L'attention se portera donc d'abord sur les arbres dont se compose l'ancienne plantation, et sur les allées qui la divisent. On tâchera de faire entrer dans l'abatis les arbres les plus gros et les plus volumineux en branches, surtout s'ils sont placés sur la bordure des percées, en prenant toutes les précautions possibles pour qu'ils ne cassent point les arbres qui devront rester, qu'on choisira parmi les moyens et les plus jeunes que comprend la plantation. Cette première opération faite, il faut chercher à former des groupes avec les arbres restés sur pied, en suivant les principes généraux ou particuliers du bocage, selon le cas demandé par le local, soit en ôtant ceux qui seraient nuisibles, soit en plantant (où il serait nécessaire pour donner à ces groupes les formes convenables), de ceux même qu'on sera obligé de retrancher, s'ils sont assez jeunes ou d'une espèce susceptible de réussir à la transplantation. Deux ou trois groupes bien disposés suffiront pour détruire les ouvertures en ligne droite, surtout si l'on en a abattu les bordures. Ces vides entreront aisément dans la composition des clairières qui, s'étendant de côté et d'autre sur la superficie qu'occupait la masse du bois, en feront disparaître entièrement les anciennes formes. »

Le bocage est un bois agreste qui conserve la simplicité de la nature; le *Bosquet* est un bois moins vaste, plus orné, plus coquet, et qui peut avoisiner l'habitation.

Les *Bosquets* appartiennent à tous les genres de jardins, et contribuent, plus que toute autre plantation, à y jeter de l'agrément. La raison en est fort simple : formés par l'assemblage de toutes les espèces de compositions, on y voit l'arbre isolé, le massif, le groupe, le buisson, et cet heureux mélange lui donne beaucoup de variété. Les massifs qui, par leur disposition, produisent des clairières de toutes les dimensions, seront composés quelquefois d'arbres et d'arbrisseaux, d'autres fois d'arbrisseaux et d'arbustes à fleurs très-apparentes. Ils seront plus ou moins grands, selon la distance de laquelle on doit les apercevoir en parcourant l'intérieur du bosquet. Vus de près, surtout lorsqu'ils n'entrent que pour accessoires dans un tableau, on les fera dans de plus petites proportions; mais on en plantera plusieurs qui, par leur position, formeront une réunion apparente dont les masses, vues de l'habitation, seront assez étendues pour ne figurer qu'un ensemble général. Les arbres isolés feront ici tout l'effet qu'on peut en attendre s'ils sont placés avec goût dans les clairières, ou s'ils ombragent les sentiers qui les traversent, et alors on pourra les réunir au nombre de trois ou de cinq pour en former de petits groupes. Dans tous les cas, ils seront caractérisés par des fleurs ou un feuillage intéressants. C'est pour la formation des bosquets que la connaissance des végétaux est de toute rigueur; l'artiste doit connaître l'analogie qui existe entre eux sous les rapports de leur élévation, de leur feuillage, de leurs fleurs, et enfin de leur aspect général, afin de les disposer et de les combiner de manière à en tirer le meilleur parti possible. Les plantes herbacées, les gazons et les fleurs, entreront dans la composition du bosquet, ils orneront les bords des sentiers dont les contours gracieux conduiront toujours le promeneur à des points de vue intéressants.

Illumination des Bosquets. Les idées les plus naturelles arrivent souvent les dernières, après que l'imagination s'est fatiguée à parcourir toutes les combinaisons de l'art. Nous avons vu toutes les fêtes données à Paris depuis 1789, et elles ont été nombreuses; nous avons vu celles des *Élysées*, des *Idalies*, des *Tivolis*, dont les illuminations faisaient l'ornement le plus durable et le plus brillant; il y en a eu d'admirables, mais partout la géométrie avait guidé l'ordonnateur. Une seule fois, dans un lieu public, le *Vauxhall* à Londres, nous avons joui d'une *illumination pittoresque*, et digne des fêtes de famille chez les amis des beaux jardins. Dans une partie d'allée, que l'on pourrait appeler un vallon simulé, parce que les arbres y étaient étagés depuis les plus bas, qui partaient du bord du chemin, jusqu'à ceux de 6 mètres de hauteur, on avait attaché aux branchages apparents quelques centaines de verres lumineux de toutes couleurs qui partaient presque de terre, et étincelaient partout dans les arbres. Il est impossible de se faire une idée de l'impression de surprise et de plaisir que l'on éprouve en arrivant dans ce bosquet isolé dont les approches sont obscures; ou se croit, sous le charme de l'enchantement, dans une vallée créée par les fées.

Puisque nous avons fait diversion à l'article des végétaux pour dire un mot des fêtes de famille qui peuvent être données dans les jardins, que l'on veuille bien nous permettre de citer encore un effet d'illumination pittoresque. Sur un pont d'une certaine étendue, et que l'on apercevait

8.

de loin dans le paysage, on avait, pour seule illumination, suspendu au-dessus des parapets, des guirlandes de verres de couleurs, dont la lumière fantastique, reflétée faiblement, donnait l'idée d'un pont enchanté.

Voici un beau souvenir d'illuminations italiennes, cité par nous dans nos *Notes sur les Jardins de l'Italie* :

« Il y a quelque temps, ce lieu (*) a été le théâtre d'une fête champêtre, pour célébrer l'anniversaire de Sa Majesté la reine mère. Les arbres, sur lesquels la nuit avait répandu son voile, ont présenté tout à coup l'aspect d'une forêt lumineuse de toutes les couleurs. Ici un arbre éclatait en lumière verte, un autre en feux rouges : un grand *Magnolia* offrait l'aspect d'un oranger aux fruits arrondis ; un autre portait des fruits allongés et d'une couleur plus pâle : il représentait un citronnier. On se fera peut-être une idée de cette illumination magique quand on saura que seize mille lanternes la composaient. Outre que leurs formes, leurs couleurs et leur grandeur étaient différentes, leur enveloppe de papier portait des dessins qui attiraient l'attention quand on les voyait de près. »

Nota. — Depuis que ceci a été écrit on a employé fréquemment dans les fêtes publiques et particulières *l'illumination des bosquets* par des lanternes et des verres de couleur, et l'on en a tiré de très-grands et de charmants effets.

Les *Salons de danse en verdure*, pl. 25, fig. 1, 2, sont de petits bosquets, et doivent trouver leur place ici. Celui qui est planté en peupliers, fig. 2, est en usage dans le Roussillon. Les jours de fêtes, on plante le mât, et l'on tresse

(*) Le parc royal de *Capo di Monte*, près de Naples.

les guirlandes. Le *Salon de verdure* et la *Salle à manger*, fig. 3, 4, sont très-faciles à composer, et il est fâcheux que l'on n'y pense pas plus souvent quand on plante un jardin. Le salon est rond dans son plan, il a trois portes : par conséquent on peut placer trois bustes et six siéges.

S'il est un genre de plantation agréable, c'est le *Bosquet d'hiver*, destiné à fournir de la verdure et même des fleurs, lorsque partout ailleurs la nature en deuil n'offre que l'image de la mort. On aime, par une belle matinée d'hiver, à parcourir ces compositions, dont la verdure persistante nous reporte aux douces impressions du printemps.

Nous sommes loin de vouloir rappeler les pyramides régulières en ifs taillés que l'on répandait à profusion dans les parterres d'autrefois, beaucoup plus tristes alors que ne le sont à présent les cimetières de Paris; mais nous n'avons pu voir sans quelque plaisir le jardin d'*Ifs taillés* de Levins Hall, que nous avons fait graver pl. 29. Toutes ces formes bizarres, dont plusieurs sont élégantes, consolent, en hiver, de l'absence de l'été, autant qu'il soit possible de l'être quand les autres arbres sont dépouillés de leur ornement.

Le *Labyrinthe*, autrefois très à la mode, et aujourd'hui presque totalement abandonné, peut cependant convenir aux jardins paysagers et symétriques. On le forme également dans le bois, le bocage et le bosquet. Par le moyen de sentiers ou d'allées ingénieusement tracés, se mêlant et s'entre-croisant de mille manières, on embarrasse le promeneur, on l'inquiète, et souvent on le fait revenir sur ses pas, lorsqu'il croyait toujours avancer pour arriver à un but qu'il cherchait (ordinairement une fabrique). Nous donnons quatre exemples de labyrinthes : le premier, pl. 7, n° 1, est symétrique, c'est celui qu'offrait autrefois le parc de Versailles; les n°ˢ 2, 3, 4, ont été exécutés en Angleterre, le n° 4 est dans une île. Autrefois on n'employait guère que la charmille pour les composer; le lilas ou le thuya seraient infiniment préférables. Nous ne donnons pas d'exemples de labyrinthes modernes, parce que nous n'en connaissons aucun, même au Jardin des Plantes de Paris, où l'on appelle encore, par habitude, *labyrinthe* une butte sur laquelle, depuis près d'un siècle, il n'y a plus de labyrinthe. Mais on sent combien il serait facile de créer une pareille composition qui est toute de fantaisie.

Le *Groupe* est la réunion de plusieurs arbres. Pour être planté dans les règles du bon goût, c'est-à-dire pour posséder tous les agréments qu'il doit à sa légèreté et à sa grâce, il faut que son étendue ne soit jamais plus considérable que la hauteur moyenne des arbres dont il est composé. Il ne doit jamais être mélangé d'arbustes ni d'arbrisseaux formant taillis; mais, au contraire, chaque arbre s'élèvera au-dessus du gazon en une tige droite et sans branches inférieures, de manière à ce que l'on puisse facilement se promener sous l'ombrage du groupe. Ces tiges seront irrégulièrement espacées, mais cependant leur distance sera calculée pour que leurs cimes se touchent et ne forment qu'un seul dôme de verdure. On conçoit aisément que, pour atteindre ce but, il faut que l'artiste connaisse parfaitement le développement que prendra chaque espèce d'arbre, lorsqu'elle sera parvenue à son terme moyen d'accroissement. Il faut encore que les arbres aient de l'analogie dans leur feuillage; car, leur masse de verdure ne

devant former qu'un seul tableau, des feuillages qui contrasteraient en détruiraient l'ensemble. Le groupe peut entrer dans la composition de la plupart des scènes; et surtout sur le bord des eaux, sur le penchant des collines, au milieu des clairières, où son effet est le plus marqué.

On s'en sert quelquefois pour parer le devant d'une fabrique, parce que la distance qui règne entre les troncs d'arbres qui le forment, permet à la vue de s'étendre, sans que pour cela il y ait des places vides dans la composition. Il est encore très-employé pour masquer des objets éloignés, ou comme repoussoir lorsque l'on veut les faire soupçonner éloignés : par exemple les rives d'un lac, d'un étang, les limites d'une plantation, etc.

Le *Massif* ne diffère du groupe que par son étendue, qui peut être beaucoup plus vaste, parce qu'elle n'a point de rapport avec la hauteur des végétaux qui le composent. Il en diffère encore, en ce qu'il peut être fourré dès la base, et garni par conséquent de taillis, d'arbrisseaux, d'arbustes, et même de plantes vivaces. Ses masses de verdure, loin d'être suspendues comme dans le groupe, seront appuyées sur la terre, d'où il résulte que sa plantation demande moins de combinaisons. Il n'est pas non plus nécessaire que sa verdure soit uniforme; elle doit, au contraire, présenter des contrastes pleins de variété. C'est là que les arbustes et arbrisseaux à fleurs éclatantes doivent produire l'effet que l'on attend de leurs brillantes corolles. Le massif est très-propre à la décoration des petits jardins, tandis que le groupe n'est parfaitement à sa place que dans ceux d'une certaine étendue. Le mélange bien combiné de ces deux plantations produit toujours un effet charmant, et peut, dans plus d'une circonstance, remplacer avantageusement le bois.

Le *Buisson* est un véritable massif en miniature. Il n'a jamais que quelques pieds d'étendue, et si l'on veut lui donner de la grâce, il faut que sa hauteur surpasse un peu sa largeur. Deux ou trois arbrisseaux tout au plus le composeront; mais ils seront d'un bon choix, soit par leurs feuilles, soit par leurs fleurs. On choisira donc des espèces très-saillantes, et capables de se faire valoir réciproquement par l'agréable variété de leurs teintes; il faudra cependant éviter les oppositions trop dures dans les couleurs. Le buisson doit être garni de verdure depuis le bas jusqu'en haut. On y met quelquefois des plantes vivaces et grimpantes, dont les tiges volubiles, s'entortillant autour des branches, forment de très-jolies guirlandes. On emploie cette petite plantation sur la lisière des bois, autour des massifs et des bosquets, dans la formation des bocages, et enfin dans toutes les scènes où l'on veut un air un peu négligé qui caractérise davantage la nature.

L'*Arbre isolé* est un ornement très-pittoresque, si l'on sait en tirer parti; mais il est très-difficile à employer dans ses convenances : il plaît par la place qu'il occupe, ou par son caractère particulier. Dans le premier cas, on s'en sert pour interrompre des lignes droites, pour lier des parties séparées, et souvent pour servir comme de jalon, afin de diriger l'œil du spectateur sur un objet intéressant. S'il est nécessaire de conserver dans une vaste composition un grand espace découvert, soit pour ménager la vue ou pour toute autre raison, c'est alors que des arbres isolés, plantés à des distances inégales et dans des directions différentes, forment un genre de plantation d'un caractère particulier, mais agréable, qui embellit le paysage sans nuire au premier dessein de l'artiste. On les emploie à encadrer des pelouses, des lacs et autres compositions découvertes; et, dans ce cas, l'irrégularité de leur arrangement leur donne beaucoup de grâce. On en plante sur les bords des sentiers et des chemins tracés dans les bois, dans les bosquets et les bocages; mais il faut éviter scrupuleusement de les aligner pour ne pas leur donner un air d'avenue. Souvent on place des arbres isolés en avant d'un enfoncement formé par d'épaisses plantations, afin de le faire paraître plus distinctement et surtout plus profond. Enfin un arbre isolé, lorsqu'il a quelque chose de remarquable dans son port, tel, par exemple, que le cèdre du Liban, les belles espèces de pins, figure très-bien sur le devant d'une pelouse ou d'un gazon; il y jette un ombrage délicieux, sous lequel on aime à se reposer. Plus un arbre est isolé, plus il se fait remarquer; aussi doit-il, dans ce cas, être choisi avec beaucoup de goût. Sur le bord des eaux le tupélo fixera l'attention très-agréablement, à cause de la singularité de son tronc; l'aspect symétrique et pyramidal d'un araucarier en caisse cachée étonnera lorsque sa tige s'élèvera du milieu d'une pelouse, et le feuillage noir de l'if se dessinera d'une manière pittoresque sur la verdure d'un massif ou d'un bois. On préférera les effets de longue durée, tenant aux formes générales et à l'aspect de l'arbre, à ceux plus brillants, il est vrai, mais trop éphémères, produits par les fleurs.

L'*Arbre belvédère*, l'*Arbre maison*. Si dans une propriété il se rencontre un arbre de forte proportion et très-branchu, soit chêne, hêtre, châtaignier, ou tout autre, on se plaira à y pratiquer un escalier et à en faire un belvédère comme celui de feu Panckoucke, pl. 100. Il y a beaucoup d'exemples de salons ou salles à manger établis ainsi dans des arbres. Nous avons vu dans la forêt de Villers-Coterêts l'*Arbre des sept frères*, nommé ainsi à cause de sept grosses branches que l'on avait utilisées pour soutenir un plancher et une galerie, sans faire tort à sa belle végétation. Dans une ferme appelée *Matibò*, à un demi-mille de *Savigliano*, près de *Coni* en Piémont, on voit l'érable que nous avons fait représenter pl. 26, fig. 3; on a commencé à le tailler seulement à l'âge de trente-cinq ans. On y monte par un escalier conduisant à un plancher circulaire. La note descriptive qui nous a été envoyée lui donne le nom d'*acer commune* et d'*acer campestre*. Sa végétation est vigoureuse.

On a vu aussi tirer parti d'un vieil arbre creusé par le temps, et ne conservant plus guère que l'écorce, pour y établir un cabinet, un ermitage, une *maison* avec un étage où l'on arrivait par un escalier rustique pratiqué au dehors. De semblables curiosités donnent une réputation européenne à une propriété, plus encore que les objets de luxe ou d'un grand mérite qu'elles peuvent renfermer.

L'*Arbrisseau isolé* sert aux mêmes usages que le buisson dans le jardin paysager. Mais il n'en est pas de même dans le symétrique, souvent dans un parterre on place une corbeille pour y faire briller les plantes de collection les plus remarquables; c'est alors une plantation de luxe, au milieu de laquelle on a l'habitude de placer un arbuste (*) ou un

(*) On définit l'*arbuste* un végétal ligneux très-bas. On doit l'entendre aussi d'un petit arbre à tige, tel qu'un rosier greffé sur églantier.

arbrisseau qui doit, par l'éclat de ses fleurs, le disputer aux tulipes, aux renoncules, aux jacinthes et autres plantes d'amateurs. Le lilas varin, le rosier, le grenadier à fleurs doubles, peuvent céder la place à des arbrisseaux exotiques peut-être moins intéressants, mais plus curieux.

Le *Rideau* se compose d'arbrisseaux et d'arbustes grimpants, à tiges sarmenteuses et radicantes. Il est extrêmement utile pour masquer, surtout dans un jardin de ville, un mur souvent noir et enfumé, dont le triste aspect suffirait pour détruire tous les attraits d'une composition charmante. Le rideau est toujours agréable, mais il peut prendre différents caractères, suivant celui des scènes dans lesquelles on l'emploie. Veut-on, par exemple, décorer d'une verdure gracieuse la façade d'une habitation bourgeoise? ce sera la bignone aux larges fleurs rouges, la glycine bleue de la Chine au parfum suave, ou le jasmin odorant, qui auront la préférence. En Angleterre, on astreint le buisson ardent au palissage, et ses fruits rouges et nombreux se voient de loin, et tapissent richement un cottage. Est-ce la ferme ornée que l'on veut tapisser d'un rideau de verdure? Ici ce sont d'autres convenances : tout devant y être utilisé, la vigne aux pampres chargés de riches grappes entourera la fenêtre et la porte de l'habitation d'une draperie verte et frémissante; sur les ruines romantiques d'un couvent abandonné, ou d'une vieille forteresse, le lierre se cramponnera avec ses mille branches aux donjons à moitié détruits par le temps, et mêlera son feuillage foncé aux mousses, aux giroflées et aux chélidoines croissant naturellement entre les créneaux. Dans le jardin paysager, les arbustes grimpants dont on se servira pour orner les murs d'une fabrique, ou pour adoucir à l'œil les anfractuosités d'une roche, devront toujours être munis de vrilles, de suçoirs ou de racines, au moyen desquels ils s'attacheront naturellement et sans aide aux parois qu'il devront tapisser. C'est ici que l'art ne doit servir qu'à indiquer un beau choix dans la nature.

On donne encore le nom de rideau à une ou deux rangées d'arbres qui auront été plantés à dessein de masquer un objet quelconque, dont l'effet sera désagréable, ou bien à masquer la propriété elle-même contre la vue d'un voisin.

Le *Quinconce* n'est guère en usage que dans les jardins publics, les grandes compositions symétriques, les parcs. Il consiste en plantations d'arbres de première grandeur, tels que marronniers, tilleuls, ormes, etc., disposés en échiquier. Cette composition a plus de grandeur que de grâce, plus de noblesse que de pittoresque; aussi ne convient-elle dans aucun cas au jardin paysager. Les arbres qui la composent n'exigent d'autres soins que d'être nettoyés tous les ans de leurs branches chiffonnes, chancreuses, et des bois morts.

L'*Avenue* appartient, comme le quinconce, aux compositions qui demandent du grandiose et de la noblesse. Sa longueur et la grosseur des arbres qui la forment font toute sa beauté. Au devant d'une façade dont elle laisse apercevoir une partie en perspective, elle produit un effet majestueux : on ne trouverait rien qui soit capable d'être mis à sa place avec la moindre partie des avantages qu'elle offre pour conduire à l'entrée d'un château ou d'un palais. Cette composition demande plus de soins que la précédente, parce que généralement on soumet les arbres à la tonte. Si l'avenue

a quatre rangs, dont deux rapprochés de chaque côté pour ombrager un trottoir, on tond en voûte, sur le trottoir, en mur droit sur le côté extérieur, et en demi-voûte très-élevée sur les côtés se regardant au-dessus de la route. Cette opération se fait au volant, après la première séve. Quelquefois des branches, sans cesse arrêtées dans leur développement par une tonte mal combinée, se tourmentent et forment chicot; il faut, aussitôt qu'on les voit noircir, les couper et rapprocher jusque sur un rameau vigoureux.

L'*Allée couverte* ne diffère de l'avenue que parce que les arbres qui la composent n'exigent pas des dimensions aussi grandes; on peut les choisir de seconde et même de troisième grandeur. La longueur de l'allée couverte n'est jamais aussi considérable que celle de l'avenue, parce qu'elle appartient à des compositions moins imposantes; mais les soins qu'elle exige sont beaucoup plus minutieux. Les arbres en sont plus rapprochés; on les élève à tige, à 2 ou 3 mètres au plus, puis on les taille en palissade à une hauteur à peu près égale; après quoi on arque les branches supérieures en voûte épaisse ne laissant dans leur feuillage aucun vide pour donner passage aux rayons du soleil. Ces plantations demandent à être entretenues fort propres, et à subir l'opération de la tonte deux fois par an. Du reste on les soigne comme l'avenue.

On emploiera, pour orner l'allée, les guirlandes de lierre dessinées pl. 28, fig. 6, et dont nous avons vu le modèle au jardin du Luxembourg, à Paris, dans une allée de platanes qui conduit à la fontaine.

Moyen de conserver les vieux arbres. S'il arrivait que de très-vieux arbres fussent pourris et chancreux, que leurs troncs eussent de grandes excavations capables de retenir les eaux de pluie, ce qui hâte singulièrement leur mort, on ferait boucher ces trous par un maçon, avec des pierres liées de mortier. Cette véritable *murure* les conserve.

Le *Berceau* est une allée couverte, mais dont les arbres s'étendent en palissade depuis la terre, et forment un dôme moins épais, quoique aussi impénétrable aux rayons du soleil. On soutient, si cela est nécessaire, la voûte du berceau avec une légère charpente en bois ou en fer, et, dans ce cas, on le plante souvent avec des arbrisseaux à tiges grimpantes et volubiles, entremêlés d'espèces à fleurs brillantes et à odeur suave.

Fion, célèbre horticulteur de Paris, a composé un berceau qui n'avait vraisemblablement nulle part son pareil. Pour former une allée de 2 mètres et demi de large, il a planté, à la distance de 3 mètres les uns des autres, des pruniers. Il les a ensuite greffés, par leur extrémité supérieure, à 2 mètres et demi de hauteur du sol, comme on le voit dans la pl. 27, fig. 1. Les pruniers soutenaient des pieds de vignes qui, à la hauteur de 1 mètre et demi, s'étendaient en guirlandes d'un arbre à l'autre, et formaient du tout un ensemble agréable. Fion nous dit à ce sujet qu'il conseillerait à une personne qui voudrait établir un semblable berceau, de le faire dans des proportions plus considérables, et surtout de choisir des arbres qui convinssent parfaitement à la nature du sol.

La pl. 99, fig. 2, représente un berceau de forme chinoise, très-riche, et gracieux comme tout ce qui ornait le jardin Panckoucke, où nous l'avons dessiné.

La *Pergole* devrait être d'un usage général en France, car elle offre bien plus de variété que le berceau arrondi dont la forme, toujours la même, est tant soit peu monotone. Par le mot pergole, les Italiens entendent une treille suspendue sur des piliers ou des colonnes. Les pl. 24, fig. 3; — 28, fig. 14; — 46, fig. 1; — 47, fig. 1, 2; — 48, fig. 1, 2; — 49, fig. 1, 3; — 50, fig. 1, 2, en représentent des exemples qui donneront une idée de son élégance et de son effet pittoresque dans le paysage. Aussi l'avons-nous employée souvent dans la composition de nos plans de jardin, comme on peut le voir sur les pl. 2, fig. 2; — 3 fig. 2; — 9, fig. 3; — 10, fig. 2; — 19, fig. 2. En architecture, on nomme berceau toute voûte cylindrique, et cette définition s'applique aussi à la voûte de verdure dont les supports sont arqués. Ainsi nous appellerons donc pergole toute treille attachée à des piliers en pierre ou autre matière, comme à celle qui, soutenue par des poteaux ou perches en bois, supporte les plantes horizontalement.

La pergole circulaire représentée en élévation, pl. 24, fig. 3, et employée dans les plans de jardins, pl. 3, fig. 2, et pl. 10, fig. 2, est composée de perches perpendiculaires bien droites. De l'une à l'autre, de forts fils de fer soutiennent la vigne qui la couvre, et se croisent comme on le voit dans les plans. On la voit aussi employée en ligne droite dans la pl. 2, fig. 2, au milieu du jardin potager. Si on veut la faire plus grande et plus solide, au lieu de perches, on utilisera des poteaux de 12 à 15 centimètres, couronnés par des traverses en bois.

La jolie pergole de la pl. 48, fig. 1, est soutenue par des colonnes de pierre portant des traverses en bois. C'est celle-là surtout qui est du goût italien, toujours si pur, si gracieux et si pittoresque : l'on voit à chaque pas, dans ce pays, la plus pauvre maison ornée de sa pergole, dont les piliers ont souvent été dérobés à quelques restes de colonnes d'un temple de Vénus ou de Junon.

La pergole, dont la figure ci-dessous représente deux arcades seulement, existe à Rome sur l'emplacement du palais des empereurs.

Elle est élevée de 3 mètres, sa largeur est aussi de 3 mètres, partagée en deux par des supports, et l'ouverture des arcades est également de 3 mètres.

Cette pergole est construite d'un bâti de charpente très-légère et entièrement couverte de rosiers du Bengale qui, sous cet heureux climat, ne sont pas offensés par les gelées comme dans le nord de la France. Aussi est-il impossible de se figurer une floraison plus splendide. Dans le midi de la France on pourra en établir de semblables ; dans le nord, on ne pourrait guère employer que les *bignonia*, les aristoloches, chèvrefeuilles et vignes vierges.

La *Palissade* est assez employée, surtout dans les jardins de ville, pour masquer ou parer les murailles qui servent de limites. Autrefois elle était beaucoup plus à la mode qu'aujourd'hui, on était dans l'usage de la planter en *charmille*, et quelquefois, mais rarement, en if. On s'en sert pour fermer un jardin à l'œil curieux des passants, tandis que les promeneurs de l'intérieur, par le moyen d'ouvertures nommées *ha-ha*, pratiquées avec adresse dans l'épaisseur du feuillage, peuvent, sans être vus, apercevoir ce que l'on fait au dehors. On l'élève à 2 mètres ou 2 mètres et demi de haut sur 50 à 60 centimètres d'épaisseur ; ce qui forme un véritable mur d'une charmante verdure. Quelquefois on plante deux rangs de palissades sur deux lignes parallèles, espacées de 1 mètre et demi seulement, et l'on fait ainsi une promenade, que l'on ombrageait autrefois comme l'allée couverte, mais qu'on élague aujourd'hui, parce qu'on a reconnu que sa fraîcheur devenait dangereuse, ou qu'au moins elle était fort incommode à cause de la quantité de cousins et autres insectes malfaisants qu'elle attirait. La palissade prend quelquefois une autre forme, quand elle sert, comme la bordure, à encadrer de grandes scènes. Alors on la tient de 70 centimètres à 1 mètre 30 centimètres de haut, et on la plante en troène, en seringat, en lilas, rosiers, ou autres arbrisseaux intéressants par l'éclat ou la douce odeur de leurs fleurs. Dans ce cas, elle se rapproche beaucoup de la haie, et peut même la remplacer. Les palissades, surtout les premières, demandent de grands soins et un entretien suivi : pour jouir de tous leurs avantages, on les tondra souvent, afin qu'une seule brindille, une seule feuille ne dépasse pas les autres, ce qui détruirait l'uniformité, leur principal mérite.

Les haies et palissades 7, 8, 9, 10, 11, pl. 28, plantées

en aubépine, forment d'excellentes clôtures, dont la sûreté est augmentée par un fossé. Nous parlerons encore ici d'un autre genre de palissade que l'on peut planter sur un double talus de terre, rapporté devant un mur que l'on veut masquer, quand on n'a pu pratiquer un saut-de-loup. Voyez la fig. 13.

Autrefois les grandes palissades étaient en telle réputation, que l'on manquait rarement, lorsque l'on voulait acheter une maison de campagne, de demander d'abord s'il y avait des *charmilles*, nom vulgaire qu'on leur donnait. Outre les palissades pleines, comme sont encore les charmilles du parc de Versailles, on en taillait aussi à jour, sur divers dessins, telles sont les fig. 1 à 5 de la pl. 28. Celles n°° 1, 2, 3, sont encore en usage en Belgique, où, très-soignées, elles égayent la campagne et les jardins auxquels elles servent de clôture. Nous avons vu celles des n°° 4 et 5 décorer les avenues du parc de Sceaux, et nous pouvons affirmer que l'effet en était si agréable, que nous les verrions reproduire avec plaisir dans quelques situations où elles se trouveraient en harmonie avec les plantations et les objets environnants, tels que de border une terrasse.

La *Haie*, moins régulière que la palissade et plantée d'espèces mêlées, est encore une des plantations qui deviennent de plus en plus à la mode, à mesure que le goût des jardins de la nature se répand. En effet, elle a cet avantage sur les murs, que, bien entretenue, elle forme une clôture tout aussi difficile à franchir et beaucoup plus agréable. Elle ne restreint point la propriété à des limites déterminées, dans l'enceinte desquelles on est, pour ainsi dire, emprisonné; elle unit au contraire le paysage exté-

rieur à la composition, en permettant à l'œil de la franchir sans l'apercevoir; ou, s'il la découvre, il ne la prend que pour une plantation faisant partie de l'ensemble général, et l'esprit n'imagine pas que ce soit une limite capable d'arrêter les caprices d'une promenade. Une bonne haie doit être impénétrable, et pour cela il faut qu'elle soit faite d'arbrisseaux robustes, bien touffus et munis d'épines dures, longues et acérées. L'aubépine, *mespilus oxyacantha*, paraît être, jusqu'à ce jour, l'espèce la plus propre à faire des haies impénétrables, lorsqu'elle a été plantée sur deux rangs, et que, pour la garnir dans le bas, on ne s'est pas trop hâté de l'élever. Cependant on la remplace assez avantageusement, dans certains pays, par des végétaux piquants, tels que le genévrier commun, le houx, etc.

Le Code ne permet pas de planter des arbres à une distance plus rapprochée de la limite de la propriété que *six pieds* (textuel). Les arbrisseaux pour clôtures ou autres peuvent être plantés à *dix-huit pouces*. On compte du centre de l'arbre.

Nous croyons inutile d'avertir nos lecteurs que le quinconce, l'avenue, l'allée couverte, le berceau et la palissade sont des plantations proscrites par les jardiniers paysagistes; mais nous ne les recommandons pas moins comme très-convenables à la décoration des jardins, toutes les fois que l'on a des parties régulières à planter.

Quoique nous ayons essayé de donner des principes pour l'emploi le plus avantageux des végétaux ligneux, nous sommes loin de prétendre que nos règles soient suffisantes pour tous les cas. Il est des circonstances dans lesquelles des accidents de terrain, des caractères de site,

9

peuvent exiger des plantations tout à fait différentes de celles que nous venons de décrire. C'est à l'homme de goût à savoir saisir ces nuances fugitives et combiner ces effets de manière à rendre l'ensemble de sa composition aussi agréable que possible.

Les plantes herbacées nous fourniront la prairie, la pelouse, le gazon et le tapis.

La *Prairie* est un des ornements les plus employés dans les grands jardins paysagers, c'est aussi un de ceux qui ont le plus de charmes; mais il ne suffit pas qu'il ait de l'agrément, il faut encore qu'il soit utile. Les prairies occuperont le fond des vallées, le bord des ruisseaux; elles pénétreront dans tous les détours, dans toutes les inflexions de lignes de bordures des bois et des plantations. « Un tel espace, dit Bailly, ne doit pas être couvert d'une seule espèce de plante, ni être lisse comme une nappe d'eau; les irrégularités produites par les divers végétaux qui y croissent ne sont pas assez grandes pour apporter des modifications au plan général, et offrent néanmoins mille agréments dans l'ensemble et les détails, par la multitude des teintes et des couleurs que les fleurs de ces plantes viennent y introduire selon les saisons, et par les formes diverses des fleurs, du feuillage et des tiges; il suffit, au surplus, pour reconnaître la prééminence des prairies émaillées de fleurs et composées d'une multitude de végétaux, d'y jeter un coup d'œil au printemps, lorsque le vert passe successivement dans la même pièce, ou se panache agréablement de blanc, de jaune, de bleu, de rouge. Loin de rejeter les plantes adventices qui se mêlent aux graminées, loin d'éplucher une prairie pour la rendre plus belle, on doit multiplier ces plantes accessoires en jetant des graines de végétaux remarquables par quelques-unes de leurs qualités et surtout par leurs fleurs. De cette façon, on n'aura pas seulement remplacé la couleur brune du sol par une couleur verte, mais également uniforme; on l'aura semé d'une multitude de fleurs, on l'aura remplacé par un parterre naturel, on aura créé tout à la fois une prairie et un jardin fleuriste, qui, à chaque pas, offriront un bouquet de fleurs moins rares et moins précieuses que celles du parterre, mais souvent ni moins jolies ni d'une odeur moins agréable. » La prairie ne demande nul soin dans son entretien : il suffit de maintenir son humidité par les irrigations naturelles, et de la faucher une ou deux fois par an. Quant à sa formation, c'est une chose tout à fait différente : elle exige des soins, de l'observation, et quelques connaissances en botanique. Nous allons donner là-dessus quelques conseils.

La base de toutes les prairies naturelles se compose de plantes graminées, dont le choix est absolument dépendant de la nature et de la qualité du terrain. On aura pour premier guide l'observation des espèces qui croissent spontanément sur le sol que l'on veut convertir en prés, et l'on y ajoutera les plantes que nous donnons ici :

Terrain marécageux. Fétuque flottante. Vulpin des prés. Vulpin genouillé. Fléole des prés. Houque odorante. Mélique bleue. Pâturin aquatique. Pâturin des marais. Cretelle cynosure. Agrostis genouillé. Brome gigantesque. Orge des prés. Canche aquatique. Canche élevée.

Terrain sec et sablonneux. Avoine des prés. Avoine jaunâtre. Fétuque des brebis. Fétuque couchée. Fétuque durète. Vulpin agreste. Hoûque molle. Mélique penchée. Mélique ciliée. Pâturin commun. Pâturin bulbeux. Pâturin comprimé. Brome. Brome inerme. Canche flexueuse. Canche blanchâtre. Canche feuilletée. Agrostis traçant.

Terrain de toutes qualités. Avoine pubescente. Flouve odorante. Dactyle pelotonné. Houque laineuse. Pâturin des prés. Pâturin annuel. Pâturin à feuilles étroites. Ivraie vivace, ou Ray-grass. Brize tremblante. Agrostis chevelu. Agrostis rouge. Agrostis des chiens.

La *Pelouse* diffère de la prairie en ce que son fourrage, tout aussi épais, ne s'élève jamais assez pour être fauché, et sert de pâturage aux animaux domestiques. On l'établit ordinairement dans les lieux secs et hauts, où les prairies ne réussiraient pas. Du reste, comme objet d'agrément, elle sert au même usage. Quelques groupes, l'arbre isolé et le buisson, y figureront d'une manière pittoresque. Nous n'avons pas besoin de dire que la pelouse sera ensemencée avec les plantes que nous avons indiquées pour les terrains secs et sablonneux.

La *Pelouse* et les *Gazons* sont de charmantes compositions fort en usage dans les jardins modernes, paysagers ou symétriques. Ils réjouissent la vue et donnent de la gaieté dans toutes les compositions d'un genre gracieux. Aujourd'hui il est de règle générale de semer une pelouse devant la façade de l'habitation. Par ce moyen, on laisse à découvert un espace qui permet d'étendre le point de vue, et donne la facilité de saisir d'un coup d'œil l'ensemble et les principaux détails d'une composition. Nous en donnons des exemples dans tous les plans de cet ouvrage. La pelouse peut être ornée de massifs, de groupes, de buissons et d'arbres isolés, et même de bosquets et de bocages; mais ces petites scènes demandent beaucoup de goût dans leur distribution pour ne pas détruire, ou mieux, pour se lier à l'ensemble du tableau.

Souvent on dit indistinctement pelouse pour gazon, et *vice versâ.* Le Dictionnaire de l'Académie définit pelouse : *terrain couvert d'une herbe courte et épaisse;* gazon, *herbe courte et menue.* On appelle plus volontiers pelouse une pièce de gazon d'une grande étendue.

Les gazons exigent du soin et de la propreté dans leur entretien; il faut les peigner souvent, les purger exactement des mauvaises herbes, et les arroser toutes les fois que la sécheresse de la terre annoncera qu'ils en ont besoin. La mousse leur est quelquefois funeste, si on la laisse s'y multiplier beaucoup; on en a même vu d'entièrement détruits par cette plante cryptogame dans un laps de temps assez court. Le meilleur moyen qu'on ait à leur opposer est l'extirpation. On se sert pour cela d'un râteau à dents de fer et serrées, et aussitôt qu'elles paraissent, on le passe dessus à différentes reprises, jusqu'à ce qu'on les ait entièrement arrachées. On jette ensuite sur le gazon de la poussière de chaux, du plâtre ou des cendres noires, engrais qui tous sont très-bons, non-seulement pour préserver de la mousse, mais souvent encore pour la détruire lorsqu'elle n'existe que depuis peu de temps. Les autres soins à prendre d'un gazon se bornent à le faucher au moins quatre fois par an, et toujours un peu avant l'époque où les plantes entrent en fructification; à le fumer de temps à autre avec du terreau bien consommé; enfin à ressemer les places dégarnies. Cette opération exige quelque attention.

Il faut d'abord s'assurer de la cause qui a fait périr les plantes formant le gazon. Si c'est par l'effet de l'ombre projetée par un arbre voisin ou un autre objet, on se contentera de donner un léger labour et de semer de nouveau ; mais on choisira des graines de pâturin des bois ; l'expérience a prouvé que, dans ces circonstances, elles résistaient mieux que les autres. D'autres fois, un gazon se dégarnit dans certaines places, parce que la terre y est de mauvaise qualité ; il faut alors l'amender avec les engrais qui conviendront le mieux à sa nature et recommencer le semis. Mais lorsque cet inconvénient résulte d'une veine de terre stérile, soit parce qu'elle contient des matières ferrugineuses, tourbeuses, ou pour d'autres causes, on doit enlever toute la surface à la profondeur d'un bon fer de bêche, et la remplacer par une autre terre plus propre à la culture. On agit ensuite comme dans les circonstances précédentes.

Pour rendre la verdure d'un gazon plus riante, on y a entremêlé des *Safrans*, des *Crocus*, des *Colchiques*, des *Orchis*, etc., dont les fleurs brillantes ou bizarres produisent le plus charmant effet ; depuis très-longtemps on recommandait déjà d'y mêler le *Trèfle-fraise*, le *blanc*, l'*incarnat*, ainsi que le *Lotier corniculé*.

Les plantes graminées les meilleures pour établir le fond d'une pelouse sont le *Lolium perenne* ou *Ray-grass*, vulgairement connu sous le nom de *Gazon anglais*, les *Fétuques ovine* et *glauque*, et généralement toutes les espèces de cette famille, dont le feuillage est épais, fin et d'un vert brillant. L'essentiel est de placer chaque plante dans le terrain qui lui convient le mieux, et ceci est encore plus de rigueur ici que dans la prairie, parce que, dans cette dernière, si un végétal réussit mal, un autre le remplace ; au lieu que le gazon, dont l'uniformité de nuance fait le principal mérite, ne se composant que d'une seule espèce, il faut qu'elle atteigne tout le développement dont elle est susceptible : on sèmera donc le ray-grass, par exemple, dans des terres fortes et un peu humides, dans les terrains secs et sablonneux on donnera la préférence à la fétuque ovine ou coquiole, et à la fétuque glauque.

Avant de semer un gazon, le terrain doit être parfaitement préparé pour recevoir les graines, c'est-à-dire qu'après avoir reçu un bon labour, on enlève toutes les pierres, racines et autres corps étrangers ; on égalise parfaitement sa surface, et, s'il en a besoin, on l'amende avec du terreau consommé qu'on a soin de ne pas enterrer. Le semis se fait par un temps couvert et pluvieux, à la volée, dans la proportion de 50 kilog. par demi-hectare, pour le ray-grass, et de 25 kilog. pour les fétuques. On recouvre les graines au râteau et à la herse, et on passe le rouleau. Cette dernière opération se répète le plus souvent possible, afin de faire taller les plantes, et fournir par conséquent une verdure épaisse et uniforme. Il arrive parfois que l'on a des talus, des bancs, des bordures, etc., à faire en gazon ; alors on plante en placage, c'est-à-dire que l'on enlève dans une prairie, ou sur le bord d'un chemin, des plaques de gazon de 6 centimètres d'épaisseur, et on les rapporte et ajuste comme des dalles, de manière à les faire parfaitement coïncider pour qu'il ne reste aucun interstice entre elles ; on les fixe, s'il est nécessaire, avec des chevilles de bois enfoncées au marteau ; on aplanit le tout au rouleau ou à la batte, pour unir le gazon avec le sol, et l'on donne de bons arrosements si le temps n'est pas à la pluie. Quelquefois on veut couvrir de verdure une pente rapide, et l'on manque de ces lames de gazon; alors on emploie un autre procédé. Dans un grand vase, un tonneau par exemple, on délaye un mélange d'argile (celle-ci en petite quantité), de terre végétale et de terreau, avec une quantité d'eau suffisante pour donner au tout la consistance d'un mortier. On y ajoute alors les graines de gazon dans les proportions nécessaires, et on mélange de nouveau le tout. Cette préparation faite, on bat les surfaces des pentes que l'on veut semer, et on leur donne de la solidité, sans cependant les rendre trop compactes; on arrose légèrement, seulement pour les mouiller un peu, afin qu'elles puissent se lier parfaitement avec le mortier mêlé de semences, qu'on y applique au moyen d'une truelle de maçon ou d'une palette en bois. Cette couche doit avoir de 3 à 6 centimètres d'épaisseur; on l'unit; on la garantit, pendant les premiers temps, des pluies violentes qui pourraient l'entraîner, et l'herbe ne tarde pas à paraître. Lorsque ses racines ont assez de force pour pénétrer à une profondeur plus grande que l'épaisseur de la couche, l'ouvrage acquiert de la solidité, et ne demande plus d'autres soins que d'être arrosé de temps à autre.

On a vu employer un singulier *moyen pour se procurer en douze jours un gazon* dans un lieu où l'on ne pouvait ni attendre ni trouver du gazon à plaquer. On sema sur quelques centimètres d'épaisseur de terreau de l'orge, semis que l'on répéta six jours après. En douze jours, après des mouillures soignées, on a pu jouir d'une pelouse verte et fraîche pour une exposition d'horticulture.

Les *Tapis* diffèrent des prairies, pelouses et gazons, en ce qu'ils sont composés dans leur plus grande partie de plantes à fleurs apparentes. On les emploie à garnir le sol sous l'ombrage des massifs, des bosquets, des bocages et des bois. Nous les plaçons ici avec les gazons, parce qu'ils doivent paraître l'ouvrage de la nature, et que nulle plante exotique, du moins celles dont les attraits ont quelque ambition, ne doit s'y montrer. C'est dans les champs que l'artiste ira étudier l'ordonnance des végétaux qui entrent dans la formation d'un tapis, et les espèces qui s'y feront remarquer avec le plus d'agrément. La circée aux pétales argentés brillera sous le frais ombrage du chêne antique de la forêt, et disputera sa place aux fougères et aux mousses qui croissent au pied de son tronc couvert de lierre. Les sagittaires, les butomes et les iris pareront les bocages où serpentent les ondes limpides d'un ruisseau. Tandis que les renoncules, les ficaires et les charmantes primevères, se montreront sur les lisières des prairies, et que les orchis, les centaurées et mille plantes, toutes plus jolies les unes que les autres, couvriront le sol montagneux des bois.

On fait de charmants *Tapis de fleurs* en semant ensemble le liseron belle-de-jour, la julienne de Mahon, la nigelle de Damas, le thlaspi, le pétunia, le silène et la reine-marguerite naine. Les tapis, comme on le voit, ne sont employés par la nature que pour cacher la terre sous une robe chamarrée des plus brillantes couleurs, et seulement dans les lieux où leur coloris tranchant sur la verdure des végétaux ligneux, doit varier les effets agréables. Dans une prairie, elle semble avoir pris à tâche de ne montrer à la fois qu'une seule des mille nuances dont elle embellit ses autres compositions. Il faut que le jardinier s'applique à cacher les traces de la main qui a planté un tapis ; car si quelque chose fait soupçonner la culture, l'esprit deviendra plus exigeant, et ces gracieuses fleurs des champs perdront tous les charmes qu'elles doivent à leur simplicité, par la seule raison qu'on pensera qu'elles pourraient être remplacées par d'autres plus rares, et par conséquent plus estimées généralement.

La culture des plantes à fleurs brillantes appartient au jardin paysager comme au jardin symétrique ; mais elles figurent en bien plus grand nombre dans les *Parterres*. Elles nous fourniront la *Plate-bande*, la *Planche*, la *Corbeille*, le *Massif*, la *Contre-bordure* et la *Bordure*.

Le *Parterre* appartient au jardin fleuriste, qu'il compose en tout ou en partie ; mais on l'emploie encore à la décoration des grands jardins symétriques ou réguliers, qui accompagnent les châteaux et les palais. C'est par le choix des végétaux qui le composent, par leur rareté, l'éclat de leurs fleurs, leur singularité et leur mélange combiné, que le parterre charme les yeux et fait oublier aux spectateurs son peu d'étendue. Nous avons parlé des parterres à l'article du Jardin fleuriste, page 49.

La *Plate-bande* était la forme autrefois la plus généralement employée pour les jardins fleuristes. On la faisait droite : aujourd'hui on lui donne différentes inflexions, et ordinairement on lui fait suivre celles des bordures de la composition dont elle fait partie. Son caractère est d'être partout d'une largeur uniforme, n'excédant pas 2 mètres, mais n'ayant jamais moins de 1 mètres 30 centimètres. Ses bords, resserrés par des bordures de buis, de briques, de pierres ou même de planches, s'élèvent de 6 à 8 centimètres au-dessus du sol environnant, et le milieu s'exhausse en dos d'âne de 15 à 25 centimètres. Les plates-bandes se placent avantageusement autour des gazons, le long des allées, des bosquets et autres pièces. Quelquefois on les défonce, on en enlève la terre à la profondeur de 30 à 50 centimètres, on la remplace par de la terre de bruyère, afin d'y cultiver des arbrisseaux et des plantes qui ne réussissent pas dans un terrain ordinaire.

On verra pl. 8, fig. 14, la coupe d'une plate-bande de fleurs entourant un gazon dans un parterre régulier. Cette plate-bande B de 1 mètre et demi à 2 mètres, au lieu d'être bordée par l'inévitable buis, se joint d'un côté C au gazon, puis, du côté D, à une bande de gazon de 20 à 30 centimètres de large. Ensuite viennent les contre-bordures en plantes basses et de chaque côté une rangée de plantes plus élevées (50 à 60 centimètres). Au milieu se placent les grandes plantes et les arbrisseaux à une ou plusieurs tiges.

On emploie aussi le *Lierre* pour faire des *tapis toujours verts*, comme par exemple pour remplacer la bande de gazon D.

Dans la fig. 15, on voit en E la coupe d'un plate-bande bordée en G par un sentier sablé, en H par du buis nain et en J par une plate-bande de lierre de 40 à 50 centimètres. Le lierre est d'un entretien facile et qui marque d'une manière bien décidée le dessin d'un parterre. On en fait un grand usage depuis quelque temps.

Les *Planches* sont des parallélogrammes à surface plane, larges de 1 mètre à 1 mètre 60 centimètres, d'une longueur indéterminée, séparées par des sentiers larges de 40 centimètres, destinées à recevoir des collections de plantes agréables, telles que tulipes, renoncules, jacinthes, dont les variétés se plantent par ordre ; ou bien on y sème et on élève les fleurs annuelles destinées à être ensuite replantées sur les parterres, les plates-bandes et autres lieux. Les planches n'entrent pas ordinairement dans le dessin d'un jardin, parce qu'il faut les établir successivement dans plusieurs endroits, à mesure que la terre se montre fatiguée de produire les mêmes plantes.

La *Corbeille* affecte ordinairement la forme ronde, cependant on lui donne quelquefois la figure d'un polygone, d'une étoile, etc. Elle est toujours placée dans un lieu d'apparat, par la raison qu'elle ne sert jamais qu'aux plantes les plus belles et les plus remarquables pour collection ; on les y plante en rangs serrés, de manière que leurs fleurs ou leur verdure, se touchant, donnent à la corbeille entière l'apparence d'un seul bouquet. On est dans l'usage de placer au milieu de ce dessin un arbuste rare ou à fleurs très-éclatantes. Lorsque l'on construit une corbeille, on exhausse la terre de 10 à 12 centimètres sur ses bords, et jusqu'à 30 centimètres dans le milieu ; on la soutient tout autour au moyen d'une bordure de buis ou autre plante, mais d'une couleur verte tranchante, et susceptible de prendre, aux ciseaux, une forme élégante et très-nette.

La *Corbeille de petunia.* Nous ne saurions donner d'autre nom à une grande corbeille étincelante de plusieurs milliers de corolles bleues et blanches de *petunia* qui tombaient en guirlandes tout autour d'un vase qu'elles cachaient en partie, et qui se sont renouvelées pendant tout l'été et l'automne. De nombreux pieds de cette belle plante étaient rangés dans un vase de bois en tonnellerie, cerclé en fer et peint en vert foncé. Nous avons vu aussi un perron orné à chaque bout de ces mêmes fleurs plantées dans deux caisses de 2 mètres de long sur 40 à 50 centimètres de large ; on eût cru voir des banquettes couvertes de tapis de soie brodée des plus riches couleurs. Des vases placés comme ornement sur des consoles élevées, dans une galerie, contenaient des *petunia* dont les guirlandes se balançaient avec grâce.

Le *Petunia* à grandes fleurs et le *Dahlia* sont des acquisitions bien précieuses pour nos parterres d'été et d'automne. Autour du pied d'un arbre isolé sur une pelouse, un semis de pétunia serré de manière à bien couvrir la terre forme une des plus admirables corbeilles que l'on puisse imaginer. Nous en dirons autant du Pelargonium.

Le *Massif* de fleurs, qu'il faut distinguer du massif d'arbres, est également bombé au centre, ses contours sont de même dessinés par une bordure ; mais sa forme, variée de toutes les manières, n'affecte pas plus la figure ronde qu'une autre, et n'a pas un point central aussi déterminé. Les massifs se jettent çà et là, sans qu'on puisse leur assigner d'emplacements positifs autres que ceux indiqués par le bon goût. Les plantes dont on les garnit doivent offrir à la fois une belle verdure et des fleurs agréables, se succédant les unes aux autres pendant toute la belle saison. Ceci est de rigueur : aussi doit-on faire un choix exact des espèces qui fleurissent à chaque mois de l'année, pour les placer avec art et les entremêler de manière qu'un pied défleuri se trouve toujours à côté d'un pied en fleur. On a encore l'habitude d'espacer suffisamment le plant pour pouvoir repiquer, dans les intervalles, les fleurs d'automne que l'on a semées et cultivées en planches jusqu'à l'époque où l'on en a besoin, et même pour y enterrer des pots dont les plantes doivent produire de l'effet. Il est une observation importante à faire pour ces charmantes plantations, c'est de placer sur les premiers rangs les végétaux les plus bas, ceux d'une hauteur moyenne sur le second, et les plus grands au centre. Il se font ainsi réciproquement valoir, loin de se nuire en se masquant.

La *Contre-bordure* est une ligne de fleurs d'un effet brillant, dont on accompagne ordinairement les plates-bandes, les contours des gazons et autres petites compositions. Les contre-bordures, n'étant destinées qu'à produire un éclat éphémère, se sèment le plus souvent en place et en sillons. On peut faire deux semis par an, afin d'avoir deux fois des fleurs; ce qui est assez facile en choisissant des espèces annuelles dont la végétation est rapide; les premières se sèmeront en place, comme nous l'avons dit; mais celles de la seconde floraison seront cultivées en planches et repiquées en lignes.

La *Bordure* est employée, dans les jardins fleuristes et symétriques, pour donner plus de précision et de netteté aux contours de leurs différents compartiments. Longtemps la bordure a été un objet de luxe que l'on soignait et entretenait au détriment des plates-bandes et autres pièces qu'elles entouraient; on les plantait en grands buis, qu'on laissait s'élever jusqu'à 60 centimètres. De distance en distance, et particulièrement dans les angles, on en taillait quelques-uns en boules, en pyramides, en pièces d'échecs, en bancs et même en fauteuils. Outre que cette méthode avait le grave inconvénient d'user et d'effriter la terre à une assez grande distance dans la plate-bande, ces buis écrasaient par leur hauteur les plantes basses et délicates. Aujourd'hui on a rendu à la bordure sa véritable distination; on ne la tient qu'à 8 ou 10 centimètres de haut. Son mérite consiste à être taillée avec netteté, à être tenue propre, bien garnie, et d'un vert agréable. Le buis nain est la seule plante qui ait offert jusqu'à ce jour toutes les qualités nécessaires pour faire une jolie bordure. Vainement la mode, qui veut toujours le changement, a cherché à lui substituer d'autres plantes; dans une vaste composition dont les contours ont besoin de moins de correction dans leurs dessins, elles ont plus ou moins bien réussi; mais le buis nain l'emportera toujours dans les petits jardins qui demandent de la grâce et de la propreté. Tous les soins qu'exige une bordure consistent à tondre deux ou trois fois par an, avec la plus grande précision possible, c'est-à-dire que nulle brindille, nulle petite branche ne doit dépasser les autres. Sa hauteur sera toujours le double de sa largeur. Enfin on ne s'apercevra jamais d'un espace vide sans le regarnir sur-le-champ. Nous avons vu, dans plusieurs jardins, des étoiles, des rosaces et d'autres dessins formés par des bordures en buis; nous avons vu des inscriptions et des devises tracées de la même manière sur le terrain; certes, nous ne donnons pas cette décoration comme d'un goût bien pur, mais elle peut cependant avoir son genre d'agrément. Par exemple, si l'on pouvait la motiver par un but d'utilité, nous ne voyons pas quelle raison empêcherait l'artiste de l'admettre dans sa composition. Si l'on rencontre à la porte d'un ermitage un petit jardin potager et quelques fleurs, les convenances ne sont certainement pas blessées : si au bout de ce jardin un if taillé en aiguille portait son ombre sur un *cadran solaire*, dont les divisions seraient tracées avec une légère bordure en buis, les convenances en seraient-elles plus blessées? Certainement nous ne le croyons pas, puisque cette petite composition serait motivée. Nous pensons qu'il en sera de même dans beaucoup de circonstances qu'il serait inutile de chercher à prévoir ici, mais que l'amateur déterminera. Nous en avons déjà parlé au chapitre du Jardin fleuriste.

Les *Fleurs en vase* sont le luxe du jardin fleuriste et du régulier. On les envisage de deux manières, comme objet d'ornement. Dans le jardin fleuriste, elles sont de collection et servent à parer un gradin ; dans le jardin symétrique, elles brillent plus par la richesse du vase qui les contient que par leur propre beauté : aussi, pour ce dernier usage, n'exige-t-on pas un choix bien difficile. Dans un vase de forme élevée, on place quelques agavés, des aloès ou d'autres plantes grasses aux formes étranges. Si le vase est moins volumineux, on y cultive des pélargoniums à fleurs éclatantes, des pétunias ; enfin l'alysse saxatile ou corbeille dorée fait un charmant effet par le grand nombre de ses jolis corymbes d'un jaune brillant. Ces objets, pour rendre un effet à la fois pittoresque et majestueux, doivent être placés dans leur convenance ; un vase de marbre, supporté par un piédestal, ornera les deux côtés d'un portique, d'un pavillon de luxe, etc.; près d'une chaumière ou sur la terrasse d'une habitation rustique, il deviendrait ridicule. Les plantes en pots, pour le jardin fleuriste, doivent, au contraire des autres, ne se faire remarquer que par leur propre éclat. Elles sont précieuses par leur rareté, et alors elles appartiennent à la décoration des serres, par leur choix et le grand nombre de leurs variétés, et dans ce cas elles sont destinées aux *gradins*. Les collections les plus ordinairement cultivées en pots sont celles d'œillets, de primevères auricules, de renoncules et anémones, etc. Il existe, pour les placer convenablement sur le gradin, un art qui fait valoir réciproquement leurs couleurs, soit qu'on les mette en opposition pour faire contraste, soit qu'on les range en ligne de nuance en nuance, du foncé au pâle. Quoi qu'il en soit, les planches du gradin doivent être espacées entre elles de manière que le feuillage des plantes du premier rang cache les pots du second rang, et ainsi de suite.

La *Tapisserie*. Ce titre nous a été suggéré par la vue du *Bosquet du roi* dans le parc de Versailles. Les bords des massifs de ce bosquet, très-ouvert dans son intérieur, sont plantés en arbrisseaux qui se lient à des arbres de troisième grandeur ; étant très-serrés et d'une végétation vigoureuse, il en résulte partout une sorte de mur de verdure. Chaque printemps on enterre devant cette espèce de charmille et dans toute son étendue quatre rangées de plantes en pots étagées de telle manière que celle de derrière est composée de plantes de plus de 1 mètre de hauteur, la troisième contient des végétaux à tiges moins élevées, la deuxième et la première rangée suivent la même dégradation. Ainsi, nous avons vu former le premier rang, de devant, de *Verbena melindres*; le deuxième fut planté en pelargonium zonale à fleurs roses; le troisième en dauphinelle vivace avec ses belles fleurs bleues, et le quatrième présentait des pélargoniums très-élevés donnant des fleurs rouge-vif; quelques parties étaient variées dans la couleur des fleurs. Il résulte d'un tel arrangement une sorte de tenture de fleurs presque perpendiculaire qu'on peut comparer, avec raison, à une brillante tapisserie ornée de tout ce que la divine main de Flore a brodé de plus riche. Sur la pelouse toute chatoyante de verdure qui forme le milieu de ce bosquet enchanteur, s'élèvent plusieurs arbres isolés au pied desquels se déploient d'immenses corbeilles de fleurs éclatantes formant un effet admirable; elles sont composées, les unes d'une seule espèce de fleurs, telle que des pélargoniums rouges; d'autres de fleurs à couleurs variées, mais de façon que chaque couleur forme un cercle sans mélange. Là, le pétunia joue encore un grand rôle. Le Bosquet du roi, par son charme magique, est digne d'attirer seul les amateurs à Versailles sans qu'ils aient à regretter d'avoir fait le voyage.

On peut indiquer encore une charmante *Tapisserie* facile à composer : il s'agit d'un mur garni de lierre, entremêlé de rosiers rouges toujours fleurissants.

Ornements fleuris. Nous désignerons ainsi :

1° Les *Corbeilles* en fil de fer peint, en bronze ou en osier, élevées au milieu des pièces de parterre de la pl. 23, fig. 3, 4, et qui renferment et soutiennent les plantes à fleurs brillantes que l'on a plantées au centre.

2° L'*Éventail* en même matière, élevé de 1 mètre ou plus, fig. 5, pl. 23, et qui sert à soutenir des plantes volubiles. Cet éventail peut être placé au bout d'une allée droite dans un parterre.

3° Les *Portes en treillage*, fig. 1, 2, pl. 26, que l'on ornera de plantes dont la légèreté fera le charme. Ces diverses décorations sont tirées du jardin de Muskau.

4° Les *Treilles* formant le bosquet des Saisons, pl. 26, fig. 4, au centre desquelles est une colonne dont les bas-reliefs représentent les quatre Saisons.

5° Les *Obélisques*, pl. 27, fig. 5, dont le treillage est destiné à soutenir des plantes grimpantes, et que nous avons recueillis en Angleterre.

6° La *Rotonde*, fig. 2, et la *Colonne*, fig. 4, en treillage, même planche, du jardin de Fion.

Ces diverses décorations trouveront leur emploi dans de petites scènes où l'on voudra de la variété, mais elles ne peuvent se marier que rarement aux scènes pittoresques où l'on aura en vue l'imitation franche et naïve de la nature.

DE LA PERSPECTIVE ARTIFICIELLE.

Pour bien comprendre la perspective, l'architecte des jardins doit avoir des connaissances communes avec le peintre en paysage. Tous deux ont pour but, dans leurs compositions, de faire paraître plus éloignés ou plus rapprochés qu'ils ne le sont réellement les objets dont ils composent leurs tableaux. Ce que le peintre crée sur la toile, l'artiste jardinier le fait sur le terrain : les principes d'optique qui les dirigent sont absolument les mêmes.

1° Plus un objet est rapproché de nos yeux, plus il nous paraît grand; à mesure qu'il s'en éloigne, ses proportions décroissent, jusqu'à ce qu'enfin, parvenu à une certaine distance, il échappe entièrement à la vue la plus perçante.

2° Lorsqu'un objet est rapproché, les détails de ses formes nous paraissent durs et anguleux ; à mesure qu'il s'éloigne, les formes s'arrondissent ; les détails se fondent les uns dans les autres pour ne former d'abord que des masses qui, se réunissant encore en raison de la distance, finissent par n'en plus former qu'une, avant que l'objet disparaisse entièrement.

3° Plus un objet est près de nous, et plus les couleurs en sont dures et tranchantes ; à mesure que l'on s'en éloigne, les teintes s'adoucissent et deviennent plus pâles. Mais ici vient se joindre un phénomène particulier : l'air atmosphérique a une couleur qui lui est propre, quoiqu'il nous paraisse diaphane et incolore. Cette couleur est le bleu céleste que nous croyons voir en regardant le ciel. Elle est si légère, si dense, qu'elle ne peut être visible à l'œil que dans l'épaisseur d'une très-grande masse d'air : plus cette masse augmente d'épaisseur, plus la couleur devient intense. Il résulte de cette connaissance que non-seulement les couleurs propres à un objet se dégradent et s'affaiblissent en raison de la distance de celui-ci, mais encore que la masse d'air interposée entre l'objet et notre œil devenant plus considérable, il se colore aussi davantage de la teinte bleuâtre de l'air à travers laquelle nous le voyons. Parvenu au dernier degré d'éloignement, auquel nos yeux ne peuvent plus discerner les couleurs réelles de l'objet, il nous paraîtra entièrement bleu.

4° Plus les plans s'éloignent de notre œil, plus le terrain semble s'élever, et les plans se rétrécir.

En perspective, on appelle *plan* la ligne transversale placée devant nos yeux, et sur laquelle figurent des objets soumis aux lois d'optique que nous venons d'indiquer. Par exemple, dans l'allée de peupliers que nous avons figurés pl. 142, fig. 2, le terrain en avant sur la ligne *a a* formera le premier plan ; c'est sur celui-ci que les peintres placent assez ordinairement la principale action d'un tableau, et c'est là que l'artiste jardinier doit placer le spectateur pour le faire jouir du coup d'œil de sa composition. Le second plan est formé par la ligne *b b*, passant au pied des premiers peupliers, 1, 2, 3, 4, et sur le devant de la pièce d'eau au bas des piédestaux 5, 6. La ligne *c c* du troisième plan passera au pied des seconds arbres 7, 8, 9 et 10.

Nous avons dit que la surface du sol semblait s'élever à mesure que la distance augmentait : par la même loi d'optique, les voûtes qui sont sur nos têtes semblent s'abaisser en raison de l'éloignement. Les objets qui y sont attachés subissent les mêmes lois de dégradations dans leur forme, leur grandeur et leur couleur, que ceux qui sont placés sur le terrain. Nous en donnons un exemple dans la salle à manger de verdure, pl. 25, fig. 4, dans les salons de verdure, même planche, fig. 1 et fig. 3.

Ce peu de principes que nous venons de donner suffit aux jardiniers pour exécuter sur le terrain tous les artifices d'optique capables de produire un effet agréable. Nous allons en donner quelques exemples pour faire comprendre parfaitement les moyens d'appliquer cette théorie à la pratique.

Supposons qu'en face de la fenêtre d'un salon on veuille établir une allée de peupliers de quatre rangs d'arbres, au milieu desquels un gazon ou un bassin d'une eau limpide s'étendra sous la forme d'un long tapis ou d'un canal. Pour créer une perspective artificielle, c'est-à-dire pour faire paraître l'avenue et le canal d'une longueur beaucoup plus considérable qu'ils ne sont réellement, voici comment on agira. Parmi les nombreuses espèces de peupliers, on en trouve qui acquièrent une grosseur énorme, dont le feuillage très-ample est d'un vert foncé. Ceux-ci seront choisis pour former le premier plan *b b*. Sur le second plan *c c*, on plantera des espèces un peu moins grandes et d'une couleur moins foncée. Sur le troisième plan *d d*, d'autres encore moins grandes et d'une couleur plus pâle; enfin, en s'éloignant de plan en plan, on dégradera toujours et insensiblement la grandeur et les teintes. Nous savons que pour exécuter à la lettre ce que nous venons de dire, il faudrait avoir en dendrologie une étendue de connaissance que ne possède peut-être aucun architecte de jardins : aussi ne donnons-nous ceci que comme une simple supposition, car on peut arriver à l'effet proposé en choisissant les espèces moins rigoureusement que nous ne l'indiquons.

Supposant ensuite que les deux premiers arbres du premier et du second rangs 1 et 2 soient espacés de 6 mètres en largeur, les seconds arbres des deux mêmes rangs se trouveront un peu plus rapprochés l'un de l'autre; les troisièmes le seront davantage, les quatrièmes encore plus, et ainsi de suite, de manière que les deux derniers, formant l'extrémité de l'avenue, n'auront plus que 4 ou 5 mètres entre eux, selon qu'on aura voulu plus ou moins éloigner la perspective. Il faudra encore que tous les arbres de chaque rang soient aussi rapprochés graduellement dans les mêmes proportions, afin que si l'on a 6 mètres entre les deux arbres 9, 3, on ait 20 centimètres de moins entre les arbres 11 et 9, autant entre les arbres 12 et 11, et ainsi de suite, de manière que le dernier ne se trouve plus écarté de l'avant-dernier que de 2 mètres et demi à 3 mètres et demi.

Par le moyen d'une tonte réglée on dégradera la hauteur des arbres depuis le premier, *e*, jusqu'au dernier, *f*, de manière que si le premier a 30 mètres de haut, le dernier n'en ait que 15, plus ou moins, toujours selon que l'on voudra plus ou moins allonger la perspective.

La pièce d'eau suivra la même progression dans sa dégradation. Si, par exemple, elle a 20 mètres de largeur sur son premier plan, à mesure qu'elle s'éloignera de l'œil elle se rétrécira et finira par n'avoir que 10 mètres à son extrémité. Voudrait-on encore augmenter de beaucoup l'illusion, on pourrait employer quelques fabriques placées et proportionnées selon les mêmes règles. Ainsi, en plaçant à l'extrémité de la pièce d'eau deux piédestaux surmontés de deux vases, comme nous en avons deux en 5 et 6 sur le devant, et qu'on les fît dans des proportions beaucoup moindres, on atteindrait encore le même but.

Pour former une allée couverte, on suivrait les mêmes dégradations que pour l'avenue, et l'on abaisserait les voûtes dans les mêmes proportions. Si parmi les espèces d'arbres destinées à faire ces plantations, il en était quelques-unes dont le feuillage fût blanchâtre, ou de cette teinte nommée glauque et tirant un peu sur le bleuâtre, on les emploierait avec un très-grand avantage pour augmenter l'illusion de perspective.

On pourrait, par l'application des mêmes règles, faire paraître une prairie beaucoup plus vaste qu'elle n'est en réalité, en choisissant les plantes graminées convenables pour produire cet effet. Sur les premiers plans on sèmerait la fétuque des prés et le ray-grass, que l'on entremêlerait de quelques fleurs à corolles larges et très-colorées. Sur les seconds plans, on sèmerait les fétuques coquiole et ovine, dont le feuillage plus léger et plus mince est aussi d'un vert plus tendre; les fleurs qu'on y entremêlerait seraient choisies parmi celles dont les tiges seraient plus basses, les corolles moins grandes, mais dans les mêmes couleurs. Enfin, sur le dernier plan, on sèmerait la fétuque glauque et quelques plantes basses et rampantes à fleurs peu apparentes et bleuâtres. On conçoit que ces divers semis doivent se fondre les uns dans les autres, de manière à faire disparaître jusqu'à la moindre trace de l'artifice employé. Si l'œil pouvait distinguer des zones, le but serait manqué.

Pour que de semblables plantations produisent un effet certain, je n'ai pas besoin de dire que les objets placés sur les côtés ou au fond du tableau doivent être ou masqués ou dégradés selon les mêmes lois. C'est ainsi que l'on plantera sur le premier plan des groupes d'arbres de première grandeur, sur le second des massifs élevés, sur le troisième d'autres plus bas, et ainsi de suite jusqu'à ce qu'on termine la perspective par de simples buissons. ,

On peut obtenir de la perspective artificielle des effets surprenants : il faut, à cet effet, que le tableau se termine sur un horizon sans limites, ou qu'au moins ces limites soient extrêmement éloignées, comme, par exemple, une chaîne de montagnes qui rejetteraient le cadre du tableau à plusieurs lieues de distance.

Par de certains artifices de plantations, on simulera dans un paysage des accidents qui n'y sont pas. On peut « fortifier en apparence l'élévation des collines, en plantant dans le bas des arbres peu élevés, en en plaçant de plus grands à mesure que le terrain monte, et en couvrant le sommet des espèces les plus grandes. Il en est de même pour le *Vallon simulé;* dans un site absolument plat, on environne de bois de chaque côté une portion de terrain. Les arbres les plus grands sont placés sur les bords, ceux de moyenne grandeur viennent ensuite, les petites espèces après, et enfin le centre de la vallée figurée ne sera couvert que d'arbrisseaux. Par le moyen de cette colline et de cette vallée simulée, par leurs combinaisons variées avec goût, l'artiste pourra, sur un terrain peu tourmenté, produire des effets pittoresques analogues à ceux d'un site montueux. » Mais « il faudra, dit M. de Viart, pour que l'illusion se soutienne, faire un choix étudié des arbres, afin que leurs branches et leurs feuillages se mêlent bien de forme et de couleur, et qu'on ne puisse pas, au premier coup d'œil, reconnaître trop facilement la différence de leurs espèces, et par conséquent leur dimension positive. » Nous ajouterons que ces plantations doivent aussi être très-épaisses et surtout très-fourrées dans le bas, afin que l'œil ne découvre pas l'artifice en pénétrant au travers.

Ici se borne ce que nous avons à dire sur le parti que l'on peut tirer des végétaux dans les circonstances générales. Les détails de leur culture, les moyens de les multiplier, de les entretenir dans toute leur beauté, enfin les soins que chacun d'eux exige en particulier, sont des choses qui n'entrent point dans notre cadre, et d'ailleurs sont traités avec tout le développement possible dans le *Bon Jardinier* et dans la *Nouvelle Maison de Campagne*, par M. L. E. A., 1 vol. in-12. Il nous reste à guider l'amateur dans le choix des espèces les plus propres à chaque genre de plantations et de scènes que nous venons de décrire. C'est ce que nous allons faire dans des tables où nous avons placé les végétaux à peu près dans le même ordre que nous venons d'établir dans l'ouvrage.

ARBRES A FLEURS PEU APPARENTES

Pour Forêts, Bois, Groupes, etc.

Une forêt ne devrait peut-être renfermer que les espèces du pays où elle se trouve; cependant nous donnerons ici les arbres les plus remarquables, exotiques et indigènes, des première, deuxième et troisième grandeurs. Afin d'en rendre l'emploi plus facile, nous avons placé à côté des espèces un numéro indiquant leur hauteur; c'est sur cette connaissance qu'on déterminera l'étendue du groupe.

PREMIÈRE GRANDEUR.

Terrains Humides. Aune, 20 mètres; — bouleau merisier, 20 à 24; — chêne à feuilles en lyre, 24 à 27; — chêne prin, 27 à 30; — érable rouge, 24; — ginkgo à deux lobes, 12 à 16; — micocoulier de Provence, 12 à 16; — *id.* de Virginie, 13 à 20; — *id.* à feuilles en cœur, 16 à 20; — peuplier d'Italie, 30 à 40; — *id.* noir, 30 à 40; — *id.* du Canada, 24 à 27; — *id.* argenté, 24; — *id.* liard, 16; — *id.* à grandes dents, 16; — pin sauvage, 16

à 27; — *id.* d'Écosse, 20 à 30; — *id.* de Russie, 27 à 33; — *id.* de Romanie, 24 à 27; — *id.* résineux, 24 à 27; — *id.* doux, 16 à 20; — *id.* rude, 24 à 27; — sapin noir, 24 à 27; — saule commun, 16 à 20; — *id.* pleureur, 13 à 17; — *id.* odorant, 13 à 16; — *id.* marceau, 13 à 16; — taxodier distique, 30 à 40; — thuya du Canada, 13 à 50; — tupélo aquatique, 13 à 15.

Terrains Sablonneux. Cyprès faux thuya, 23 à 26; — cèdre du Liban, 30 à 33; — pin de Tartarie, 16 à 23; — *id.* Mugho, 13 à 16; — maritime, 20 à 23; — *id.* de Corse, 43 à 46; — *id.* cultivé, 16 à 20; — *id.* d'encens, 26; — *id.* de marais, 20 à 23; — *id.* blanc du Canada, 50 à 60; — sapin commun, 33 à 46.

Terrains Frais. Bouleau commun, 13 à 16; — chêne rouvre, 26 à 33; — *id.* commun ou blanc, 26 à 33; — érable sycomore, 20 à 23; — *id.* plane, 13 à 16; — *id.* de Virginie, 20; — *id.* à feuilles de frêne, 20 à 23; — peuplier blanc, 33 à 40; — *id.* de la Caroline, 26; — *id.* de Virginie, 20 à 23; — platane d'Occident, 20 à 23.

Terrains de bonne Qualité. Chêne à lattes, 13 à 16; — *id.* vert de la Caroline, 13 à 16; — érable à sucre, 23 à 26; — *id.* de Pensylvanie, 13 à 16; — noyer pacanier, 20 à 23; — *id.* noir, 23 à 26; — *id.* blanc, ou ikori, 16; — *id.* cendré, 23 à 26; — *id.* à fleurs de frêne, 13 à 16; — peuplier d'Athènes, 30 à 33.

Terrains Médiocres. Bouleau à canot, 30; — châtaignier, 26 à 30; — chêne quercitron, 26 à 30; — mélèze d'Europe, 16 à 20.

Tous Terrains. Aylante vernis du Japon, 16 à 20; — chêne blanc d'Amérique, 23 à 26; — *id.* à gros fruits, 20 à 26;

— *id.* oliviforme, 20 à 23; — *id.* étoilé, 13 à 16; — *id.* vélani ou hérisson, 26 à 30; — *id.* écarlate, 23 à 26; — *id.* rouge, 20 à 26; — *id.* châtaignier, 20 à 26; — *id.* bicolore, 20 à 23; — *id.* des montagnes, 20; — *id.* saule, 16 à 20; — frêne commun, et ses variétés, 20 à 22; — *id.* tomenteux, 16 à 20; — hêtre commun et ses variétés, 30 à 33; — *id.* ferrugineux, 20 à 26; — orme champêtre et ses variétés, 23 à 33; — *id.* pédonculé, 33 à 26; — *id.* d'Amérique, 33; — *id.* rouge, 20; — *id.* crispé, 23 à 26; — peuplier tremble, 33 à 40; — *id.* faux tremble, 30 à 33; — platane d'Orient, 20 à 23; — sapin du Canada, 23 à 26; — *id.* épicéa, 30 à 33.

DEUXIÈME GRANDEUR.

Terrains Humides. Frêne à la manne, 8 à 10 mètres; — *id.* à feuilles de sureau, 10 à 13; — liquidambar copal, 10 à 13; — *id.* du Levant, 10 à 13; — micocoulier du Levant, 8 à 10; — platane à feuilles en coin, 8 à 10.

Terrains Sablonneux. Chêne yeuse, 8 à 13; — *id.* liége, 8 à 10; — cyprès commun, 10 à 13; — févier d'Amérique, 10 à 13; — *id.* monosperme, 10 à 13; — *id.* de la Chine, 10 à 13; — *id.* à grosses épines, 5 à 8; — *id.* de la mer Caspienne, 8 à 13; — *id.* verdâtre, 7 à 10; — sapin baumier, 7 à 10.

Terrains de bonne Qualité. Chêne aquatique, 10 à 13; — érable jaspé, 8 à 10; — *id.* de Tartarie, 5 à 8; — *id.* de Montpellier, 7 à 10; — frêne à fleurs, 10; — genévrier cèdre d'Espagne, 8 à 10; — *id.* cèdre des Bermudes, 10 à 13.

Tous Terrains. Charme commun, 13; — *id.* de Virginie, 10 à 13; — *id.* d'Italie, 10 à 13; — frêne pleureur, 5 à 8; — genévrier cèdre de Virginie, 13 à 15; — houx commun, 7 à 8; — *id.* d'Amérique, 10 à 13; — if commun, 7 à 8.

TROISIÈME GRANDEUR.

Terrains Bons. Broussonetier mûrier à papier, 5 à 8 mètres; — genévrier commun, 4 à 5; — *id.* cade, 5 à 7.

Terrains Frais et Profonds. Érable commun, 3 à 5; — *id.* de Tartarie, 3 à 5; — *id.* de Crète, 3 à 7.

Tous Terrains. Buis toujours vert, 3 à 7; — *id.* de Mahon, 3 à 5.

ARBRES A FLEURS APPARENTES

Propres pour Bois, Avenues, etc., Bosquets et Bocages.

Nous avons rangé ceux-ci dans l'ordre de leur floraison, comme plus nécessaires à connaitre, afin d'en tirer le meilleur parti possible pour des compositions brillantes, où les fleurs doivent se succéder sans interruption. Nous indiquons la grandeur des espèces et la qualité du terrain, non pas celle qu'ils exigent absolument, mais celle qui leur plaît le plus et où ils croissent le mieux.

PREMIÈRE GRANDEUR.

Fleurs au Printemps. Cerisier de Virginie, 26 à 33 mètres, terre légère; — marronnier d'Inde, 16 à 20, toute terre; — pavier jaune, 20 à 23, toute terre; — robinier faux acacia et ses variétés, 16 à 23, terre fraîche et légère; — sorbier domestique, 16, terre bonne et fraîche.

Fleurs en Été. Magnolier à grandes fleurs, 10 à 13, terre

bonne, franche;—*id.* yu-lan, 10 à 13, ter. *id.*;—*id.* acuminé, 30 à 33, ter. *id.*;—tilleul commun, 20 à 23, terre fraîche et profonde; — *id.* de Hollande, 20 à 26, ter. *id.*; — *id.* du Canada, 23 à 26, ter. *id.*;—*id.* argenté, ter. *id.*; — tulipier de Virginie, 26 à 33, terre bonne, fraîche.

DEUXIÈME GRANDEUR.

Fleurs au Printemps. Alouchier, 7 à 8 mètres, terre franche, légère; — cornouiller à grandes fleurs, 10 à 12, toute terre; — frêne à fleurs, 10, terre bonne; — merisier à fleurs doubles, 13 à 16, toute terre; — robinier visqueux, 13, terre légère, fraîche; — sorbier des oiseaux, 8 à 10, terre bonne, franche; — *id.* hybride, 8 à 10, ter. *id.*; — *id.* d'Amérique, 7 à 8, ter. *id.*

Fleurs en Été. Bignone catalpa, 10, terre franche, légère; — *Paulownia imperialis*, terre légère très-substantielle; — bonduc, ou chicot du Canada, 8 à 10, ter. *id.*; — chalef à feuilles étroites, 8 à 10, terre sablonneuse; — plaqueminier lotus, 8 à 10, terre franche et légère;—*id.* de Virginie, 13 à 16, ter. *id.*; — sophora du Japon, 8 à 10, toute terre; — *id.* variété pleureur, 7 à 8, ter. *id.*

TROISIÈME GRANDEUR.

Fleurs au Printemps. Alizier torminal, 7 mètres, terre franche, légère; — *id.* de Fontainebleau, 8, ter. *id.*;—cerisier à fleurs doubles, 7 à 8, terre légère; — merisier à grappes, de 5 à 7, ter. *id.*; — cerisier odorant, 5 à 7, ter. *id.*; — cytise des Alpes, 8 à 10, terre sèche;—gaînier arbre de Judée, 7 à 8, terre légère; — *id.* du Canada, 5 à 7, ter. *id.*;—laurier commun, 7, terre franche, légère;

—poiriers panaché, biflore, à feuilles de saule, cotonneux, 5 à 8, terre bonne; — pommiers à fleurs doubles, apétales, de la Chine, etc., de 3 à 5, ter. *id.*; — pruniers à fleurs doubles, panachés, 5 à 7, ter. *id.*; — robinier rose, 5 à 7, terre franche, légère; — *id.* sans épines, 7 à 8, ter. *id.*

Fleurs en Été. Magnolier parasol, 7 à 10, terre fraîche; — *id.* à grandes feuilles, 7 à 10, ter. *id.*;—*id.* auriculé, 7 à 13, ter. *id.*; — ptéléa à trois feuilles, 4 à 5, terre franche, légère.

ARBRES ET ARBRISSEAUX POUR BOSQUET D'HIVER.

Nous les divisons en trois sections, indiquées par la nature comme par l'effet tout à fait différent que produit leur feuillage. La première comprendra les arbres résineux à feuilles menues et plus ou moins longues; la seconde, ceux dont le feuillage large, plus ou moins étoffé, est persistant. Nous avons cru inutile de rappeler les cultures et les grandeurs de chaque espèce, parce que ce serait une répétition; en outre, cela est ici beaucoup moins nécessaire.

1re SECTION. — *Arbres Résineux.* Cèdre du Liban; — cèdre de Virginie; — cyprès commun, faux thuya; — genévrier commun, sabine mâle, sabine femelle, cade d'Espagne, de Phénicie; — if commun; — pin sauvage, de Genève, d'Écosse, de Russie, de Tartarie, de montagne, mugho, à feuilles divergentes, nain, grand maritime, petit maritime, maritime de Mathiole; à trochets, de Corse, à pignons, de Romanie, résineux, doux, de Virginie, d'Alep, d'encens, rude, cembro, blanc du Canada; — sapin commun, baumier du Canada, blanc du Canada, épicéa noir; — thuya occidental, de la Chine.

2ᵉ SECTION. — *Arbres non Résineux, à feuillage étoffé.* Buis toujours vert, de Mahon, à feuilles panachées ; — cerisier-laurier de Portugal, laurier-cerise ; — chêne yeuse, liége ; — houx commun, à feuilles panachées, du Canada, de Minorque ; — pommier toujours vert.

3ᵉ SECTION. — *Arbrisseaux et Arbres toujours verts.* Arbousier commun, busserole ; — bacchante de Virginie ; — badiane, unie, à petites fleurs ; — bruyères, cendrée, blanche, ciliée, herbacée, de la Méditerranée, multiflore blanche, multiflore rouge, quaternée blanche, commune, à balais ; — budleia globuleux ; — buplèvre oreille de lièvre ; — camélée à trois coques ; — celastre grimpant ; — cerisier-laurier du Mississipi ; — chêne au kermès ; — chèvrefeuille toujours vert, de Minorque ; — clématite toujours verte ; — fragon piquant, laurier-alexandrin ; — genêt de Montpellier ou blanchâtre ; — fusain toujours vert ; — galé à feuilles en cœur ; — hortensia ; — jasmin jaune ; — lauréole commun ; — laurier commun ; — lierre grimpant ; — mahonie à feuilles de houx ; — néflier pyracanthe ou buisson ardent ; — nerprun alaterne, alaterne panaché de jaune ou de blanc ; — philaria à grandes fleurs, à feuilles de buis, à feuilles de troëne, à feuilles d'olivier, à feuilles moyennes, à feuilles de romarin, à feuilles étroites obliques, à feuilles épineuses ; — phlomis frutescent ; — romarin officinal, variété panachée en blanc, en jaune ; — rosier toujours vert ; — rue commune, de montagne ; — santoline commune ; — viorne laurier-tin ; — yucca nain ; — alizier glabre.

Cèdre du Liban ; — bouleau commun, pleureur, à feuilles panachées ; — saule pleureur ; — if commun ; — cyprès commun ; — tulipier de Virginie ; — frêne pleureur ; — thuya occidental ; — peuplier argenté, de la Caroline, de Virginie ; — taxodier distique ; — magnolier acuminé, parasol, glauque ; — bignone catalpa ; — marronnier d'Inde ; — gainier arbre de Judée ; — platane d'Orient, d'Occident ; — broussonetier ou mûrier à papier ; — hêtre pourpre ; — chionanthe de Virginie, greffé sur chêne ; — les tilleuls ; — les chênes d'Amérique, ou vert, ou liége ; — les aliziers ; — tous les arbres à feuillage panaché, et la plus grande partie de ceux appartenant à la famille des Conifères. Enfin ceux remarquables par la légèreté de leur feuillage ailé, tels que le bonduc ou chicot du Canada ; — noyers d'Amérique ; — sureau à fruits verts, à fruits blancs, à feuilles panachées de blanc, à feuilles découpées, du Canada, à grappes ; — sumac à feuilles d'orme, amaranthe, du Canada, vinaigrier, fustet, élégant, aromatique, odorant ; — aylanthe verni du Japon ; — frênes ; — érable à feuilles de frêne ; — robinier faux acacia, à fleurs roses, sans épine ou à rameaux pendants ; — cyprès à feuilles d'acacia ; — sophora du Japon, pleureur ; — amorpha frutiqueux ; — mélèzes ; — ginkgo à deux lobes ; — spirée à feuilles de sorbier ; — aralie épineuse.

Arbres pour Avenues et Allées couvertes.

Acacia blanc ou robinier faux acacia ; — tilleul commun, de Hollande, du Canada, argenté; — érable sycomore, plane; — pavier jaune; — marronnier d'Inde, rubicon; — platane d'Orient, d'Occident, à feuilles en coin; — peuplier d'Italie; — orme champêtre et ses variétés; — micocoulier de Virginie, à feuilles en cœur; — charme commun; — hêtre commun; — chêne commun à gland sessile; — sorbier des oiseleurs; — if commun; — cyprès commun; — thuya occidental; — et enfin tous les arbres rustiques et à feuillage fourni, parmi ceux de première grandeur.

Arbres et Arbrisseaux pour Massifs, Bosquets et Bocages.

De 30 centimètres à 1 mètre de haut. Airelle anguleuse, veinée, de Pensylvanie, ponctuée, canneberge; — armoise citronnelle; — baguenaudier d'Éthiopie; — bouleau nain; — bruyères de pleine terre; — bugrane frutescente; — clématite droite; — cytise à feuilles velues; — dierville jaune; — éphédra à un épi; — germandrée arbrisseau, jaunâtre, maritime ou marum, de Marseille, à odeur de pomme; — lauréole mézéréon; — phlomis frutescent, lychnite; — potentille frutescente; — robinier frutescent, barbu, de la Daourie, de la Chine, pygmée; — santoline commune; — spirée à feuilles lisses.

De Hauteur Moyenne. (Fleurs au Printemps.) Alizier amelanchier, à épis rameux ou amelanchier de Choisy; — amandier à fleurs doubles, nain, satiné, panaché; — arbousier des Pyrénées; — argousier rhamnoïde, du Canada; — Astragale adragant; — atragène du Cap; — aucuba du Japon; — bibacier ou néflier du Japon; — buis commun, de Mahon; — cerisier nain; — chêne des teinturiers; — chamecerisier de Tartarie, des Pyrénées, xylostéon; — chèvrefeuille des jardins, toujours-vert, romarin, à fleurs blanches, glauque, des haies d'Amérique, de Minorque; — clavalier à feuilles de frêne; — clématite à feuilles entières; — cognassier du Japon, — coronille des jardins; — cytise à feuilles pliées; — fusain commun; — galé cirier, à feuilles de chêne, piment royal, de Pensylvanie; — gattilier commun; — groseillier doré; — halésie à quatre ailes, à deux ailes; — ketmie des jardins; — lauréole commun, mézéréon, cnéorum, des Alpes, paniculé ou garou, à feuilles de citronnier, d'automne, à feuille d'olivier; — lilas commun, de Marly, de Perse, varin; — néflier azerolier, ergot de coq, cotonneux, à feuilles de sorbier; — orme nain; — paliure épineux; — pavier nain, de l'Ohio, hybride; — pêcher à fleurs doubles; — pistachier térébinthe; — robinier caragana, satiné, féroce; — spirée à feuilles de millepertuis, à feuilles crénelées, à feuilles d'orme, à feuilles de chamœdris, à feuilles d'aubier, à feuilles lisses, à feuilles de saule, à feuilles de sorbier, cotonneuse; — staphilier à feuilles ailées, à feuilles ternées; — syringa odorant, inodore, pubescent; — viorne laurier-tin velue, brillante, roide, rugueuse, commune, à feuilles de prunier, à manchette, à feuilles de poirier, obier ou boule de neige, nue; — weigelia à fleurs roses, charmant.

(Fleurs en Été). Acacie de Farnèse; — aliboufier officinal, glabre; — amorpha frutiqueux; — armoise citronnelle, en arbre; — baguenaudier ordinaire, du Levant, d'Alep; — céphalante occidental; — ciste à feuilles de laurier, à feuilles de peuplier, ladanifère, pourpre, à

feuilles d'halime, à feuille de consoude; — cytise noirâtre, à feuilles sessiles; — éphédra à deux épis; — fusain commun, à larges feuilles, galeux, toujours vert, noir pourpre; — genêt d'Espagne, blanchâtre, à fleurs blanches; — hydrangée de Virginie, blanche; — stéwartia à un style, à cinq styles; — sureau commun, du Canada, à grappes.

(*Fleurs en Automne*). Aralie épineuse; — arbousier des Pyrénées; — décumaire sarmenteux; — dierville jaune; — éphédra à un épi.

Arbrisseaux pour la plate-bande de Terre de Bruyère.

Andromède de Maryland, à feuilles de cassiné, pulvérulente, en arbre, à feuilles de pouliot, luisante, axillaire, à grappes, cotonneuse, marginée, caliculée; — azalée nudiflore et ses variétés, carnée, éclatante, écarlate, petite écarlate, papilionacée; — azalée visqueuse et ses variétés multiflore, glauque, luisante, rude, tardive, couchée, cotonneuse, pourprée; — azalée pontique, éclatante, des Indes; — badiane rouge; — céanothe d'Amérique; — clethra à feuilles d'aune; — compton à feuilles de cétérac; — cornouillers rameux, soyeux; — épigée rampante; — fothergilla à feuilles d'aune; — gaultérie du Canada; — kalmier à larges feuilles, à feuilles étroites; — lédier à larges feuilles, à feuilles de thym; — mératier odoriférant; — polygala à feuilles de buis; — rhododendron d'Amérique, pontique, ferrugineux, velu, velu à feuilles bordées, ponctué, de Daourie, à fleurs jaunes, à petites feuilles, du Caucase, azaléoïde, de Catesby; — rhodora du Canada; — zanthorizza à feuilles de persil.

Arbres propres à la décoration du Bord des Eaux.

Première Grandeur. Aune commun ou vergue, maritime, à grandes feuilles; — cyprès faux thuya; — peuplier blanc, tremble, faux tremble, d'Athènes, pyramidal, noir, de la Caroline, de Virginie, du Canada, argenté; — noyer noir; — saule blanc; — taxodier distique; — tupélo aquatique.

Deuxième Grandeur. Peuplier liard ou grand baumier, baumier ou tacamaha, à grandes dents; — saule odorant, marceau, pleureur.

Troisième Grandeur. Saule pourpre, osier, viminal, argenté, à feuilles de myrte; — peuplier baumier.

Arbrisseaux et Arbustes propres à la décoration du Bord des Eaux.

Airelle veinée, canneberge; — céphalanthe occidentale; — chionanthe de Virginie; — dirca des marais; — galé piment royal, de Pensylvanie; — hamamélis de Virginie; — hortensia à feuilles d'obier; — morelle grimpante; — tamarisc de Narbonne, d'Allemagne; — viorne obier.

Arbres et Arbrisseaux pour Haies et Palissades.

Argousier rhamnoïde; — buis toujours vert, de Mahon; — charme commun, panaché, à feuilles de chêne, de Virginie, d'Italie; — coronille des jardins; — fontanesia à feuilles de philaria; — groseillier ordinaire à fruits rouges ou blancs, à fruits noirs ou cassis; épineux ou à maquereaux, doré; — houx commun, d'Amérique, de Minorque, du Canada, panaché; — if commun; — jasmin jaune, blanc ordinaire; — lilas commun, de Marly, de Perse, varin; — lyciet de la Chine, jasminoïde, jasmin d'Afrique; — néflier aubépine, à fruits jaunes de Mahon, à feuilles panachées, à feuilles de tanaisie, très-odorant, azerolier, petit corail, buisson ardent; — nerprun alaterne, panaché; — philaria à grandes fleurs, à feuilles moyennes, à feuilles étroites; — ronce commune à fruits blancs, à feuilles panachées, à fleurs doubles, à fleurs doubles roses, à feuilles découpées, du Canada, du Nord; — rosier, toutes les espèces et variétés; — rue commune, de montagne; — spirée à feuilles de millepertuis; — syringa odorant et ses variétés, inodore, pubescent; — troëne commun, du Japon; — thuya occidental, de la Chine.

Arbres et Arbrisseaux pour Rochers et Rocailles.

Ceux-ci croîtront dans les fissures des rochers vrais ou artificiels; mais c'est surtout sur les murs des vieilles tours et des ruines en général, pourvu qu'ils aient assez d'épaisseur pour conserver un peu d'humidité, qu'ils produiront un effet des plus pittoresques.

Airelle myrtille; — astragale adragant; — baguenaudier ordinaire; — câprier commun; — chêne au kermès; — cytise des Alpes, noirâtre; — fontanesia à feuilles de philaria; — jasmin jaune; — lyciet de la Chine, jasmin d'Afrique; — ronce commune et ses variétés.

Arbrisseaux Sarmenteux et Grimpants.

1° Ceux ayant des vrilles ou des racines propres à les attacher, sans secours étrangers, contre les murs, les rochers et les arbres. — Atragène des Alpes, des Indes; — bignone de Virginie, à vrilles; — décumaire sarmenteux; — lierre grimpant, à feuilles panachées; — vigne vierge ou cisse à cinq feuilles; — astérie sarmenteuse; — mitchella rampant; — gelsemier luisant; ménisperme du Canada.

2° Ceux qui n'ont pas de vrilles, qui ne peuvent s'attacher contre les murailles, mais qui sont propres à couvrir les berceaux et tonnelles.

Aristoloche siphon; — célastre grimpant, de Virginie; — chèvrefeuille des jardins, à petites fleurs, des haies, toujours vert, de Minorque, écarlate; — clématite à fleurs bleues, odorante, de Virginie, viorne; — glycine de la Chine; — grenadille bleue; — jasmin ordinaire; — morelle grimpante; — periploca de la Grèce; — linnée boréale; — rosier de Macartney, noisette, multiflore, toujours vert; — glycine pubescente.

Arbres et Arbrisseaux à Fruits d'Ornements.

Fruits Rouges. Airelle ponctuée; — alizier torminal, de Fontainebleau, alouchier, amelanchier, du Canada; — arbousier commun; — chamecerisier de Tartarie, symphorine à grappes; — cornouiller sanguin, mâle, à grandes fleurs; — éphédra à un épi; — genévrier femelle; — houx commun; — if commun; — jujubier cultivé; — lyciet de la Chine, jasminoïde; — mitchella rampant; — morelle grimpante; — néflier buisson ardent; — pommier baccifère, à petits fruits; — prinos verticillé; — sorbier des oiseleurs, d'Amérique; — tupélo blanchâtre, — viorne obier.

Fruits Jaunes. Houx commun, variété; — lauréole paniculé; — néflier azerolier; — bibacier ou néflier du Japon; — plaquéminier de Virginie; — aubépine à feuilles de tanaisie.

Fruits Bleus. Airelle myrtille, corymbifère; — alizier amelanchier; — cornouiller à fruits bleus; — genévrier sabine mâle; — tupélo aquatique, des forêts.

Fruits Noirs. Airelle veinée, en arbre; — alizier amelanchier, de Choisy; — arbousier raisin d'ours; — cerisier du Canada; — lierre grimpant; — lyciet d'Afrique; — philaria à grandes fleurs, à feuilles moyennes, à feuilles étroites; — sureau à grappes; — troëne commun; — viorne commune.

Fruits Violets. Cornouiller à feuilles alternes.

Fruits Blancs. Symphorine à grappes; — cornouiller à grappes, blanc; — houx, variété; — prinos à feuilles de prunier, variété.

Fruits à Formes Singulières. Badiane rouge; — baguenaudier ordinaire; — célastre grimpant; — clavalier à feuilles de frêne; — corossol à trois lobes; — fothergilla à feuilles d'aune; — fusain commun; — galé cirier; — ginkgo à deux lobes; — groseillier doré; — halésie à quatre ailes, à deux ailes; — argalou ou paliure épineux; — pistachier cultivé; — staphilier à feuilles ailées, à feuilles ternées.

Arbres et Arbrisseaux dont les Fruits ornent les Bosquets d'Automne.

Fusain commun, à larges feuilles, toujours vert; — vinetier commun, de la Chine; — cornouiller sanguin, blanc, à fruits bleus, à feuilles alternes, à grandes fleurs, rugueux, rameux, soyeux; — arbousier commun, busserole; — alizier torminal, de Fontainebleau, blanc, amelanchier, à épis; — sorbier des ciseleurs, d'Amérique; — aubépin à feuilles de tanaisie, très-odorant; — néflier azerolier, petit corail, ergot de coq, buisson ardent; — symphorine à grappes.

Arbres et Arbrisseaux à Feuilles Blanchâtres ou Satinées.

Olivier de Bohême; — hipophaé rhamnoïde; — poirier à feuilles de saule, d'Orient; — amandier satiné; — saule blanc; — sorbier de Laponie; — phlomis frutescent; — rue commune; — robinier à feuilles soyeuses; — genêt blanchâtre, à feuilles de lin; — cytise argenté.

Ici finit la nomenclature des végétaux ligneux propres à la décoration de la partie paysagiste d'un jardin. Nous ne prétendons pas avoir renfermé dans ce cadre tous les arbres, arbustes et arbrisseaux que l'on peut cultiver en pleine terre; mais nous avons donné les plus intéressants, et nous nous sommes surtout attaché à ne nommer que ceux que l'on peut se procurer dans le commerce.

HUITIÈME SECTION.

DES EAUX.

Les végétaux ne sont pas tout dans l'ornement des jardins, les *Eaux* y sont d'un puissant effet.

Vous avez vu quelquefois l'œuvre d'un peintre, qui, quoique en apparence terminée, ne vous paraissait pas parfaite : c'est bien, et pourtant vous voudriez plus de fini; vous cherchez, et vous vous apercevez que ce qui manque, c'est le dernier coup de pinceau de l'artiste, cette dernière pensée qui donnera la vie au chef-d'œuvre. — Un site où l'eau ne sera pas là pour animer la composition produira sur vous le même effet. L'eau semble tout naturellement devoir faire partie d'un jardin élégant; l'effet magique qu'elle produit est indispensable à l'ensemble; son absence jettera dans votre âme une sorte de vide, et vous chercherez ce qui peut manquer dans ce riche tableau.

Quelles sensations variées résulteront de la vue d'une pièce d'eau dans un jardin! Se lasserait-on jamais de la jouissance inexplicable que l'on éprouve à parcourir ses bords! Voyez ces arbres dont l'ombre tremblante se projette sur sa surface, laissant percer entre eux les rayons dorés d'un soleil éclatant, et le nuage qui, voilant tout à coup cet astre, passe lentement accompagné d'une légère brise, puis ride et assombrit pour un instant cette eau si transparente; et ce troupeau couché sur ses bords ou broutant le gazon vert et frais. Quelles pensées délicieuses ne viendront pas s'éveiller dans votre âme lorsque la lune, à la clarté douteuse, éclairera seule ce tableau, et que le silence de la nuit ne sera interrompu que par le chant du rossignol, le léger claquement que fait entendre le poisson saisissant un insecte imprudent, et le murmure de cette onde réfléchissant un feuillage auquel la présence de la lune ne prête plus que des teintes sombres! Toutes les harmonies de la nature vous entourent alors.

Or, pour se procurer ce ravissant accessoire, il n'y a pas d'expédient praticable que l'on ne doive mettre en usage.

Dans la distribution des eaux, il est bon de faire remarquer à l'artiste décorateur qu'il doit avoir la précaution de les conduire toujours à une distance raisonnable de l'habitation, afin d'éviter que les habitants ne soient incommodés par les exhalaisons qui s'en émanent, particulièrement au lever du soleil d'automne.

Les eaux, comme la terre et les airs, demandent à être habitées; les *Poissons* aux couleurs brillantes y seront d'un effet agréable; mais joint à ce qu'ils sont souvent hors de la vue, ils ne récréent qu'un instant, et lorsqu'on est près d'eux. Il faut aussi en peupler la surface : les *Oiseaux aquatiques*, tels que le courlis, le canard sauvage, la poule d'eau et d'autres, pourront être attirés facilement dans une composition pittoresque et étendue au moyen d'un lac artificiel ou d'un étang, en partie encadré par des arbrisseaux et des plantes qui se plaisent au bord des eaux. Dans un climat où l'atmosphère est froide et dense, l'oiseau nomade réuni en longues bandes, et quittant les bords de la mer pour l'intérieur des terres, dirigera parfois son vol vers votre propriété, et suivra exactement les sinuosités de la rivière qui l'arrose. Dans une pièce d'eau à proximité d'un château ou placée dans un jardin régulier, le noble et gracieux cygne fendra l'onde de ses flancs arrondis en carène.

Aux paysages et aux parcs, aux bois et aux scènes d'un aspect grandiose, sans être régulier, appartiennent les *Eaux Naturelles*. Les *Eaux Artificielles* seront employées avec avantage dans les jardins symétriques où le luxe se déploie avec art.

Les *Eaux Naturelles* se divisent en *Stagnantes* et *Cou-*

rantes. Les eaux stagnantes nous offriront le *Lac*, l'*Étang*, la *Rivière Anglaise*, la *Pièce d'Eau*, la *Mare* et le *Marais*; les eaux courantes nous présenteront la *Fontaine*, le *Ruisseau*, la *Rivière Naturelle*, le *Torrent* et la *Cascade*. Les eaux naturelles, soit qu'elles s'étendent en longues nappes stagnantes, ou qu'elles arrosent une prairie qu'elles parcourent en murmurant, soit enfin qu'elles se précipitent avec fracas en cascades bouillonnantes, plairont toujours, même à l'homme le-moins sensible aux beautés de la nature, pourvu néanmoins qu'on ne puisse pas deviner la main qui les conduit et l'art qui les dirige. Si, forcé par la disposition du sol, on a été contraint de leur donner des entraves pour les retenir, il faut que les signes de cet esclavage ne puissent être aperçus par l'œil le plus clairvoyant, et que partout où on les rencontre, elles semblent toujours amenées par la pente naturelle du terrain.

Le *Lac*, si on prend ce mot dans toute son acception, ne peut jamais être produit par la main de l'ouvrier, parce que son étendue doit être immense et que les travaux nécessaires pour les creuser sont de beaucoup au-dessus de nos forces. Un souverain seul peut concevoir un semblable projet et rivaliser dans cette entreprise gigantesque avec les antiques monarques de l'Égypte, qui ont fait creuser le fameux lac Mœris. Quoi qu'il en soit, il est rare qu'un jardin paysager puisse renfermer un espace assez vaste pour avoir un lac dans son enceinte; mais il peut être placé sur ses bords, et, dans ce cas, l'artiste sait en tirer un très-grand parti, en disposant ses points de vue de manière à le renfermer, en tout ou en partie, dans le cadre de ses principales scènes. Du reste, il peut exécuter sur la partie du rivage dépendant de son terrain les mêmes travaux que pour l'étang, dont nous allons parler dans ses détails les plus intéressants.

On nomme *Étang* un *Lac Artificiel* formé par une digue ou une chaussée, qui, arrêtant le cours d'un ruisseau ou d'une rivière, force les eaux à s'élever et à couvrir une plus ou moins grande étendue de terrain. Le caractère de l'étang est d'affecter dans ses contours irréguliers toutes les sinuosités les plus agréables et les plus variées; mais il faut que la vérité préside à l'irrégularité de ses rives, et que la nature elle-même paraisse les avoir tracées. Quoique stagnantes, les eaux d'un étang ont un mouvement qui leur est communiqué par les vents : elles cherchent à s'étendre en tous sens; mais, retenues de tous côtés par des obstacles qui leur offrent plus ou moins de résistance, leurs ondes soulevées battent le rivage, s'étendent et gagnent du terrain dans les parties plates et sablonneuses, tandis que les rochers, les terres fortes et élevées leur présentent un obstacle invincible. De là les anses qui s'avancent dans les terres, et les caps qui, taillés en falaises à pic, surplombent jusque sur les eaux. Telle est la marche naturelle que le jardiniste doit imiter, s'il veut que son ouvrage plaise.

Les effets les plus agréables de l'étang résultent des *Iles* qu'il renferme. Ici elles ne doivent point avoir la même figure que dans une rivière, par la raison que leur formation est tout à fait différente. Elles ne se sont point élevées lentement du sein des eaux à mesure qu'un courant rapide amoncelait les sables et la terre dont il les compose toujours, mais elles sont au contraire des accidents du terrain qui ont résisté aux efforts des vagues. Elles n'auront donc jamais la forme étroite et allongée des premières, et leurs rives, sans cesse minées par les ondes, affecteront les mêmes irrégularités que celles des grandes pièces d'eau stagnante.

Quoique l'étang ne soit pas, à proprement parler, l'œuvre de la nature, puisqu'il doit le plus souvent son existence à la main de l'homme qui a élevé sa digue, nous l'avons classé dans les eaux naturelles, parce qu'il n'est pas creusé à la main, et qu'un éboulement de rochers, en fermant le passage d'un ruisseau resserré dans une gorge étroite, peut naturellement en former un. Si l'on veut obtenir quelque chose de très-pittoresque, on peut imiter ces éboulements, et faire paraître un étang l'ouvrage de la nature; mais pour cela il faut que la physionomie du site se prête au tableau, et soit parfaitement en harmonie avec le genre de la composition. Cet étang naturel appartient aux scènes sauvages et romantiques; si vous ne pouvez imiter, à s'y méprendre, l'accident que l'on doit supposer à sa formation, renoncez plutôt à lui donner ce caractère sévère, et faites paraître sa digue, afin d'en faire un étang ordinaire, susceptible de jeter du charme dans des tableaux de tous les autres genres.

Il arrive souvent que l'on veut déguiser un étang pour lui faire prendre la forme d'un petit lac; ce qui peut être tenté sans inconvenance quand la pièce d'eau est d'une grandeur suffisante. Alors il s'agit de masquer la chaussée : on y réussit facilement en lui donnant des contours irréguliers, une hauteur inégale, et en cachant, au moyen de plantations, sa largeur, que l'on pourrait augmenter en la faisant descendre en pentes douces des deux côtés. Les vannes servant à vider l'eau, lorsque l'on veut mettre l'étang à sec pour pêcher, seront cachées par une maison de pêcheur ou une autre fabrique analogue, et annonçant un autre motif. Enfin, on élargira la partie vers laquelle l'entrée du ruisseau, partie ordinairement fort étroite et fort allongée, et à laquelle on a donné le nom de *Queue*, sans doute pour cette raison.

Dans toutes les circonstances on plantera les bords d'un étang avec beaucoup de goût, si l'on veut conserver aux eaux ce charme inexprimable qu'elles font passer dans l'âme d'un ami des plaisirs purs et simples de la nature. L'osier flexible courbera sur les ondes ses longs rameaux aux reflets d'or et de corail; le saule pleureur laissera pendre ses branches jusque sur leur surface transparente, tandis que le peuplier au feuillage argenté et l'aune au ton foncé feront contraster leur verdure, soit qu'on les regarde se dessinant sur l'azur des cieux, ou réfléchissant leur image dans le cristal des eaux. Plus loin un groupe de grands arbres ombragera la rive; ailleurs, au contraire, elle s'unira, pour ainsi dire, avec une prairie, et le rivage ne sera plus couvert que de plantes remarquables par la gaieté de leurs couleurs et la beauté de leurs fleurs. Le butome élèvera ses charmantes ombelles de fleurs roses et lilas, tandis que ses racines s'étendront dans la vase; les glaïeuls, les nénuphars, et beaucoup d'autres plantes indigènes fort jolies, émailleront les bords de la pièce d'eau, mais sans étaler une profusion qui démasquerait la main qui les y a transportés. Dans de certaines places, la macre flottante, les roseaux, les joncs, et d'autres végétaux aquatiques, formeront sur les ondes de grands tapis de verdure où la poule d'eau et la sarcelle viendront, à la moindre apparence de danger, chercher une retraite pour elles et leurs jeunes familles. Enfin, que la variété et la grâce soient les motifs déterminants à produire l'effet que l'on aimera dans les plantations et les contours d'un étang.

La *Rivière Anglaise*, pl. 17, fig. 2, n'est rien autre chose que l'imitation d'une rivière naturelle; elle lui ressemble par la forme, et se rapproche de l'étang par la stagnation de ses eaux. On lui tracera un cours sinueux, allongé, et ses deux rives seront à peu près parallèles. L'important est de masquer sa fin et son commencement, afin qu'on puisse lui supposer un cours étendu. On y réussira en perdant une de ses extrémités, soit derrière une élévation, soit à travers un massif impénétrable. L'autre sera déguisée par un pont, une fabrique, ou tout simplement un mur de clôture par-dessous lequel elle paraîtra entrer dans le jardin. Le bord des eaux sera entretenu de plantes aquatiques qui maintiendront la transparence des ondes; et le moindre vent, en ridant leur surface toujours dans le même sens, contribuera à rendre l'illusion complète, en leur donnant l'apparence d'un courant. Autant qu'on le pourra, on creusera la rivière anglaise sur un terrain de niveau; en voici la raison : si les rives sont élevées à une des extrémités et qu'elles aillent en s'abaissant jusqu'à l'autre bout, les deux lignes de la surface des eaux et de la surface du sol ne se trouvant pas parallèles, on ne s'apercevra que trop qu'il n'y a pas de courant, puisque la rivière conservera un niveau et ne suivra pas la pente du terrain, ce qu'elle devrait faire naturellement.

La *Pièce d'Eau* n'a aucun des caractères qui puissent constituer le lac, l'étang, la rivière, etc. C'est tout simplement une nappe d'eau à laquelle on n'a pas cherché à donner un caractère particulier, et dont les formes appartiennent au hasard. Ses rives peuvent être enjolivées comme celles des autres compositions de ce genre.

On appelle *Mare* un amas d'eaux de pluie conservées dans un terrain assez compacte pour qu'elles n'en soient pas absorbées. Ces eaux sont ordinairement croupissantes et verdâtres; elles exhalent une odeur fétide, qui peut devenir très-nuisible à la santé; aussi, toutes les fois qu'on pourra les remplacer par des eaux courantes, on fera très-bien de les dessécher en comblant leur bassin. Dans le cas où l'on n'en posséderait pas d'autres, l'artiste emploierait tous les moyens pour en tirer le parti le plus avantageux; il essayerait d'empêcher leur putréfaction en enlevant la vase infecte sur laquelle elles reposent; il y multiplierait beaucoup les plantes aquatiques, qui, jusqu'à un certain point, sont capables de les purifier en s'emparant de leur carbone, premier agent de la décomposition, et en leur communiquant, jusque dans leur plus grande profondeur, l'agitation produite par les vents.

Une mare peut figurer avec convenance dans une scène champêtre où elle servira d'abreuvoir aux animaux domestiques. Elle ne sera pas non plus déplacée sur la lisière ou dans la clairière d'un bois, où naturellement on la rencontre assez fréquemment. Ses bords seront susceptibles de prendre des contours gracieux, d'être rendus d'une approche plus facile, et enfin de recevoir des plantations dont le double but sera d'ombrager et d'assainir les eaux et d'en rendre le coup d'œil pittoresque.

Les *Marais*, à cause de leur insalubrité, ne doivent être conservés nulle part, non-seulement dans les jardins, mais même dans la grande culture. Outre qu'ils jettent sur des provinces entières des maladies contagieuses qui désolent l'humanité, ils enlèvent encore à la culture d'immenses quantités de terrain qui, avec un peu d'industrie, pourraient fournir d'excellents pâturages.

Dans un jardin paysager, on ne tentera pas de dessécher entièrement un marais, parce qu'on peut en tirer des effets fort agréables en le coupant par des canaux, qui formeront entre eux un plus ou moins grand nombre de petites îles charmantes, si elles sont dessinées et plantées avec goût. On aimera à parcourir, dans une élégante gondole, cet archipel en miniature, dont chaque point de débarcation offrira un tableau complet d'un caractère contrastant avec les scènes même les plus voisines, et cela sans inconvenance, parce que le cadre d'eau qui l'entoure suffit pour motiver un grand nombre d'accidents.

Tels sont les formes et les caractères que l'on peut assigner aux eaux stagnantes; nous allons voir, à présent, les ressources que l'on peut tirer des eaux courantes, toujours plus agréables, parce qu'elles réunissent à leur limpidité, à la pureté de leur cristal, cette agitation, tantôt douce et murmurante, tantôt produisant des effets majestueux ou terribles, ne manquant jamais de faire naître dans l'âme du spectateur des émotions vives et profondes.

La *Source* jaillit ordinairement au pied des rochers, sur les pentes des montagnes, ou au milieu des pelouses tapissant le fond des vallons. Dans ces trois circonstances, elles ont des différents caractères que l'artiste étudiera, afin de les conserver dans ses compositions. Le bassin formé par une source s'appelle *fontaine*. Mais une source qui se montrera au pied ou au milieu d'un rocher ne sera pas, à proprement parler, une fontaine, par cette raison que ses eaux, tombant de roche en roche, prendront à leur naissance la forme et le cours d'un ruisseau. Ici la nature aura fait tous les frais de la scène principale : il ne restera plus qu'à l'embellir par quelques accessoires, consistant en plantations d'arbres et arbrisseaux d'espèces appropriées au genre du tableau. Il faut conserver à cette source son caractère pittoresque et un peu sauvage, en ne lui adjoignant jamais des habitations, quelque simples ou rustiques qu'elles puissent être. Cette espèce de source paraît être celle qui plaît davantage, car on cherche à l'imiter dans tous les jardins ; et, presque dans tous, n'étant pas motivée par le caractère du site, elle est mesquine et de mauvais goût. Un rocher artificiel s'élevant au milieu d'une plaine où la nature n'a jamais montré une pierre, et laissant s'échapper par un tuyau de plomb un filet d'eau dans un bassin en stuc et en rocaille, maladroitement incrusté de coquillages marins pêchés dans la mer des Indes, tel est à peu près le modèle ridicule que l'on rencontre dans beaucoup de jardins modernes, et que l'artiste évitera scrupuleusement d'imiter.

Quand la source est placée sur le versant d'une colline, elle peut ou s'épancher dans un bassin, ou s'égarer en un ruisseau. Dans ce dernier cas, on ornera ses bords de plantations, comme nous venons de le dire. Son caractère, tout aussi pittoresque, est cependant moins sévère. Un banc de gazon, ombragé par un berceau de verdure, y sera placé dans ses convenances; on pourra même risquer une voûte, ou autre construction rustique contre laquelle on fera grimper le lierre toujours vert, la grande pervenche et autres végétaux sarmenteux et rampants, à feuillage brillant et d'un vert foncé.

La fontaine placée dans une plaine demande particulièrement à être ornée d'accessoires choisis avec beaucoup de goût, parce que sa position la rend d'un effet moins remarquable que les deux premières. Le fond de son bassin sera garni d'un sable pur, capable de faire valoir la transparence de l'eau. Les plantes qui pareront ses bords seront choisies parmi celles dont les couleurs sont les plus brillantes, et les arbres et arbrisseaux qui la couvriront de leurs branches seront pris parmi ceux qui sont le plus susceptibles de recevoir une forme pittoresque.

Dans une scène champêtre ou rustique, cette fontaine pourra ressembler à un lavoir destiné à l'utile. Dans un tableau solitaire, on pourra y placer un petit monument figurant un ex-voto; enfin, on lui donnera un caractère en harmonie avec le site et le genre de la composition générale.

Les *Ruisseaux*, tant chantés par les poëtes, sont de toutes les eaux celles qui plaisent davantage. On suit avec intérêt la sinuosité de leur cours au milieu des prairies émaillées, dont les ondes limpides entretiennent la fraîcheur et l'éclat. Ce n'est jamais sans un sentiment de douce et harmonieuse sensation qu'on parcourt avec eux les épais bocages qu'ils égayent de leur doux murmure. La grâce dans les contours

toujours motivés par les accidents du terrain, la fraîcheur des ombrages et la verdure de leurs bords suffisent pour en faire des compositions charmantes. Si quelque obstacle se rencontre et force ce ruisseau à diviser son lit ou à précipiter ses ondes en cascade, rien ne pourra lui être comparé pour caractériser des scènes riantes ou romantiques pleines d'attraits. Du reste, un ruisseau n'est déplacé nulle part; il se marie naturellement et en toute convenance avec les scènes de tous les caractères.

La *Rivière* est le résultat de plusieurs ruisseaux qui, se rencontrant dans leur route, se jettent dans un même lit. L'abondance des eaux d'une rivière lui fait vaincre plus facilement les obstacles qu'elle peut rencontrer, de manière que ses rives offrent moins d'accidents et sont plus parallèles que celles du ruisseau. Son cours est d'autant moins sinueux que la rivière est plus large. « Si le fond des vallons où coulent les rivières, dit M. de Viart, n'est pas exactement plat et formant une prairie de niveau, mais qu'il arrive que les pentes du terrain continuent d'un côté et d'autre jusqu'au milieu du vallon, la rivière alors prend sa direction au bas du coteau qui offre la pente la plus rapide, en passant alternativement d'un côté à l'autre de la vallée pour suivre le pied de ces coteaux, où le terrain est ordinairement le plus bas. Plus les rivières sont étendues en largeur, plus cet effet est sensible, et les bassins des grands fleuves nous en offrent fréquemment l'exemple. » Ces principes naturels doivent toujours être présents à l'artiste, s'il veut donner à sa composition cette vraisemblance si précieuse qui rend l'art aussi aimable que la nature.

Souvent un grand obstacle viendra déranger les lignes

des rives et détruire leur régularité. Elles cesseront d'être parallèles lorsque les eaux seront forcées de s'étendre de chaque côté pour embrasser une île. Alors chaque bras aura ses deux rives parallèles jusqu'à leur jonction et depuis leur séparation. Cette île, formée par les sables et terres d'alluvions, amoncelées par les courants, pourra, jusqu'à un certain point, varier de figure, surtout si elle se trouve située dans un des coudes résultant des sinuosités de la rivière; mais plus ordinairement elle aura en longueur au moins trois ou quatre fois sa largeur; elle se terminera en pointe arrondie à ses deux extrémités, et la pointe se présentant contre le courant sera plus émoussée que l'autre. Lorsque nous avons dit que les deux rives d'une rivière doivent être parallèles, nous n'avons pas prétendu que ce principe dût être suivi rigoureusement. On conçoit que des courants attaquent plus souvent un côté que l'autre, qu'un banc de terre très-dure, un rocher, ou même de simples racines d'arbres, peuvent occasionner des irrégularités sans lesquelles il n'y aurait pas de variété, d'où il résulterait une monotonie semblable à celle qui attriste l'imagination du voyageur naviguant sur un canal. Les bords de la rivière seront ornés des mêmes plantations que ceux du lac et de l'étang. On y élèvera des fabriques appartenant au caractère de ce genre de tableau, telles que moulin, usine, maison de pêcheur, etc.

Les *Torrents* diffèrent des ruisseaux et des rivières en ce que leurs ondes, se précipitant de chute en chute sur un plan très-incliné, entraînent en bouillonnant tous les obstacles qui résistent aux deux premiers, et se creusent un lit profond à travers les rochers, les bois et le penchant des collines. Le bruit de leurs eaux irritées troublerait la gaieté, le calme des scènes champêtres, riantes et gracieuses; aussi n'appartiennent-ils qu'aux sites sauvages d'une physionomie sévère, et aux genres que les auteurs ont nommés terribles et majestueux. Le torrent ne peut pas se créer: c'est la nature qui le donne; aucune puissance humaine ne parviendrait à l'imiter. Si l'artiste en possédait un dans l'espace mis à sa disposition pour créer un jardin paysager, il aurait le soin d'en éloigner non-seulement la maison principale, mais encore toutes les fabriques d'habitation.

La *Cascade* est le résultat d'un obstacle qui, barrant le cours d'un ruisseau ou d'une rivière, force les eaux à s'accumuler et à s'élever derrière l'obstacle, pour se précipiter ensuite, retomber dans un bassin qu'elles se sont creusé par leur chute, et reprendre ensuite leur marche tranquille. Toutes les fois que l'on aura un cours d'eau dont la pente rapide fournira les moyens de créer une cascade, l'artiste s'en emparera pour se procurer une chute dont l'effet pittoresque est immanquable. Mais s'il veut produire une illusion complète, s'il veut que son ouvrage soit une imitation parfaite de la nature, il évitera ce vain étalage de pierres amoncelées les unes sur les autres, qui, malgré tout l'art possible, dénoncent toujours la main de l'ouvrier. Une seule roche posée en travers du courant, et par-dessus laquelle les eaux se précipiteront, paraîtra toujours plus naturelle. Si la masse d'eau est assez considérable, on pourra la diviser en deux nappes, par le moyen d'un rocher placé dans le milieu de la chute. Enfin, si les eaux étaient assez élevées, on pourrait peut-être les faire tomber en plusieurs sauts, et la composition en acquerrait beaucoup plus de charme. Une cascade, à cause du bruit qu'elle produit, doit, comme le torrent, être placée loin des habitations. Dans un site sauvage et boisé, on aimera à rencontrer ces ondes tumultueuses, rompant par leur fracas la monotonie du silence de ces lieux déserts. Ces tableaux, d'un caractère quelquefois sublime, feront éclore un sentiment d'admiration et de plaisir, mais qui s'affaiblirait bientôt si le spectacle en était trop prolongé. La faiblesse de nos organes ne nous permet pas de jouir longtemps des émotions fortes, et ce qui nous aurait d'abord séduits nous deviendrait ensuite insupportable. Il faudra donc calculer la distance de ces compositions à l'habitation de manière que le bruit ne puisse pas être entendu de la maison. Le lieu d'où le courant se précipite doit toujours être élevé, et simuler une montagne fendue par les eaux qui cherchent un écoulement. Des arbres de première grandeur, des groupes et des massifs couvriront la composition de leur ombre, et se trouveront en harmonie avec la noblesse de son caractère.

On rencontre encore dans la nature des genres d'effets produits par les eaux, et qui se rapprochent plus ou moins de ceux que nous venons de décrire, sans appartenir spécialement à aucun. L'artiste intelligent saura s'en saisir et les approprier à ses tableaux, toutes les fois que la nature les lui présentera. Il ira les étudier hors des limites de son terrain pour les exécuter et en produire une exacte imitation, quand les circonstances le mettront dans la nécessité de les créer.

Les *Eaux Artificielles*, nous l'avons dit, appartiennent aux jardins réguliers et de luxe. Ce qui les distingue des eaux naturelles, c'est qu'elles ne sont, pour ainsi dire, qu'un motif pour autoriser des décorations de sculpture et d'architecture. Aussi sont-elles subordonnées aux règles de l'art et non aux convenances naturelles. Quelle science hydraulique n'a-t-il pas fallu déployer pour forcer les eaux emprisonnées dans des bassins de marbre à s'élever jusques aux nues en colonnes lumineuses retombant en pluie de diamants, pour déployer ces nappes brillantes s'échappant de la coquille d'une néréide ou de l'urne d'un dieu marin, pour produire ces gerbes éblouissantes qui s'élancent de la gueule des dauphins que l'on croit entendre mugir !

Comme toutes les difficultés consistent à élever les eaux avec le moins de frais possible, nous allons décrire les machines les plus propres à cet usage.

Les personnes qui ne posséderaient que des puits très-profonds, et qui ne voudraient pas faire la dépense nécessaire pour y établir une machine hydraulique, pourraient se contenter d'en tirer l'eau selon la méthode ordinaire ; mais alors il faudrait orner le puits de manière à lui faire prendre le caractère de la scène dans laquelle il se trouverait placé. Celui de la pl. 150, fig. 13, convient à un tableau rustique ; le n° 14 à une scène champêtre, et la fig. 15 sera en convenance auprès d'une habitation ornée.

Moyens d'élever les Eaux.

Le propriétaire dont l'habitation et le jardin seront privés d'eau n'aura pas toujours à sa disposition une source plus élevée que son terrain, de manière à n'avoir que quelques rigoles ou des tuyaux de conduite à faire aboutir à un réservoir, d'où la distribution se fait avec facilité.

Souvent on est obligé de puiser à une grande profondeur; on se sert alors pour tirer les seaux (dont l'un descend tandis que l'autre monte) d'un *manége* composé d'un rouet horizontal B, pl. 153, fig. 1, à l'arbre tournant A, auquel est adapté un limon C de 6 mètres de longueur : cette distance est nécessaire pour que le cheval qui y sera attaché ait un développement de manége suffisant. Le rouet, qui a 4 mètres de diamètre, est couronné de 80 dents qui s'engrènent dans une lanterne de 7 mètres 30 centimètres de diamètre, portant 40 fuseaux. L'essieu D de cette lanterne a 27 centimètres de diamètre; son mouvement se communique à la double fusée E, sur laquelle filent alternativement les deux cordes attachées aux seaux H.

Le détail que contient la même figure représente la disposition des seaux lorsqu'ils sont prêts à s'accrocher pour se vider dans l'auge G.

Une charpente convenable doit consolider suffisamment les points d'appui.

M. Canissié nous a communiqué le dessin d'un *Manége* plus savamment construit et auquel sont adaptés deux *réservoirs*.

Pl. 151, fig. 1. Coupe longitudinale du manége et du puits, et élévation du réservoir. *a* Réservoir en chêne doublé en plomb supporté par une charpente posant sur des dés en pierre. Il contient plus de 3,000 litres, ou 300 seaux. *b* Puits dans lequel plongent trois corps de pompe aspirante et foulante. *c* Manége pour un ou deux chevaux, selon la plus ou moins grande profondeur du puits et le plus ou moins grand diamètre du corps de pompe.

Fig. 2. Plan d'un manége, du puits et des réservoirs, où les mêmes lettres de renvoi indiquent les mêmes objets.

Pl. 152, fig. 3. Coupe transversale où l'on voit les deux réservoirs *a a* et le puits *b*. *d* Tuyau de décharge. *f* Tuyau de communication entre les deux réservoirs.

Fig. 4, 5, 6. Détails du réservoir. *g* Flotteur glissant verticalement dans un coulisseau. La tige verticale du flotteur porte deux pointes ou arrêts, lesquels, au moment où le réservoir se remplit, vont heurter un mouvement de sonnette avertissant de faire arrêter le cheval, qui finit par prendre l'habitude de s'arrêter tout seul. *h* Boulon d'écartement renfermé dans une gaîne de plomb.

Fig. 7. Détail des manivelles faisant manœuvrer les tiges des 3 corps de pompe, façonnées ainsi afin de rendre le jet continu.

L'*Engrenage*, pl. 157, offre l'avantage de rendre l'élévation de l'eau continue sans changer la direction du moteur, économie de temps que ne présentait pas la précédente machine, puisqu'à chaque fois qu'un des seaux se vide, on est obligé de faire changer de marche au cheval.

Sur le bord d'un puits ovale est fixée, fig. 1, 2, une poutre C; un arbre A, mis en mouvement par un cheval attelé au limon V, tourne sur la poutre C; l'arbre A est contenu dans deux moises K, boulonnées et fixées aux poteaux P, qui s'assemblent et s'arc-boutent par les jambettes S à la poutre C, et aux équerres R.

La lanterne B, adaptée à l'arbre A, fait mouvoir la roue dentée D, dont l'arbre E est en même temps celui de la roue à fuseaux F, sur laquelle s'enroule le chapelet G, composé de pots ou godets placés sur une double corde sans fin. Nous avons fait figurer le détail des pots fig. 3.

L'eau est versée dans l'auge H, fig. 2, et s'écoule par

le canal M, où l'on peut adapter tel ajutage de conduite que l'on voudra.

Si l'on peut disposer d'une chute d'eau, on s'en servira pour faire monter l'eau à une hauteur d'autant plus grande que la source ou l'affluent seront plus considérables. Pour cela, on établira un châssis fixe P Q R T, pl. 153, fig. 2, qui supporte l'axe d'une lanterne E F G D à fuseaux cylindriques, sur laquelle s'enveloppent deux doubles chaînes sans fin, faites de petites barres de fer liées ensemble par des charnières. A ces chaînes sont attachés des godets formant des chapelets d'inégale hauteur, entretenus dans la même direction par des rainures pratiquées sur les fuseaux.

La source A s'écoulant par l'orifice X emplit le godet B; chaque godet s'emplit successivement, et, par le mouvement qui en provient, la lanterne et son axe tournent et déterminent l'ascension du chapelet D G C, l'eau perdue au fond du puits qui reçoit le premier chapelet doit pouvoir s'écouler ou se perdre dans le terrain plus bas.

Les godets B du grand chapelet forment un vase plus large à l'entrée qu'au fond, pour mieux recevoir l'eau de la cuvette : ce qui convient d'autant mieux que le trop-plein coulant le long de leur surface va se décharger naturellement dans le godet inférieur sans perte d'eau.

Les godets C du petit chapelet ont la même figure que les précédents, avec cette différence qu'ils sont fermés de toutes parts, excepté à l'endroit *s* où ils ont un petit goulot vers le fond le plus étroit.

Lorsqu'ils descendent ils sont vides, parce que l'eau s'est écoulée par les ajutages *s*; lorsqu'ils remontent, après avoir traversé le bassin de la source, ils sont pleins d'eau, et ils la retiennent, parce que les ajutages se trouvent dans la partie supérieure des godets.

A mesure que chaque godet arrive à la hauteur du bassin *m i*, l'eau qu'il contient tombe dans ce bassin.

On ajoute à l'axe de la lanterne une roue dentée qui s'engrène avec un pignon répondant à un volant, pour entretenir l'uniformité du mouvement de la machine; le détail placé sur la même planche en présente l'élévation ainsi que la forme plus en grand des godets des deux chapelets.

Cette machine s'appelle *Noria*.

La fig. 3 de la pl. 153 est une bascule à balancier, dont on se sert avec avantage en Italie pour épuiser les eaux d'un terrain : on l'appelle *conchetta*. Le dessin suffit pour concevoir la construction de cette machine.

Il est facile d'adapter à la *Roue à Aubes*, moteur d'une usine, des seaux A (fig. 1, pl. 155), suspendus librement à des boulons de fer traversant deux rangs de jantes, dont l'un appartient à la roue. Les seaux, emplis dans le courant G H, conserveront leur situation verticale, et parvenus au sommet, une barre D les forçant de s'incliner, ils verseront toute leur eau dans le bac C, d'où elle se distribuera par le conduit E, comme l'indique également la coupe, fig. 2, de la même roue.

On se sert très-souvent, pour élever l'eau dans les jardins, d'une *Pompe Aspirante*. Cette pompe (fig. 1, pl. 156) est composée d'un tuyau de plomb A de 6 centimètres de diamètre, qui trempe dans l'eau qu'on veut élever, ayant son extrémité H, fig. *i b*, coudée, afin de l'arrêter sur un socle de bois ou de pierre. On peut aussi la terminer comme l'indique la figure *i a*.

Ce tuyau aboutit à un autre tuyau B aussi de plomb, de 13 centimètres et demi de diamètre, servant de corps de pompe, ayant sa partie N terminée en entonnoir pour se raccorder avec l'aspirant, et pour servir à loger un petit barillet D, couvert d'une soupape ou clapet O. Ce barillet est de bois garni de filasse, afin que l'eau qui est montée dans le corps de pompe ne puisse plus descendre lorsque la soupape est fermée.

Le piston de cette pompe est composé d'un autre petit barillet E garni par le haut d'une bande de cuir; il est attaché à une anse de fer suspendue à la verge C, et couvert par la soupape N, qui s'ouvre et se ferme alternativement avec la précédente; le détail de ce barillet indique la position de la soupape et du cuir qui l'entoure.

La puissance appliquée à la poignée K fait jouer le levier M A I et enlève le piston, qui laisse un vide entre lui et le second barillet, dans lequel il ne reste plus qu'un air très-dilaté; alors l'air du tuyau, n'étant plus en équilibre avec celui du corps de pompe, élève par la force de son ressort la soupape O, qui fermait la communication des deux tuyaux; il se dilate et se met au même degré de raréfaction depuis la surface de l'eau jusqu'au-dessous de la base du piston : son ressort, se trouvant affaibli, donne lieu au poids de l'atmosphère qui presse sur la surface de l'eau de la faire monter dans le tuyau d'aspiration jusqu'à une certaine hauteur.

Lorsque le piston descendra, la soupape O se refermera; l'air contenu entre les deux barillets se trouvant condensé de plus en plus à mesure que le piston descendra, son ressort acquerra une force au-dessus du poids de l'atmo-sphère, lèvera la soupape N et s'échappera par cette ouverture; alors, si on enlève le piston de nouveau, la soupape N se refermera, et l'air du tuyau AD se dilatera entre les deux barillets. Le poids de l'atmosphère fera monter l'eau encore plus haut qu'en premier lieu. Enfin, continuant de faire jouer le piston, l'eau parviendra dans le corps de pompe d'abord avec l'air; puis, l'eau passant par la soupape N, il n'y aura plus d'air au-dessous, et elle arrivera à la cuvette C, d'où elle s'écoulera par le tuyau P.

Près de l'extrémité A, fig. 1 a du tuyau d'aspiration, on place une plaque de tôle Z, percée de trous, pour que l'eau, en montant, n'entraine pas de corps étrangers.

En théorie, la distance entre la surface de l'eau à élever et le point d'arrivée du piston est de 32 pieds (10 mètres 40 centimètres), hauteur de la colonne d'eau qui fait équilibre au poids de l'atmosphère à surface égale; mais l'air qui est retenu par l'eau ascendante se dilate par une diminution de pression, et conserve une force élastique opposée à la pression atmosphérique, qui agit de bas en haut dans le tuyau aspirateur. Le piston ne s'applique pas parfaitement contre les parois intérieures du corps de pompe, et une portion de l'air atmosphérique qui presse la tête du piston entre dans le corps de pompe; ces deux effets diminuent la distance à laquelle on peut placer l'arrivée du piston au-dessus du niveau des eaux : dans la pratique elle ne dépasse pas 28 pieds (9 mètres 10 centimètres).

Nous avons joint sur la planche, fig. 2, une pompe extraite, ainsi que la précédente, de l'architecture hydraulique. Le levier A fait mouvoir deux verges de fer B, C, dont l'une baisse tandis que l'autre se lève; ce qui peut servir ou pour avoir l'eau d'une manière continue, ou, dans le cas où l'eau se trouverait trop basse, pour être élevée d'une seule fois.

Si, par exemple, on avait un puits de 40 pieds (13 mètres) de profondeur, on pourrait avoir deux corps de pompe, le premier placé environ au milieu de la profondeur du puits, et l'autre au-dessus du rez-de-chaussée; la verge C fera mouvoir le piston, qui aspirera l'eau à la hauteur de 20 pieds (6 mètres 50 centimètres), pour être ensuite reprise par le piston du corps de pompe qui répond à la verge B.

Dans la pompe aspirante que nous avons décrite le corps de pompe, la soupape d'ascension, le piston, sont placés à une certaine hauteur au-dessus du niveau de l'eau dans laquelle est plongé le bout d'un tuyau d'aspiration : dans la pompe foulante, au contraire, le corps de pompe, la soupape et le piston sont immergés, et l'eau monte par refoulement le long d'un tuyau placé au-dessus de tous ces objets. La pompe aspirante ne peut élever l'eau qu'à une hauteur moindre de 32 pieds : la pompe foulante est douée de la propriété de l'élever à une hauteur indéterminée.

On distingue deux sortes de *Pompes Foulantes* simples, la première à piston foré, la deuxième à piston plein.

1° Dans la pompe foulante à piston foré, pl. 154, fig. 1, le piston agit de bas en haut; sa forme est la même que celle de la pompe aspirante, mais sa tige est adaptée à un châssis de fer aa. Le corps de pompe a est uni à un tuyau montant bd à l'aide de brides et de vis : ce tuyau est composé de deux pièces : la première b est contournée de manière à ne point faire obstacle au mouvement du châssis de fer aa, et la seconde d, dont la grosseur est uniforme, conduit l'eau à l'endroit où l'on veut l'élever. La soupape d'ascension x est placée à la jonction du corps de pompe et du tuyau montant. Quelquefois le corps de pompe est de deux pièces, afin d'évaser celle d'en bas pour faciliter l'entrée du piston et donner plus d'aisance à l'eau de monter; mais ordinairement on le fait tout d'une pièce, et on se contente d'en évaser la partie inférieure dans l'épaisseur du métal.

On peut considérer cette pompe comme un vase à fond mobile, le piston est ce fond : si on l'élève, l'eau contenue dans le corps de pompe doit nécessairement le suivre et monter avec lui; si on l'abaisse, l'eau élevée ne peut descendre, parce que, par son poids, elle presse la soupape x et l'arrête, mais la soupape du piston s'ouvre à cause de la résistance que l'eau lui oppose en descendant; cette eau vient se loger au-dessus du piston et remplir l'espace qu'occupait l'eau élevée par sa première ascension. Lorsque le piston remonte, il élève une seconde portion d'eau, et, après quelques autres ascensions, l'eau parvient au point le plus élevé du tuyau montant et se dégorge.

L'effort exercé par la puissance motrice dans cette pompe, en faisant abstraction de toutes les résistances passives, est équivalent au poids d'une colonne d'eau ayant pour base la base même du piston, et pour hauteur la distance entre la surface de l'eau du puisard et le point le plus élevé où elle parvient; cet effort est le même, quels que soient la forme et le diamètre du tuyau montant, parce que l'hydrostatique démontre que la charge qu'éprouve un vase quelconque rempli d'eau dépend uniquement de la hauteur de l'eau et nullement de la forme ni des dimensions du vase.

Il est important, dans une pompe foulante, que la différence de diamètre entre le tuyau montant et le corps de pompe soit le moindre possible, et que les soupapes, soit d'ascension, soit du piston, laissent la plus grande ouverture.

2° Dans la pompe foulante simple à piston plein, pl. 154, fig. 3, le piston qui n'a ni soupape ni ouverture se meut du haut en bas; le tuyau montant *b* n'est pas placé au-dessus du corps de pompe, mais à côté; un petit tuyau horizontal *a* les réunit. La soupape d'ascension se trouve à l'entrée du tuyau montant. Cette pompe, comme la précédente, a le corps de pompe, le piston et la soupape d'ascension submergés; comme la précédente, elle fait éprouver à la puissance une résistance équivalente au poids d'une colonne d'eau qui a pour base le piston et pour hauteur la distance verticale du point le plus élevé où l'eau doit être refoulée, au niveau de l'eau du puisard.

Lorsque le piston descend, une soupape placée dans la partie inférieure du corps de pompe se ferme, et la soupape d'ascension s'ouvre; alors l'eau que le piston chasse est obligée d'entrer et de monter dans le tuyau *b*; quand le piston remonte, la soupape d'ascension se ferme, étant repoussée par la colonne d'eau contenue dans le tuyau montant : l'autre soupape au contraire s'ouvre, et l'eau entre dans le corps de pompe et remplit le vide laissé par le piston en montant, et ainsi de suite.

Les deux pompes que nous venons de décrire, sont réunies dans la *Pompe Aspirante-Foulante*, pl. 154, fig. 2. Les seules différences qui distinguent cette pompe de la précédente sont : 1° le canal d'aspiration *d*; 2° la position du corps de pompe, des soupapes et du piston hors de l'eau. Le piston de cette pompe est massif et traversé d'une tige de fer arrêtée par deux clavettes; il ressemble à deux cônes tronqués semblables qu'on aurait unis par leurs petites bases; chacun de ces cônes est garni d'une bande de cuir évasée en sens contraire. Le piston ne peut descendre que jusqu'au point *x*, car autrement il boucherait l'entrée du tuyau montant.

Le tuyau montant est fait de trois pièces : la première *a* est supposée avoir été coulée avec le corps de pompe; la seconde *b* sert à former le coude que ce tuyau doit avoir; la troisième *c* fait monter l'eau au réservoir. A l'endroit de jonction *l* est une soupape pendante *m*, en forme de clapet, qui s'ouvre et se ferme alternativement avec la soupape *p* qui est au fond du corps de pompe. La première retient l'eau qui est passée dans le tuyau montant.

Si pour mettre en action la machine on élève le piston, on forme un vide au-dessous, la pression atmosphérique ferme la soupape *m*, et la force expansive de l'air contenu dans le tuyau d'aspiration ouvre la soupape *p*. Cet air, occupant un plus grand espace, n'a plus assez de force pour contre-balancer la pression de l'air extérieur sur l'eau du puisard; conséquemment cette pression fait monter l'eau à une certaine hauteur dans le tuyau d'aspiration; si l'on abaisse ensuite le piston, cet abaissement foule l'air qui se trouve entre ce piston et les deux soupapes, ferme celle du tuyau d'aspiration et ouvre l'autre. Après un certain nombre de coups, l'eau arrive dans le corps de pompe, mais le vide ne se fait jamais parfaitement au-dessous du piston, à cause de l'espace existant entre le point le plus bas de sa course et la soupape p, où une certaine quantité d'air séjourne toujours.

Quand l'eau est parvenue à cette hauteur, la descente du piston refoule une partie de l'eau contenue dans le corps de pompe et l'oblige à entrer dans le tuyau montant; l'ascension de ce même piston produit un vide qui est sur-le-champ rempli par l'eau qui monte dans le tuyau d'aspiration; une seconde descente chasse cette eau dans le tuyau montant, jusqu'à ce qu'elle soit arrivée à son sommet; alors une portion de cette eau dégorge à chaque descente du piston.

Dans ces sortes de pompes il faut prendre garde de régler si bien la levée du piston, qu'il ne bouche jamais tout à fait en refoulant l'entrée du tuyau montant, parce qu'il pourrait arriver, s'il n'y avait plus d'air entre les deux, que le piston touchant la soupape p aurait à surmonter, en montant, le poids entier de la pression atmosphérique. De là vient qu'une pompe cesse quelquefois tout à coup d'agir.

Nous ne parlerons pas des autres espèces de pompes, dont la difficulté de l'entretien ou la cherté de l'acquisition feront éviter l'usage.

Parmi les machines qui élèvent l'eau par simple translation, nous indiquerons la *vis d'Archimède*, dont le dessin fait le sujet de la figure 4, planche 157. La vis d'Archimède est composée d'un axe tournant placé obliquement, lequel est entouré d'une surface courbe qui suit les développements d'une hélice tracée sur l'axe même.

Le tuyau ou enveloppe extérieure est construit à l'instar d'un tonneau de douves environnées de plusieurs cercles de fer placés à distances égales.

L'extrémité de ce tuyau plonge dans l'eau. Il est placé dans un châssis en bois; son axe porte une manivelle à son extrémité supérieure.

La surface courbe qui forme les filets de la vis est encastrée dans l'axe et dans le tuyau; elle est toujours perpendiculaire à l'axe.

Les vis d'Archimède dont on se sert ordinairement dans les épuisements ont de 5 à 6 mètres de longueur, et de 40 à 43 centimètres de diamètre intérieur; elles élèvent l'eau à 3 mètres environ de hauteur, et elles sont mues par 8 ou 10 hommes qui travaillent pendant deux heures, et sont ensuite relayés par un même nombre d'ouvriers. On calcule ordinairement que cette machine verse, dans une journée moyenne de dix heures, 300,000 litres d'eau.

L'eau dans cette machine monte en suivant les filets de la vis, et les suit jusqu'à l'extrémité supérieure du tuyau, quelle que soit la longueur de ce tuyau; car l'inclinaison des filets sur l'axe et leur continuité non interrompue font qu'une fois entrée dans le tuyau, qui tourne continuellement, elle glisse sur la surface courbe qui forme les filets de la vis sur un plan incliné, et passe de l'un à l'autre successivement jusqu'au bout, où elle tombe dans une auge disposée pour la recevoir.

Le vent devient aussi moteur pour élever l'eau. La planche 158, figure 4, représente une *Pompe aspirante mue par le vent*. Le corps supérieur est encastré dans un châssis mobile ABCD. Le mouvement de rotation des ailes se communiquant à la manivelle, le piston qui y est adapté se lève et se baisse alternativement. Une girouette composée de planches peu épaisses, tenant au châssis, dirige les ailes à tout vent ; et la broche qui réunit le piston avec la manivelle est formée, ainsi que le fait voir le détail, de manière à laisser le mouvement de rotation inhérent à la seule manivelle.

Un assemblage de charpente rend fixe le corps de pompe inférieur, en sorte que le châssis ABCD) seulement tourne avec la girouette, les ailes et la manivelle.

L'eau arrivée à la hauteur de la gargouille I, qui peut avoir 9 mètres au-dessus de l'eau élevée, s'écoule par un tuyau de conduite où elle est nécessaire, soit pour les arrosements, soit pour les fontaines.

Le mécanisme bien simple de ce châssis s'applique naturellement à l'élévation de l'eau d'un puits, par le moyen d'un chapelet P, fig. 1, pl. 158. Un assemblage de charpente SO, fig. 1, dont le plan est même planche, fig. 2, soutient un cylindre fixe, encastré dans le châssis mobile AC auquel s'appliquent les ailes, la girouette et la manivelle de la fig. 4.

La manivelle N lève et baisse une verge NG correspondant à une seconde manivelle G formant l'arbre d'une lanterne I, sur laquelle s'enroule le chapelet P, qui monte l'eau et la verse dans une auge K ; de là elle est conduite où l'on veut.

Ce mécanisme, très-facile à construire dans toute propriété exposée convenablement, peut être placé sur l'habitation même, et, du réservoir auquel aboutit le tuyau de conduite, l'eau peut se distribuer avec avantage dans l'intérieur de la maison et dans le jardin.

Au lieu d'une seule lanterne, on peut adapter une roue dentée D, fig. 3, engrenant le pignon B, mû par l'axe de la manivelle G : cette roue dentée fait partie d'une grande lanterne Y sur laquelle se développe le chapelet.

La disposition des fuseaux du pignon et des dents de la roue D peut être calculée de manière à produire le plus d'effet possible.

La planche 159 présente le dessin d'un riche *moulin à vent*, établi autrefois dans la célèbre *Folie Beaujon*, servant à faire mouvoir une pompe qui élevait l'eau à une certaine hauteur indiquée dans la coupe de cette fabrique.

Les moulins à vent dont les ailes sont horizontales ont l'avantage de s'orienter seuls.

Le mouvement de rotation des ailes se communiquant à l'axe vertical auquel est adapté un appareil semblable à celui de la planche 157, fig. 1, 2, nous n'avons pas besoin de détailler davantage le mécanisme qui fait monter le chapelet, et nous nous occuperons seulement du moteur dont M. Borgnis a perfectionné l'invention.

Le volant du *Moulin à Girouette*, pl. 160, fig. 1, se compose de six ailes verticales *aaa* ou cloisons adaptées à l'arbre D. Placé au-dessus d'une plate-forme circulaire, il est recouvert d'un toit *mm*, soutenu par six barres de fer *pp*, scellées sur le bord intérieur de la plate-forme.

Dans le milieu de cette plate-forme et dans la partie inférieure du toit sont creusées deux rainures circulaires exactement parallèles.

Entre ces rainures est placé un châssis très-léger, couvert de toile, et qui a la forme du quart de la surface convexe du cylindre. Ce châssis *b* C est garni de roulettes pour faciliter son mouvement, et il communique, au moyen d'une tige de fer *yy*, avec une grande girouette A placée au sommet du toit conique.

La tige en suit l'inclinaison, et elle est boulonnée sur le châssis.

Les barres de fer qui soutiennent ce toit sont en dedans des rainures pour ne pas empêcher le libre mouvement des châssis.

Le châssis ou paravent ouvrant les ailes qui sont d'un côté de l'axe donnera prise au vent sur celles qui sont à découvert, et la girouette, à chaque changement de vent entraînant le paravent, orientera le moulin. Le vent, après avoir agi sur le volant, trouvera une issue entièrement libre, et aucun obstacle ne le réfléchira ni n'arrêtera son cours.

L'eau demeure souvent dans les terrains bas; non-seulement il est utile de dessécher ces parties, qui souffrent de la stagnation des eaux et qui occasionnent des miasmes dangereux, mais on peut faire servir l'eau enlevée à l'arrosement des terrains supérieurs au moyen de mécanismes tels que la vis d'Archimède, la bascule, pl. 153, fig. 3, et d'autres de facile construction, tels que le suivant, tiré de Bélidor.

La fig. 5, pl. 157, offre un moulin tournant à tout vent, et qui se dirige lui-même au moyen de la girouette A composée d'ais fort minces.

L'arbre B est fixe et bien affermi dans les terres; tout le reste de l'assemblage est mobile et tourne avec la girouette.

Le mouvement des ailes se communique à l'arbre ED et à la roue à godets D qui est adaptée à cet arbre.

L'eau qu'on veut élever est contenue dans un fossé ou bassin circulaire, afin que la roue trempe dans l'eau sans toucher aux terres.

La roue D verse l'eau dans une rigole circulaire dont l'arbre B est le centre, et de là on la conduit où l'on veut.

Cette machine n'élève l'eau qu'à 2 mètres environ au plus; mais aussi elle en puise une grande quantité, pourvu que le vent la favorise.

La figure 6 de la même planche présente le mécanisme d'un autre moulin à vent, servant à épuiser les eaux au moyen d'une roue à palettes.

L'axe des ailes est celui d'une roue dentée *a* engrenant une lanterne *h* dont l'axe, qui s'ajuste par ses extrémités à des poutres placées sur la maçonnerie du moulin, est celui d'un tambour *g* qui engrène une grande roue dentée *c*.

Cette roue *c* a le même axe qu'une autre roue *b* à palettes qui prend l'eau dans la rigole : elle est entourée de la maçonnerie *k*.

Elle jette l'eau dans un canal supérieur, comme on le voit dans la coupe de cette roue, fig. 14, pl. 154. Une petite porte *n*, qui se trouve à la hauteur du canal, est toujours ouverte et poussée contre la maçonnerie par la force de l'eau, et, quand le moulin est arrêté, l'eau supérieure la tient fermée, ce qui forme comme un nouveau canal qui n'a plus de communication avec la rigole inférieure.

La roue, fig. 5, est composée de palettes appuyées d'un seul côté dans des courbes creusées convenablement. Ces palettes sont dressées sur ces courbes et avec le corps de la roue, de manière qu'en approchant du canal supérieur elles ne soient pas horizontales, comme elles le deviendraient si elles étaient des rayons partant du centre de l'axe, et cela afin qu'elles puissent toujours jeter l'eau avec facilité dans le canal.

Pour ne point perdre d'eau, on peut remplacer les courbes de bois, qui en déplacent une certaine quantité, par des cercles de fer, au nombre de trois de chaque côté, ainsi que l'indique la fig. 5, pl. 154, sur laquelle ils sont marqués *m*. Des courbes *n* en fer doivent soutenir ces cercles, dont elles font partie en les clouant aux palettes qu'ils encadrent.

De pareils moulins, dont les prairies de Hollande sont remplies, peuvent être appliqués utilement dans toute propriété où les eaux nuiraient à la culture.

Si l'on adaptait une lanterne à l'axe de la roue à palettes, son mouvement pourrait se communiquer à une seconde lanterne placée au-dessus, de manière qu'un chapelet pût reprendre l'eau élevée en premier lieu pour la distribuer plus commodément.

Nous ajouterons à ce que nous avons déjà dit sur les moyens de tirer l'eau des *Puits* au moyen des manéges, une méthode *en usage à Constantinople* pour l'arrosement des jardins de cette capitale, décrite par M. de Castellan dans son *Voyage en Morée*.

Deux puits *m*, *n*, pl. 160, fournissent de l'eau aux réservoirs P, P, qui sont formés de planches réunies aux angles par des montants et de fortes traverses. Ces réservoirs sont isolés de terre sur quatre ou huit pieds, et sont plus ou moins élevés pour que l'humidité du terrain n'en dommage pas le bois, et pour qu'on puisse aisément les réparer. Ils sont calfatés avec des étoupes goudronnées, et la superficie du bois est également goudronnée.

La machine qui élève l'eau est composée d'un treuil *t* qui fait monter et descendre alternativement deux seaux en cuir, ou, pour mieux dire, deux *outres coniques* ouvertes par les deux bouts, qui sont tenus par des cercles de fer à anses, auxquels on a attaché des cordes.

On établit sur l'ouverture des puits une espèce de chevalet formé de trois ou quatre perches réunies à leur sommet, et dont les autres bouts s'écartent et sont plantés en terre sur les bords de l'ouverture.

Au sommet du triangle que forme la réunion de ces perches, on fixe une poulie; deux rouleaux sont placés sur le réservoir; ces rouleaux tournent sur des pivots. La corde qui est attachée à la grande ouverture de l'outre en cuir passe sur la poulie et aboutit au treuil, où elle se réunit avec le bout qui est attaché à la petite ouverture et qui passe sur les rouleaux *r*, *r*.

Lorsque l'outre en cuir est au fond du puits, elle se remplit d'eau, et, en remontant, les deux bouts ouverts sont de niveau. Dans cette position, que l'outre conserve dans son trajet, l'eau ne peut s'échapper; mais, quand elle arrive au bord du réservoir, la petite extrémité passe par-dessus le rouleau, l'autre monte jusqu'à la poulie, l'outre se développe, l'eau s'échappe et passe dans le réservoir.

On se sert quelquefois d'un cheval pour puiser, à l'aide de l'outre que nous venons de décrire. La méthode en usage dans ce cas est très-simple. Les cordes, après avoir passé sur la poulie et sur le rouleau, sont attachées au palonnier du cheval, qui, en parcourant un certain espace en ligne directe, fait monter l'outre remplie d'eau, puis il rebrousse chemin; l'outre alors descend dans le puits, où elle se remplit de nouveau. Le cheval recommence sa course, et ainsi de suite.

L'outre est faite avec un cuir de vache tanné, mais sans apprêt, et cousu à la manière des tuyaux de pompe, le cercle en fer qui environne la grande ouverture a 50 centimètres de diamètre et 4 centimètres de grosseur; il porte des anses croisées en sautoir, au sommet desquelles est attachée la corde.

Il nous reste à parler d'un moyen d'élever l'eau d'un seul jet à une hauteur plus considérable que par les machines précédentes; nous voulons parler du *Bélier Hydraulique* inventé par Montgolfier, machine dont la dépense d'établissement et les frais d'entretien sont moins considérables et le produit plus grand que les premiers.

La planche 154, fig. 6 et 7, présente la coupe d'un bélier dont nous tirons la description du *Traité des Machines*, de Hachette. Il faut, pour l'établissement d'un bélier, avoir à sa disposition une chute d'eau. L'eau amenée en A, et provenant d'une source ou d'une rivière, s'écoule par un tuyau de conduite A B, évasé en A, et incliné de manière que la pente de A en B soit au moins de 27 millimètres par 2 mètres; elle s'échappe par un orifice C qu'on peut fermer à volonté au moyen d'une soupape.

Un réservoir d'air F s'unit par un petit cylindre *a b c d* au tuyau de conduite B D. Sur le milieu du fond de ce réservoir F est un orifice circulaire auquel s'adapte un petit support cylindrique dont l'extrémité E est garnie d'une soupape; *s* est une autre soupape destinée à entretenir d'air le réservoir F et l'espace *m n* qui est compris entre l'ajutage *a b c d* et le petit support cylindrique; G H est un tuyau d'ascension qui prend naissance en G dans le réservoir d'air F.

On nomme le tuyau A B C, par lequel l'eau s'écoule, *Corps de bélier*. Des deux soupapes qui ferment les orifices C et E, on nomme la première *Soupape d'écoulement* ou *d'arrêt*, et la seconde *Soupape d'ascension*.

Ces soupapes sont des boulets D et E qu'on retient par des muselières, et dont l'épaisseur est telle qu'ils ne pèsent pas plus que deux fois le volume d'eau qu'ils déplacent; on donne à l'extrémité du corps de bélier qui porte les soupapes et le réservoir d'air le nom de *Tête du bélier*.

Voici maintenant les effets principaux de cette machine mise en mouvement:

L'eau en s'écoulant par l'orifice C acquiert la vitesse due à la hauteur de la chute; elle oblige le boulet D à sortir de la muselière et à l'élever jusqu'à l'orifice C. Cet orifice est terminé par des rondelles de cuir ou de toile goudronnée, contre lesquelles le boulet s'applique exactement. Aussitôt que l'écoulement par cet orifice s'arrête, l'eau soulève le boulet qui ferme l'orifice E du réservoir d'air F. Elle s'introduit en même temps et dans ce réservoir et dans le *tuyau d'ascension* G H, et enfin elle perd la vitesse qu'elle avait à l'instant où l'ouverture C s'est fermée. Alors les boulets D et E retombent par leur propre poids sur leurs muselières : l'eau de la source recommence à s'écouler par l'orifice C : la soupape D se ferme de nouveau, et les mêmes effets se renouvellent dans un temps qui, pour un même bélier, ne change pas sensiblement.

La compression de l'air dans le réservoir F détermine l'ascension dans le tuyau G H; mais le mouvement de la colonne d'eau ascendante se communiquant à l'air qui s'y trouve, ce réservoir serait bientôt épuisé si on n'y introduisait pas à chaque révolution du bélier une portion de nouvel air : le petit canal *s*, fermé d'une soupape, sert de conduit à cet air : la soupape s'ouvre de l'extérieur à l'intérieur du corps du bélier au moment où la réaction de l'air comprimé en *mn* a lieu, ce qui arrive lorsque les deux soupapes se trouvent fermées par le jeu de la machine.

Avec un bélier dont le corps a 8 mètres de longueur et 20 centimètres de diamètre, une chute de 1 mètre élève 269 litres d'eau en une minute à 4 mètres 5 centimètres de hauteur. Un autre corps de bélier établi près Clermont (Oise) a 27 millimètres de diamètre et 33 mètres de longueur; il est adossé à une montagne sur une pente de 7 mètres pour 33 mètres; le tuyau d'ascension a 14 millimètres de diamètre. Il fournit en vingt-quatre heures 1,400 litres d'eau, élevée à une hauteur verticale de 60 mètres.

Les expériences faites sur ces béliers et sur plusieurs autres ont démontré que la force transmise est au moins les trois cinquièmes de celle employée à la faire mouvoir, ce qu'aucune autre machine hydraulique n'avait encore produit. Nous devons ajouter que le prix d'un pareil établissement est à la portée de tous les propriétaires; un pouce d'eau produisant 20,000 litres peut être élevé en vingt-quatre heures à 7 mètres de hauteur, au moyen d'une chute de 1 mètres 65 centimètres, pour 430 francs, non compris les frais de posage et de tuyaux d'ascension.

Dans les deux premières éditions de cet ouvrage, l'auteur émettait le vœu que l'idée d'élever l'eau par la dilatation de l'air pût réussir. Ce vœu ne s'est pas encore réalisé, mais l'usage de la *machine à vapeur* s'est répandu avec un grand succès. On ne s'attend pas, sans doute, à trouver ici un article sur ce moteur, qui est trop compliqué pour y trouver place.

Puits Artésiens.

Il est de notre devoir de parler au moins succinctement des puits artésiens, nommés aussi puits forés et fontaines jaillissantes. La recherche des eaux souterraines a amené depuis peu des améliorations dues à des hommes de science d'un grand mérite. Le simple système de forage adopté aujourd'hui peut être mis en usage dans toute propriété située dans un pays où les cours d'eau sont rares, et où il serait fort coûteux de la faire venir d'une certaine distance. Quand l'eau n'est pas trop éloignée de la surface du sol, un puits artésien est un des moyens les plus économiques pour se procurer de l'eau.

On creuse le sol verticalement jusqu'à ce qu'ayant atteint une nappe d'eau souterraine elle remonte à la surface par l'ouverture pratiquée au moyen de la sonde, et selon que la nappe d'eau supérieure qui alimente celle-là est située à une hauteur plus ou moins grande. Ces eaux s'élèvent en jets plus ou moins élevés; c'est la théorie des jets d'eau : une fontaine jaillissante, jaugée à deux mètres au-dessus du sol, peut donner jusqu'à 1,100 litres d'eau par minute.

Diverses opinions ont été émises sur l'origine de l'eau qui alimente les puits artésiens; mais celle qui a prévalu comme la plus naturelle est que les eaux pluviales, s'infiltrant de la surface à travers les fissures des roches et les couches de terre, de sable et de pierre, se réunissent en filets, en ruisseaux, et coulent jusqu'à ce qu'elles rencontrent une couche de terre qu'elles ne peuvent plus traverser, et forment à cet endroit une nappe plus ou moins régulière. Les eaux, trouvant un passage à travers un nombre de couches superposées, suivent ici une marche horizontale; là elles s'écoulent dans une direction verticale, ailleurs dans une direction latérale. Dans les pays de plaines, les couches du sol sont presque toujours horizontales.

Il y a dans le sein de la terre des nappes d'eaux tranquilles et aussi des cours d'eau formant de petites rivières souterraines, telles qu'il en existe sous le sol de Paris.

La température de l'eau provenant d'un puits artésien est plus élevée que celle de l'eau qui existe à la surface de la terre. Cette chaleur que l'eau éprouve dans le sein de la terre est une question scientifique dont nous ne parlerons pas ici.

Utilité des Fontaines Artésiennes. Outre qu'elles peuvent servir à l'irrigation, les fontaines artésiennes étant d'une température élevée et invariable, on peut les employer dans les hivers au mouvement d'une usine, d'un moulin, et les adapter, au moyen de tuyaux métalliques, aux serres exigeant une atmosphère régulièrement chauffée. Les eaux toujours pures de ces sources et leur chaleur constante les ont fait ainsi appliquer à une infinité d'objets, et les rendent d'une grande utilité.

Mais les puits artésiens ne servent pas tous à amener les eaux à la surface. On fore le sol dans les pays marécageux afin de produire un écoulement à des nappes d'eau qui, couvrant la surface, rendent cette partie impropre à la culture, tout en imprégnant les alentours d'une atmosphère malsaine. Cette invention ancienne est donc d'une grande importance sous le rapport de la salubrité, et aussi par le fait qu'elle donne au propriétaire un terrain souvent excellent qu'il peut couvrir de végétaux. Ces sortes de puisards appelés *boitouts* sont fréquents dans le Jura, où les habitants pourraient craindre de voir leurs propriétés submergées lorsque la rivière d'Orbe déborde.

Terrains où l'on peut espérer de trouver des Eaux souterraines. Le propriétaire saura s'il a quelque espoir de trouver de l'eau dans sa localité, selon la nature du terrain qui la compose. Les sols les plus propices au percement d'un puits artésien sont ceux dont le terrain présente des couches en pente naturelle perméables à l'eau, telles que des parties calcaires, crayeuses, sableuses, etc., intercalées entre des couches imperméables qui permettent à l'eau de former des nappes. Dans la masse de ces terrains ainsi stratifiés, les fissures qui y existent à de grandes distances offrent à l'eau les moyens de circuler avec facilité, ce qui n'existe pas dans les terrains formés de granites ou de substances d'une nature homogène. Si la couche supérieure d'un sol ainsi formé est forée, l'eau prendra un mouvement d'ascension plus ou moins rapide, qui continuera jusqu'à ce qu'elle se trouve au niveau de la nappe d'où elle provient.

La fig. 12, pl. 1, empruntée à un ouvrage d'Héricart de Thury sur la cause du jaillissement des eaux des puits forés, explique comment les eaux sont réparties parmi les différentes couches de terrains, et fera concevoir, mieux que nous ne saurions l'expliquer, la théorie des puits artésiens ; on voit que, l'orifice du puits A se trouvant au niveau de l'infiltration M, qui alimente la nappe qu'a rencontrée la sonde, l'eau ne s'élèvera que jusqu'à la surface du sol ; la source du puits B, alimentée par la nappe P, jaillira au-dessus ; et dans le puits C, au contraire, l'eau restera inférieure à l'ouverture, parce que la nappe O est plus basse. Dans le puits C, on voit qu'il se trouve cinq colonnes d'eau dont les unes jailliront, et les autres resteront à la surface, ou s'arrêteront au-dessous, selon la hauteur proportionnelle des divers points où s'établit l'infiltration.

Nous ne pouvons assurer, cependant, que l'on trouvera toujours des sources partout où les terrains que nous avons indiqués existent ; car on a vu différents sondages très-rapprochés ne pas donner tous de l'eau. Cela dépend des dispositions locales qui s'opposent quelquefois à ce que le résultat d'un sondage soit satisfaisant ; ainsi près de l'endroit où l'on aurait creusé un puits, il peut se trouver des fissures qui donnent issue à l'eau, et forment un obstacle à son élévation.

Quelquefois il arrive qu'un cours d'eau traversé par la sonde, suivant une pente rapide naturelle, ne présente aucun indice d'ascension dans le tube ; alors on détermine l'eau à s'élever au moyen de l'aspiration d'une pompe mise en mouvement : l'ascension se prononce alors et continue sans interruption.

« Les eaux souterraines, a dit Arago, ne forment des nappes d'eau *qu'à la surface de séparation* de deux couches minéralogiques distinctes ; au contraire, dans l'épaisseur de celles de ces couches les moins compactes, dans le calcaire crayeux, par exemple, l'eau n'y existe que dans des espèces de rigoles, entre lesquelles il se trouve des masses de craie parfaitement saines. Si le trou de sonde rencontre une de ces rigoles, l'eau remonte plus ou moins, suivant la pression que le liquide y supporte. Si on tombe sur une portion de la roche calcaire bien compacte, on a exécuté un travail inutile. Si, au lieu de chercher les eaux dans l'intérieur, ou même seulement dans la partie supérieure de la masse de craie, on pouvait pousser les sondages jusqu'à la couche imperméable sur laquelle cette masse repose, on trouverait là une véritable nappe d'eau. »

Les puits forés donnent assez ordinairement une quantité d'eau toujours la même. Cependant si un puits est creusé non loin de la mer, et que l'eau qui alimente ce puits ait sa source sur les bords ou dans la mer même, l'eau suit le mouvement du flux et du reflux. Il arrive aussi que dans de certains pays l'eau des puits artésiens éprouve quelque changement, soit par la trop grande sécheresse, soit par des pluies abondantes ; mais ces cas sont rares.

Nous avons résumé les seuls indices qui puissent faire juger au propriétaire s'il y a dans le terrain qui compose sa localité des conditions qui l'engagent à faire ouvrir un puits artésien avec l'espoir d'y rencontrer une source jaillissante. Comme nous l'avons dit, malgré les dispositions favorables du sol, il se pourra que les travaux entrepris soient sans succès ; mais avec de la persévérance, son attente ne sera pas trompée, parce que, si tel point du terrain ne répond pas au but qu'il se propose, il fera sonder une autre partie où ses efforts seront plus heureux.

Fontaines et Effets d'Eau. — Hydroplasie.

Pour terminer le chapitre des eaux, nous ajouterons ici quelques exemples variés de fontaines et effets d'eau, qui trouveront leur place dans des scènes de nature diverse. Nous avons, dans ce but, recueilli des motifs dans tous les pays où nous avons vu des sujets qui nous ont paru susceptibles d'orner les jardins, objets de notre goût intime.

Pl. 30, fig. 1, jet d'eau partant du centre d'une corbeille de fleurs. — Fig. 2, 3, 4, 5, bassins ornés de divers profils. — Fig. 6, bassin entouré d'une balustrade sur laquelle sont placés seize vases à fleurs. — Fig. 7, bassin avec vasque en plomb ou en fer fondu. — Fig. 8, vasque en pierre artificielle, telle qu'on la fabrique en Angleterre. — Fig. 9, vasque en plomb où l'on a tiré parti de la *cloche* et de la *coupe* de l'*hydroplasie*. Il est bon de remarquer que, comme dans beaucoup de jets d'eau à vasques, il faut que l'eau soit amenée par deux conduits différents dans la cloche et dans la coupe. — N° 10, figure à laquelle on a appliqué avec bonheur la cloche de l'hydroplasie. — Fig. 11, dauphin en plomb jetant de l'eau par les narines; il est placé sur un rocher, une coquille reçoit et rejette en cascade l'eau fournie par la gueule du monstre. — Fig. 12, fontaine sur laquelle on peut poser une statue ou un vase. — Fig. 13, demi-figure sur une gaîne; elle est posée sur le terrain même qu'elle arrose de l'eau qui sort de ses urnes et qui forme immédiatement un ruisseau. — Fig. 14, nymphe du jardin du Luxembourg à Paris; elle sort du bain alimenté par une eau de roche qui coule à ses pieds.

Cette nymphe nous rappelle un sujet bien gracieux et plein de poésie. Un artiste, n'ayant à sa disposition qu'un filet d'eau, imagina de le diviser en un grand nombre de tuyaux capillaires qu'il plaça dans les cheveux d'une Vénus sortant du bain, et qui était représentée dans l'action de presser sa chevelure, d'où s'échappaient mille perles humides.

Pl. 141, fig. 5, vasque soutenue par une figure d'enfant.

Dans notre pl. 31, nous avons esquissé, fig. 1, la fontaine de la rue Censier, à Paris, du petit nombre de celles où le sujet de la décoration est en rapport avec le mouvement de l'eau. — Fig. 2, 3, nymphes des bois présentant des urnes qu'elles répandent du haut des rochers, et dont les ruisseaux vont parcourir les prés de Flore. Elles ont été recueillies en Italie.

Pl. 32, fig 1, fontaine sur la route. — Fig. 2, fontaine dont l'eau alimente le lavoir public du hameau orné dont nous avons donné le plan sur la pl. 20. — Fig. 3, pompe ornée.

On a mis en usage un moyen d'enrichir l'aspect des jardins : il consiste en effet d'eau dont l'établissement n'exige qu'une dépense minime; nous voulons parler de l'*Hydroplasie*, art nouveau, dont les résultats sont aussi surprenants qu'agréables et récréatifs. C'est nous qui l'avons mis en usage et qui avons beaucoup aidé l'inventeur, M. Dugast, à l'étendre et à le perfectionner. Nous l'avons décrit et fait connaître dès 1826. La pl. 30, fig. 9-10, en représente deux heureuses applications.

Nous avons vu en Allemagne, sur un terrain uni, des

jets d'eau s'élancer du milieu des corbeilles de plantes en fleurs comme le représente la pl. 30, fig. 1 ; leur effet inattendu cause une surprise agréable. Cet effet, du reste, ne peut être continu.

On établit souvent dans les jardins fleuristes des bassins avec jet d'eau. On fait à présent en fer fondu des vasques d'une très-jolie coupe et d'un prix accessible.

Les *Fontaines* contribuent à l'élégance et à la richesse d'une grande composition ; mais il faut que l'architecture de l'habitation soit aussi riche et élégante, afin de faire un tout en harmonie. Rien ne serait de mauvais goût comme une fontaine à vasque, couverte de sculptures, placée en face d'une maison champêtre. Dans les modèles que nous donnons, le goût de l'artiste ou du propriétaire lui servira de guide pour les employer à propos. Celles qui sont de forme purement architecturale, même les simples vasques, accompagneront les édifices et orneront les jardins réguliers, tandis que celles qui ont pour base des rochers pourront se placer dans des scènes naturelles. Les deux fontaines, pl. 130, fig. 4 et 5, sont de Durand ; celle fig. 6 est de Heurtaut. On observera, ce que nous avons déjà indiqué, que la quantité d'eau sortant du vase supérieur de la fontaine (fig. 5) ne serait pas suffisante pour former la nappe de la vasque d'une dimension beaucoup plus grande. Pour remédier à cet inconvénient, les tuyaux intérieurs doivent amener dans cette partie l'eau nécessaire à l'épanchement général.

Le réservoir d'une fontaine placé à mi-côte, très-souvent à une grande distance du jardin, reçoit les eaux qui sont conduites à la fontaine dans des tuyaux de fonte, si le terrain a des pentes fortes occasionnant des refoulements ; ou dans des tuyaux de grès entourés d'une couche plus ou moins épaisse de mortier, si le terrain est peu incliné ; les tuyaux de plomb, étant sujets à se crever, surtout dans les terres calcaires, ne doivent être employés qu'avec réserve, et seulement dans les ajutages. Les tuyaux de conduite doivent être appuyés sur des massifs de maçonnerie au droit des nœuds. L'air affaiblissant l'action de l'eau qu'il entoure, on doit compter sur un quart de moins de la hauteur du réservoir pour le point où elle parviendra.

NEUVIÈME SECTION.

DES ROCHERS.

Tenter d'imiter la nature en créant des rochers factices est chose au-dessus des moyens des propriétaires, qui ne peuvent établir les dépenses en comptant par centaines de milliers de francs (*) ; autrement toutes les ressources de l'art et tous les moyens que la fortune mettrait entre les mains d'un artiste échoueraient s'il fallait imiter les plus simples effets qu'ils produisent dans le paysage. Leur caractère presque toujours à la fois pittoresque, majes-

---

(*) Le rocher factice des *Bains d'Apollon*, à Versailles, a coûté, sous Louis XVI, quinze cent mille francs. Celui de *la Cascade*, au bois de Boulogne, a été transporté de Fontainebleau et a dû coûter une somme très-considérable, ordonnée par la *Ville de Paris*.

tueux, sauvage, imposant, est dû à leur âpreté et à l'énormité de leurs masses. Rarement une roche est isolée; on ne la rencontre guère que dans les sites montagneux tourmentés par mille accidents divers, dans un terrain rocailleux, où elle s'élève au travers de plusieurs autres rochers, et ce n'est que là qu'elle peut produire des effets pittoresques. Dans une plaine sablonneuse d'une certaine étendue, s'il était possible que l'on rencontrât un rocher isolé, il ne ferait naître dans notre âme aucun sentiment de plaisir, parce qu'il ne serait point en harmonie avec la physionomie du paysage, qu'il ne pourrait se lier à aucune scène motivée, que, loin de caractériser un tableau, il lui ôterait de son expression, et que lui-même n'en recevrait point de lui. Nous concluons de tout ceci que dans une plaine, ou dans un terrain peu accidenté, l'artiste, sous quelque prétexte que ce soit, ne doit jamais tenter de placer des rochers, quand même il aurait les moyens de surmonter les obstacles qu'offrirait l'énorme dépense nécessitée par une telle construction.

Le rocher est pourtant l'ornement le plus commun que les amateurs aiment à voir dans leur jardin; et bien peu comprennent son effet. Ici c'est une construction dont la maçonnerie trahit l'origine; là une masse de pierres superposées ne présente à l'œil aucun caractère, aucune harmonie; plus souvent cette mauvaise *contrefaçon* de la nature ne laisse voir que des trous disposés pour recevoir des pots de plantes que réclame dans l'hiver la chaleur modérée des appartements.

C'est en vain que l'on décore ces bizarres productions du nom de rocher; l'œil le moins accoutumé aux beautés sauvages de la nature découvre de suite la supercherie, et ne trouve qu'un objet dérisoire au lieu d'une masse pittoresque et imposante.

Mais lorsque l'architecte des jardins opérera dans un terrain coupé par des collines et des montagnes, lors même qu'il n'y aurait pas de rochers, il pourra y en *faire naître*. Il ne s'agit pour cela que de sonder le terrain dans les endroits élevés; il est presque certain qu'il trouvera, à peu de profondeur sous la couche de terre végétale, des bancs de pierre qui, par la suite, doivent montrer leur front grisâtre, lorsque les vents et les orages auront entraîné dans le fond des vallées la couche de terre qui les dérobe aux yeux. C'est ainsi qu'ont été découvertes peu à peu par le temps les roches secondaires de toutes les montagnes, et c'est aussi pour cette raison qu'une roche placée au milieu d'une plaine ne peut avoir de formation motivée, à moins que l'on ne suppose un ancien bouleversement de la nature. L'artiste, en découvrant ces bancs de pierre, ne fera donc que produire à l'instant un effet que la nature eût produit elle-même plus tard, et les rochers qu'il aura déterrés se trouveront souvent en harmonie avec la physionomie du paysage.

Lorsque dans un terrain la nature offrira des rochers, l'artiste, avant de déterminer le genre d'une scène, verra s'il peut, avec quelques travaux, les approprier au caractère des tableaux qu'il veut composer, ou si, rebelles à la main de l'ouvrier, il doit approprier ses tableaux à leur caractère. Dans le premier cas, « fortifier, corriger, dit Morel, voilà donc à quoi doivent se réduire les seules opérations qu'on peut se permettre sur les rochers; encore sera-t-on bien heureux si, avec tous les moyens de l'art, on parvient à rendre les effets de ce genre plus sensibles et plus accentués. » Dans le second cas, l'artiste « se gardera de tenter des entreprises qui sont au-dessus des moyens de l'art; il laissera à la nature le soin de produire les grands accidents dont elle orne ses tableaux. »

Les *Rochers Naturels* affectent différents caractères, mais qui ne conviennent généralement qu'au genre austère d'une scène sauvage et solitaire. Lorsqu'ils sont assemblés en masses fortes et élevées, lorsqu'ils sont taillés à pic et qu'ils présentent de profonds précipices, leur effet est majestueux et grandiose; mais lorsque, dans des proportions moins grandes, ils surgissent çà et là sur le front d'une colline, ils ne sont que pittoresques, et se prêtent alors aux embellissements qu'on veut leur donner. Dans cette circonstance, si leur figure était trop uniforme, on leur en donnerait une plus agréable, soit en faisant éclater quelques parties par le moyen de la mine, soit en découvrant quelques masses encore cachées sous terre.

Les plantations surtout ajoutent à leur caractère. Des arbres de première grandeur, d'un port majestueux et d'un feuillage sombre, tels que la plus grande partie des conifères, seront parfaitement en convenance avec le style romantique des grandes masses. Les rochers sont-ils trop épars et trop isolés, on remplira les intervalles par des plantations épaisses qui laissent croire qu'elles cachent aux yeux les parties les moins saillantes. Si, toujours par petites masses, les rochers étaient trop multipliés, on enlèverait les moins considérables après les avoir fait sauter, on couvrirait de terre ceux qui par leur position per-

mettraient d'exécuter facilemeut cette opération, et l'on cacherait les autres sous des tapis de verdure, au moyen de plantes et d'arbustes sarmenteux et grimpants.

Le choix des arbres, arbrisseaux et plantes dont on décorera ces tableaux n'est point indifférent. Si l'on veut que la végétation y paraisse naturelle, il faudra n'y planter que des végétaux se plaisant dans les sols secs et stériles. Les cytises croîtront dans les fissures, et leurs troncs, gênés dans leur développement, s'inclineront d'une manière pittoresque, ou sembleront même pendre par leurs racines. Ces formes bizarres, que les arbres affectent dans certaines circonstances, doivent toujours être motivées rigoureusement et avec beaucoup de goût; car, dès que l'art paraîtra, les effets cesseront d'être pittoresques pour devenir ridicules.

Rochers Factices. — Il est cependant de certains cas où, malgré ce que nous venons de dire, les rochers peuvent servir de matériaux; mais alors ils cessent d'être l'objet principal d'un tableau pour n'en devenir qu'un accessoire, à la vérité indispensable. Veut-on, par exemple, établir la chute d'une cascade, ou quelque autre effet remarquable, il faut bien les employer; mais alors on ne laissera paraître de cette construction que les parties les plus nécessaires, et moins on en verra, plus ils auront l'air naturel. D'autres fois on aura besoin d'exhausser de quelques pieds le sommet d'une colline pour découvrir par-dessus quelque objet interposé entre elle et une perspective remarquable par sa beauté : si le caractère de la scène ne permet pas d'y bâtir une tour (ce qui serait préférable), on se voit forcé d'y construire un rocher, pour placer dessus un kiosque ou un belvédère. Dans ce cas, l'artiste fera tous ses efforts pour copier servilement un modèle qu'il aura choisi et dessiné d'après nature. Il fera enlever dans la campagne les plus grosses masses de roches qu'on pourra transporter; il leur conservera avec soin toutes leurs anfractuosités, et tâchera, en les plaçant les unes sur les autres, de leur rendre la même position relative qu'elles avaient les unes envers les autres. Un point essentiel à observer, c'est que dans ce cas où la nature sert de modèle, les pierres que l'on emploie doivent être de la même espèce. Nous avons fait figurer, pl. 97, 99, 112, 113, 115 et 116, des modèles de ces genres de constructions, que l'on ne doit se permettre, nous le répétons, que lorsqu'elles sont indispensables, et que le caractère rocailleux du site peut les autoriser sans qu'il y ait d'inconvenance.

La *Caverne* est une dépendance des rochers. On ne peut la construire, parce que ses caractères sont d'une sévérité sauvage et d'un grandiose que la nature seule peut produire. Lorsque l'on sera assez heureux pour en posséder une, on se gardera bien de toucher aux stalactites affectant des formes bizarres et qui souvent décorent les parois de ces fabriques naturelles. Surtout on n'en élargira pas l'entrée, on la rétrécira même au besoin, pour conserver à l'intérieur ces épaisses ténèbres qui jettent l'effroi dans le cœur et caractérisent le genre terrible et mystérieux. On s'appliquera à en rendre l'approche âpre et sauvage : des ronces, des plantes grimpantes et parasites, des mousses, des lichens placés avec beaucoup d'art tapisseront le passage et sembleront l'obstruer. Ces objets sont nécessaires pour préparer l'esprit du promeneur aux émo-

tions fortes, lorsque, muni d'une torche enflammée, il pénétrera avec courage sous ces voûtes souterraines, et que, pour satisfaire sa curiosité, il ira troubler dans leur demeure la chauve-souris aux ailes livides, et les oiseaux nocturnes au cri sinistre interrompant par intervalles le silence de la nuit.

Il peut arriver qu'une caverne soit le résultat d'une ancienne carrière abandonnée; dans ce cas, on y rencontre presque toujours des murailles ou des piliers élevés jadis pour soutenir les lourdes masses qui forment les voûtes. Ici il est impossible de déguiser l'ouvrage de la main de l'homme. Laissez-le donc paraître; mais faites en sorte que l'esprit lui suppose un autre but et que l'on s'imagine parcourir ces souterrains mystérieux où les romanciers d'autrefois avaient l'habitude de placer des scènes émouvantes capables de frapper souvent d'une épouvante inutile l'imagination de leurs lecteurs. Quelques restes de chaînes, un anneau fixé dans la muraille, une niche profonde jadis fermée par une porte de fer et simulant un ancien cachot, des inscriptions taillées dans les parois de la roche, exprimant des plaintes douloureuses; voilà les objets qui achèveront de faire de ces sombres lieux une scène tout à fait romantique.

La *Grotte* appartient aussi aux rochers; mais elle a un tout autre caractère. Elle est censée avoir été la première habitation de l'homme; les abords doivent en être faciles, son entrée suffisamment large pour porter la clarté jusque dans le fond. L'intérieur peut en être meublé, mais avec une simplicité qui rappelle à l'esprit ces premiers temps où l'homme, sortant des mains de la nature, n'avait aucune notion des arts. Un éclat de rocher servira de banc; des mousses, des feuilles sèches entassées, recouvertes de la peau de quelque animal, figureront un lit, et les ustensiles de ménage consisteront en nattes grossières, en larges coquilles et en vases faits d'écorces de coloquinte ou des fruits du cocotier.

On pourra, dans une scène moins sauvage et plus champêtre, donner à une grotte une apparence beaucoup plus pittoresque. Il ne s'agira que d'en faire l'habitation d'une de ces familles troglodytes que l'on rencontre si communément sur les bords de la Loire, principalement du côté d'Angers. Pour cela, on fermera l'entrée de la grotte au moyen d'un mur percé d'une porte, d'une petite fenêtre, et d'un trou dans la partie supérieure pour laisser passer la fumée. Cette habitation sera ornée dans l'intérieur de meubles rustiques, ou même, si l'on veut produire une surprise fort agréable, on fera un salon décoré avec autant de richesse que d'élégance; le contraste sera d'autant plus piquant que l'extérieur offrira un aspect plus simple et plus rustique. L'architecte parisien trouvera des modèles de ce genre de fabriques, s'il veut se donner la peine de diriger sa promenade jusqu'à l'entrée du joli village de Nanterre. Le devant de ses constructions pourra être planté de quelques arbres fruitiers, d'un carré ou deux de légumes, et une treille formera un rideau de verdure devant la façade.

On aimera aussi au bout d'une allée sombre trouver une grotte obscure transformée en un séjour enchanteur, où le discret écho a reçu plus d'un doux aveu…

On voit par ce que nous venons de dire qu'une grotte peut être creusée à main d'homme dans un site qui offrira une localité convenable. Cependant l'artiste évitera de donner une forme régulière à l'entrée, parce qu'elle doit toujours paraître l'ouvrage de la nature. On peut se dispenser de donner à une grotte les apparences d'une habitation; figurant dans un jardin comme un simple accident de rocher, elle n'en produira pas moins un effet très-piquant. Mais alors on l'ornera d'arbrisseaux grimpants, tels que lierre, bignone, vigne vierge, etc., dont les rameaux tapisseront non-seulement l'entrée, mais s'accrocheront encore et pénétreront dans l'intérieur aussi loin qu'ils trouveront une quantité d'air et de lumière nécessaires à leur végétation. Si, par un heureux hasard, l'artiste pouvait, au moyen de canaux souterrains, amener un filet d'eau jusque dans le fond d'une grotte rocailleuse, le faire tomber de quelques pieds de hauteur dans un bassin d'où il s'échapperait sous la forme d'un ruisseau limpide, il couvrirait l'entrée de cette composition par le frais ombrage d'un massif d'arbres élevés et pittoresques, et il aurait fait un lieu de repos délicieux pour aller méditer pendant les chaleurs brûlantes de l'été.

DIXIÈME SECTION.

CONSTRUCTIONS DIVERSES ET ORNEMENTS.

§ 1er. Serres.

Ce genre de construction doit être traité ici en première ligne, parce que la serre est un jardin couvert, et que nous trouvons là une transition naturelle pour arriver aux habitations.

Il arrive souvent que l'architecte de jardins se trouve chargé de construire, auprès d'édifices habités par l'opulence et le luxe, les *Serres* devant renfermer les plantes exotiques, ces trésors du maître, qui ne peuvent résister aux intempéries de nos longs hivers. C'est alors qu'il doit déployer toutes les ressources de son génie, pour qu'une juste harmonie règne entre sa fabrique et la principale construction ; elle doit l'égaler en richesse et en élégance, mais ne jamais afficher plus de luxe qu'elle, à moins cependant qu'elle ne se trouve faire partie d'une scène particulière ; alors elle se trouverait plutôt en rapport avec le caractère du jardin qu'avec celui de l'habitation.

Si, par exemple, au pied d'une colline tournée au midi, l'on avait composé une scène rappelant les bords du Gange ; le cocotier élancé, le noble palmier, le bananier et mille autres végétaux curieux arrachés à leur patrie de feu, déploieraient ici leurs feuillages pittoresques, pour remplir de leur ombre une serre dont la physionomie serait étrangère comme la leur. La même intention qui obligerait à cacher soigneusement dans le sol les vases tenant leurs racines prisonnières, ferait aussi que l'artiste chercherait à donner le change aux promeneurs sur le but d'utilité de sa construction. La serre ne rappellerait plus à l'esprit les rigueurs d'une saison ; inconnue dans les climats que le soleil semble avoir adoptés pour patrie en y répandant ses plus ardents rayons ; mais elle augmenterait au contraire l'illusion, si on lui donne la forme d'un temple indien, ou au moins d'un monument destiné à un tout autre usage que celui pour lequel on l'aurait édifié. C'est ainsi que nous avons figuré, pl. 34, fig. 1, une construction qui, l'hiver, sera une très-bonne serre, et l'été deviendra une salle de danse. Pour ne pas perdre de sa convenance, on cache aux yeux l'appareil du chauffage, comme cela devrait toujours se pratiquer ; cette serre est d'un style gothique, parce que nous la supposons placée dans une scène de ce caractère ; mais on conçoit qu'elle peut avoir l'apparence d'une construction indienne, turque, chinoise, etc., selon le genre du tableau.

La planche 33, fig. 1, représente la coupe d'une serre ordinaire, entièrement destinée à l'utile ; elle ne peut, à vrai dire, être placée que dans un jardin fleuriste, le seul dans lequel elle peut se présenter avec convenance sans aucun ornement étranger. Un entretien assidu, beaucoup de propreté, et des couches de couleurs à l'huile renouvelées au moindre besoin, telles sont les seules conditions qu'elle exige pour produire tout l'effet agréable qu'on doit en attendre. La serre est couverte par deux rangs de panneaux vitrés dont le supérieur *a* s'ouvre au moyen d'une charnière attachée en *b* ; l'inférieur est simplement posé et retenu par des crochets, ou ajusté avec une charnière en *c*, comme le premier. Au milieu de la serre, et dans toute sa longueur, est pratiqué un chemin *d*, de chaque côté duquel s'élève un petit mur en briques pour contenir les couches et les tannées *e e*. Au-dessous du chemin passe le tuyau de chauffage *t*. On voit dans le plan un petit cabinet *g*, pratiqué à l'entrée pour allumer le poêle *h*, et empêcher la fumée de nuire aux plantes qui sont dans l'intérieur. On peut y placer des rayons pour poser les vases contenant des végétaux robustes, tels qu'aloès, cactiers et autres plantes grasses. Si l'on veut, on peut faire de la même construction une serre tempérée et une orangerie ou serre froide; il ne s'agit pour cela que d'établir une séparation vitrée, comme en *i*, et d'y arrêter le tuyau de chaleur, que l'on fera sortir en *k*, au lieu de le prolonger jusqu'en *l* et *m*, comme nous l'avons indiqué par des points sur le plan.

La *Bâche*, fig. 2, est une serre dans des proportions plus petites. Elle ne renferme qu'une tranchée, dans laquelle on établit le plus ordinairement un lit de terre de bruyère pour cultiver des plantes délicates en pleine terre. Elle n'a besoin que d'un seul rang de panneaux, parce que sa largeur ne va guère au dela de 2 mètres. Quelquefois on peut en faire une serre tempérée ou chaude, selon le besoin, en y établissant un tuyau de chaleur en *f*, comme dans la serre.

La fig. 3, pl. 34, représente des détails de montants supportant les panneaux vitrés de la serre, de la bâche et du châssis. Le bois dont on les fera sera le plus mince possible; cependant son épaisseur sera calculée sur sa longueur et la force que les montants doivent avoir : il en est de même pour les panneaux; le chêne est celui qui convient le mieux, parce que, lorsqu'il est très-sec, il se tourmente beaucoup moins que les autres.

Le *Châssis*, pl. 34, fig. 2, est la plus simple des serres et celle qui est aussi la plus employée. Il consiste le plus ordinairement en un coffre carré, long de 2 mètres 60 centimètres ou davantage, et large de 1 m. 20, formé avec des planches de chêne. A, fig. 2 et 3, représente les montants,

creusés en gouttière pour l'écoulement des eaux, recevant les panneaux vitrés, fig. 4. Ceux-ci consistent en un cadre en bois B, supportant des traverses *c c c*, etc., aussi en bois, et soutenues en dessous aux points *d d* par des traverses de fer. Les verres peuvent avoir depuis 16 jusqu'à 32 centimètres de largeur, selon qu'on a espacé les traverses pour les recevoir; ils se placent à recouvrement comme les tuiles d'un toit. Le châssis est utile pour obtenir des primeurs, et pour abriter pendant l'hiver des plantes délicates, mais n'ayant pas besoin de beaucoup de chaleur.

Il est un autre genre de serres extrêmement agréables, on les appelle *Jardins d'Hiver*, parce qu'on obtient, par leur moyen, une charmante promenade au milieu des fleurs et de la verdure, pendant que les glaces, les neiges et les frimas désolent la campagne. Le modèle, pl. 36, consiste en murs à hauteur d'appui, sur lesquels s'élèvent d'abord un premier rang de panneaux vitrés peu incliné *a*, *a*; puis un second rang formant le comble, *b*, *b*. Une allée traverse le jardin dans toute sa longueur, *c*, *c*, et peut prendre, si l'on veut, des contours gracieux; en *d*, nous avons figuré une petite rotonde où l'on pourrait placer des bancs *e*, *e*. Nous donnons aussi les détails de la charpente : fig. 1, A, A, planches qui servent à tenir les fermes l'une à l'autre; B, B, autres planches servant à remplacer l'épaisseur des panneaux vitrés; C, C, planches étroites servant de faîte; D, étrier en fer. Fig. 2, assemblage des montants formant les côtés et le comble. Ces détails de charpente sont sur une échelle double de celle de la coupe. Les arbustes et arbrisseaux que l'on cultive en pleine terre de bruyère, dans cette serre, doivent être choisis parmi ceux qui conservent leurs feuilles et fleurissent pendant l'hiver. Les camellias surtout y produisent un effet des plus agréables. Ce modèle est un des plus simples et économiques que l'on puisse offrir et fabriquer partout.

Si une serre se trouve liée avec une maison d'une architecture gracieuse et riche, nous ne pouvons rappeler un modèle plus élégant que celui que les amateurs ont pu admirer dans le magnifique jardin Boursault, à Paris. Des colonnes légères, que des plantes élégantes enlaçaient de leurs rameaux flexibles et fleuris, soutenaient le toit vitré ; une allée large et pavée en dalles unies traversait la serre dans toute sa longueur, et communiquait d'un côté à un salon décoré dépendant de la maison, de l'autre à une salle de billard occupant un des angles du jardin. A droite et à gauche du chemin étaient des plates-bandes de terre de bruyère, où croissaient, en pleine terre, les arbustes les plus précieux par leur rareté et les plus brillants par leurs fleurs. Des bassins et des jets d'eau animaient la scène, embellie encore par des statues et des bas-reliefs d'un grand prix. Malheureusement ce beau jardin d'hiver, le premier formé à Paris, n'existe plus.

On pourrait remplir en glace l'un des bouts d'un jardin d'hiver, toute la serre se trouverait répétée et doublée de la manière la plus surprenante. La dépense, cependant, ne serait pas aussi forte que l'on pourrait l'imaginer, car on emploierait beaucoup de morceaux de glaces de qualité inférieure, dont les joints seraient cachés par des tiges de plantes grimpantes.

La serre représentée, pl. 35, fig. 1, existe à *Alton-Towers*, en Angleterre. Par l'étendue de sa façade et la richesse des ornements, elle est une des plus belles que l'on puisse voir. Elle forme comme le couronnement d'une grande scène, où sont répandus à profusion des terrasses, des pavillons, une grande tour chinoise et des constructions de tous genres, auxquelles le comte Charles de Shrewsbury fit travailler cent artistes et ouvriers depuis 1814 jusqu'au moment de sa mort, en 1827. Elle se détache sur une colline boisée, où elle est, par elle-même, d'un grand effet. Son plan est une portion de cercle, que les Anglais appellent *crescent*, croissant ; le dôme du milieu a 28 mètres de hauteur. Le mur du fond est en maçonnerie, le reste de la construction en pierre, et tous les châssis et supports en fer et en cuivre. Le pavillon du milieu contient une serre chaude, et les deux autres, des serres à divers degrés. Entre le pavillon central et ceux des ailes règnent deux galeries à air libre, soutenues par des colonnes en fer, et ornées de piédestaux supportant des vases de fleurs.

La serre, fig. 4, 5, 6, pl. 39, s'élève dans le magnifique parc Rothschild, à Suresnes, près Paris. Le plan fig. 4 n'a pas moins de 40 mètres de long sur 13 de large. L'élévation la plus grande, fig. 5, est de 7 mètres. On y plante des arbrisseaux en pleine terre de bruyère dans l'encaissement formé par les dalles A. On garnit, en outre, le sol des chemins T et les bords des encaissements de milliers de vases, d'où s'élèvent des plantes dont la floraison a lieu ou se prolonge durant la saison des froids. C'est donc un véritable jardin d'hiver des plus beaux que l'on puisse voir, planté de rhododendrons, d'azalées, de camellias, de bruyères et d'autres arbrisseaux analogues.

On monte par les quatre escaliers L, fig. 4, sur les

plats-bords *m* pour étendre les paillassons ou autres abris.

Ces escaliers donnent aussi accès pour arriver à des volières placées au-dessus des portes d'entrée et situées à l'intérieur. Une rampe facilite le service.

La fig. 6 représente une vue extérieure de la serre, où l'on voit la façade servant d'entrée. Au-dessus de cette entrée, on a établi une grande tablette, masquant les plats-bords destinés au service. On la garnit de vases de fleurs.

Cette serre appartient aussi au genre des serres froides, dans lesquelles il suffit de ne pas laisser descendre le thermomètre plus bas que 2 degrés au-dessus de zéro. Beaucoup de plantes y sont introduites après avoir été portées à la floraison dans des bâches et châssis de primeur.

Elle est chauffée par quatre thermosiphons, fabriqués par M. Fontaine, de Versailles, et dans la forme indiquée plus loin à l'article *Chauffage des Serres*.

Grand Conservatoire ou Jardin d'Hiver de Chatsworth, créé par feu le duc de Devonshire, pl. 37.

Construite entièrement sur les dessins et sous l'habile direction de M. Paxton, que la science horticole compte au nombre de ses plus zélés praticiens, cette serre gigantesque offre à sa base 93 mètres de long sur 45 de large; elle couvre un espace de 4,000 mètres carrés. L'encaissement, ou mur d'appui, a 1 mètre 30 centimètres de hauteur au-dessus du sol et mesure 2 mètres 25 centimètres d'épaisseur aux fondations. L'élévation au-dessus du sol à la partie la plus élevée du dôme est de 20 mètres; le demi-cercle formant le dôme *a a*, fig. 2, a 22 mètres

d'ouverture, et vient s'appuyer, à l'intérieur, sur des colonnes *b* en fer creux, conduisant dans un réservoir souterrain l'eau des pluies qui tombe sur la serre. Ce conservatoire est entièrement construit de verre et de sapin du Nord; chacune des pièces de bois a été immergée à l'avance dans une certaine quantité de sublimé corrosif dissoute dans des cuves remplies d'eau, moyen de conservation qui semble efficace, car, depuis 1841 que cette serre est terminée, aucune des parties de la charpente ne s'est encore gercée. Le vitrage du Conservatoire est disposé selon un système imaginé par M. Paxton, dit système à sillons (*), dont le but est de faire profiter la serre de tous les rayons solaires, qui, se trouvant ainsi brisés, forment des faisceaux qui se projettent à l'intérieur; il a pour but aussi d'arrêter ces rayons, quelle que soit la hauteur du soleil sur l'horizon. Chaque morceau de verre a 1 mètre 30 centimètres de long sur 16 centimètres de large; son épaisseur varie de 2 millimètres à 2 millimètres et 1/2; la quantité de verre employée est de 20,000 mètres carrés.

Au sommet du dôme est une galerie de service *c*, fig. 2, à laquelle on monte par de petits gradins en bois placés entre les sillons du dôme.

A l'intérieur est une galerie élégante *d d* suspendue à la base du dôme, et à 8 mètres 50 centimètres du niveau du sol, à laquelle on arrive par un sentier creusé dans une masse de rochers s'élevant à 10 mètres, et qui se présente tout d'abord à gauche en entrant dans le Conservatoire par

(*) Les bornes du présent ouvrage n'ont pas permis d'entrer dans les détails qui se trouvent au *Traité des Serres* de feu Neumann, où l'on indique aussi la forme inclinée des châssis du vitrage.

la porte du nord fig. 1ʳᵉ. Le visiteur, en pénétrant dans le Conservatoire, est surpris à la vue de la quantité innombrable de plantes exotiques réunies de tous les points du globe. Le savant et l'amateur se demandent quelle est la fortune qui a pu grouper ainsi un tel assemblage de végétaux aux formes hardies et curieuses. L'amour du bien a pu seul conseiller à Sa Grâce le duc de Devonshire, d'élever un palais végétal à cette gracieuse science si utile au bonheur des hommes : à l'Horticulture. Le digne usage qu'il a fait de son opulence se dévoile à chaque pas que l'on fait dans son immense parc, renfermant 18 serres, où les végétaux les plus rares des deux Amériques et des contrées de l'Asie croissent séparés par un mince vitrage des végétaux de nos climats; le génie de M. Paxton a secondé admirablement les vues élevées du duc.

Le système de chauffage sera indiqué ci-après à l'article du *Chauffage des Serres*.

L'eau nécessaire au chauffage est, ainsi que celle des arrosages, fournie par un réservoir naturel situé sur une éminence. L'eau des arrosages arrive par un tuyau en fonte caché sous chacun des chemins; pour arroser, on visse un tube en cuir à des ouvertures ménagées au bord des massifs, comme en *i* (fig. 2), d'où l'on peut, à volonté, faire jaillir l'eau à 12 mètres de hauteur. Des tubes d'eau dissimulés conduisent l'eau jusque sur le bord de la galerie *d d*, ils servent, lorsque le besoin l'exige, à former une pluie fine qui, venant humecter les parties aériennes des plantes, contribue à les tenir dans un état luxuriant de végétation. La ventilation a lieu par des trappes s'ouvrant dans le mur d'appui; les ventilateurs

supérieurs, ménagés dans le faîte, se manœuvrent au moyen de chaînes. Les appareils de chauffage, les tuyaux destinés aux arrosages, les ventilateurs, tout ce qui peut rappeler l'art est dissimulé aux yeux dans ce vaste espace, où pour quelques instants on peut se croire transporté dans une de ces forêts vierges des zones tropicales. L'allée principale, allant du nord au sud, a 3 mètres 30 centimètres de large, et permet de s'y promener en voiture.

Un goût judicieux a présidé à la plantation de ce merveilleux jardin : les végétaux y ont été distribués eu égard à l'exposition et à la chaleur émanée des tubes; c'est ainsi qu'en entrant dans le Conservatoire par la porte du nord, et en suivant l'allée principale, on voit se succéder : à droite un bois d'orangers, l'*Agave americana*, le *Bignonia pentaphylla*, le *Malvaviscus arborea*, le *Sparmannia africana*, le *Stachytarpheta mutabilis*, l'*Ardisia crenulata*, les *Araucaria excelsa* et *brasiliensis*, le *Phœnix dactilifera* de 5 mètres de haut, *le Pterospermum accrifolium*, le *Dracœna arborea*, le *Latania rubra*, etc.; à gauche la masse de rochers dont nous avons parlé, plantée de *Psidium montanum* et *cattleyanum*, d'Orangers, de Fougères, de *Dracœna*, de *Dorianthes excelsa*, de *Ficus repens*, et au pied du rocher un étang encadré de stalactites, et bordé de *Caladium odorum, violaceum* et *esculentum, Cyperus papyrus* et *alternifolius*, de *Nelumbium speciosum*, de *Canna, Hedychium*, de *Nymphéacées*, etc.

Au centre, à l'ouest, on distingue deux parties de rochers d'une moins grande étendue, couverts de *Zamia horrida, caffra, tridentata* et *pungens*, de *Chamœrops humilis*

13.

de 8 mètres de hauteur (*), de *Cycas circinalis* et *revoluta*, de *Charlwoodia congesta*, etc.; l'allée transversale est bordée dans sa longueur à droite et à gauche de *Musa paradisiaca* de 10 mètres d'élévation, de *M. sapientum*, *Urania speciosa*; puis en reprenant l'allée principale, on remarque un fort pied de *Corypha umbraculifera* de 10 mètres de haut et de 2 de circonférence, un *Cocos coronaria* de 10 mètres, une plantation de *Nepentes distillatoria* très-beaux, des *Brownea grandiceps*, des *Strelitzia reginæ* et *juncifolia*, l'*Eranthemum pulchellum*, le *Francisca uniflora*, le *Petræa volubilis*.

En avançant vers le sud se déploient, le *Latania borbonia*, un groupe de *Xylophilla latifolia*, *Croton variegatum*, *Ruellia sabiniana*, *Melastoma robusta*; des *Brexia spinosa*, *Clavija latifolia*, le *Caryota urens*, le *Pandanus odoratissimus*, le *Corypha australis*, le *Bambusa arundinacea*, le *Rhapis flabelliformis*, quelques *Chamædorea Schiedeana*, des *Theophrasta Jussieui*, *Saccharum officinarum*, *Astrapæa Wallichii*, *Magnolia odoratissima*; *Carica Papaya*, etc.; puis enfin, au sudouest, un bois de forts pieds de *Musa Cavendishii* sur l'un desquels on a cueilli, en 1842, 288 fruits, etc., etc.

Tous ces végétaux sont cultivés en pleine terre; l'aspect vigoureux et luxuriant qu'ils présentent prouve d'une manière incontestable la supériorité de ce mode de culture en serres lorsqu'elle est secondée par l'intelligence savante et par des soins bien entendus.

Durant 1837 à 1841, 500 hommes furent constamment employés à la construction et aux dispositions intérieures de cette vaste serre.

(*) Depuis que ces mesures ont été prises (1843) on peut juger de l'accroissement.

Nous n'avons pas jugé à propos de faire graver ici les magnifiques serres du Jardin des Plantes de Paris; elles sont d'une proportion qui ne convient qu'à un établissement du premier ordre, et ne peuvent servir à de simples amateurs; mais nous engagerons les personnes qui n'ont jamais été à même de jouir de la vue des scènes produites par la réunion des palmiers, des bananiers et des autres plantes des tropiques, à aller visiter les grandes serres : là, elles seront saisies d'étonnement, et elles admireront la végétation luxuriante des arbres d'un autre monde dans un local assez vaste pour que ces végétaux, aux formes élégantes, aient pu y conserver leur port naturel, s'entrelacer et se grouper de manière à représenter une de ces forêts vierges que peu d'Européens puissent se flatter d'avoir vues autrement qu'en peinture.

Nous avons fait graver sur la Pl. 27 une trop petite esquisse de ce magnifique tableau.

On trouvera dans le volume intitulé : *L'Art de construire et de gouverner les Serres*, par Neumann, chef des serres au Jardin des Plantes de Paris, un grand nombre de modèles de serres en fer et en bois, avec tous les détails nécessaires à leur construction.

Les serres en fer ont, sur celles en bois, l'avantage de l'élégance dans les formes, et celui de masquer beaucoup moins la lumière. Un nombre immense de ces serres ont été construites dans tous les pays, mais nous dirons avec regret que l'expérience leur a été défavorable sous le rapport de l'économie du combustible; il est bien constant que, par la propriété inhérente au fer d'être conducteur du calorique, elles en consomment pour une valeur presque double, outre que le métal peut transmettre aux plantes qui en sont proches des courants électriques, peut-être nuisibles.

Nous avons encore fait dessiner en Angleterre, à *Woborn Abbey*, une orangerie (green-house) construite sur un plan tel, que les plantes qu'elle renferme sont accessibles un plus long espace du jour que dans les autres serres à la bienfaisance des rayons du soleil. Le plan, fig. 2, Pl. 35, indique la forme de cette orangerie. On conçoit quels avantages résulteront, pour les végétaux, de cette forme semi-elliptique, exposés qu'ils sont longtemps à l'influence de l'astre qui les vivifie. L'élévation est d'une architecture à la fois simple et noble. Si cette serre ne doit recevoir que des orangers et autres arbres qui ne végètent pas l'hiver, le toit n'en sera pas vitré; dans le cas où on la destinerait à des plantes végétantes, un vitrage formerait la couverture; enfin, on pourrait utiliser une semblable construction, soit comme serre froide, serre tempérée, ou serre chaude.

La fig. 3, pl. 35, représente la serre de feu le cultivateur Fion, recouvrant un superbe espalier d'orangers qu'il avait créé. Nous ne pouvons assez nous étonner que depuis que les praticiens et amateurs ont admiré l'espalier d'orangers de Fion, à présent détruit, aucun d'eux n'en ait encore établi un à peu près semblable dans l'une de ces serres tempérées où les murs restent nus, ou ne sont garnis çà et là que de quelques plantes grimpantes, la plupart insignifiantes. Un tel espalier n'exige pourtant pas de grandes dépenses, et n'offre guère de difficultés dans son entretien; cependant il devient le plus bel ornement d'un jardin, et son produit n'est pas à dédaigner.

La continuité d'une aussi longue galerie est interrompue par un rocher artificiel à jour, fig. 4, servant de cadre au tableau d'une autre serre, où se déploient, à travers cette arcade de rocailles, les richesses que Flore y a semées généreusement sur les plus beaux camellias et sur une infinité de végétaux précieux.

Vis-à-vis de ce brillant espalier, digne du jardin des Hespérides, commençait un autre espalier, non moins intéressant, et qui faisait le fond, la TAPISSERIE, d'une riche serre de camellias. Le frontispice, fig. 5, pl. 35, présente l'entrée de cette serre; construit en bois de bouleau qui a conservé son écorce, il était orné intérieurement des bustes de l'illustre Linné et d'André Thouin.

Nous avons figuré presque tout ce qui ornait le jardin de Fion. La serre portative, fig. 6, pl. 35, destinée à protéger des intempéries un arbuste précieux abandonné à la pleine terre, est entièrement vitrée. Une porte verticale permet d'aérer et de soigner l'arbuste; elle a 2 mètres et demi de hauteur. Nous citerons encore du même jardin, pl. 27, fig. 3, le petit kiosque élevé sur un rocher donnant entrée à une grotte; construit de bois en grume sur lequel s'enlacent les rameaux du lierre grimpant, ce kiosque est très-pittoresque.

Art de chauffer les Serres.

Il nous reste à traiter de l'*Art de chauffer les Serres*. Deux moyens principaux sont en usage : le chauffage par la chaleur sèche rayonnant des poêles, des tuyaux de fumée et des calorifères; et celui par la chaleur douce et humide produite par des tubes d'eau chaude en circulation.

Calorifère à Air Chaud. Un poêle chauffe par la seule communication directe du calorique qui rayonne du combustible et du tuyau conducteur de la fumée. Tout se borne à diriger ce tuyau dans les chambres que l'on veut échauffer. Il n'a qu'un seul courant.

Un calorifère se compose de deux courants : 1° celui de la fumée, 2° celui de l'air qui environne les tuyaux porteurs de la fumée ; il s'échauffe par leur contact, et porte ensuite cet air échauffé dans toutes les directions que l'on veut donner aux tuyaux qui le renferment ; il sert donc à la fois à chauffer et à renouveler l'air.

Nous avons réuni ici deux de ces sortes de *Calorifères à Air Chaud,* les plus faciles à construire dans tous les pays et les moins coûteux. Nous donnerons ensuite un exposé du *Thermosiphon* ou calorifère à *Eau Chaude* en circulation.

Avant de décrire ces deux calorifères, nous allons indiquer des poêles faciles dans leur construction, mais qui ne peuvent servir que pour les serres dites froides ou orangeries, servant aux camellias, pélargoniums et autres végétaux qu'il s'agit seulement de garantir de la gelée.

A un des bouts de la serre, du côté du vitrage, on établit un poêle carré en briques dont la porte a son ouverture en dehors, de manière à obtenir un fort tirage tout en évitant la fumée. Ce mode de placement de la porte ne fait point perdre de chaleur.

Le tuyau à fumée se compose d'un tuyau de terre cuite de 15 à 20 centimètres de diamètre, s'élevant à peine de 30 centimètres pour 10 mètres, et sortant à l'autre bout de la serre, verticalement, pour lancer la fumée au dehors.

Le *Foyer d'appel,* indiqué ci-après, sera établi au bas de ce tuyau vertical.

Si on ne peut employer de tuyau de terre cuite, la conduite de la fumée aura lieu entre deux rangées de briques recouvertes de tuiles.

Souvent ces conduits de fumée se placent sous les chemins et ne sont pas aperçus. Ils sont dans une position horizontale et n'en marchent pas moins bien.

On peut indiquer encore un autre poêle établi autrefois dans une serre à camellias du cultivateur Fion, et le citer tout à la fois pour sa puissance et l'économie de sa construction. On a construit sur le sol A d'une serre, fig. 7, pl. 35, un poêle B, en briques, le plus simple possible, sur lequel est un tuyau *c,* le tout assemblé avec de l'argile, débouche dans le tuyau de terre cuite E, dont la partie de *t* en *t,* seule est en tôle, afin d'y adapter des clefs.

Mais la fumée ne peut prendre son cours dans un tuyau d'une certaine étendue sans un foyer d'appel. Ici, c'est un très-simple fourneau en forme de petit poêle en tôle G, correspondant lui-même, par un petit tuyau, au grand tuyau E. Au moment d'allumer le poêle, on brûle quelques copeaux dans le fourneau d'appel ; la chaleur qu'il produit échauffe la colonne d'air ascendante, et cet effet suffit pour faire circuler la fumée du poêle. Avant de faire le feu, on ferme la clef *h,* que l'on n'ouvre que quand le cours de la fumée est bien établi. Il n'est pas nécessaire de construire un fourneau d'appel dans cette partie. La fig. 6, pl. 38, plus grande, fait mieux comprendre cet effet.

Le tuyau horizontal est masqué, en devant et en dessus,

par une planche qui intercepte le rayonnement du calorique, lequel agirait directement sur les plantes. Le dessus forme une tablette qui convient pour différentes espèces de plantes en pots.

Par cette description, on comprendra que le poêle de briques et ses tuyaux de terre cuite masqués par des planches doivent répandre une chaleur douce très-convenable à la santé des plantes.

Voici la description des calorifères à air chaud de la pl. 38. Les fig. 1 et 2 donnent un calorifère d'une exécution si aisée que tout constructeur qui aura à sa disposition, des briques et quelques tuyaux pourra l'établir luimême, fût-ce même un maçon ou un jardinier.

A entrée du foyer; — b grille; — c entrée de l'air d'alimentation pour le combustible; — d quatorze tuyaux en fonte de fer, exposés au foyer, et autour desquels circule l'air brûlé avant d'arriver dans le tuyau à fumée k. L'air extérieur entre par le canal E, passe dans les tuyaux d, ressort dans la chambre de chaleur G en passant au-dessus du récipient h d'où il sort échauffé pour se rendre dans les conduits jusqu'aux bouches de chaleur. — i est une bouteille d'eau qui verse peu à peu dans le récipient pour rafraîchir l'air (*). — k est le tuyau à fumée; — m est une ouverture donnant accès à l'air même de la pièce dans le cas où il conviendrait de l'employer en fermant le registre E. Cet appareil formerait un bon poêle pour une serre comme pour chauffer un appartement en conduisant le tuyau de chaleur G dans les pièces à échauffer.

En n est un carneau fermé par un tampon composé d'une brique que l'on peut tirer pour opérer le nettoyage, lequel s'achève par l'orifice du tuyau à fumée et par le foyer.

On n'a supposé que 45 centimètres aux tuyaux d, mais on est libre de les faire aussi longs que l'on veut en élargissant la bâtisse et employant plus de combustible.

Les fig. 3 et 5 sont celles d'un calorifère auquel la description précédente s'applique entièrement, sauf deux exceptions : le premier est couvert d'une dalle; celui-ci est voûté parce que l'on peut le construire d'une certaine grandeur. Les tuyaux à air d sont en plus grand nombre : ils se touchent, et les six rangées que l'on y a placées forment entre elles un canal pour l'air brûlé qui, contrarié dans sa marche et suivant un chemin plus long, s'y dépouille de sa chaleur au profit de l'air passant dans les tuyaux. Il y a trois carneaux à tampon pour le nettoyage.

Il pourrait arriver que la première rangée de tuyaux dans l'appareil, fig. 1 et 2, rougissent si on chauffait vivement; aussi, dans le cas où on devrait employer l'ap-

---

(*) Si le métal venait à s'échauffer à plus de 100 degrés centigrades, l'air deviendrait insalubre pour les hommes comme pour les végétaux. De plus, la chaleur sèche des calorifères et des poêles porte à la tête. Pour remédier à cet inconvénient, on a placé dans la chambre de chaleur un récipient plat en fonte, fig. h i, dans lequel on entretient une certaine quantité d'eau. L'air chaud se mêle ainsi à une suffisante proportion aqueuse. On renouvelle aisément l'eau par un bec qui se prolonge à l'extérieur i; on peut aussi y adapter une bouteille comme on voit en i, dans les fig. 2 et 5.

Suivant le besoin de plus ou moins de moiteur, on donne au récipient la longueur et la profondeur que l'on juge à propos.

Ce système, dont on doit l'idée à M. Darcet, est très en usage, surtout depuis qu'on l'a vu pratiquer dans les serres du jardin botanique d'Orléans par son habile jardinier, M. Delaire.

pareil à produire un haut degré de chaleur, on fera bien de la remplacer par une assise de briques soutenues par des barres de fer.

Le calorifère, fig. 3 et 5, ne présente pas cet inconvénient au même point, car la série de tuyaux à air *d* est renversée, par conséquent la chaleur du combustible qui tend à monter ne les frappe qu'indirectement. En cas que la première rangée de tuyaux vint à rougir, on pourrait placer devant un petit mur de briques. Du reste, la description de cet appareil est la même qu'aux fig. 1 et 2.

Ces calorifères à air ne peuvent guère porter la chaleur à plus de 12 mètres. Si on devait la porter à une distance plus éloignée, il serait indispensable de construire un second calorifère.

Dans les deux calorifères qui viennent d'être décrits, on pourrait remplacer la première rangée de tuyaux par une chaudière de thermosiphon dont il va être parlé. Cette chaudière pourrait être formée par des tuyaux de fer, comme la fig. 7, joints à un autre tuyau à chaque bout qui emporterait l'eau et la rapporterait; comme cette eau soustrairait une partie notable de la chaleur du foyer, il faudrait supprimer encore une rangée de tuyaux à air, outre celle que les tuyaux à eau remplaceraient.

Cheminées. Foyer d'Appel. — Dans aucun cas il ne peut y avoir d'inconvénient à disposer une cheminée pour un grand tirage, puisqu'on reste toujours maître de le modérer à volonté au moyen de soupapes ou de registres que l'on peut placer dans les parties de la cheminée où il paraîtra le plus convenable de les fixer.

Quand on allume le feu dans un poêle ou un calorifère dont le tuyau de conduite de la fumée ou la cheminée sont verticaux et d'une section assez large, l'air, à mesure qu'il s'échauffe, tend à monter avec rapidité, et le tirage se fait promptement. Mais si les tuyaux sont placés obliquement, et ont un parcours considérable, ou si l'air est chargé d'humidité, le feu que l'on fait dans le foyer ne peut avoir assez d'action pour chasser la colonne d'air des tuyaux; l'air ne peut se renouveler, une grande fumée se forme, et le feu ne prend pas. On préviendra cet effet en plaçant à l'endroit où les tuyaux cessent d'obliquer, c'est-à-dire au point où ils se joignent à un tuyau ou à une cheminée dirigés verticalement, un *Foyer d'appel*, dont nous avons déjà fait mention, fig. 6, pl. 38. Cet appareil est un petit poêle de tôle M, de 18 centimètres carrés; un tuyau N se rend dans la cheminée P. On allume dans ce foyer une poignée de copeaux; l'air en contact avec cette partie se dilate, devient d'un poids spécifique moindre, il tend à monter; le vide se fait dans la cheminée P, et toute la colonne d'air contenue dans les tuyaux, et dans le trajet qu'elle a à parcourir dans le calorifère, est attirée et s'élève avec vitesse dans la cheminée. Les horticulteurs qui ont à placer dans leurs serres des tuyaux non-seulement obliques, mais même entièrement horizontaux, dans un parcours qui quelquefois n'a pas moins de 20 mètres, connaissent fort bien ce moyen et l'emploient avec succès. Il est essentiel que le tuyau N n'arrive pas horizontalement dans la cheminée P, car le mouvement d'air qu'il y projetterait empêcherait l'effet que l'on se propose d'obtenir, c'est-à-dire un courant ascendant. Il faut, au contraire, qu'il lance son propre courant obliquement et le plus près possible de la ligne verticale.

Du Thermosiphon ou Chauffage de l'Eau en Circulation. — Si on expose *à côté* d'un foyer quelconque de chaleur un bocal de verre blanc contenant de l'eau séléniteuse, telle que de l'eau dure de puits et que l'on y mêle des parcelles de savon (*), qui ne s'y dissoudront pas, on verra bientôt se manifester des courants qui monteront dans la partie échauffée et qui descendront de l'autre côté du vase. Plus le vase sera échauffé et plus le mouvement sera rapide.

Les parties échauffées deviennent plus légères et s'élèvent, elles font place par conséquent aux parties froides, plus pesantes, et le mouvement se trouve établi. Ainsi, que l'on suppose un appareil où l'on a pratiqué en A une chaudière de thermosiphon et en *b c d* un tube, le tout se communiquant et rempli d'eau, si on chauffe la chaudière A, l'eau échauffée prendra son cours dans le tube *b*, descendra par *c* et reviendra refroidie par *d*, après avoir échauffé l'air du local, pour recommencer le même parcours et se réchauffer tant que l'on entretiendra le feu.

Si, au lieu d'un tube en *c*, on y établit un cylindre d'un certain diamètre, ce récipient donnera sa chaleur à l'autre extrémité du local ou dans une autre pièce. Mais il faut considérer que plus il y aura de tubes et de récipients, plus la quantité d'eau demandera du temps pour s'échauffer, et plus aussi elle conservera longtemps la chaleur.

Dans l'*Art de Chauffer par le Thermosiphon*, tous ces phénomènes et leur théorie ont été exposés avec des détails qui ne peuvent avoir place dans le présent ouvrage. On y trouve des notions de physique sur la chaleur et sur tous ses effets, ainsi que sur la manière de calculer l'échauffement et le refroidissement des locaux, sur les différents appareils, leur capacité relative, la ventilation, etc. (Seconde édition, 35 figures, 3 francs.)

Nous allons donner la description et le dessin d'un thermosiphon, le plus parfait qui ait été construit jusqu'à présent.

La fig. 1re, pl. 39, représente la chaudière en cuivre, avec l'indication par des lignes ponctuées de la maçonnerie en briques qui devra la soutenir et qui est représentée dans la fig. 2, SSS.

La chaudière A, fig. 1re, est représentée dans sa coupe transversale. Elle est de forme ronde et composée de deux cylindres concentriques contenant l'eau en *a a*. En C, fig. 1 et 2, on voit la grille du foyer. La chaleur de ce foyer passe avec la fumée sous le cylindre et entre dans son intérieur par l'extrémité D, mais seulement dans la section basse E, car la capacité de ce cylindre est partagée par un plateau formant cloison d'eau M. Arrivée à ce point M, la fumée arrivant par la section E passe par une ouverture dans la section F qu'elle parcourt jusqu'à sa sortie par le tuyau de cheminée H, donnant sa chaleur dans ces trois parcours au milieu des plateaux d'eau *a a*. On ajoute, si l'on veut, des *bouilleurs*, petits tubes d'eau communiquant à la chaudière par leurs extrémités et s'échauffant avec rapidité aux points *i k*, dont l'un peut servir de tuyau de retour de l'eau. Sous la cloison M, on a plié le cuivre comme on le voit fig. 2, en forme de demi-tubes, de manière à

(*) Ceci seulement pour l'expérience, car il ne faut employer dans le thermosiphon que de l'eau pure afin d'éviter les dépôts terreux.

ralentir le cours de la chaleur et à s'en emparer au profit de l'eau contenue dans cette cloison.

En B, on place le tube de remplissage, et en P le tuyau de départ de l'eau pour revenir par le tube N. Après avoir échauffé le local, on fera bien de toujours placer le tube de remplissage sur celui de retour de l'eau vers D, près de sa jonction avec la chaudière. On l'a placé ici, à l'autre extrémité, pour qu'il n'y ait pas confusion de signes dans la gravure.

La fig. 2 donne la coupe longitudinale du même appareil dont l'explication et les signes de renvoi sont les mêmes que sur la fig. 1re. La lettre S indique la bâtisse dans laquelle doit se placer la chaudière A. En J la porte du foyer. En R est le cendrier, et en L un carneau, bouché par une porte ou par des briques mobiles; cette ouverture sert à nettoyer la chaudière de la suie qui couvre ses parois.

Souvent des constructeurs ont copié la forme ronde de cet appareil, mais ils n'ont pas pratiqué la cloison intérieure qui augmente le travail, ni les bouilleurs. Ces constructeurs sont restés, par ce défaut de bonne et intelligente confection, au-dessous même de la première idée des anciennes chaudières. Néanmoins, ils se sont fait connaître, et ont fourni les serres d'appareils qui sont loin d'être dans le progrès.

Nous devons donc recommander, dans le seul but d'être utile, les thermosiphons que M. Fontaine, rue Saint-Pierre, à Versailles, a établis avec tant de succès dans le potager impérial et dans une infinité d'autres établissements en France et à l'étranger.

M. Fontaine nous a permis la publication de son appareil. La discrétion nous fait un devoir de nous borner à indiquer seulement ici une autre chaudière bien plus puissante à laquelle sont ajoutés des tubes de chauffe beaucoup plus prolongés et susceptibles de servir à de très-grands locaux (*). Un autre appareil, en sens inverse, se fait très-petit et à plus bas prix pour de petits locaux, au moyen d'un serpentin.

Chauffage particulier des Serres de multiplication pour les plantes, applicables aux bâches des Serres chaudes. — Dans les serres de multiplication et même dans les serres chaudes, les horticulteurs ont remplacé le fumier et le tan par le thermosiphon. Au milieu d'une serre à deux pans, fig. 3, pl. 39, est un coffre A de 1 mètre de hauteur, se prolongeant dans toute la longueur de la serre, sauf les passages aux deux extrémités.

Sur la terre C, ou sur des supports, sont placés les tubes B. Ils sont figurés ici méplats, mais on peut les établir cylindriques. Au-dessus, sur un plancher c, est versé un lit de sable blanc, dans lequel sont logés des pots contenant les plantes qui exigent de la chaleur, ou les terrines et godets à multiplication. La chaudière peut être placée sous le coffre si la serre est grande, sinon elle peut être placée ailleurs, par exemple en d ou en e. On est à même, aussi, de faire circuler une partie des tubes dans la serre, hors du coffre, pour l'échauffer dans toute son étendue. Les côtés A A ont, de distance en distance, des ouvertures fermées

(*) Cet intelligent et distingué fournisseur des plomberies et appareils d'eau de Versailles connaît très-bien la théorie de la chaleur et sait calculer la force des appareils. La plupart des fabricants ne font leurs appareils qu'au hasard du coup d'œil.

de portes, et destinées à entrer pour les réparations, ainsi qu'à donner de l'air chaud hors du coffre.

Le plancher *c* est souvent composé de planches de chêne, quoique le bois soit peu conducteur du calorique; mais la facilité que présente l'emploi de cette matière fait passer sur son inconvénient.

Des horticulteurs font courir les tubes au milieu d'un lit de tan ou de sciure de bois, dans lequel les pots sont logés. La chaleur s'y conserve, comme de raison, fort longtemps.

Exemples de la Puissance du Thermosiphon. — Il est facile de placer le thermosiphon dans un cabinet donnant entrée à la serre et de faire courir les tubes au-dessus ou au-dessous des tablettes placées toujours au bas des vitrages; mais nous devons donner des exemples de chauffage de serres offrant une grande étendue et exigeant, en conséquence, un grand développement de tubes pour en chauffer toutes les parties à volonté.

D'abord nous mentionnerons la serre Rothschild, à Suresnes, que nous avons déjà indiquée page 147.

Ce vaste local est chauffé au moyen de quatre thermosiphons de 2 mètres chacun de longueur, placés chacun dans des cabinets souterrains aux quatre points L, pl. 39, fig. 4. Les tubes s'élèvent à 30 cent. du niveau du sol qu'ils parcourent entre l'encaissement A et le mur de la serre dans le conduit indiqué par la lettre *r*. Ils se retournent au milieu de la serre pour revenir chacun à sa chaudière, mais après avoir circulé dans un poêle d'eau ou récipient placé en *b*. Ils chauffent, par conséquent, chacun un quart de la serre. Les tubes sont méplats, de 35 centimètres de haut sur

3 d'épaisseur. Les récipients sont cylindriques, ils ont 60 centimètres de diamètre, 50 de haut et sont percés au milieu, de bas en haut, d'une ouverture de 20 centimètres pour laisser passer et échauffer l'air qui vient du dessous. Sous les encaissements ou bâches de terre A qui suivent les murs et les vitrages latéraux, on a pratiqué, de mètre en mètre, un conduit transversal de 10 centimètres de haut et 25 de large, par où l'air vient du passage T s'échauffer aux tubes qui passent en *r*, et élever la chaleur qui resterait confinée dans ce conduit *r*.

Une serre de cette étendue exige un chauffeur pour la nuit.

Pour parer aux accidents ou aux hivers très-rigoureux, deux poêles en briques ont été placés aux deux extrémités, mais on n'a jamais, jusqu'à présent, trouvé l'occasion de les employer.

Nous donnerons aussi une idée de la manière dont est chauffé le célèbre jardin d'hiver de Sa Grâce le duc de Devonshire.

Chauffage du Jardin d'Hiver de Chatsworth, décrit p. 148. — Construit dans des proportions telles que l'on peut s'y promener en calèche (*), ce jardin d'hiver, le plus magnifique de tous ceux qui existent jusqu'à présent, nécessitait un moyen de chauffage qui pût entretenir dans leur belle nature les végétaux des deux Amériques et des contrées de l'Asie. M. Paxton, jardinier de Sa Grâce, a pour lui le mérite de la difficulté vaincue en ce qu'il est parvenu

---

(*) Cette serre immense n'a pas moins de largeur que le marché aux fleurs de Paris, dans la Cité, depuis le parapet jusqu'aux maisons, et sa longueur comprend les trois quarts de celle de ce marché. La hauteur du cintre est de 20 mètres. Voir le plan et la coupe, pl 37.

à chauffer un espace de plus de 16,000 mètres cubes *au moyen de l'eau chaude* en circulation, problème qui, avant lui, semblait ne pouvoir être résolu pour le chauffage d'une telle masse d'air.

Il faut encore ajouter à la difficulté vaincue l'enveloppe de ce vaste local entièrement composée de vitres, et l'on sait que le verre occasionne un refroidissement dix fois plus considérable que celui qui a lieu dans les appartements.

Voici une description des appareils :

L'ensemble se compose de huit chaudières, de thermosiphons avec foyers, de quarante tubes et de vingt-quatre récipients ou poêles d'eau alimentés par les tubes.

Quatre chaudières A, fig. 1re, pl. 37, sont destinées à porter la chaleur autour de la serre.

Quatre autres chaudières B échauffent les parties plus centrales.

De chaque chaudière part un tube principal de 20 centimètres de diamètre, aboutissant à un poêle d'eau r. Ce poêle ou récipient rend l'eau apportée par le tube de 20 centimètres à cinq autres tubes de 15 centimètres placés au-dessus les uns des autres, ainsi que l'on peut voir dans la coupe, fig. 2, s.

Ces cinq tubes, après avoir alimenté deux autres poêles, reviennent à un quatrième où leur volume d'eau est rendu à un tube de 20 centimètres qui rentre en partie refroidi à la chaudière. Ceci s'entend pour les quatre thermosiphons des centres ; car ceux qui règnent autour de la serre n'alimentent chacun que deux poêles d'eau, et les petits tubes n'ont que 10 centimètres.

Quand on aura trouvé sur le plan les chaudières A et B,

il sera facile de reconnaître les tubes et la circulation de l'eau indiquée par des flèches. On remarquera facilement la différence de grosseur des tubes de 20 centimètres et de ceux de 10. Les récipients sont indiqués par la lettre r.

Toutes les pièces des appareils sont en fonte de fer. Les chaudières ont la forme d'un fer à cheval dans leur coupe transversale. Elles mesurent 2 mètres et demi en longueur, 1 mètre 40 centimètres de largeur à leur base, et 70 centimètres de hauteur. La capacité entre les parois est de 20 centimètres. Le foyer, placé au milieu, donne une section de 45 centimètres de haut sur 1 mètre à la base. La chaudière est posée sur une solide bâtisse en briques.

Les poêles sont des caisses de forme quadrangulaire de 1 mètre de longueur sur 70 centimètres de large et 1 mètre 30 centimètres de hauteur, environ.

Le parcours total des tubes d'eau n'a pas moins de 4,000 mètres (une lieue de France).

La fumée, en s'échappant des foyers, va se rendre dans un conduit commun, ainsi que le montrent les lignes ponctuées à l'intérieur de la serre au-dessous des chemins, près des murs ; elle circule ainsi tout autour et s'échappe enfin en dehors par le côté est pour aller se perdre à quelque distance au milieu des arbres.

Le service des chaudières se fait par un tunnel pratiqué à l'extérieur ; au-dessous de la surface du sol, il a 2 mètres et demi de haut sur une largeur de 1 mètre 25 centimètres. Un chemin de fer établi sous ce tunnel, et en communication avec le magasin de houille, permet de faire circuler librement, et sans encombre, les chariots portant le combustible. Ce jardin d'hiver, devant rappeler pour quelques instants la nature et le climat des contrées tropicales, a caché aux regards des visiteurs le feu, les tuyaux, ou les conduits de fumée, les pompes destinées à l'arrosement, etc., tout est dissimulé; les plantes semblent s'y produire comme par enchantement.

La fig. 1re donne le plan général de la serre de Chatsworth.

La fig. 2 fait voir la coupe transversale; c sont les chemins; D, les carrés ou massifs destinés à recevoir les végétaux en pleine terre; s, parties couvertes recevant à l'intérieur les dix tuyaux d'eau en circulation autour de la serre et ceux des milieux; ceux-ci sont recouverts de plusieurs plaques de fonte mobiles, laissant des jours entre elles; les premiers sont recouverts de tablettes de bois portant des plantes en pots. Les colonnes soutenant la charpente de la serre partent du sol au-dessous de ces plaques dissimulées par des plantes en caisses placées dans les entre-colonnements.

En i sont des conduits de fumée.

Cette serre ainsi chauffée, on a disposé les divers végétaux eu égard à la quantité du calorique dégagé dans telle ou telle partie : ainsi les côtés est et ouest, étant ceux où l'eau chaude circule dans un plus grand nombre de tuyaux rapprochés, ont dû recevoir les plantes dont la végétation n'a lieu que sous l'influence d'une chaleur élevée; les extrémités sud et nord étant les régions tempérées de ce monde végétal, en raison du moins grand nombre de tuyaux de chaleur et de leur proximité des portes d'entrée, on a dû y placer les végétaux de climats moins habitués aux feux de l'astre qui les vivifie tous.

Ainsi, on peut visiter dans cet espace circonscrit et le climat tempéré de notre Provence, et le climat brûlant des tropiques.

<h2>§ 2. Habitations et fabriques d'utilité.</h2>

Cette division comprendra des *Maisons d'Habitation Ornées*, et des habitations de moindre importance qui présentent un caractère particulier, soit de pays ou d'époque, et qui peuvent, par leur forme pittoresque, accompagner le paysage et être confondues dans le même tableau avec les constructions que les jardinistes appellent *Fabriques*.

Ainsi que l'indique la loi des convenances, l'*Habitation* doit être en harmonie avec l'aspect général de la composition. Or, on doit comprendre que, si elle est préexistante, elle imprimera son caractère au jardin; mais que, si au contraire on a acquis une portion de terrain dont le site ait un ensemble particulier, celui-ci servira de base aux convenances qui guideront dans la construction. Ainsi, placée au milieu ou à l'extrémité d'un vaste jardin symétrique dont le caractère sera la noblesse et la majesté, elle s'élèvera sous la forme d'un *Palais* ou d'un *Château*, et la richesse de son architecture le disputera aux marbres et aux bronzes dont ses alentours seront ornés. Nous ne donnerons aucun conseil sur la construction de ce genre de bâtiment, parce que, les jardins lui étant presque toujours subordonnés, ce serait sortir de notre sujet pour entrer dans le domaine de l'architecture.

Par *Fabrique*, on entend toute construction de forme pittoresque placée dans les scènes d'un jardin paysager, telles qu'une cabane, un pont, une tour, un kiosque, soit qu'elle serve de logement aux hommes ou aux animaux, ou simplement de resserre, ou bien qu'elle ait pour but unique d'orner la scène, de servir d'observatoire, etc.

Les peintres de paysage appellent aussi *Fabriques* les édifices qui ornent leurs tableaux.

Il résultera de ces définitions que nous emploierons souvent le mot fabrique d'une manière générale pour toutes sortes de constructions pittoresques servant à l'habitation ou à l'ornement.

Nous nous occuperons plus loin, au § 3, des fabriques d'ornement et de récréation.

Quelques auteurs ont exclu les fabriques de leurs systèmes, tandis que des amateurs les ont entassées sans goût les unes sur les autres. On doit éviter également ces deux extrêmes, et, comme le peintre, n'employer les fabriques qu'avec discernement pour ne les placer que là où le site et le caractère d'une scène les appellent. Alors, l'effet qu'elles produisent ne peut être qu'agréable par le pittoresque qu'elles jettent sur le point de vue et par l'intérêt qu'elles inspirent dans la promenade. Avant de traiter du caractère particulier à chaque construction et de donner quelques idées sur la manière de les distribuer dans une juste et rigoureuse convenance, nous devons parler de l'ingénieux moyen qu'indique M. de Viart pour juger, avant de les construire, de l'effet qu'elles produiront dans une situation déterminée. « C'est, dit-il, de dessiner, dans une proportion suffisante, l'édifice qu'on a le projet de construire, présenté sous l'aspect qu'on croit le plus avantageux. On colorera ce dessin des teintes et des ombres convenables, et, après l'avoir appliqué solidement sur un carton, on le découpera suivant toutes ses formes extérieures. Ensuite on ira placer, au lieu où on devra construire, deux jalons bien apparents, à une distance l'un de l'autre égale à l'étendue qu'on se propose de donner au plan de l'édifice. Puis on viendra se poser, avec le dessin à la main (qu'on aura adapté à un autre jalon), au point de vue principal pour lequel le bâtiment aura été conçu, et le disposant dans la direction des deux jalons, situés sur l'emplacement où l'on a l'intention de bâtir, et l'éloignant insensiblement de l'œil jusqu'à ce que les deux extrémités de sa base paraissent toucher le pied des deux jalons. Alors on le fixera à ce point en l'enfonçant en terre; ce qui donnera la facilité d'observer avec réflexion et de juger complétement de l'effet que l'édifice pourra produire après son exécution, si le dessin surtout a été ombré d'après le jour moyen attaché à la situation de l'édifice. »

Loin de chercher à dépasser la limite que nous traçait le cadre de notre TRAITÉ, nous avons senti que nous ne devions y faire figurer que des modèles d'habitations ornées, il est vrai, mais néanmoins point luxueuses, et qui pussent être accessibles à la modeste fortune comme à la richesse. Avant d'entrer dans les habitations d'architecture plus régulière, nous pénétrerons d'abord dans la *Ferme Ornée* et visiterons les bâtiments qui en dépendent.

Ferme Ornée, Habitation et dépendances.

Pl. 40, fig. 1, habitation de la ferme ornée dont le plan est gravé pl. 21. L'architecture est dans les convenances, et les ornements ne contrastent pas par leur richesse avec les bâtiments de la ferme. Fig. 2, 3, bâtiments de la ferme. On voit que l'on a cherché à en orner les formes, par le tracé même des lignes de la construction, sans y apporter aucun ornement qui pût porter à une dépense hors de sujet.

Fig. 4, 5, 6, 7. *Écuries et Vacheries ornées;* fig. 8, 9, 10. *Bergeries.* Par la pureté des lignes on voit que les n⁰ˢ 6, 7, 8, sont d'architecture italienne. L'écurie n° 8 est élevée au-dessus d'un sol humide et les animaux y arrivent par un perron en pente douce.

La pl. 41 contient trois *Moulins à eau,* dont les deux supérieurs ont été esquissés en Italie.

Un *Moulin* est une fabrique qui réunit le plus éminemment l'agréable à l'utile. La partie de bâtiment particulièrement consacrée à l'usine s'élèvera d'une manière remarquable au milieu des autres constructions accessoires; celles-ci seront très-pittoresques, si leurs formes ont de la grâce et de la variété, sans s'éloigner cependant du caractère qui leur convient. Les vannes, les ponts, les eaux se précipitant écumeuses sur les roues, le bruit qu'elles font en jaillissant, et même le tic-tac cadencé du moulin : tout cela combiné avec art contribue puissamment à la composition d'une scène charmante dont l'effet est toujours immanquable.

Sur la pl. 42, nous avons réuni les dessins des *Moulins* à vent les plus pittoresques que nous ayons vus en Europe. Fig. 1. Moulin *Anglais,* 2. Moulin *Hollandais,* 3. Moulin *Flamand.* La fig. 4 est celle d'un moulin existant dans un jardin particulier à Fleuri sous Meudon; il est d'une forme originale et sert à faire monter de l'eau, comme celui de M. Panckoucke, pl. 97.

Fig. 5, pl. 42, *Habitation Rustique* ornée dans le goût italien *pour un métayer: a* Cuisine. *b* Dépôt de graines et d'instruments. *c* Chambre à coucher. *d* Escalier. *e* Cabinet. *f* Four. *g* Fontaine.

Fig. 6, *Maison* de forme indienne, destinée au logement *d'un Pêcheur;* elle est tirée du jardin de Muskau. Fig. 7, autre habitation ayant la même destination.

Fig. 8, 9. *Entrées de Ferme et de Maison des champs.* Ce ne sont pas toujours les constructions les plus travaillées et les plus délicates qui sont les plus pittoresques; ces deux portes, d'une architecture simple, en sont la preuve.

Nous avons donné des plans de fermes ornées et d'un hameau orné. Dans les premières, nous avons considéré ces établissements utiles dans tout leur développement, et sur un grand terrain. Le hameau orné est un lieu de plaisance, une grande maison que l'on a divisée en petits pavillons séparés. Il nous reste à indiquer une seconde sorte de ferme ornée qui peut se renfermer avec toutes ses exploitations et ses ressources dans une propriété de 10 hectares. Celle-ci sera la *Métairie ornée.* Elle a beaucoup de rapports avec le hameau orné.

Souvent une maison de campagne est accompagnée d'une basse-cour, et d'une cour pour écuries et remises; tous ces bâtiments se touchent, ils sont disposés comme s'ils étaient à la ville, et rien dans cet arrangement n'est pittoresque ; voilà ce que nous proposons de réformer. Nous supposons l'habitation du maître placée seule et le plus avantageusement possible ; mais quant aux bâtiments d'utilité, nous proposons de les construire à une certaine distance de cette habitation.

L'écurie formera un bâtiment placé près du hangar aux voitures ; plus loin l'étable aux vaches, la laiterie, le pigeonnier, une petite grange, le poulailler, les volières où s'abriteront les paons, les canards de Barbarie et autres oiseaux de curiosité qui orneront la métairie, et seront renfermés, dans son enceinte, avec les animaux utiles, sans pouvoir s'échapper dans les jardins. On n'oubliera pas la maison de la fermière, et même un pavillon rustique où se trouvera une salle à manger pour les maîtres quand ils voudront aller faire un déjeuner champêtre à la métairie, qui plus souvent, peut-être, sera appelée *la Ferme*. Tous ces bâtiments seront de construction simple, mais légère, et relevés par quelques peintures qui diversifieront la couleur de chacun, de manière à les faire contraster avec goût et vraisemblance. Ils seront disposés sans ordre apparent autour d'une pelouse d'un demi-arpent, irrégulière, sur laquelle des arbres projetteront leur bienfaisant ombrage. On n'oubliera pas la pièce d'eau appelée *Mare* dans les cours de fermes, tenue avec propreté, et dont l'eau sera renouvelée par une chute ou par un jet qu'alimentera un réservoir supérieur. On conçoit tout ce que cette petite métairie ajoutera d'agrément à une maison de plaisance. Ce sera un tableau naturel, animé, qui formera contraste avec les jardins paysagers et fleuristes : on ira à la *Ferme* comme on va au village voisin : ce sera un changement de lieu, puisque sa physionomie sera toute différente, et cependant on y parviendra sans fatigue, à travers quelques bosquets, une prairie artificielle, dépendance nécessaire de la métairie.

Souvent nous avons vu dans des jardins un commencement d'exécution de ce projet, mais il y manquait beaucoup de choses pour le compléter. C'est seulement chez madame Delisle, à Sèvres, que nous l'avons rencontré avec tous les charmes que nous lui prêtions dans notre imagination.

La pl. 43 représente deux vues de *la Ferme*, un des ornements remarquables du beau parc de madame Delisle.

Restaurateur d'une propriété créée par Louis XV pour madame de Coislin, et possédée ensuite par M. Pujol, le beau-père de notre grand artiste Horace Vernet, feu M. Delisle, entre autres établissements qu'il exécuta dans son parc, établit un petit hameau auquel il donna le nom de *Ferme*. Sept ou huit fabriques, quelques-unes rustiques, les autres d'un style plus relevé, forment l'ensemble de ce hameau, placé dans la partie haute du parc, loin du château, et autour d'une esplanade ombragée par de grands arbres ; une maison pour la fermière, modèle des habitations de ce genre, qui garde son caractère champêtre, sont les ornements que le luxe y a réunis : c'est le principal logis de ce village en miniature. Des poteries anciennes et de tous les pays, un dressoir sculpté pour les faïences, la verrerie et l'étain, des meubles en bois taillé par les artistes des dix-septième et dix-huitième siècles, sont ce qui recommande aux visiteurs l'intérieur de cette maison sous le chaume de laquelle on ne s'attendrait pas à trouver des curiosités chinoises cachées dans un cabinet, tout étonnées qu'elles semblent être d'avoir pénétré sous un toit normand, et, mieux que cela, une tête de sainte, témoignage délicat et précieux de l'habileté qu'on avait au quinzième siècle à sculpter le bois avec finesse. Des fabriques revêtues de peintures à effet par un décorateur italien servent d'écuries, de remises, de cabanes pour les animaux de basse-cour, de pigeonnier et de fromagerie. Un pavillon bourgeois, divisé en plusieurs petits corps, domine la ferme et, comme la maison seigneuriale, est assis non loin de l'église. Car il y a une église, ou, pour dire plus vrai, une chapelle, d'un style gothique et rustique tout à la fois, qui se fait remarquer par ses portes de bois sculptées à la manière des treizième et quatorzième siècles, les capricieux ornements de quelques bois dorés accrochés à ses murs, les beaux vitraux à figures d'anges et de saints que Sèvres a exécutés pour elle, et surtout par un délicieux tableau, l'*Adoration des mages*, un des meilleurs morceaux de Jordaens. Une laiterie et une étable à vaches sont proches du hameau. La laiterie est un charmant détail avec ses consoles de pierres blanches, son pavillon, sa large table ronde et ses grandes jattes de blanche porcelaine.

HABITATIONS ET PAVILLONS D'ARCHITECTURE ITALIENNE.

Villa, Casin.

En latin comme en italien, le mot *Villa* signifie une *Maison de campagne*. Cependant, en Italie, l'usage est d'appeler villa une maison de plaisance considérable hors de la ville, avec des jardins d'agrément ornés de tout le luxe des arts. C'est ce que nous appellerions un palais, un château. On a donc tort, en France et en Angleterre, de désigner sous le nom de *Villa* la moindre bicoque.

Le *Casin* (casino) est, en général, une maison de campagne de petite proportion : cependant on en voit en Italie de très-grands et très-riches, que l'on décorerait volontiers ici du nom de *châteaux*.

Pl. 44, fig. 1, Casin de Raphaël, dans le faubourg du Peuple, à Rome. C'est là que le grand peintre venait passer quelques instants de récréation avec ses nombreux élèves. L'intérieur était orné, particulièrement sous le péristyle, des peintures à fresque exécutées par eux (*).

2. Celui-ci existe aussi auprès de Rome. Il porte éminemment le caractère d'architecture italienne.

3. Très-simple casin dans le faubourg du Peuple, à Rome.

4. *Casino Negroni*, près de la promenade de *l'Acqua sole* à Gênes. Celui-ci rappelle l'architecture toscane quant à l'ensemble. Les détails, de fantaisie, tiennent du gothique.

Nous avons esquissé quatre caractères différents de ce genre de maisons de campagne.

Pl. 45, *Fabriques* d'habitation du *Hameau orné* composé par M. Canissié, pl. 20. Fig. 1. *Presbytère* : *a*, vestibule; *b*, cuisine; *c*, parloir ou petit salon; *d*, oratoire; *e*, salle à manger; *f*, jardin fleuriste; *g*, jardin potager. Fig. 2. École : *a*, école de garçons; *b*, école de filles; *c*, cour; *d*, hangar pour les récréations; *e*, vestibule et parloir;

(*) Ce charmant pavillon a été détruit en 1849 par les révolutionnaires.

f, atrium du logement des maître et maîtresse; *g*, escalier. Fig. 3, observatoire.

Pl. 46, Fabriques italiennes d'habitation. Ce genre de construction se fait remarquer par des lignes pures et une simplicité pleine d'élégance. Nous allons donner plusieurs exemples de ces habitations. Les fenêtres sont de petite proportion et peu nombreuses, à cause du climat. De même les toits débordent de beaucoup la ligne du mur, afin de concentrer autant que possible la fraîcheur; à l'intérieur ces toits sont peu inclinés, parce que, sous le ciel de l'Italie, l'on a moins à craindre les neiges et les pluies continuelles. On remarque fréquemment, dans les fabriques italiennes, des galeries couvertes, des terrasses ornées de vases de fleurs, et enfin la gracieuse pergole.

Les fabriques de la planche 47 sont destinées au hameau orné de M. Canissié, pl. 20. Fig. 1, petite maison. Fig. 2, chaumière vue de face et de côté. Fig. 3, pavillon principal du hameau : *a*, vestibule; *b*, antichambre; *c*, salle à manger; *d*, salon; *e*, salle de billard; *f*, cabinet de jeu; *g*, serres formant jardin d'hiver et galerie de fleurs; *h*, pavillon d'ami; *i*, pavillon d'habitation du maître.

Pour joindre ensemble tout ce qui porte le caractère italien, nous avons dessiné, pl. 48 à 51, diverses fabriques de ce genre.

Pl. 48, fig. 1. Pavillon accompagné d'une charmante pergole. Fig. 2, autre pavillon destiné à contenir une laiterie dans son soubassement.

Pl. 49, fig. 1, maison d'habitation d'un métayer; 2, plan. Fig. 3, pavillon pour un artiste; 4, plan. Fig. 5, fontaine; 6, volière.

Pl. 50, fig. 1, 3, pavillons d'ornement pouvant servir de rendez-vous de chasse; 2, 4, plans. Fig. 5, exèdre couvert pouvant servir de belvédère s'il est placé sur une terrasse élevée.

Pl. 51, fig. 1. Le dessin de ce pavillon, où tout respire la grâce et l'élégance, avait été proposé à notre grand artiste Talma. Sa mort en a empêché l'exécution. Les fig. 2 et 3 sont des pavillons de repos. Le n° 4 peut servir d'entrée à une propriété. Sous le péristyle est un grand escalier.

Sur la même planche 51, fig. 5, on a dessiné une *Marquise*. On est convenu d'appeler ainsi un abri en forme de tente, couvrant l'espace sur lequel arrivent les voitures, dont on peut descendre sans recevoir la pluie. Celle du dessin n'avance qu'autant qu'il le faut pour abriter la porte et le perron qui donne entrée à la maison. La *Marquise* peut être établie très-simple ou plus ou moins ornée.

Maisons transportables.

Voici une fabrique qui, sans doute, n'a jamais été indiquée dans aucun livre. Nous avons reçu en communication de M. Gavori, architecte, le plan d'une maison à un étage, pl. 52, dont toutes les parties peuvent se démonter, et le plan d'une semblable avec rez-de-chaussée seulement, pl. 53.

Pl. 52, fig. 1, pièce d'entrée où est l'escalier du premier étage; la moitié de la surface du rez-de-chaussée sert à un salon ou salle à manger, et derrière la pièce d'entrée est un cabinet pouvant être utilisé comme cuisine.

Fig. 3, le premier étage est divisé de même, sauf que

le palier est rétréci par une alcóve disposée sur la largeur.

Pour rendre cette maison mobile, il faut qu'elle soit entièrement construite de bois assez léger, et que toutes les pièces soient ajustées de manière à pouvoir se démonter facilement et sans crainte de ruptures. A cet effet, les grands poteaux, fig. 2 et 5, sont retenus par trois moises dans la hauteur et sur chaque face.

La moise inférieure *b*, fig. 5, sert au niveau du plancher, qui est disposé en feuilles encadrées.

Ces moises sont roidies et retenues d'équerre par les croix de Saint-André, fig. 2, auxquelles on rapporte des lambourdes pour supporter le plancher. Ces croix de Saint-André se rapportent au plancher haut du deuxième étage.

Dans les mêmes moises reposent les bâtis en menuiserie dont le poteau d'huisserie *e*, fig. 5, porte les gonds des croisées et portes. Ces bâtis ont, en outre, des potcaux d'angles *f*, portant une languette qui s'embreuve dans une coulisse faite dans les grands poteaux; ces bâtis sont ensuite recouverts à l'extérieur de feuilles de zinc ou de tôle, clouées, sur lesquelles on fait les peintures. Des portes cadrées et à vis tiennent en outre les bâtis aux poteaux. L'intérieur des bâtis est caché par des châssis tendus de toiles, sur lesquelles on fait des peintures ou que l'on couvre de papier.

Le plancher du premier étage est plus simple que les autres : on se sert de lambourdes de 8 cent. de large sur 11 de hauteur, et elles reposent sur des tasseaux cloués aux moises et retenus par des brides coudées. Le parquet, toujours en feuilles, s'applique dessus; le dessous des plafonds est aussi formé de châssis légers vissés sur les

moises, et soutenus par les corniches rapportées, en menuiserie, se vissant à la hauteur nécessaire.

Le comble est fermé de quatre arbalétriers A, battant sur les têtes des poteaux cormiers B, comme aux fig. 13 et 13 bis, pl. 54, et de l'autre dans le poteau du milieu, formant poinçon, fig. 12, pl. 54. Des bouts de pannes D, fig. 12, assemblées dans les arbalétriers au moyen de chevilles, retiennent les arbalétriers, et pour diminuer l'espacement du comble, on assemble dans ces pannes des chevrons E, allant bâtir sur le poteau du milieu; le tout est retenu par des plates-bandes à vis.

Tout le comble est couvert ensuite par des voliges sur lesquelles on étend des toiles cirées ou des toiles à bannes goudronnées. Ces dernières sont meilleures en ce qu'elles ne se percent pas aussi facilement à l'effet de la pluie et du soleil.

Tous les ornements extérieurs sont en menuiserie et retenus par des ferrures; les grands poteaux devront être préférablement en sapin plutôt qu'en chêne, le bois étant moins sujet à se coffiner. A cause de la grande flexibilité, tous les bois doivent être de choix et peints sur toutes les faces pour leur éviter l'humidité, qui les ferait gonfler ou resserrer, ce qui nuirait à la perfection et à la solidité.

La fig. 7, pl. 54, représente une moise portant le parquet avec toutes les entailles à y pratiquer pour les grands poteaux, les poteaux des châssis et les croix de Saint-André; la fig. 8 est la coupe de la croix de Saint-André et l'entaille dans les moises. Fig. 9, lambourdes intermédiaires supportées par les chantignoles, et affleurant les moises au milieu du bâtiment; fig. 10, assemblage de la croix de

Saint-André pris au milieu; fig. 11, assemblages et poteaux de l'escalier; fig. 12, détail de la forme du comble : arbalétriers avec leurs pannes et chevrons; fig. 13 et 13 bis, assemblage et coupe de l'arbalétrier et de la tête des poteaux; fig. 14, caissons formant pilastres et cachant les poteaux; fig. 15, les corniches en menuiserie à hauteur des moises.

Pl. 53. Ce pavillon, construit tout en menuiserie, est composé à chaque angle d'un poteau cormier *a* de 5 à 6 pouces d'équarrissage retenu haut et bas par des sablières, les serrant en outre par des équerres en fer qui sont entaillés à fleur du bois; les petits poteaux *d* sont aussi serrés par des moises embrassant ceux du centre *e*, et soutiennent en haut les arbalétriers *f*, dans lesquels ils sont assemblés.

Le comble est composé de ces arbalétriers dans lesquels on assemble les pannes *g*, qui portent les petits chevrons en ais de bateaux, sur lesquels on assemble de la volige très-mince que l'on recouvre soit de toiles à bannes, soit de zinc le plus léger.

Les châssis de remplissage sont en menuiserie, tendus de toiles légères et contrecollés, soit de papiers de tenture pour l'intérieur, et en zinc ou bois léger pour l'extérieur.

Fig. 1, élévation; — 2, plan du plancher bas; — 3, détails du poteau d'angle de l'entrait et de l'arbalétrier; — 4, plan du comble; — 5, charpente de la façade, — 6, *a*, salon; — *b*, chambre à coucher; — *c*, cuisine; — *d*, salle à manger; — *e*, lieux d'aisance.

Les détails de la pl. 54 s'appliquent en partie à ce pavillon.

Depuis que ceci a été composé pour la cinquième édition, le goût des *Maisons Transportables* a pris une grande extension. C'est aux *Maisons Suisses*, appelées improprement *Chalets*, que l'on a appliqué cette idée de maisons mobiles, et au moment où nous écrivons la présente note les journaux sont remplis d'annonces de *Chalets* que l'on trouve tout *confectionnés* chez le fabricant, prêts à livrer et à emporter pour 2,000 francs. Nous avions déjà décrit et fait graver sur les planches 74 à 78 et 88 ce qui concerne les maisons suisses et les chalets, sans y omettre les détails de construction pris par nous-même dans les vallées du canton de Berne.

Le *Cabinet Transportable*, fig. 3, pl. 61, a 2 mètres en carré. Construit à panneaux minces, il est couvert légèrement en zinc simple, et peut être transporté dans son entier par quatre hommes.

Habitations Anglaises, Cottages.

Les cottages sont de jolies fabriques dont on peut faire usage dans les jardins paysagers, et ils sont trop peu connus en France.

Ce genre de fabrique fait d'autant plus d'effet dans les campagnes d'Angleterre, que là il n'y a point de ces murs noircis et décrépits qui chez nous arrêtent la vue à chaque pas, nous empêchent de jouir librement des beautés de la nature, et réveillent en nos âmes les étroites combinaisons de l'égoïsme social. Ce qui le plus souvent forme la limite d'une propriété chez nos voisins, c'est un limpide ruisseau sur le bord duquel vient mourir une prairie verdoyante, bien nivelée, à l'herbe fine et serrée, ou bien encore c'est une haie plantée d'arbrisseaux. Si l'on n'a pas vu l'Angleterre, on ne peut se faire une idée de la coquetterie avec laquelle sont groupés les bouquets de bois, les jardins et les cottages. Si ces campagnes n'offrent pas toujours l'admirable aspect de celles de France, si riches par leurs productions agricoles, par leurs coteaux tapissés de vignes, du moins faut-il avouer que la gaieté et le charme instinctif que l'on éprouve devant un cottage anglais donnent bien à l'avance l'idée de *Comfort* délicieux que l'on rencontre à chaque pas que l'on fait dans l'intérieur.

Les Anglais, empruntant l'architecture des habitations italiennes, ont appelé improprement VILLAS leurs cottages les plus beaux; ce mot, dont on se sert depuis quelque temps en France, est devenu, ainsi que nous l'avons déjà exprimé, un abus que nous ne devons pas partager. Adopté par les anciens Romains, le titre de villa signifia d'abord simplement séjour de la campagne; Varron reconnaissait la *Villa Urbana,* maison du maître, et la *Villa Rustica,* maison du fermier ou métairie; mais après lui le luxe, auquel Lucullus donna un si grand élan, remplaça la simplicité, et le mot villa ne fut plus employé que pour désigner la résidence somptueuse, *Extra Muros*, des empereurs et des plus riches citoyens de Rome : c'est dans cette dernière acception que nous le comprenons. La villa d'aujourd'hui, c'est un palais hors de la ville, avec ses jardins réguliers ornés de statues de marbre, de jets d'eau, de quinconces; l'Italie nous en offre les plus beaux modèles; Lucullus, Néron, Adrien en furent les créateurs. Les plus admirables des temps modernes sont les villas Aldobran-

dini, Pamfili, Madama.   Saint-Cloud et Meudon, près de Paris, peuvent donner une idée de ces compositions grandioses.

En Italie, ce qui vient de plus riche après la villa se nomme *Casino,* Casin : celui-ci est moins symétrique dans son style et admet le genre paysager.

Or, un cottage ne peut se désigner par un autre nom que *Cottage.* Les Anglais ont créé ce genre de fabrique, de même qu'ils ont mis en usage, en Europe, les jardins paysagers.

Les cottages ou maisons anglaises, fig. 1re, pl. 71, et fig. 3, pl. 55, conviennent parfaitement à une habitation principale d'une localité d'étendue modeste; ce dernier est remarquable, comme celui de la fig. 2, par une *Lanterne* d'un joli effet; elle est pratiquée sur la façade du bâtiment qui présente le point de vue le plus agréable, et sa saillie sur un plan polygone permet à la vue de s'étendre sur les côtés.

Dans un tableau pittoresque, et au milieu d'une clairière entourée d'arbres d'une riche végétation, on aimera à rencontrer le gracieux pavillon en style de la Renaissance, fig. 1, pl. 56, dont nous donnons le plan; la petite tourelle élancée qui l'accompagne est d'un effet charmant. La fabrique fig. 2, même planche, peut également servir de lieu de délassement; le style en est plus régulier, mais n'est pas moins élégant que le cottage précédent. Placés dans un site écarté, ces pavillons pourront renfermer une bibliothèque : c'est là que dans le cours de la promenade on aimera à se reposer, tout en parcourant quelques pages d'un auteur favori. — Situés dans un parc que le maître a fait peupler de gibier pour son bon plaisir et celui de ses amis, ces pavillons, que l'on peut appeler cottages, prendront le titre de *Rendez-vous de chasse*, où les amateurs de ce genre d'exercice trouveront, non sans plaisir, une collation salutaire. Quel que soit le but auquel on destine ces constructions, il sera bien que les ornements intérieurs répondent à l'architecture extérieure.

Ce que les Anglais appellent dans leurs habitations *Ancien Style Anglais* sont des constructions dans le genre de celles que l'on voyait du temps de Shakspeare. Les trois pavillons de la pl. 55 en donnent une idée suffisante. Ils figureront bien placés solitairement dans des scènes tranquilles.

Le cottage pl. 59, fig. 1re, est un pavillon de repos pouvant servir de logement d'amis, placé dans une petite scène isolée, non loin cependant de l'habitation. La face du midi est ornée d'un véranda. Il peut aussi servir de logement de portier.

Le *Véranda*, ornement indispensable et charmant des habitations anglaises, est une galerie couverte, de 1 mètre et demi environ de profondeur, que l'on place devant les fenêtres du rez-de-chaussée, et dont on peut se faire une idée par les fig. 2, 3, pl. 111; ils sont soutenus par des tringles de fer, où pourraient s'entortiller de la vigne, des *glycine sinensis*, ou des plantes grimpantes. Le véranda peut être couvert en zinc, et il est susceptible de recevoir toutes sortes d'ornements, quoique ceux composés d'arbrisseaux grimpants soient les plus gracieux.

Un bout de véranda, fig. 1 et 3, pl. 71, placé devant la porte d'une petite maison champêtre, forme un portique des plus élégants. Il n'y a pas de maison d'habitants un peu aisés dans les villages d'Angleterre qui n'ait ce joli petit portique, imité dans les villes avec plus ou moins de luxe. Quelquefois le véranda règne tout autour de la maison, pl. 111.

Chaque style d'architecture peut admettre une galerie avec des arcades, ou une colonnade; or le véranda est au cottage ce qu'une colonnade est au temple grec, ce qu'est la colonnade de la Bourse à Paris.

Le *Porche* ou *Portique* est un des ornements indispensables des constructions anglaises. Presque toujours, la porte d'entrée principale d'une fabrique est couverte ou précédée d'un porche. Il est en harmonie avec l'importance de l'habitation; il est architectural, simple ou rustique, selon que celle-ci est plus ou moins régulière. Dans les constructions où le véranda fait le tour sans interruption, le porche est formé simplement en ajoutant deux colonnes ou pilastres.

Aucun édifice n'est complet sans quelque marque distinctive qui caractérise l'entrée principale; un porche est non-seulement cette distinction, mais il protége contre les pluies et préserve l'intérieur de l'humidité. Dans bien des cas, ce porche peut être en charpentes ajoutées au cottage; mais pour la solidité, la durée et le coup d'œil, il sera mieux de l'élever avec les mêmes matériaux qui auront servi à la bâtisse de la maison, et il devra se marier ainsi au style d'architecture que l'on aura adopté.

On peut voir, pl. 67, deux porches d'architecture régulière : l'un, fig. 2, selon les proportions de l'ordre Ionique, et l'autre de l'ordre Toscan. Les porches anglais sont le plus souvent d'une architecture très-lourde, quand ils ne sont pas comme ceux de notre dessin.

Portes et Fenêtres. — Nous nous sommes successivement trouvé conduit, par l'article des *Villas et Casinos* italiens, à parler des *Cottages* anglais, qui ne sont pas sans rapports avec eux ; nous avons dû encore donner quelques notions des *Porches*. Ceux-ci nous seront une occasion de présenter quelques exemples de portes et fenêtres gothiques ou de renaissance.

La porte double ou porche, fig. 4, pl. 64, peut servir de transition entre une cour et un jardin, si la cour offre quelque décoration d'architecture de ce genre.

La fenêtre à balcon, pl. 64, fig. 1, pourrait être adaptée à quelque construction ancienne, telle qu'une vieille tour, ainsi que les portes et fenêtres, fig. 2, 3, 5, pl. 64 ; et fig. 1, pl. 66. La fenêtre, fig. 4, pl. 65, n'est pas gothique par sa forme, mais elle donne l'exemple d'une croisée à vitraux colorés, pouvant être placée dans le cabinet d'un pavillon de jardin. Les couleurs des vitraux devront être assorties avec harmonie : dans la fig. 1, pl. 65, les losanges seront rouges, le filet qui les encadre est blanc sur un fond bleu qui entoure tout le vitrail ; les petits ronds sont rouges, les étoiles sont bleues, l'écusson est jaune, et les dentelures qui rayonnent autour sont rouges, tout le reste est blanc. Dans la fig. 3 la rosace est bleue, entourée d'un filet jaune sur un fond circulaire rouge ; le reste est blanc. La fig. 2 participera des mêmes combinaisons. Ces couleurs, du reste, peuvent varier suivant le goût de chacun, et peuvent être même remplacées par des peintures. Nous avons encore placé dans la pl. 141, fig. 3, une vignette donnant l'idée d'une fenêtre gothique ; les numéros 1, 2 de la même planche rappellent des entrées gothiques. La fig. 2, pl. 66, où l'on voit le style gothique marié avec le style grec, rappelle le temps de la renaissance.

On sentira, sans que nous ayons besoin de le dire, que souvent on exécutera en peinture seulement ce que l'on n'aurait pas l'intention de construire.

La *Glacière* trouve sa place ici, parce que, par son usage, elle est une dépendance domestique (*) : non-seulement on y conserve de la glace, mais on peut aussi s'en servir pour y déposer, pendant les chaleurs de l'été, les provisions alimentaires sujettes à se corrompre dans un lieu moins frais. Les fruits enveloppés de deux épaisseurs de papier et renfermés dans des boîtes de fer-blanc ou de zinc, au nombre de 15 ou 20 dans chacune, sur trois rangées ou lits, s'y conservent très-longtemps.

Nous avons conservé, pl. 68, fig. 1, le dessin de la glacière ordinaire ; mais nous avons cru devoir donner à côté, fig. 2, la coupe d'une glacière dite américaine, d'un usage beaucoup plus sûr. Le toit en chaume est percé au sommet d'un trou de 16 centimètres carrés, qui sert de ventilateur pour renouveler l'air lors des nuits fraîches dans l'espace vide entre la charpente et la paille qui sert de couverture à la cage. Il est un petit vestibule entre les deux portes d'entrée ; I, I sont les murs de clôture de la glacière, soutenant les terres. La glace est déposée dans une cage en bois, C, portée sur huit pieds, et formée de petites planches transversales ; elle a 3 mètres 30 centimètres de hauteur et autant de largeur, ce qui lui donne une capacité

(*) Sa construction doit avoir lieu en même temps que l'on compose le dessin du jardin ou du parc, et nous aurions voulu pouvoir en donner plus tôt la description.

d'environ 32 mètres cubes. Entre les murs et cette cage est un espace vide D, de 65 centimètres, que l'on remplit de paille bien foulée. Une couverture en planches à plats-joints E retient 65 centimètres d'épaisseur de paille qui la recouvre; sur son côté F est une porte toujours couverte d'épais paillassons, par laquelle on dépose ou on va chercher la glace selon le besoin. Au-dessous de la glacière est un puisard J, par où les eaux s'écoulent et se perdent. Dans le plan, *a* est le vestibule, *b* la cage où l'on dépose la glace, *c c* l'espace garni de paille, *d* la clôture de la glacière, simple ou double, à volonté, *e* la porte à deux battants, fermant très-hermétiquement.

Nous recommandons cette glacière. D'après l'ancienne manière de construire les glacières, la glace est sujette à fondre, parce que les murs construits en maçonnerie sont conducteurs du calorique. Dans la glacière américaine, au contraire, la glace est isolée par la paille et le bois, et ces matières n'ont pas le même inconvénient que le mur de maçonnerie; de plus, le ventilateur placé au-dessus sert à renouveler l'air dans les nuits froides, et aucune fermentation susceptible d'échauffer la glace ne peut avoir lieu.

Dans une scène champêtre et gaie, on peut surmonter une glacière d'un petit kiosque, élevé sur une butte de terre couverte d'arbres et d'arbrisseaux d'ornement, afin d'en embellir le coup d'œil, de donner de l'ombrage, et de maintenir à la terre sa fraîcheur et sa solidité, pl. 68, fig. 1. Si la scène est d'un caractère rustique, la chaumière conviendra davantage; mais s'il faut mettre la porte de la glacière en harmonie avec une habitation d'une ar-chitecture élégante, un monument figurant l'entrée d'un temple indien ou égyptien produira un effet beaucoup plus convenable.

Des Ponts.

Les *Ponts* se liant ordinairement à l'ensemble de la composition et à l'habitation principale, ce genre de fabrique doit trouver place dans ce *Traité* avant les *maisons et maisonnettes rustiques*, qui ne sont que de seconde importance.

Sous le rapport de leur utilité et de leur effet pittoresque, les ponts sont peut-être les fabriques les plus intéressantes dont on puisse orner les jardins, aussi les a-t-on beaucoup multipliés.

Nous les plaçons parmi les constructions utiles, parce que nous ne les admettons, dans tous les genres de compositions quels qu'ils soient, que lorsqu'ils sont motivés par la nécessité *ou au moins par une apparente utilité*. Dans toute autre circonstance, malgré le coup d'œil agréable qu'ils peuvent offrir, nous les regardons comme de mauvais goût, et nous les proscrivons, sous peine de ridicule. Cependant, « si un paysage, dit M. de Viart, semblait demander des ponts pour le caractériser davantage, on pourrait peut-être tenter de les y introduire, quoiqu'ils n'y fussent pas d'un usage indispensable; mais c'est alors qu'il faudra plus que jamais les faire supposer un effet du besoin. On devra pour cela les placer sur des parties d'eau ayant la forme de courants, dont on aura bien soin de dissimuler les extrémités, soit en les faisant entrer sur la scène par-dessous l'arcade surbaissée d'un mur, qui peut être supposé la clôture d'une propriété voisine; soit en les perdant dans une partie de terrain à la suite de jardins où l'on ne pourra pénétrer, mais où l'œil les suivra quelque temps, ou de bien d'autres manières que le local pourra indiquer. »

Avant d'entrer dans les détails qui conviennent à chaque genre de ponts, nous allons établir des règles générales à observer dans leur construction. Le sujet est vaste, mais nous nous renfermerons dans la propriété particulière; si nous dépassions ces limites, ce serait vouloir faire un traité volumineux. Nous enseignerons les préparatifs pour construire un pont sur divers terrains; nous indiquerons les précautions à prendre pour la stabilité de ces constructions et pour veiller aux travaux. Si nous donnons, parfois, des modèles de ponts de plus grandes dimensions, c'est afin que l'on puisse avoir sous les yeux des objets de comparaison.

Si la rivière qui parcourt un terrain est susceptible d'offrir une plus forte masse d'eau une certaine partie de l'année, ou de déborder, c'est à cette époque qu'il faut choisir l'emplacement le plus convenable à la construction d'un pont, parce qu'alors on en fixe la longueur en conséquence, et on calcule la force que doivent présenter les piles au courant le plus rapide; alors aussi on prend des mesures pour resserrer les eaux dans une limite qu'elles ne dépasseront plus. C'est alors que le maître qui dirige les travaux étudiera l'aspect sous lequel il présentera un pont, car il ne produit pas un effet aussi pittoresque vu par ses différents côtés. Autant que possible, on l'établira de manière que, du principal point de vue, l'œil le

saisisse, pour ainsi dire, de trois quarts, c'est-à-dire que l'un des abords doit se rapprocher de l'œil et l'autre s'en éloigner, en suivant à demi la marche de la perspective. Cette position permettra de voir une des deux faces, les voûtes, de distinguer les parapets, ainsi qu'une portion du chemin qui le traverse.

Le propriétaire qui veut faire bâtir un pont doit savoir que la pression qu'exercent toutes les pierres des voûtes les unes sur les autres réagit sur les piles et sur les culées; or il faut que celles-ci opposent une force de résistance capable de soutenir l'effet des voussoirs. La nature du terrain et des matériaux doit lui être aussi quelque peu connue, afin que dans le genre de construction qu'il adopte, et que nous supposons devoir être toujours de forme légère, il ne laisse donner aux culées que l'épaisseur justement nécessaire à l'effort de la pression, et aux piles une largeur en harmonie avec toutes les convenances locales et de bon goût.

Si le pont doit être léger, et n'être jeté que sur un ruisseau tranquille, les abords en seront faciles à ordonner; mais s'il doit traverser une certaine largeur, et que le courant ait quelque rapidité, il faut, pour protéger les fondations contre l'action dégradante de l'eau, que les approches présentent un revêtement en pierre auquel on donne un fort talus.

Il existe entre la longueur et la largeur des ponts une proportion dont on ne doit jamais s'écarter, et celle-ci dépend de l'importance du passage. Quel que soit le volume d'eau sur lequel on construira, la longueur devra toujours être double au moins de sa largeur, autrement le pont serait lourd, manquerait d'élégance et produirait un effet opposé à celui qu'on en attendait. Ainsi, sur un ruisseau, sur une petite rivière où l'on ne pourrait lui donner les proportions convenables, on l'étendrait au delà des rives, jusqu'à ce qu'il ait acquis des proportions agréables. On motiverait cette méthode, en donnant aux côtés une apparence marécageuse, s'ils étaient plats, ce qui serait facile en y plantant des végétaux qui se plaisent sur le bord des marais; si les bords étaient escarpés, l'opération deviendrait encore plus aisée: il faudrait simplement en diminuer l'escarpement.

La hauteur des arches doit aussi être calculée suivant la quantité d'eau qui s'écoule, et être en rapport avec les principes d'une bonne architecture. Les petites arches conviennent aux eaux tranquilles. La hauteur des voûtes doit être de plus d'un mètre au-dessus des hautes eaux, de manière qu'un homme d'une taille ordinaire, assis dans une embarcation, puisse passer sans être obligé de se baisser et d'abandonner la manœuvre de son esquif. Le degré d'élévation des arches dépendra encore de la masse de l'édifice et de l'effet qu'on se propose d'en tirer pour le point de vue.

Les grandes arches sont préférables sur les torrents, sur les rivières aux eaux rapides et sujettes à dégrader les piles, sur les ondes dont un rocher sert de fond, et elles sont inévitables lorsque les rives sont escarpées.

Dans tous les cas, on doit arriver aux ponts par une pente adoucie le plus possible; il en résultera un bon effet, celui de ne pas présenter d'obstacle à la vue, en masquant par la hauteur du cintre les objets qui sont au delà. Les parapets et garde-fous seront dans des dimensions suffisantes pour empêcher jusqu'à l'apparence du danger; mais cependant ils seront proportionnés de manière que le pont ne présente pas une galerie fermée par deux murs.

Lorsque le terrain a peu de consistance, le pont devra être élevé sur pilotis. Pour le travail du pilotage, on enlève la partie la plus molle du sol, et l'on ne bat les pieux appelés pilots ou pilotis que lorsque l'on a rencontré un sol plus résistant. Ces pilots sont ordinairement en bois de chêne ou d'aulne, comme résistant plus que tout autre à l'action destructive de l'eau; mais le cours des eaux produit sur les fondations un effet qui tend à les affouiller: pour former une opposition à ce remous, on fait jeter autour des pilots des éclats de rocher. On emploie aussi à la base des pilotis un mortier appelé béton, qui, formé de silice et de chaux maigre, durcit considérablement sous l'eau.

Si le fond sur lequel on veut construire est solide, s'il présente, par exemple, une masse de rochers, il serait presque impossible d'y pouvoir fixer des pilots; il vaut mieux fonder sur le sol naturel; si la partie où on doit jeter les fondations n'est pas de niveau, ou bien ne présente pas une pente tournée vers le courant, il faut alors faire niveler ce fond, sur lequel on édifie selon les principes de l'art.

Voilà à peu près les principaux objets que le propriétaire doit connaître, afin de veiller à la stabilité de la construction d'un pont dont le dessin doit réunir la simplicité à l'élégance et à la force.

Les divers ponts entrant dans l'ornement des jardins sont variés à l'infini, sous le rapport de l'effet qu'ils produisent à l'œil, selon la simplicité, la richesse, la bizarrerie, etc., que présentent leurs formes, et aussi par le caractère de leur construction; mais ils se rattachent toujours à l'une de ces divisions distinctes :

1° Ponts en pierre;

2° Ponts en charpente et en bois rustique (grume);

3° Ponts en fer;

4° Ponts suspendus en fil de fer, en chaînes ou en cordes.

Les ponts tournants, levis et autres de formes particulières, peuvent être comptés comme subdivisions de ceux-là.

Ponts en Pierre. Subissant les lois de l'architecture, que l'on met dans une harmonie sévère ou gracieuse, régulière ou accidentée, avec le caractère de l'habitation principale, et occasionnant dans leur construction des frais plus considérables que les autres, ces ponts sont particulièrement destinés à enrichir la demeure de l'homme fortuné; ils conviennent aux points de vue étendus, et deviennent lourds s'ils sont trop rapprochés. On devra calculer la position d'un pont en pierre de manière que le soleil en éclaire la plus grande partie de la journée le côté tourné vers les lieux où on le découvrira le plus souvent, car il semblera écrasé si sa masse est noyée constamment dans l'ombre, et l'effet en sera triste et désagréable.

Un pont en pierres de taille, d'une architecture régulière et hardie, embelli d'une balustrade en fer, de lanternes, de vases, etc., ajoutera heureusement à la noblesse d'une scène dont le point principal du tableau serait un château, une villa révélant par le luxe qui la décore le séjour de l'opulence.

Si le paysage exige moins de richesse, si l'habitation, quoique majestueuse, offre dans son architecture des ornements qui accusent plutôt l'élégance qu'un goût sévère, les ornements du pont devront être en rapport avec le genre léger. Nous avons représenté, pl. 131, deux ponts en pierre qui orneront une propriété dont l'habitation offrira une architecture simple.

Enfin, dans une scène rustique, mais d'un aspect vaste, un pont en pierres brutes superposées, offrant aux yeux leurs couleurs tranchantes cachées çà et là par des plantes laissant tomber gracieusement leurs lianes vertes et flexibles, sera d'un effet des plus agréables; la rampe et les ornements placés sur le passage du pont devront être en rapport avec son architecture et le reste du tableau.

Les ponts en charpente et les ponts rustiques se marieront convenablement aux paysages d'un caractère agreste ou sauvage, rustique ou champêtre, et seront quelquefois bien placés dans un tableau d'un certain grandiose, lorsqu'ils imiteront le pont du parc du Raincy, pl. 136, fig. 3. Bâti en bois de chêne, ce pont, construit en 1787, a duré 70 ans.

Les ponts en bois seront généralement mieux placés à des points de vue rapprochés et dans des jardins d'une étendue médiocre. « La diversité de leurs formes, dit le *Jardiniste moderne*, la combinaison de leur assemblage, la disposition de leurs culées et le ton de leur couleur (qui doit toujours être assorti à celui de la scène), produisent un grand nombre d'effets opposés, qui peuvent chacun

15.

trouver leur application. Le choix en sera déterminé par l'homme de goût, qui rejettera sans doute ces formes asiatiques qui eurent tant de succès dans le premier âge des jardins pittoresques.

Le *Pont en Charpente*, pour être agréable, doit offrir quelque chose de gracieux, de léger et de spirituel dans sa construction; il faut, pour ainsi dire, que la mécanique la plus ingénieuse dans ses détails et dans son ensemble ait l'air d'avoir disputé à l'architecture l'avantage de le rendre à la fois solide et pittoresque. Si un pont de cette espèce offre quelque chose de curieux et de hardi dans son assemblage, il plaira beaucoup dans toutes les scènes qui, placées près d'une habitation simple ou champêtre, sembleront s'y rattacher par quelques points de contact.

Nous n'avons rien négligé pour réunir une grande quantité d'exemples de ponts en charpente, en grume et en fil de fer, qui puissent entrer dans la composition de jardins de grande comme de petite importance. Nous nous sommes particulièrement attaché à ceux dont la construction, peu compliquée, est susceptible d'être exécutée par les ouvriers qui se trouvent dans tous les pays.

Les cinq ponts de la pl. 132, tous en charpente, sont de feu Bellanger, célèbre architecte. Rien n'est plus simple que le n° 1, les quatre poinçons *a* des angles sont entrés de 50 centimètres dans une maçonnerie légère qui sert de culée; les deux sommiers cintrés inférieurs *b* qui soutiennent le plancher sont supportés par des chaînes attachées aux poinçons. Ce pont a 6 mètres 50 centimètres de longueur; s'il était de petite proportion, les chaînes ne seraient pas nécessaires.

Toutes les pièces du pont n° 2, appuyées sur des bornes en pierre *c*, servant de culées, sont unies avec des liens de fer. Il a 8 mètres de longueur.

Le pont n° 3 est composé principalement des poutres *d* soutenant le sommier cintré *e*; toutes les autres poutres ou arcs-boutants sont fixées par des broches aux poutres *d*, et servent plutôt comme un ornement singulier que comme soutien véritable. Il a 12 mètres.

On monte sur le pont n° 4, très-cintré, par dix marches de bois en grume, soit pour le traverser, soit pour jouir d'un jeu de bascule que l'on y a construit d'après une idée assez originale. La maçonnerie des culées *f* n'a, comme dans le précédent pont, que 50 centimètres de largeur dans le sens de la longueur du pont, ainsi qu'on peut le voir dans le plan; ces culées soutiennent à chaque bout deux traverses *g* et des sommiers contre-boutants *h*, qui vont s'assembler dans les moises. Quatre pièces *j* sont emboîtées dans les sommiers *h*, et dans le sommier cintré *k*. Ce pont a 10 mètres.

Le pont couvert n° 5 soutient une balançoire. Celui-ci, simple dans sa charpente, n'a pas de culées en maçonnerie: les poinçons ou poteaux des angles *l* sont enfoncés en terre, retenus par des traverses et des pal-planches *m*.

Les ponts en charpente, fig. 1, 2, 3, pl. 133, sont aussi de Bellanger; ils réunissent la simplicité, la solidité et l'élégance.

Les ponts en charpente de la pl. 134, fig. 1, 2, 3, 4, sont de M. Canissié. Les détails gravés les feront comprendre suffisamment. Le n° 2 est orné d'une balançoire.

Les n°² 5, 6, sont des ponts chinois exécutés en Allemagne, ainsi que le n° 7, dont la décoration est gothique.

Le pont couvert orné de vases de fleurs, pl. 137, fig. 1, est tiré du parc de Muskau en Prusse. Sans doute on l'a couvert afin qu'il puisse servir de lieu de repos sur la rivière, mais nous préférons le pont couvert d'une tente, fig. 4, pl. 136. Nous avons vu d'autres ponts dont les rampes étaient ornées de vases de fleurs, mais à découvert ; la couverture de celui-ci lui ôte de son élégance.

Les *Ponts de Bois en grume* ou matériaux bruts, tels que troncs d'arbres, branches, etc., sont ordinairement nommés *rustiques*, et sont en usage presque partout, parce que généralement leur forme présente un caractère plus pittoresque. Nous avons même remarqué qu'ils sont les seuls (si l'on en excepte le pont chinois) que des jardiniers maladroits ont jusqu'ici osé placer dans leurs compositions sans les motiver par la présence de l'eau ou par un ravin.

Il existe des circonstances où l'escarpement de deux montagnes très-rapprochées paraîtrait un motif suffisant pour hasarder une semblable construction ; mais il faudrait que l'espèce de ravin sur lequel on la jetterait fût prolongée, et mît le promeneur dans le cas de faire un très-long détour, si un pont, le seul moyen d'abréger la route, ne se rencontrait sous ses pas. Rien ne serait d'un aspect plus pittoresque qu'un pont dont le double motif serait le rapprochement de deux collines séparées par une rivière, pl. 136. La nécessité où l'on serait d'en construire un plus petit sous le grand, fig. 1, produirait un effet aussi singulier qu'agréable. On trouvera, parfois, l'occa-

sion de placer des ponts même sur un terrain plat et sans mouvement, quand on aura eu à creuser des puits et des fondations de maisons, en amoncelant les déblais d'une manière convenable, et en un point de vue heureux de la maison.

Les ponts rustiques tirent la plus grande partie de leur charme de la manière ingénieuse dont les bûches entrecroisées qui les forment se présentent aux yeux, et du contraste qui existe dans la symétrie géométrique de chacune des parties par rapport à l'ensemble général : pour cette raison, peut-être, plus l'écorce de leur bois est rugueuse et grossière, plus ils plaisent. Nous avons dit qu'un pont en pierre devait être placé dans des lieux éclairés ; il n'en est pas toujours de même pour les ponts en bois, et surtout pour ceux en grume. Souvent même la position contraire leur est avantageuse : le jour, en passant au travers de toutes leurs parties, les dessine d'une manière tout à fait pittoresque, et fait ressortir beaucoup plus avantageusement, surtout pour la perspective, les objets qu'on aperçoit au delà. Nous recommandons surtout aux artistes de ne pas se laisser séduire par l'effet charmant que pourrait faire naître, dans une scène ou une perspective, une construction de ce genre, toutes les fois qu'elle ne serait pas entièrement dans les convenances locales. S'ils suivent notre conseil, ils multiplieront moins ces fabriques, et elles plairont davantage.

Les ponts rustiques, pl. 135, sont destinés à des scènes champêtres, où la campagne est découverte et dessinée à grands traits ; ils sont d'un style sévère et qui indique la solidité.

Celui-ci, dont voici la gravure, a été élevé dans un site éminemment agreste.

Les ponts, fig. 4, pl. 133, fig. 2 et 3, pl. 137, figureront dans des scènes agrestes très-boisées. Sous le pont, fig. 2, on a ménagé des siéges qui servent à la fois de repos et de décoration, en rapport parfait avec l'architecture du pont.

Nous avons fait figurer beaucoup plus de ponts en charpente que de ponts rustiques. La raison de cette multiplicité des premiers est qu'ils servent de modèles pour la manière de construire les seconds, et que l'on y trouve les principes de la solidité qui peuvent s'appliquer au bois en grume comme au bois plané. Chacun trouvera aisément le moyen si simple de remplacer le bois uni par le bois à écorce. Dans les scènes qui auront de l'étendue, le pont sera ordinairement plus long : il exprime une décoration plus sévère; dans les scènes qui offriront peu d'espace, la décoration sera plus légère et délicate. Mais s'il s'agit d'une scène d'un caractère sauvage, si l'endroit est escarpé et sombre, le pont devra présenter un arrangement simple et naturel qui se rapproche de l'enfance de l'art.

Dans la construction de ces sortes de ponts, si le lit de la rivière est étroit et tranquille, on ne prend ordinairement aucun point d'appui dans l'eau; on en prend le moins possible lorsque le courant est rapide et la navigation difficile. Si les accidents du terrain donnent lieu à une chute d'eau qui se déploie en nappe large et unie, en cascade brisée et écumeuse, et que l'harmonie exige un pont en bois en cet endroit, il vaudra mieux construire les piles en pierre brute et les arches en bois; cependant, ceci est une exception, surtout pour les ponts en bois rustique, car ceux-ci ne peuvent guère s'établir que sur une rivière au lit étroit, au courant doux et point sujet aux dangers du débordement.

La force nécessaire des pièces de bois à employer pour ces constructions est un principe qui regarde le constructeur, et demanderait ici des détails trop minutieux et trop compliqués pour le but de ce traité.

Les ponts de pierre ou de bois n'ayant qu'une seule arche, et destinés à réunir les bords d'un ravin étroit ou d'un ruisseau, portent le nom de *Ponceaux*.

Il est bien entendu que les parapets des ponts en pierre ou charpente seront en fer ou en bois, selon le goût du propriétaire, selon l'aspect de la scène : ils pourront être en bois si celle-ci est agreste ou sauvage; en fer ou en pierre sculptée, dans un tableau dont l'architecture régulière est riche; mais les ponts en fer seront toujours surmontés d'un parapet également en fer.

Les *Ponts en Fer* proprement dits ou en barres de fer, ne pouvant, à vrai dire, s'appliquer qu'au service public ou à des propriétés particulières d'une grande étendue et sur des rivières larges, sont rarement en usage. Un intérêt bien entendu fera préférer, avec juste raison, les ponts suspendus aux ponts en barres de fer, et même quelquefois aux ponts en pierre et en bois, parce qu'ils offrent dans leur ensemble plus de grâce, de légèreté, coûtent moins, et qu'ils sont d'une construction plus facile et plus prompte (*). Des piles en pierre servent généralement de base à cette sorte de construction; les madriers du plancher sont supportés par des barres de fer assemblées transversalement.

Ponts Suspendus en Fil de Fer, en Chaînes, en Cordes. — Plusieurs auteurs ont avancé que les ponts suspendus en cordes existant dans l'Amérique du Sud (**), dans la Chine et le Thibet, ont donné naissance aux ponts suspendus dont on fait usage aujourd'hui dans presque toute l'Europe. Cette opinion est assez vraisemblable : les hommes de science ont pu saisir cette idée due à des peuples que la nécessité a rendus inventeurs, et connaissant la force de résistance que le fer pouvait opposer à sa vertu d'élasticité, l'appliquer à de hardies constructions : d'une pensée ingénieuse ils ont fait un art admirable.

Le système de suspension étant la partie la plus importante de ces constructions, conséquemment, la forme, la dimension et les points d'attache ou amarres doivent être les premiers objets qui fixent l'attention des propriétaires. La dimension d'un pont varie suivant le poids qu'il supportera; pour cela on calcule le poids des matériaux qui forment la travée, et on ajoute celui de la surcharge par laquelle le pont doit être éprouvé; ce poids total augmente, en sus, d'une fraction suivant la tension des chaînes.

On éprouve la force des ponts suspendus en leur opposant une surcharge de 200 kil. par mètre carré de superficie; lorsqu'ils ont résisté pendant trois jours à ce poids, on peut les utiliser en toute sûreté.

Nous nous permettrons dans cet article de puiser dans le mémoire sur les *Ponts en Fil de Fer* de M. Séguin aîné quelques observations et des règles générales pour la construction. Le lecteur nous saura gré, sans doute, d'avoir pris ici pour guide la science d'un homme auquel la France est redevable du premier modèle d'un pont suspendu en fil de fer (*).

« Le simple particulier, dit M. Séguin, peut, avec peu de dépense, exécuter des constructions qui, avant cette époque, n'auraient pu être l'objet que d'entreprises pu-

---

(*) Ces ponts suspendus coûtent à peu près trois à quatre cinquièmes de moins que les ponts en pierre. Cependant, malgré les avantages que l'on a attribués aux ponts de fer pour les grandes villes, on les remplace, depuis quelque temps, par des constructions plus solides.

(**) Voyez la fig. 1, pl. 138, représentant un pont suspendu en cordes dans les Cordillières. Voyez aussi, fig. 2, une autre sorte de pont suspendu existant près de l'île Gozzo à Malte. Il se compose de deux cordes parallèles fixées par chaque bout aux rochers. Un char ou espèce de nacelle est suspendu à ces cordes, par sa partie inférieure, sur quatre poulies. Un homme s'y assoit et fait mouvoir la nacelle au moyen d'une troisième corde qu'il tire avec ses mains, et qui est fixée, comme les deux autres, aux rochers, sans être fixée à la nacelle.

(*) Ce *pont suspendu*, destiné seulement au passage des gens de pied, établi à Annonay par M. Séguin lui-même, n'a coûté que *cinquante francs.*

bliques. Combien arrive-t-il de fois, dans les terrains montagneux, coupés de ravins ou séparés par des rivières rapides, que le manque de communications prive les familles ou des villages entiers d'une partie des jouissances qu'ils ne pourraient se procurer qu'en faisant de longs détours! Le petit pont construit pour essais dans ma propriété (*) avait 18 mètres de long sur 50 centimètres de large; il était soutenu par six faisceaux en fil de fer n° 8, de huit brins chacun, formant une flèche de 90 centimètres, dont quatre destinés à soutenir le plancher, et deux servant de main courante, et, en cas d'insuffisance des faisceaux inférieurs, à leur aider à soutenir le poids dont ils pouvaient être chargés au moyen des fils verticaux qui formaient le grillage du parapet; les faisceaux inférieurs avaient été formés en enveloppant le fil sur deux poulies en bois de 10 centimètres de diamètre enfilées dans des barres de fer de 30 millimètres, scellées dans le rocher, ce qui laissait dix centimètres d'intervalle entre les deux faisceaux des extrémités, et 30 centimètres entre ceux du milieu. On établit ensuite sur ces quatre faisceaux, et à 50 centimètres de distance les unes des autres, des traverses en bois de chêne de 30 millimètres de large sur 40 millimètres de haut, et l'on cloua dessus un plancher en sapin de 15 millimètres d'épaisseur.

» Cet essai montre dans quelles étroites limites de dépenses on peut construire des ponts en fil de fer.

(*) Ce pont a été établi, en 1825, sur le Rhône, entre Tain et Tournon (Ardèche). Nous recommandons aux propriétaires le mémoire de M. Séguin; il leur sera d'une grande utilité dans le cas où ils voudraient avoir plus de détails sur la construction de ce genre de ponts.

» La faculté la plus précieuse des ponts suspendus est la possibilité d'en établir sans supports, jusqu'à 300 mètres : elle fait disparaître complétement une des grandes difficultés qui s'opposent à la construction des ponts en pierre ou en bois sur les fleuves dont la rapidité ou la profondeur est très-considérable, celle d'asseoir solidement les piles au milieu de leur cours. On sait, en outre, les inconvénients qui résultent de leur trop grand rapprochement qui, embarrassant le lit du fleuve, gêne la navigation, favorise les affouillements, etc. »

Après une série d'expériences faites sur le fer en barre et le fer tiré à la filière, M. Séguin a reconnu que la cohérence du fil de fer est plus grande que celle du fer en barre. Il résulte de cette connaissance que des faisceaux de fil de fer employés pour la suspension des ponts sont préférables à des barres de fer ou à des chaînes (*).

« On pourra objecter, ajoute ce savant, à l'emploi du fil de fer, que la durée en sera moindre que celle des chaînes, ce qui serait probablement vrai si on laissait les unes et les autres exposées à l'air, sans entretien; mais si on veille à leur conservation, en les enduisant tous les cinq ou six ans avec une couche de peinture à l'huile, on pourra en regarder la durée comme indéfinie.....

» La principale difficulté des ponts suspendus réside dans la connaissance des propriétés de la courbe qu'affectent les chaînes ou les câbles en fer auxquels on les suspend. Cette courbe est différente suivant la disposition du

(*) On trouvera que, vu la facilité d'exécution, la mise en place, le remplacement, le prix, etc., l'avantage est incontestablement du côté de l'emploi du fil de fer.

plancher qui sert de passage; elle se nomme *Chaînette* lorsqu'il est établi directement sur les câbles (fig. 3, pl. 138), et *Parabole* lorsque le plancher en ligne droite y est suspendu par des cordes verticales (fig. 4, 5, 7).

» Lorsque la rivière est encaissée par des rochers un peu élevés, et que l'espace que l'on a à franchir est peu considérable, de 20 à 30 mètres par exemple, le moyen le plus simple est d'établir le passage directement sur les câbles, car la dépense des culées devenant nulle, on peut en augmentant les fils, diminuer la flèche de la courbe dans la même proportion, et adoucir par ce moyen assez la pente pour la rendre d'un usage facile et commode. Ces sortes de ponts ne peuvent servir qu'aux piétons et aux animaux; mais il en résulte l'économie, la facilité et la promptitude avec laquelle on peut les construire. Le mode le plus généralement usité pour des ponts de grandes dimensions est celui où le plancher est horizontal et soutenu aux câbles en fer par des cordes verticales, la communication a lieu alors par l'intérieur des culées, au haut desquelles sont fixés les câbles.....

» Au lieu de piles et de culées percées de portes, on élève quelquefois des colonnes rondes ou carrées (fig. 4). L'on peut supprimer entièrement les culées et se réduire à des massifs d'amarres L, fig. 4, et P Q, fig. 8, pl. 138, dont la hauteur n'excède pas celle du plancher. M. Brunel de Londres a fait exécuter le premier pour la France des ponts en fer ainsi disposés. Cet habile ingénieur pense qu'une telle disposition est surtout utile pour empêcher les ponts d'entrer en vibration. Non content de cette précaution, il a ajouté encore des arcs renversés en chaînes de fer, fig. 6, pl. 138, opposés à ceux qui le soutiennent. Ces arcs, liés avec le plancher de la même manière que les chaînes supérieures, le rendent susceptible de résister à une force qui s'exercerait de bas en haut, tendant à le soulever.

» Ces précautions sont surtout utiles lorsque les ponts n'ont pas une grande masse; mais on peut s'en dispenser lorsque ces édifices ne sont pas trop exposés à la cause destructive d'un double système, et les arrêter par des amarres écartées *a b, c d*, fig. 3, en contre-bas ou sur le côté. »

Passant ensuite à la construction des culées, M. Séguin nous donne le résultat de ses expériences et de la pratique.

« Tous les fers n'ont pas la même ténacité; plusieurs causes, dont il est difficile de se rendre compte, influent puissamment sur cette propriété... Il ne faudrait pas trop s'appuyer sur la ductilité du fer pour en conclure qu'il fût plus tenace, car l'expérience prouve que ces deux propriétés sont loin de marcher ensemble, et que le fer aigre supporte, à peu de chose près, le même poids que le fer doux..... (*).

» Lorsque l'on peut sceller les barres de manière que leur direction fasse suite à celle des câbles, on peut se contenter de leur donner la même force, si par leur position elles ne sont pas sujettes à être mouillées ou détériorées; mais si elles étaient exposées à l'air, enfoncées dans la terre ou placées dans un endroit où elles fussent sujettes

(*) La ténacité du fil de fer recuit est à peu près la même que celle du fer forgé, mais il est complétement dépourvu d'élasticité et s'allonge, avant de se briser, du dixième environ de sa longueur primitive.

à une usance rapide, il serait bien d'augmenter leurs dimensions, eu égard aux avaries auxquelles elles seraient exposées. On s'assurera, dans tous les cas, que le fer est bien sain, que la traction se fait exactement dans le sens de la longueur des barres; on donnera à la partie scellée 30 centimètres à 50 centimètres de longueur suivant que le rocher sera plus ou moins sain et suivant sa dureté..... Chacun, dans sa localité, doit être à même de juger, soit à l'inspection, soit par l'expérience, l'effort que peut supporter une masse de rocher ou une pierre, suivant les circonstances où elle se trouve placée.

» On ne doit jamais employer le fer, le bois, la bâtisse, etc., sans préalablement s'être assuré de ce que peuvent supporter ces matériaux, suivant la manière dont ils résistent, et s'être rendu un compte exact de l'effort qu'ils auront à soutenir; car, en supposant même qu'on ne le connût pas exactement, il serait bien que les parties fussent disposées de manière à présenter partout le même degré de résistance.

» Lorsque l'on n'est pas gêné pour l'espace, il y a une grande économie à employer des culées en pierre comme simples supports; la masse de la culée n'est alors destinée, suivant sa position, qu'à faire peu ou point de résistance. Le cas où elle n'en fait pas est celui où les câbles, après avoir passé sur son sommet, viennent s'amarrer dans le terrain en formant de chaque côté un angle égal avec l'axe de la pile.

» Les amarres P Q, fig. 8, devront être fixées dans le rocher assez solidement pour résister à la même traction que les câbles en fer; à défaut de rocher, on ferait un massif de moellons maçonnés dont le poids serait équivalent à l'effort que peuvent soutenir les câbles; il faudrait alors tarauder l'extrémité des amarres, et les faire traverser de fortes pièces en bois derrière lesquelles on mettrait des viroles très-larges et plusieurs écrous; ou, comme ont fait les Anglais, des lentilles en fer fondu percées d'un trou dans le milieu, destiné à recevoir le bout de la barre qu'on aurait soin de bien arrêter par derrière avec des clavettes ou des boulons.

» Les chaînes de la fig. 3 sont soutenues, comme on le voit, par des palées en bois destinées à servir de simples supports. On dispose, fig. 9, un assemblage en forme de chevalet, assez ouvert pour que la ligne D F, qui divise l'angle A D B en deux parties égales, passe entre les deux bras du chevalet..... Les cordes ne sont pas arrêtées au haut de la palée, mais elles appuient sur un coussinet ou sur une poulie; s'il en était autrement, et que l'on fixât les câbles et les amarres à la pièce de bois, il faudrait que ces dernières fussent renforcées..... »

Après avoir donné ainsi quelques exemples sur les moyens d'établir des culées, l'ingénieur ajoute que, suivant les besoins de la localité, on peut employer, pour en tenir lieu, une terrasse, une maison, un vieux mur, un arbre, selon que l'un de ces objets se rencontre à la portée; le point important est de se rendre exactement compte de la résistance que peut offrir l'objet dont on veut se servir, sans se baser sur une première impression irréfléchie qui pourrait induire en erreur.

Les dimensions d'un pont étant déterminées ainsi que la courbe que l'on veut donner aux câbles, on évalue la tension qu'exerce la charge du pont sur ces câbles, en supposant le pont couvert d'autant de fois 65 kilogrammes que le plancher aura de mètres carrés, en y ajoutant le poids du plancher et celui du fer. Ainsi, par un simple calcul, le propriétaire pourra connaître la charge probable que peut supporter le pont qu'il fait construire.

Il est difficile de dire quelle force de fil de fer non recuit il est convenable d'employer pour les ponts suspendus; cependant, dans les petites constructions de ce genre, comme la rouille du fer est facile à prévenir, parce qu'il est facile de vérifier souvent l'état des câbles, on peut se servir de fils plus petits que dans les ponts de grandes dimensions, et on couvre les différentes parties de plusieurs couches de peinture à l'huile faites avec soin, pour mettre le fer à l'abri de l'oxydation; cette peinture, pénétrant dans les moindres intervalles, forme une masse qui semble homogène, plutôt qu'une réunion de brins de fil de fer.

M. Séguin donne le conseil, dans les ponts de petites dimensions, dont le passage est établi directement sur les câbles, et où l'on amarre à une barre de fer scellée dans le rocher, de remplacer les anneaux de fer par des poulies en bois dur, percées d'un trou de la dimension de la barre. Ces poulies auront 10 centimètres de diamètre, et seront garnies en cuivre ou en fer à l'intérieur. On peut alors établir les fils de fer directement sur ces poulies. Les traverses de fer fondu s, fig. 11, pl. 138, peuvent en tenir lieu.

« Les amarres des culées (t, fig. 4, 5, 7, 9, pl. 138) peuvent se faire en fer ou en fil de fer, de la même manière que les câbles suspenseurs; mais il faut observer dans ce dernier cas, de ne pas les faire arriver jusqu'au terrain, tant pour les mettre à l'abri des dégradations que pour éviter le voisinage du sol, où, étant exposées à l'humidité, elles ne tarderaient pas à être attaquées et promptement détruites par la rouille.... On ne doit employer le scellement avec du plomb ou autre métal que lorsque l'on n'a pas d'autre moyen de fixer les amarres, parce que le contact de métaux de diverses natures, surtout dans un lieu humide, contribue à les détruire très-promptement. »

L'oscillation qu'on imprime au plancher d'un pont suspendu lorsqu'on le traverse est produite par le fer obéissant à la vertu élastique qu'on lui connaît; c'est le plus grand inconvénient que présente ce genre de construction, aussi doit-on employer tous les moyens possibles pour affaiblir ce balancement en donnant plus de rigidité au pont.

« Le meilleur que je connaisse, dit M. Séguin, consiste à disposer, pour servir de parapet, un assemblage de pièces de bois liées ensemble et maintenues, à la distance d'un mètre l'une de l'autre, par des traverses disposées en croix de Saint-André, qui viennent joindre bout à bout, en formant entre elles un angle droit. On maintient cet assemblage par le moyen de boulons en fer, qui traversent les pièces de bois entre les joints des traverses, permettent de serrer à volonté, et lui donnent une grande solidité. Les amarres destinées à empêcher le balancement seront fixées aux culées le plus bas possible, à des anneaux ou crochets que l'on implantera dans la maçonnerie : elles sont surtout essentielles lorsque l'on fait des ponts très-légers, ou établis directement sur les cordes, parce que la quantité de mouvement acquis est toujours proportionnelle à la masse en repos et en mouvement.

» La force des pièces du plancher doit être calculée suivant leur portée. L'expérience a démontré qu'une pièce de bois de chêne de 3 mètres de long sur un décimètre d'équarrissage pouvait supporter environ 1,500 kil., mais on ne doit, dans la pratique, les exposer à être chargées que de $\frac{1}{5}$ à $\frac{1}{10}$ de cette quantité, si l'on veut qu'elles aient une durée considérable.

» Dans les ponts suspendus, on a regardé assez généralement comme une règle reçue qu'il fallait donner au fer trois fois la force nécessaire pour le faire rompre; cependant, s'il devait être continuellement exposé à cet effort, on pourrait craindre qu'il ne finit par céder à cette charge, tandis qu'il pourrait être, sans beaucoup d'inconvénients, soumis à un effort beaucoup plus considérable, s'il ne devait l'être que dans quelques circonstances très-rares. Il conviendrait donc de ne donner aux charpentes formant les planchers que la masse strictement nécessaire pour leur faire acquérir une fixité qui rassurât complétement les hommes et les animaux, et éviter par là les dépenses et les difficultés d'exécution dans lesquelles on se jetterait en faisant des édifices trop massifs. »

Ainsi ces constructions d'invention moderne, variées à l'infini, réunissent à la légèreté et à l'élégance la stabilité, l'économie et la promptitude d'exécution.

Le système de ponts suspendus sera bien employé surtout sur les rives escarpées où les points d'appui se trouveront naturels et fixés. Si le lit du ruisseau n'est pas d'une grande largeur, on n'y prend aucun point d'appui, et on jette le plancher d'une rive à l'autre, comme les ponts fig. 3, 4, 5, 7. Si la rivière offre une masse d'eau assez considérable, on construit bout à bout deux ponts supportés à leur jonction par une pile en pierre, fig. 6.

Les ponts suspendus, fig. 6, 7, pl. 138, ont été exécutés sur une grande échelle; nous en donnons la gravure afin que l'on ait sous les yeux des objets de comparaison. Le prix de leur construction ne se compte pas par moins de centaines de mille francs. Ceux qu'il convenait de faire connaître, pour l'utilité dans les propriétés particulières, sont gravés n⁰ˢ 3, 4, 5, pl. 138.

Le n° 3 est une simple *Passerelle* étroite, dont le peu de largeur a nécessité les amarres a, b, c, d, pour éviter le balancement considérable qui aurait été occasionné par les passants. Le détail de ses culées est figuré n° 9, et a été expliqué précédemment, page 179.

Le *Ponceau* n° 5, en fil de fer, peut être exécuté sur une longueur de 3 mètres jusqu'à 6 ou 7. Les poinçons ou poteaux a sont fixés dans la maçonnerie b, destinée à résister aux efforts du courant. La chaîne c passe dans les poinçons, et va traverser les pals d enfoncés dans le sol; elle est retenue par des écrous e, lesquels peuvent être serrés à mesure que la chaîne serait susceptible de se détendre par une cause quelconque. Indépendamment de ce moyen, d'autres écrous f, placés sous les traverses qui soutiennent le plancher i, et vissés dans les cordes ou tirants g, servent encore à régulariser la forme du pont, si par la dilatation des matériaux le plancher fléchissait. La chaîne se compose d'un faisceau de fils de fer entouré d'un autre fil, comme on le comprendra mieux dans l'explication de la fig. 11.

Le pont fig. 4 est plus étendu et plus solide; il a environ 13 mètres. Le système est le même que pour le ponceau que nous venons de décrire, mais toutes les pièces sont plus fortes. La chaîne c est double de chaque côté du pont; la force de soutènement réside dans les culées L, derrière lesquelles la chaîne est fixée par un écrou, et ressort au point m, en traversant une sphère en pierre dont une moitié est hors du sol. Les cordes g ou tringles de fer, dont une est figurée en grand, fig. 10, se divisent à la partie supérieure en deux crochets n, qui posent sur la double chaîne; la charnière p est faite pour éviter que la corde g ne se fausse quand les chaînes se détendent ou se tendent, effet qui a lieu tous les jours par la dilatation du métal. La fig. 11 représente l'écrou r, par lequel on serre ou l'on desserre à volonté la chaîne. Ce pont a été établi vers 1835 dans l'immense parc du Raincy, à trois lieues de Paris, lequel a été depuis 1857 divisé et vendu en détail.

Il est peu de pays qui n'offrent aujourd'hui à l'amateur un modèle de ponts suspendus (*).

Pour d'étroits passages et dans des localités offrant des scènes tout à fait agrestes, abruptes ou sauvages; dans un tableau rappelant quelques vues d'un pays lointain, tel qu'une savane d'Amérique, on emploiera de simples poteaux verticaux retenus avec force dans le sol et sur lesquels on jettera des cordes liées entre elles. Une semblable construction aura l'apparence d'un pont des Cordillères, fig. 1, pl. 138, appelé par les habitants du pays *Pont de Hamac*. Il est composé de cordes de 8 à 10 centimètres de diamètre faites de la partie fibreuse de l'*agave americana*; il a 40 mètres de long sur 2 de large. Le poids de ces cordes fait que le pont présente une sorte d'arc d'autant plus sensible, qu'il est imprudent de les tendre avec trop de force. Les ponts que l'on construit ainsi dans l'Amérique durent à peu près 25 ans dans un bon état, pourvu que l'on renouvelle de loin en loin quelques cordes qui s'useraient plus vite que les autres. — Un pont ainsi fait, jeté dans une propriété, pourrait aussi rappeler au voyageur l'Hindoustan, son beau ciel et ses mille peuplades si différentes de mœurs et de langage.

Ponts-Levis, Ponts à bascules. Dans une scène où les fabriques imiteront le style belliqueux et féodal du moyen âge, dans un tableau à l'ensemble romantique, ce genre de pont se trouvera en harmonie; en toute autre

(*) On lit le passage suivant dans la relation d'un voyage entrepris, en l'an 518, par trois religieux chinois, pour aller chercher des livres bouddhiques au Thibet :

« Au milieu du onzième mois, ils entrèrent dans le royaume de *Chemi*. A mesure qu'on approche de ce royaume, on le voit sortir peu à peu des monts Tson-ling (Montagnes-Bleues). Le pays est couvert de montagnes arides et peut à peine suffire à la subsistance du peuple. Les chemins sont escarpés et coupés en beaucoup d'endroits par des précipices qui rendent les communications extrêmement difficiles pour les piétons et les cavaliers. Les voyageurs allèrent en ligne droite du royaume de Polin-lé au royaume d'Outchang. *Dans ce royaume, ils virent un Pont en chaînes de fer, suspendu à une hauteur prodigieuse*, entre deux montagnes. En regardant en bas, ils ne pouvaient voir le fond de l'abîme ouvert sous leurs pieds. Ce pont n'était point garni d'appui de chaque côté, et, en se penchant sur les bords, on eût pu tomber en un moment d'une hauteur de 10,000 pieds; c'est pourquoi les personnes qui traversent ce pont ont grand soin de regarder devant elles, sans dévier ni à droite ni à gauche. »   (*Traduit du chinois par* M. STANISLAS JULIEN.)

occasion il sera déplacé, s'il n'est nécessité pour la sûreté de l'habitation. Cette construction peut servir à la fois de pont et de porte.

Deux pièces de bois *l*, pl. 137, d'environ 8 mètres de longueur, portées en leur milieu par les pieds-droits d'une porte, peuvent basculer sur des tourillons *m*; ces pièces, nommées flèches, vont en s'amincissant vers le bout extérieur, où elles sont réduites à 12 ou 15 centimètres d'équarrissage, de 32 qu'elles ont dans le reste de leur longueur. Elles sont liées ensemble dans la partie *l l*, nommée bascule, et manœuvrent ensemble. Aux bouts extérieurs sont fixées deux chaînes *n* qui s'attachent en haut à des crochets et par l'extrémité inférieure au tablier, ou plancher qui forme le pont. Lorsqu'on fait basculer les flèches *l* (lesquelles sont chargées de contre-poids du côté intérieur) en tirant la chaînette intérieure *o*, les chaînes *n* enlèvent le tablier, qui ferme la porte *p* et découvre le fossé. Des contre-fiches *f* assurent la solidité du pont; lorsqu'on le relève, ces contre-fiches tournent sur des charnières situées à leur point d'attache sous le pont, et se dressent verticalement; mais pour qu'elles ne quittent pas le mur, elles sont guidées par un étrier en fer *b*, dans lequel elles glissent. On donne ordinairement 4 mètres de long au tablier, dont l'extrémité extérieure vient poser sur la maçonnerie du fossé, ou sur la première arche d'un pont. Nous avons représenté, fig. 4, pl. 137, un pont-levis hollandais, selon l'ancienne et plus simple méthode.

Si l'on veut obtenir la sûreté sans l'appareil du pont, on construira un *Pont à Bascule*, fig. 6, pl. 137, tel qu'on les a employés sur le canal de l'Ourcq.

La contre-fiche fonctionne comme dans le pont-levis, et le mouvement est imprimé par le quart de cercle denté qui engrène dans un petit pignon qu'on fait tourner par une manivelle. La partie postérieure du tablier ou la *culée* est plus courte que l'antérieure, qu'on nomme *volée*, mais elle est équilibrée par un contre-poids. On relève la volée en faisant tomber la culée, et le tablier se place verticalement. Il faut, à cet effet, réserver un espace libre où la culée puisse s'enfoncer en tournant. Lorsque le pont est abaissé, la culée devient horizontale et recouvre cet espace; on la contient alors par un valet, en se servant du levier. Le pont à bascule pourra faire partie de toutes les scènes, puisqu'il ne porte en lui-même aucun caractère et que son mécanisme peut être caché, soit par de la maçonnerie, soit par des rocailles et des plantes rampantes. Son emploi conviendra pour la clôture de la propriété: il donnera passage sur un saut-de-loup, sur un canal, etc.

Ponts Tournants. On aura fort rarement à employer dans une composition un pont tournant; il ne peut être motivé que lorsqu'une propriété étendue présentera une rivière assez large pour ce genre de construction. Les ponts tournants remplacent avec avantage les ponts ci-dessus, lorsqu'ils sont bâtis pour livrer passage à quelque chaloupe à voile ou à quelque bateau chargé. Le pont s'ouvre en tournant sur un axe vertical, et décrit un arc de cercle. De fortes roulettes aident au mouvement, et pour qu'elles ne s'usent pas inutilement, on s'arrange de manière qu'elles ne portent pas lorsque le pont est en place.

Avant de terminer cet article, nous devons parler du *Pont Vivant*, que sa nature rangerait dans la classe des ornements appartenant aux végétaux, plutôt que parmi les fabriques, si son but d'utilité, au moins apparente, ne le plaçait dans ce chapitre. Sur un ruisseau ou une petite rivière, dont la largeur n'excéderait pas 4 à 5 mètres, et dont les rives seraient un peu élevées, on pourrait l'exécuter facilement. Pour cela on prendrait deux jeunes arbres dans les espèces qui croissent rapidement et reprennent de bouture; on choisirait des tiges de la grosseur du bras, ayant une longueur égale à la largeur de la rivière, on creuserait sur les rives de celle-ci deux trous dans lesquels on planterait horizontalement les arbres, de manière que les racines de l'un fussent placées du côté de la tête de l'autre : ces têtes seraient elles-mêmes enterrées et développeraient des racines en très-peu de temps. A mesure que les deux tiges pousseraient des branches, on les arquerait presque horizontalement pour empêcher la séve de s'y porter au préjudice du tronc; on entre-croiserait celles placées sur les côtés, et en se greffant naturellement par approche les unes sur les autres, elles formeraient en peu d'années un plancher aussi solide que singulier. Lorsque les deux arbres auraient atteint une grosseur convenable, on laisserait croître verticalement, et à des distances égales, des bourgeons que l'on grefferait par approche en losange, pour former un garde-fou, ou plutôt un balcon de verdure.

Un jardinier un peu intelligent pourrait faire, d'une autre manière, un pont vivant beaucoup plus pittoresque et d'un succès plus certain. Il planterait deux arbres très-jeunes sur chaque rive, et à mesure que leurs tiges croîtraient, il les courberait en arc sur le lit du ruisseau, de manière à faire rencontrer le sommet des arbres de la rive gauche avec le sommet de ceux de la rive droite. Alors il les grefferait en approche les uns sur les autres, pour ne faire plus que deux tiges qui figureraient deux cintres sur le cours de l'eau. Il ménagerait les bourgeons des côtés, et les grefferait de même et en losange, pour former un plancher entre les deux troncs, et, comme pour le précédent, il ne laisserait croître les bourgeons pour faire les garde-fous que lorsque le pont aurait acquis de la solidité par la grosseur des tiges et des branches. La raison en est que, si on laissait croître des branches verticales avant que celles horizontales aient pris une certaine croissance, elles s'empareraient de toute la séve qui tend toujours à monter, et on ne réussirait jamais à former un plancher, parce que les rameaux que l'on entre-croiserait pour cela maigriraient d'abord, puis finiraient par se dessécher dans un très-court laps de temps.

On voit, sur la planche 112, deux ponts dont l'architecture a le caractère chinois; celui de la fig. 2 est en pierre et il est surmonté d'un kiosque ou pavillon de repos dont les ornements sont chinois. Le pont de semblable architecture, fig. 3, porte un kiosque plus léger. Toutes les parties de celui-ci peuvent être en bois et les détails exécutés en zinc.

Des Maisons d'Aspects Pittoresques Variées dans leur Plan.

Au lieu de suivre l'usage uniforme des maisons de campagne, toujours construites sur un plan régulier, on se plaît actuellement à varier leur aspect en figurant deux ou plusieurs corps de petits bâtiments réunis. Les exemples,

16.

fig. 3, pl. 57, 1, 3, 4, pl. 58 et 1, pl. 61, donneront une idée de ce que nous voulons exprimer.

Pour jouir de l'effet de ces agréables habitations, il faut qu'elles soient entièrement isolées et découvertes sous leurs différentes faces, de manière à être bien en vue des lieux environnants.

Nous donnerons ensuite d'autres habitations et pavillons pittoresques dans le goût actuel, mais nous devons, avant d'aller plus loin, indiquer les détails extérieurs qui sont employés pour les orner.

Détails de Balustrades, pl. 62. Les fig. 19, 20, 21, 22 donnent des balustrades en briques, tuiles droites et tuiles courbes pour clore des terrasses.

Les fig. 23, 24, 25 font voir des balcons ou rampes en bois à jour pour les constructions plus ou moins rustiques. La fig. 26, qui est le balustre usité dans les palais pour la pierre ou le marbre, s'emploie en profil découpé dans des planches, et se place aussi aux balcons et rampes. On place beaucoup, dans les maisons suisses, de ces sortes de balustres, mais où l'on intercepte trop la vue en ne laissant pas assez de jours dans les découpures.

Carrelages des Salles de Rez-de-chaussée, pl. 62. Les nᵒˢ 1 et 2 sont en briques de deux couleurs posées *sur champ*. Les nᵒˢ 3 à 6 sont en carreaux de couleurs variées. Nous allons ci-après indiquer les planchers en bois à l'article des *Maisons suisses*.

Les *Murs* de remplissage *en Briques* apparentes ont trouvé depuis quelque temps une application très-heureuse par l'emploi de briques noires et rouges formant des dessins variés dont les fig. 1 et 2, pl. 62, peuvent donner une idée.

Des modèles d'un très-bon effet sont employés aux nouvelles halles de Paris.

Toitures en Tuiles, pl. 62. Les nᵒˢ 7 et 8 ont des découpures variées. Le nᵒ 9 est en tuiles creuses dites canal. Le nᵒ 10 en tuiles plates à rebord et canal. Le nᵒ 11 en tuiles dites à crochet avec rebord. Le nᵒ 12 en tuiles dites en S.

On emploie pour couvrir les pavillons bas, d'où l'on peut apercevoir le toit, des ardoises d'un blanc jaunâtre qui, mêlées en compartiments variés avec les noires, font un très-joli effet.

Elles proviennent de Fumay (Ardennes); on a réussi avec succès à en peindre à l'huile, qui non-seulement ont fait un bon effet, mais dont la couleur a contribué à prolonger la durée des ardoises.

Fenêtres, pl. 62. Le nᵒ 17 représente un entourage de fenêtre et de portes en briques, dont le dessin ressort très-bien sur un fond uni tel que l'on en a employé dans la maison rustique, pl. 57, fig. 4. Cette simple décoration est à présent très-fréquemment mise en usage.

Le nᵒ 18 employé dans l'habitation fig. 1ʳᵉ, pl. 58, est dans le caractère gothique anglais.

Cheminées, pl. 62. Le nᵒ 14 fait voir la forme élégante d'un fût de cheminée anglais dont la coupe est au 14 *bis*. Il y en a de formes très-élégantes et variées à l'infini. On les compose en briques recouvertes soit de plâtre, soit de ciment moulé (*). On en fait même en pierre

---

(*) Ce ciment, employé en Angleterre pour les ornements moulés, est composé d'une partie de chaux vive, mêlée, aussitôt éteinte, à 3 parties de sable fin bien lavé. Il a beaucoup de durée. On se sert aussi de ciment romain,

sculptée ou en pierre factice façonnée dans des moules.

La fig. 13 donne une des moins lourdes parmi les cheminées de briques que l'on construit en France. La fig. 15, moins gracieuse, est plus généralement employée. La figure 16, en fer de fonte et tôle découpée, est placée à propos pour terminer le tuyau de poêle d'une serre.

Ornements en Lambrequins pour les Bords des Toits, pl. 63. Ce genre d'ornements, dont l'idée vient à la fois de l'Inde et de la Suisse, est très-usité actuellement dans les maisons de campagne et dans les pavillons d'agrément qui ornent les jardins. La fig. 1re représente un de ces toits au complet et varié. Les fig. 2 et 3 sont destinées à orner les pignons. Figures 4, 5, 6, 7, 8, flèches et boules qui se placent comme on le voit dans la fig. 1re. L'espèce d'écusson, fig. 9 et 10, sert à masquer les bouts de charpente comme on en voit un aussi dans la fig. 1re.

Les fig. 11, 12 et 13 peuvent se fabriquer en bois ou en zinc et se placer comme crêtes sur le comble, ainsi que celle qui termine le toit dans la figure 1re. On en fabrique en fonte de fer de très-élégants. Les fig. 14, 15, 16, en bois ou en zinc, se placent en contre-bas, et sont encore employées dans la même fig. 1re.

On a fabriqué une immense quantité de ces ornements pour les environs de Paris et le bois de Boulogne, où ils décorent une foule de jolis pavillons. Ils sont découpés en menuiserie à la mécanique.

Les fig. 17, 18 et 19, en zinc peint ou en bois imitant le coutil, terminent les pavillons, abris et marquises, auxquels on donne la forme de tente.

Maisons Rustiques.

On doit comprendre la différence à faire entre une *Maison Rustique* et une *Maison Rurale*. La première est décorée avec des matériaux qui se rapprochent de la nature, sans s'astreindre à suivre des règles régulières dans les lignes, ni dans les détails. On suivra plutôt pour ce genre une fantaisie de bon goût appropriée à l'emplacement des habitations auprès des champs, des prés et des bois. L'intérieur admet néanmoins le luxe et la mollesse, tandis que la maison rurale doit rappeler dans toutes ses parties la simplicité et l'utilité de la vie agricole. Les pierres brutes, la brique, le bois de charpente apparent, et même en grume concourent avec les toits en tuile ou en chaume à la caractériser joint à l'emploi des végétaux grimpants.

Dans la maison rustique, fig. 2, pl. 57, on a employé tous ces matériaux, même celui des briques réticulaires au moins en peinture. Les colonnes forment un péristyle en saillie supportant le balcon du 1er étage. Il vaut mieux, dans la façon de ces colonnes, imiter l'écorce, que d'en employer de naturelle, qui se détruit. C'est une sorte de sculpture grossière facile à exécuter.

L'habitation, fig. 4, pl. 57, porte au plus haut degré le caractère rustique, puisqu'elle est couverte en roseaux. Elle est imitée du goût anglais. On voit le détail des fenêtres fig. 17, pl. 62.

Le pavillon, fig. 4, pl. 59, est rustique dans sa forme et ses détails. Il peut servir de petite habitation dans une propriété de médiocre étendue ou de logement de concierge et de domestiques dans une scène agreste. On y est à la fois renfermé à volonté, ou à l'air sur les terrasses qui sont aux deux bouts et donnent la vue sur la campagne.

Le pavillon d'habitation du genre rustique très-orné, pl. 61, fig. 1re, a tout à la fois le caractère de la solidité et d'une très-agréable utilité.

Celui de la fig. 2, moins complet comme habitation, offre aussi de jolis accessoires.

Le pavillon fig. 5, pl. 61, a un caractère *Rustique Orné* dans un genre qui nous rappelle à la fois deux pays fort éloignés : la Normandie et les États vénitiens. Il peut servir de petite habitation, dans un jardin de peu d'étendue ou de maison de garde en le plaçant d'une manière isolée pour que sa décoration pittoresque ne contraste pas avec celle des bâtiments de la même propriété. Non-seulement les charpentes sont apparentes, mais elles sont même en saillie de 3 centimètres sur le nu du mur. Le toit couvert en zinc est terminé par une crête découpée et des bords ornés de lambrequins suivant les détails indiqués pl. 63.

Le pavillon d'habitation de la pl. 57, fig. 1re, participe du même genre de décoration simple et rustique. Son toit très-avancé le met à la fois à l'abri de la pluie et du soleil. On voit à côté du toit les lambrequins du pignon, que l'on peut étendre dans toute la longueur du toit sur les façades, mais que l'on fera en plus petite proportion. (Voyez la pl. 63.)

Celui qui est représenté sur la pl. 58, fig. 2, est très-pittoresque par l'effet de sa tour et de son joli perron. (Le toit de la tour sera construit plus léger qu'il ne le paraît sur la gravure, où il a trop de largeur dans son milieu.)

On voit que les maisons et pavillons d'habitation des pl. 57, 58, 59, 61, sont composés selon le goût varié et gai de l'architecture toute moderne, très-opposé à la régularité et à la monotonie anciennes.

La maison n° 3, pl. 57, construite en un lieu où l'on trouve à la fois la pierre et la brique, offre des ornements solides. Celles de la pl. 58, fig. 3 et 4, sont simples, et se distinguent par ces ornements nouveaux qui ornent les toits et leur donnent une apparence très-distinguée. Les balcons, sous des toits avancés, forment des promenoirs charmants. La *Lanterne* avancée au pavillon, fig. 4, donne une gaieté très-appréciée au salon qu'elle termine. Ce genre de vitrage, d'usage anglais, permet de jouir de la vue du dehors dans les jours où la sortie n'est pas permise. La pl. 55, fig. 2 et 3, donne deux de ces lanternes sur des pavillons d'architecture anglaise.

Nous aurions désiré donner des modèles plus complets, avec coupes, plans et élévations des façades; mais on concevra facilement que de tels détails eussent exigé un volume de plus, ce qui aurait dépassé les bornes d'un ouvrage destiné à être accessible à tout le monde. Les exemples que nous donnons mettront suffisamment sur la voie les amateurs intelligents, aidés de constructeurs qui sauront les comprendre.

Tous les travaux pour la cinquième édition de ce TRAITÉ DES JARDINS ont été faits dans la petite maison de la pl. 69, fig. 1, et dans le cabinet de travail pl. 61, fig. 3. Cette petite maison est ornée d'une pergole et a quelque chose du caractère des maisons suisses. Le dessinateur a donné beaucoup trop de saillie au toit, ce qui le fait paraître extrêmement lourd.

La très-petite *Maison Rustique*, pl. 69, fig. 1 et 2, si elle n'est pas l'habitation d'un petit propriétaire, peut servir de logement de garde ou de portier, jardinier, etc.

Celle de la pl. 70, fig. 1, peut encore remplir le même but, ainsi que le pavillon de la fig. 2.

La *Maisonnette*, fig. 4, pl. 72, sera heureusement placée au bord d'une rivière ou d'un chemin.

Au bout d'une petite presqu'île, s'avançant d'une manière pittoresque au milieu des eaux d'un lac ou d'une rivière, on aime à rencontrer la maison du pêcheur, pl. 71, fig. 4.

La maison champêtre, fig. 2, peut servir de logement à un petit cultivateur, à un garde, et servir de l'une des entrées d'un domaine.

A l'extrémité d'un parc ou d'une forêt, près d'un ruisseau qui jaillit de roche en roche et descend d'une montagne couverte de sapins, on bâtira la maison du garde chargé d'épier et de surprendre le braconnier au moment où, d'une main dévastatrice, il va donner la mort à la perdrix entourée de sa nombreuse et naissante couvée. Une partie des pavillons d'habitation que nous allons citer sont propres à des logements de gardes, en y comprenant la fig. 1re de la pl. 60.

La *Maison du jardinier* prendra le caractère du genre auquel elle appartiendra. Si le jardin est champêtre, elle pourra faire partie de l'habitation du fermier; dans une autre scène, elle se trouvera placée à l'entrée de la propriété, pl. 79, fig. 1; si le caractère de la composition est rustique, elle en prendra la physionomie, fig. 2, et pl. 72, fig. 1, 2 et 3.

Les *Chaumières* sont un des ornements les plus agréables et le plus généralement employés dans les jardins paysagers, où elles doivent se placer dans leurs strictes convenances, sous peine de ne produire qu'un effet mesquin, annonçant le mauvais goût de l'artiste. On les utilise, soit comme habitation lorsqu'elles sont assez considérables pour cela, soit comme lieu d'entrepôt pour les outils ou instruments de jardinage ou d'agriculture. Elles peuvent avoir différents caractères et par conséquent convenir à des scènes différentes. Les unes, d'une architecture dans le goût anglais, suffisent à loger un petit ménage, fig. 3, pl. 71, et fig. 3 et 4, pl. 81. Celles de la pl. 73, fig. 1, 2 et 3, peuvent en partie remplir le même but, au moins pour des bûcherons ou des charbonniers, si on a des bois en exploitation. On les construira dans les lieux écartés, dans les clairières, ou sur la lisière des bois. Un petit jardin potager ornera leur façade, et quelques arbres fruitiers, choisis parmi les espèces qui demandent le moins de culture, ombrageront leur toit de chaume. Elles doivent être construites avec cette simplicité qui n'exclut pas une sorte d'élégance; surtout il faut bien se garder de leur donner, soit à l'intérieur, soit à l'extérieur, l'apparence de la misère, car il y a loin de cet état à l'humble condition des hommes laborieux. Elle doit porter un air de gaieté et de propreté qui atteste les soins de ses habitants. D'autres chaumières, pl. 80, conviennent à des sites moins sauvages et plus champêtres. On les suppose habitées par de petits cultivateurs propriétaires, fiers de conserver leur indépendance et un modeste héritage. Les ornements dont elles sont embellies annoncent que leurs propriétaires joignent à la culture de quelques arpents de terre une industrie particulière qui les maintient au-dessus de l'indigence. Aussi leur petit jardin est-il ordinairement garni de quelques fleurs; auprès est un verger d'arbres fruitiers de bonne qualité, et la vigne enlace de ses rameaux les piliers du portique, s'étend contre les murs, et encadre les fenêtres de l'habitation. Une chaumière, fig. 4, indiquera par quelque signe particulier qu'on y exerce une hospitalité intéressée; un toit de chaume, abritant deux bancs de bois, inviteront le voyageur fatigué à se reposer un instant; mais ici finit l'illusion : le promeneur entre et trouve, au lieu d'un cabaret, un salon de bon goût, destiné à venir prendre le café ou des rafraîchissements nécessaires après une longue promenade. Enfin, on peut donner aux chaumières un caractère particulier propre à nous rappeler une architecture et des scènes étrangères. C'est ainsi que nous avons fait dessiner des maisons suisses, des chaumières russes.

Il est un autre genre de fabriques d'habitation, susceptibles de produire un coup d'œil très-pittoresque, mais que le bon goût a généralement proscrit des jardins, parce qu'elles seraient presque toujours d'imitation, nous voulons parler des ruines habitées.

Les *Ruines* peuvent ajouter beaucoup au caractère d'une scène solitaire, mais il faut qu'elles soient motivées avec une grande vraisemblance, et c'est assez ordinairement là qu'ont échoué les architectes de jardins. Sur le sommet d'une roche sauvage escarpée, on aimera voir les ruines d'un château féodal. Des tours à créneaux dont les pierres sont minées par les ronces et les mousses parasites nous rappelleront ces temps de barbarie où un seigneur châtelain, l'effroi des contrées environnantes, faisait de son manoir une forteresse toujours prête à protéger ses brutales exactions ou sa rébellion. Lorsque la lune éclairera de ses pâles rayons ces remparts écroulés par le temps, ravagés par les révolutions, les pas mesurés de la sentinelle sembleront résonner à vos oreilles, et l'œil étonné cherchera à découvrir dans l'ombre le fantôme mystérieux que les romanciers font apparaître sous les voûtes souterraines. Il n'est pas rare de rencontrer dans nos campagnes les restes d'un vieux couvent gothique, ou de quelque autre monument religieux; c'est alors que l'art s'en emparera pour les restaurer adroitement, et les encadrera dans une scène mélancolique : l'imagination, jugeant de ce qui a été par ce qui est, ira au delà même de la réalité, fera revivre un édifice capable d'inspirer des émotions vives et des souvenirs pleins d'intérêt. En un mot, nous conseillons de tirer parti des ruines qu'un hasard heureux aurait mises à la disposition d'un propriétaire; mais nous n'engagerons jamais à en construire, et nous n'en donnons aucun modèle.

Maisons Suisses.

Parmi les fabriques d'habitation, on doit placer au premier rang la *Maison Suisse,* construite en bois, et que nous pourrions appeler la *Maison de Montagnes.* Placée à mi-côte, ou sur une éminence, à l'extrémité où finit l'arête d'un coteau, elle produit l'effet le plus pittoresque. Si elle est imitée fidèlement, elle causera la plus vive émotion au voyageur qui a joui du bonheur de parcourir la Suisse, ce pays où la nature est si grande que l'on pourrait dire qu'elle est au-dessus d'elle-même. Elle fournira au propriétaire l'occasion d'employer utilement des sapins, peupliers, hêtres, ou autres bois droits, en construisant une habitation avec peu de dépense.

Les maisons du canton de Berne sont les plus connues, et ont été le plus souvent imitées, mais rarement avec exactitude; ce sont celles qui plaisent davantage parmi celles de la Suisse, parce qu'il y a de la variété dans leur structure, et une certaine grâce dans leur aspect. Nous en avons fait dessiner plusieurs d'après nature, et nous allons donner leur description et tâcher de faire comprendre l'extrême simplicité de leur construction.

Les montagnes, comme les vallées de la Suisse, étant tous les hivers couvertes d'une épaisseur plus ou moins forte de neige, on s'est vu forcé de construire en maçonnerie les murs du rez-de-chaussée. L'intérieur de ce rez-de-chaussée sert à loger les bestiaux, et ordinairement la partie postérieure de la maison, construite en barres de bois et à jour, sert de grange à foin. La bâtisse en bois est donc posée sur cette maçonnerie en A, fig. 1, pl. 74.

Dans tout le reste, il n'entre absolument que du bois, à l'exception des pentures, des gonds et serrures. Pour fixer les tenons dans les mortaises ou dans les coulisses, on emploie des chevilles de bois.

Les murs se construisent en madriers de 8 à 12 centimètres d'épaisseur, assemblés, comme on le voit fig. 2, par des coches ou entailles H. Ce sont les extrémités de ces madriers qui sortent comme on voit en B, et qui présentent des saillies aux angles ou aux extrémités des cloisons B D, que l'on peut sculpter sur différents dessins. On les emploie plus longues sous les galeries ou sous les toits qu'elles soutiennent, et où on leur donne la forme de goussets C. On voit que les cloisons sont tenues aux extrémités par le même moyen qu'aux angles de la maison. Si une porte interrompt la continuation des madriers, ceux-ci s'assemblent par leurs tenons E dans des coulisses G du montant des portes, où ils sont retenus par des chevilles de bois, si on le juge nécessaire.

La couverture, selon la méthode bernoise, se compose de planchettes de 60 centimètres de long et de 16 centimètres de large, imbriquées de manière qu'il y en a toujours cinq ou six épaisseurs à la fois pour garantir du froid. Elles sont retenues au-dessus par des barres fixées avec des chevilles dans les chevrons, et encore par des pierres posées sur des barres, pour que le tout résiste au vent. (*Voyez* pl. 74, fig. 4, 5.) Mais cette méthode, très-économique pour des gens à qui le bois coûte si peu, est vicieuse, et les propriétaires un peu aisés emploient la tuile, ou de larges ardoises très-épaisses qui sont à leur disposition. Il sera facile, à qui le voudra, de faire un toit en planches ou en ardoises s'il en a; cependant nous préférerions les tuiles recourbées, si on juge que la construction puisse supporter leur poids, car ce toit est, comme on le voit, très-avancé.

Ce qui donne un caractère particulier aux maisons bernoises, ce sont les galeries, ou plutôt les balcons en bois dont on les entoure et qui en font l'ornement, surtout quand ils sont garnis de vases de fleurs. Ces balcons protégent la partie inférieure de la maison, comme le toit avancé protége la partie supérieure; ils donnent le moyen de placer différents ustensiles, d'étendre du linge, et de prendre l'air sans mettre les pieds dans la neige ou sur la terre humide. On peut en varier le dessin, dont nous donnons, pl. 74, fig. 3, un modèle d'une exécution facile.

Une maison à peu près semblable à celle que nous venons de décrire est gravée pl. 75, fig. 1. A celle-ci nous avons joint une coupe et le plan du premier étage. Comme on le voit, on monte par deux escaliers extérieurs à deux logements séparés où on entre par les galeries D. On voit sur le devant deux chambres à coucher A, deux pièces à cheminées B pouvant servir de cuisines, et des escaliers C pour le deuxième étage. Nous avons substitué ici les cheminées en maçonnerie aux poêles en pierres épaisses de la Suisse.

Une autre maison avec plan et coupe est figurée pl. 75, fig. 2. L'escalier de celle-ci forme perron, et on arrive dans les logements par un couloir E, qui conduit à une pièce commune F où se trouvent des escaliers pour l'étage supérieur. Deux pièces sur le derrière peuvent servir à tel usage que l'on voudra, ou en une seule pour grange. On

y monterait par un escalier ajouté au dehors, ou qui partirait du rez-de-chaussée intérieur.

On comprendra que l'on peut modifier ces plans comme on voudra, et faire la maison beaucoup plus petite en ne construisant qu'une chambre en profondeur; mais il est toujours essentiel que le plan de la maison, pour produire un meilleur effet, soit plus long que large. Nous avons dû entrer, pour ce genre de construction, dans des détails circonstanciés, parce qu'il est peu connu, et qu'aucun ouvrage n'en a fait mention.

Nous avons figuré, pl. 74, fig. 4, 5, d'autres maisons bernoises; le n° 4 représente la maison des bains de *Rosenlaui*. La partie à droite est une belle salle à manger dont le très-grand vitrage permet de jouir le plus complétement possible de la vue du pays.

Celle fig. 5 représente une maison de paysan au *Halisberg*. L'extérieur de chacune de ces deux habitations présente des différences avec celles que nous avons décrites ci-dessus.

Toutes ces constructions en bois de sapin durent plusieurs siècles, même dans les vallées humides de la Suisse. On n'y ajoute aucune peinture, ni à l'extérieur ni à l'intérieur. Des ornements sont sculptés en bois sur la façade, où l'on inscrit aussi des versets tirés des psaumes.

Une maison vraiment magnifique est celle de la planche 76, qui a été dessinée dans le *Oberhasli*.

La planche 77 représente l'intérieur d'une de ces maisons et son ameublement rustique (*).

(*) On ne doit pas confondre le CHALET, dont l'usage, en Suisse, est de loger les animaux, avec la MAISON SUISSE, qui sert pour les habitants de

Depuis la publication des dessins et notes ci-dessus, la mode a adopté les *Maisons Suisses* sous le nom de *Chalets* pour l'ornement des grands et des petits jardins. On les a proposées aussi pour logements à bon marché, et même transportables, surtout dans les villes où les terrains renchérissent successivement de prix. L'usage apprendra s'ils remplissent ce but, car il ne faut pas se dissimuler qu'ils ont été l'objet de bien des petites critiques. On a dit que, si en été ils garantissent peu de la grande chaleur, ils préserveront mal en hiver du froid, à cause du peu d'épaisseur de leurs murs de bois. Il est vrai que la température du canton de Berne, d'où ils sont originaires, n'est pas chaude au milieu des neiges et des *Mers de glace*, mais la population bernoise, d'ailleurs habituée au froid, sait le braver par de formidables poêles de pierre épaisse. Chez nous, les calorifères remplaceront les sapins bernois. Par nous-mêmes nous en avons visité plusieurs pendant les mois de chaleur, et nous n'avons pas eu de sujet de nous en plaindre. M. Jules Janin, le propriétaire de celui dont nous allons donner le dessin, nous a assuré aussi qu'il n'avait eu qu'à se louer du sien en toutes saisons.

Quoi qu'il en soit, les *Chalets* sont une heureuse acquisition pour varier les formes de nos fabriques pittoresques, et déjà nos architectes ont su ajouter à leurs ornements.

Nous en donnerons un exemple, remarquable dans le dessin de la planche 76 *bis*.

toutes classes et de toutes fortunes. Le véritable chalet va trouver ci-après sa description au chapitre du *Logement des Animaux*. Nous parlerons, du moins ici, des maisons et chalets du canton de Berne ; ceux des autres cantons, quoique pittoresques, chacun dans son genre, étant bien loin de présenter les formes agréables de l'architecture bernoise.

En employant scrupuleusement la forme et les matériaux des vallées de l'*Oberland*, l'architecte, né lui-même dans le pays, a su donner une physionomie plus animée à l'habitation de l'homme de lettres pour qui il travaillait, et qui avait à enrichir le dedans de tout ce qu'il y a de plus attrayant en ornementation intérieure et en objets d'art, de ceux qui égayent un séjour et parlent à l'esprit et au cœur.

Dans un salon-bibliothèque sont réunis en très-grand nombre, et dans leur plus éclatante parure, les plus beaux livres qu'un bibliophile, parfait connaisseur, ait pu rassembler pour son usage ou pour sa récréation, à force de recherches et de dépenses. C'est le plus bel ornement de ce qu'il appelle *sa Cabane*, et pourtant que ne dirait-on pas des délicieuses statuettes, des bronzes, des tableaux, des dessins, des décorations dues à des pinceaux de maîtres, des mosaïques des parquets d'ébénisterie et des meubles si bien appropriés ! Il n'y a rien de plus charmant que la cheminée en marbre de Carrare, ornée richement de bronze doré, et sur laquelle sourit cette belle personne qui méritait les crayons-pastels du célèbre Latour !

On voit donc que dans *une Cabane* on peut réunir, sans contraste, les objets les plus brillants, les plus précieux, les plus gais.

Cependant, comme il faut absolument qu'une maison bernoise présente sur ses faces principales une ou deux inscriptions qui révèlent le maître et l'habitant, M. Jules Janin a écrit aux frontons de sa demeure les inscriptions que voici : au nord, deux vers de Clément Marot, son poëte favori :

« Que le ciel nous préserve, en ce bas monde, icy,
» De faim, d'un importun, de froid, et de soucy. »

47

Au midi on a tracé ce vers d'Horace, où il est dit : « Écrivains, avant d'aborder un sujet, consultez votre esprit et vos forces. »

Sumite materiam. . . . .

Ce qui veut dire aussi, par un jeu de mots assez joli : « Écrivains, si vous faites bâtir, choisissez des matériaux convenables à votre fortune. »

Au-dessous de ces deux vers de l'*Art poétique* d'Horace, on peut lire aussi ce vers charmant (et bien placé là) de l'*Art poétique* de Despréaux :

» Qui ne sut se borner ne sut jamais écrire... »

Et chacun de sourire à la douce philosophie, aux bons sentiments, au peu d'ambition, à l'humaine fortune, aux travaux passés, au travail présent, à la vie heureuse et facile de ce digne écrivain, qui nous appartient déjà depuis si longtemps, par sa vive sympathie et par l'attrait qui l'a toujours amené et ramené parmi nous.

Deux architectes ont présidé à l'élévation de ce palais de bois, M. Seiler, constructeur suisse, promoteur des maisons de cette matière, et [M. Godde, jeune artiste français, excellant dans l'art de donner l'espace, l'apparence et le bien-être à des solives et des planches montées sur un petit mur de briques (*).

(*) Ce bâtiment contient : — Au rez-de-chaussée une cuisine, modèle pour sa confortabilité, un calorifère qui chauffe à volonté tout le local et un cabinet de bain ; de plus, un escalier intérieur, outre celui qui conduit aux galeries à l'extérieur. — Au premier le salon-bibliothèque, de 7 mètres de longueur, une salle à manger et un boudoir. — Au deuxième et même au troisième, des chambres à coucher et cabinets.

Le plan du charmant petit jardin où est construit le chalet de M. J. Janin, dessiné par le propriétaire lui-même, est gravé sur la pl. 8, fig. 5. Il complète la série de plans de petits jardins donnés sur la même planche et présente l'exemple de l'habitation placée au milieu du jardin, chose qui ne peut avoir lieu qu'autant que l'on est certain de n'avoir pas près de soi de constructions très-élevées trop avoisinantes.

M. Seiler, qui vient d'être cité, a fondé à Paris un établissement gigantesque pour la fabrique de chalets et maisons suisses. On peut voir à la Villette, rue de Flandre, 55, une usine où de prodigieux amas de bois sont incessamment taillés, découpés et mis en œuvre par une machine à vapeur de la force de quarante chevaux. Un architecte bernois donne les plans et dirige les constructions, de manière que l'on peut jouir très-promptement d'une habitation parfaitement sèche sans être obligé d'attendre deux ou trois ans que les plâtres soient ressuyés.

M. Seiler a bien voulu nous permettre de publier quelques-uns des plans et élévations des nombreuses constructions qui sortent journellement des ateliers.

La pl. 76 *bis* A, fig. 1re, représente un pavillon assez simple. La fig. 2 donne la vue pittoresque d'une maison angulaire, plus ornée et entourée d'autres bâtiments de moindre importance pour loger toute une famille d'une manière indépendante. Sur la droite, un charmant kiosque permet de jouir à distance rapprochée de la vue de la promenade où circulent sans cesse les voitures et les cavaliers. La loge du portier est, elle-même, un charmant ornement.

Dans la planche 76 *bis* B, les fig. 1, 2 et 3 donnent les

vues de face et de côté, et le plan d'un pavillon du prix de 2,000 fr. Les fig. 4 et 5 en représentent un autre du prix de 1,800 fr.

Une maison contenant un étage, pl. 76 *bis* C, fig. 1 et 2, est du prix de 4,000 fr. Les fig. 3 et 4 sont des pavillons employés dans la Cité Parisot, rue de Montreuil, à Paris.

La pl. 76 *bis* D est un pavillon dont nous offrons la vue plus en grand pour faire comprendre les détails d'ornementation de ce genre de construction.

Mais l'immense usine de M. Seiler ne se borne pas à fabriquer les murs de bois des maisons; sa puissante machine à vapeur découpe avec une incroyable rapidité des *Parquets,* depuis les plus simples jusqu'aux dessins les plus riches et les plus gracieux. Il faut une semblable scierie mécanique pour exécuter à des prix accessibles des travaux qui autrefois étaient impossibles. La même planche, fig. 2 et 3, fait voir deux échantillons, l'un simple et l'autre plus compliqué, de ce genre de travail, ornement indispensable des chalets et qui est si distingué dans toutes les habitations.

Chaumières Russes.

Voici quelques exemples de ces habitations, qui ont beaucoup de rapport avec le genre suisse.

La planche 78, fig. 1 et 2, donne l'esquisse du pavillon, dit *Chaumière Russe,* autrefois à l'usage du roi dans le parc du Raincy. Les dehors sont revêtus de bois en grume composé de *rondins* entiers. On en comprend mieux les détails de construction dans la 6me figure de la pl. 85, lesquels sont les mêmes, pour les assemblages, que ceux de la maison suisse et du chalet. Le n° 2, pl. 78, d'une architecture semblable, est revêtu en planches comme les maisons suisses.

Sur la pl. 61, fig. 7, on voit, dans un très-petit dessin que nous n'avons pu nous procurer plus grand, une chaumière russe ornée.

Le pavillon rustique du parc de Muskau, fig. 3, pl. 78, sert à loger des faisans; mais il conviendrait à plusieurs genres d'habitations. Il participe du caractère russe.

Habitations Chinoises et Jardins.

L'architecture chinoise, légère, déliée, élancée, se marie volontiers à l'effet des arbres dans les jardins; aussi, depuis un siècle, y a-t-on introduit les pavillons chinois avec une telle profusion qu'il est arrivé un moment où l'on en était rassasié au point de ne plus les souffrir, et de supprimer les curiosités chinoises même dans les appartements. Cependant les *Chinoiseries* ont repris faveur dans les dernières années, et les *Magots* et potiches achetés à grands frais ont été réintégrés sur les étagères des petites-maîtresses.

Quoi qu'il en soit de la réintégration du genre chinois, ce n'est qu'avec un goût bien entendu, avec le sentiment de l'harmonie que l'on peut s'aventurer à admettre ce style. Il est tellement hétérogène à nos contrées, qu'il ne peut former scène dans nos compositions, à moins d'être isolé de tout autre tableau : c'est ainsi que dans un jardin *Cosmopolite* on ne rencontrera un paysage chinois qu'après avoir traversé un *Désert* ou bien un bois planté d'arbres étrangers, en sorte que les yeux ne seront pas frappés trop brusquement par deux scènes qui, placées près l'une de l'autre, présenteraient une trop grande anomalie; alors arrivé sur le sol du jaune Empire, vous accepterez avec reconnaissance des fruits étrangers à vos habitudes, comme tout ce qui vous entoure. Si, au milieu d'une plaine élevée dont les environs sont boisés, s'élève une *Pagode*, fig. 7, pl. 82, tour chinoise élevée aux dieux du pays, et servant en même temps d'observatoire, elle remplira chez nous le même but de tour élevée pour jouir de la vue d'un pays pittoresque, mais elle devra s'y montrer sans accessoires de style européen.

La construction des maisons ou pavillons chinois est très-détaillée; elle exigerait des gravures nombreuses que ne comporteraient pas les bornes de ce traité, et que l'on devra aller chercher dans les bibliothèques publiques où se trouvent une foule d'ouvrages sur ce genre de construction. Il doit suffire ici de l'esquisse d'une ou deux maisons vues à l'extérieur, et d'un intérieur pour donner l'idée de sa forme et de son ameublement.

En Chine, à l'exception des maisons de pauvres, une habitation se compose d'une grande enceinte formée par un mur appelé *mur de respect*. Cette espèce d'enclos renferme, non pas comme chez nous une grande maison et un jardin, mais des bâtiments qui ont chacun leur destination particulière, à peu près comme dans le *Hameau Orné* décrit page 75.

Souvent même, dans les résidences de campagne, ces pavillons particuliers, soit d'utilité, soit d'agrément, sont arrangés au hasard dans le jardin paysager, car les Chinois ne connaissent pas les jardins réguliers, et si dans leurs cours on voit quelques arbres, ils sont toujours plantés irrégulièrement; chez eux la nature a de tout temps guidé le jardiniste, et peut-être est-ce à leur imitation que les Européens ont dû le goût des jardins naturels. A la ville même, on trouve dans l'enceinte du mur de respect et dans le quartier le plus éloigné de l'entrée, un jardin plus ou moins grand, presque toujours composé d'un lac peuplé de poissons dorés, d'une montagne, d'un ou plusieurs kiosques, d'un pavillon principal communiquant au lac, de massifs d'arbres et de plantes d'agrément avec des allées pour la promenade : jardin paysager en miniature où la fraîche verdure et les arbrisseaux fleuris forment un tableau naturel dont l'homme sait jouir et que son imagination agrandit. Dans les compositions plus vastes, les montagnes et les rochers naturels et artificiels jouent un grand rôle, ainsi que les eaux qui en sont la conséquence naturelle. Toujours sur les lacs petits ou grands, creusés par la nature ou par la main des hommes, on a construit, en manière de pont, des galeries légères, les unes couvertes, d'autres à découvert, d'autres encore offrant en dessous un promenoir fermé et en dessus une galerie ouverte bordée de balustrades; ces galeries, partant de la rive du lac, forment quelquefois plusieurs circuits et conduisent à un pavillon ou à un kiosque qui lui-même est construit sur l'eau; quelquefois aussi elles suivent seulement le rivage d'une partie du lac qu'elles encadrent. La promenade dans un de ces vastes jardins est un voyage au milieu d'une nature pittoresque où l'on rencontre l'*Etang du Nénuphar*, la *Maison de la Beauté précieuse*, le *Pont qui intimide*, la *Pagode de la douce Rosée*, le *Belvédère où l'on entend la neige*, et dans la partie élevée, la *tour* ou *pagode*, ornement inséparable d'une riche résidence.

Les diverses maisons ou pavillons qui composent l'habitation sont séparées par des allées de communication et par des cours ornées d'arbres et animées par des faisans, des poules de Bantam et d'autres oiseaux curieux. Le plus apparent des pavillons, près de la porte d'entrée, forme une salle, espèce de temple consacré à l'idole domestique, au génie de la famille, afin que les visiteurs puissent contempler l'autel et le simulacre des Lares ou Pénates, de l'invention de *Fo* et de *Laokium*.

La petite maison représentée fig. 1, pl. 82, est un de ces pavillons dont nous venons de parler, et qui servait de bibliothèque. La base sur laquelle on monte par trois marches est en granit; les murs sont de briques bleues ou couleur de plomb ayant reçu l'action d'un feu de bois dans un fourneau construit exprès, où elles n'ont pas été atteintes par la flamme, qui les aurait fait rougir; les colonnes sont en bois peint en rouge et verni ainsi que la charpente du toit; les châssis des croisées sont d'un jaune rougeâtre et la porte est vert-olive avec des compartiments rouges et bleus. La toiture est en tuiles concaves liées avec du mortier d'argile.

Les maisons de pauvres sont construites en briques séchées au soleil, et couvertes en paille.

La fig. 2 représente l'intérieur d'une salle de réception. Le côté gauche est *vitré* avec du papier blanc, car à la Chine le verre est rare; mais ces vitrages en papier craignent peu les injures de l'air à cause de la grande saillie des toits. Au fond est une vue de paysage et des petits

tableaux de fleurs; la boiserie est peinte de diverses couleurs. La dorure est répandue à profusion, avec la peinture vernie, dans les habitations chinoises, pour peu qu'elles soient luxueuses.

Fig. 3. Maison de mandarin à la porte de laquelle sont deux mâts avec des étendards, remplacés la nuit par des lanternes de papier ornées de peintures. La clôture qui l'entoure est le *mur de respect*.

Fig. 4, 5, 6. *Kiosques Chinois*. On trouvera d'autres kiosques et pavillons de repos dans le style chinois, pl. 110, 112, 113, 116 et 117.

Fig. 7. *Tour*. Ces sortes de bâtiments sont, pour ainsi dire, les traits qui caractérisent la physionomie de la contrée. Ils sont construits en briques, quelquefois revêtus en porcelaine, à 5, 7 ou 9 étages, toujours impairs. A chaque étage règne une galerie où l'on peut se rendre par la fenêtre servant de porte; cette galerie est couverte d'un toit en tuiles d'une riche couleur jaune fortement vitrifiée. A chaque angle pendent des clochettes que le vent fait résonner. Ils renferment les images des dieux et accompagnent souvent des temples considérables ou des monastères chinois.

Cabanes pour loger les Animaux.

Il est peu de maisons de campagne où l'on n'élève, soit comme pur agrément, soit comme objet d'utilité, quelques-uns des animaux domestiques si propres à jeter de la vie dans un paysage. L'artiste tirera parti de leurs habitations pour renforcer le caractère pittoresque assigné par les auteurs aux genres champêtre et rustique, ainsi qu'à la ferme

17.

ornée. Il pourra les placer comme fabriques partout où elles se trouveront en convenance, et, au moyen d'un treillage artistement entrelacé, il formera autour de chacune un parc dans lequel les animaux auront à parcourir un espace suffisant pour le maintien de leur santé, et pour animer la composition. Les voyant paître ou bondir autour de leurs chaumières, le spectateur oubliera l'enceinte qui les renferme; l'effet sera le même que s'ils étaient en liberté, et cependant les précieux végétaux qui enrichiront le paysage seront à l'abri de leurs dents meurtrières. On entretiendra, autant que possible, la verdure du gazon qui leur servira de promenade, et l'on pourra y planter des arbres pour leur fournir un ombrage salutaire pendant les ardeurs de l'été; mais il faudra prendre la précaution de garantir leurs troncs au moyen d'épines, de planches, ou en les couvrant, jusqu'à la hauteur où les animaux pourraient atteindre, d'un enduit fait avec de la fiente de vache ou de mouton délayée dans de l'eau et de la terre grasse; on y ajoute une quantité suffisante de charbon en poudre pour donner au mélange une couleur foncée approchant de celle de l'écorce. Cet enduit, étant facilement détrempé et entraîné par les pluies, a besoin d'être souvent renouvelé.

On a introduit l'usage des *Clôtures* ou *Treillages* en fil de fer, dites *Clôtures en Fer continu*, pour renfermer dans les parcs les bêtes fauves, telles que daims, gazelles et même de gros oiseaux incapables de voler. La pl. 146, fig. 3, donne un fragment d'une de ces clôtures en gros fil de fer de 3 millimètres. De 5 en 5 mètres, elle est soutenue par des montants en fer plat de 3 centimètres de largeur et de 2 mètres de long, fichés en terre dans des piquets de bois dur, tel

que l'acacia; entre ces 2 montants on en place deux autres plus faibles de 80 centimètres qui soutiennent la partie basse du treillage. On a choisi ici le modèle le plus simple et le moins coûteux. (Le prix du fil de fer est de 20 centimes le mètre et celui des montants est de 2 francs.) On place les fils transversaux du bas à 10 centimètres et ceux du haut à 18 centimètres de distance les uns des autres. A la distance de 30 à 35 mètres on établit des *Tendeurs* aux fils supérieurs, qui s'allongeraient avec le temps. La figure de ces tendeurs est placée à côté de la fig. 3. En *a* est un cercle aplati en tôle épaisse de fer, traversé par un rouleau de 2 centimètres auquel est attaché le fil de fer. Au moyen d'une clef, on tourne le *carré b*, et ce fil s'enroule et est retenu par un *cric* que l'on voit en *d* sur le côté du tendeur. Les fils transversaux traversent les montants percés à cet effet.

On entoure de ces clôtures les bassins et pièces d'eau pour éviter les accidents. Ils sont légers et ne masquent pas la vue comme ceux en treillage de bois. On n'en prend pour cet usage que la partie inférieure de 90 centimètres à 1 mètre. Il s'en fait sur différents dessins que l'on peut voir dans la fabrique Tronchon, à Paris.

La fig. 4, sur la même planche, donne un treillage en bois de 2 mètres de haut, composé de lattes plates et d'échalas fendus. On le trouve ordinairement dans la propriété même, et l'on n'a que la façon à payer, mais il masque en partie la vue.

Les animaux ruminants habiteront des cabanes solidement construites et propres à les garantir du froid. La vache laitière se plaira dans une rotonde en chaume, pl. 83, fig. 1. La douce brebis et le bélier mérinos logeront dans des chaumières, fig. 2 et 3, moins spacieuses; et l'âne, aussi utile qu'injustement méprisé, sera placé dans une écurie rustique entourée d'une galerie sous laquelle il se reposera pendant les feux de l'été, pl. 81, fig. 1-2, et 83, fig. 4. Nous avons figuré, pl. 83, 84-87, plusieurs fabriques dont le Jardin des Plantes, à Paris, nous a fourni la plupart des modèles. Elles sont propres à loger non-seulement des animaux domestiques, mais encore les sauvages habitants des forêts, tels que cerfs, daims, chevreuils, etc., que l'on voudrait par plaisir élever sous ses yeux. Ils se plaisent parfaitement dans un enclos de quarante à cinquante pas, et le plus grand nombre même y multiplient comme en pleine liberté. Un treillage assez léger, haut de 2 mètres 60 centimètres, suffit pour les y renfermer avec la plus grande sûreté. Les planches 85, 86 et 87 représentent plusieurs cabanes du même genre dans lesquelles on peut également placer des oiseaux de basse-cour, poules d'Inde, paons, faisans et autres. Les oiseaux aquatiques, cygnes, oies, tadornes, sarcelles de Virginie, etc., dont on peuple assez ordinairement les grandes pièces d'eau, se logent parfaitement dans ces cabanes quand elles sont placées près du rivage, et dans l'endroit dont la communication de l'eau à la terre est la plus aisée, car ces animaux ont la marche lourde et difficile. Dans un bassin dont les bords sont escarpés on peut placer, pour les cygnes, une baraque en planches, dont le sol sera élevé de 30 à 50 centimètres au-dessus de la surface des ondes, et l'on établira, pour leur en faciliter l'entrée et la sortie, une planche inclinée depuis la porte jusque sur l'eau et ayant,

de 16 en 16 centimètres, de petits liteaux cloués en travers; cette précaution suffit pour les empêcher de glisser lorsqu'ils y marchent ayant les pattes mouillées. La fig. 5, pl. 83, est un très-petit poulailler surmonté d'un pigeonnier. La fig. 6 donne une porte rustique qui pourrait former la devanture d'une cabane. Les fig. des pl. 89 et 90 sont affectées aux mêmes usages.

Le *Chalet* est une sorte de chaumière en bois usitée dans les Alpes, sur les hautes montagnes accessibles, pour servir de refuge, dans les moments de tourmente, aux animaux qui paissent à l'air quand la neige a fait place à la verdure, et retournent dans les vallées aux approches de l'hiver. Ils servent aussi à loger les pâtres, et à travailler ainsi qu'à emmagasiner les fromages que l'on fait avec le lait de chaque jour. Des chalets sont construits aussi dans les vallées, près des habitations, pour servir de petites granges.

Beaucoup de personnes nomment improprement chalet tout ce qui a l'apparence d'une maison suisse.

Leur construction a lieu souvent avec des madriers, comme la maison bernoise, et souvent aussi avec du bois rond et bien droit, dégagé de son écorce. On assemble les angles, comme on le voit dans la fig. 3, pl. 88, au moyen des coches à demi-bois, toujours en suivant le même système que dans la construction de la maison suisse.

La fig. 2 représente un chalet de la *Vengenalp* : il est construit en madriers et couvert en planchettes sur lesquelles on pose des pierres pour que le vent ne les enlève pas.

Le chalet fig. 1, pl. 88, est en bois rond. On le couvrira avec les matériaux dont on pourra disposer. Le plus souvent, cette sorte de chalet ne contient qu'une seule pièce, dont le fond est en terrasse. Nous donnons le plan d'un de ceux qui sont plus compliqués. Dans la pièce d'entrée A, se trouve le foyer, sans cheminée (la fumée passe à travers le toit en bois), pour faire les fromages. En B, une serre avec tablettes pour les ustensiles ou les fromages. En C, nous supposons un lit, quoique les pâtres soient dans l'usage de coucher modestement sur le foin dans le grenier, comme nous l'avons fait nous-même dans les Alpes. En D, on peut loger des animaux. En E, est une galerie où, quand il pleut, on fait entrer une vache pour la traire; on la fait sortir sans se retourner par l'extrémité opposée.

La fig. 4 de la pl. 78 est le dessin de l'intérieur d'un chalet suisse dans la *Vengenalp*, où nous avons reçu une nuit l'hospitalité. Ce chalet, que les neiges ne permettent d'habiter seulement que quatre mois de l'année, est composé de la pièce que l'on voit, d'une autre pièce où l'on fait les fromages, d'un grenier pour coucher sur le foin et d'une étable pour recevoir les bestiaux dans les temps de pluie; car, malgré sa position aérienne à 2,000 mètres au-dessus du niveau de la mer, et la fraîcheur de l'air, les animaux y passent la nuit en plein air, à une petite distance de la *Yungfrau*, qui de moment en moment fait retentir l'air du tonnerre de ses avalanches.

Des Oiseaux et des Volières. — Colombiers.

Les oiseaux sont l'accessoire naturel et indispensable de tous les genres de scènes; ces aimables hôtes, par leurs douces mœurs, leur vivacité, leurs chants mélodieux et variés, charment l'oreille, ou même, par leur symphonie discordante, donnent la vie à l'espace. Tout en admirant un point de vue, l'œil aimera à être distrait par le vol oblique et prompt de l'hirondelle; il se plaira à suivre à perte de vue, dans sa course perpendiculaire, l'alouette au gazouillement si doux. Chacune des espèces d'oiseaux tient sa place dans un parc. Des plantations d'arbrisseaux portant des fruits en baies séduisent les tribus d'oiseaux de petite espèce, et le puéril amusement d'éparpiller des graines de chènevis ou de la mie de pain n'est pas à dédaigner. Par de semblables moyens, nombre d'oiseaux seront attirés vers un bosquet converti et disposé ainsi en une véritable volière naturelle, république dont les habitants seront d'autant plus charmants qu'ils seront sans entraves. Il est bien entendu que le site choisi à cet effet devra être éloigné des arbres fruitiers, que vos protégés insolents et sans gêne pilleraient sans égard pour vous. Mais pour les y conserver, pour en jouir toujours, défendez qu'aucun coup de fusil ne soit tiré près de ce lieu; ordonnez, au contraire, que par de petits soins on cherche à les fixer dans votre enclos; si vous avez à vous défaire de quelque oiseau de proie ou malfaiteur, employez la ruse et non la poudre. Bientôt un peuple ailé habitera avec vous, charmante création qui réjouira votre âme comme un brillant parterre réjouira vos regards : c'est la corneille avec son cri semblable au bruit du clairon; c'est une nuée de moineaux francs saluant l'aurore de leur singulier ramage; ce sont le chardonneret et le rouge-gorge, la fauvette et la mésange aux chants gracieux et continus ; c'est la tourterelle roucoulante, et, dans l'éloignement, le coucou plaintif annonçant le retour de la belle saison. Puis, le soir, c'est un chant pur, hardi, dont les notes filées avec art, enflées à propos, produisent sur vos sens une impression indicible. Quelle puissante mélodie dans un oiseau tel que le rossignol, d'une si frêle organisation !

Cependant, non content d'entendre dans votre bois cette séduisante harmonie, langage des oiseaux, vous voudrez encore multiplier vos jouissances et, renfermant ces petits êtres dans une prison dorée, les avoir près de vous, leur prodiguant vos soins et vos légères caresses pour les habituer à votre présence. A cet effet, vous placerez votre *Volière* à peu de distance de l'habitation ; ombragée par de riants bosquets, on ne s'attachera pas à la déguiser, parce qu'elle est motivée partout, et partout agréable : seulement on la construira de la manière la plus commode aux habitudes des petits chantres ailés qu'elle doit renfermer, et sa forme aura toute l'élégance que l'on pourra lui donner. Les volières conviennent particulièrement aux scènes gaies et gracieuses. Si on la cache dans l'épaisseur d'un bosquet, l'oreille sera frappée du chant agréable des oiseaux sans que les yeux puissent découvrir leur prison ; cette interruption du silence des bocages jettera dans l'âme une distraction douce et pleine de charme.

La gravure 4, pl. 90, représente un colombier au pied duquel est une volière à douze loges pour de grands oiseaux.

Pl. 91, fig. 1, 2, 3, 4, 5, 6, volières de différentes formes et grandeurs. On devra observer qu'une volière doit toujours être disposée de manière à se partager en plusieurs compartiments, afin de diviser les oiseaux dont les espèces ne peuvent vivre ensemble. Il faut aussi pouvoir entrer dans le milieu de ces divisions, comme en *a*, fig. 7, pour de là soigner toutes les volières.

Il nous semble plus naturel de construire des volières uniquement en grillage au milieu des arbres, de manière que l'on ne voie que ces jolis petits habitants des airs, sans apercevoir leur prison, qu'il faut dissimuler autant que possible dans le feuillage. Des cabanes cachées ou d'autres petites fabriques leur serviront d'abris.

8. Cage suspendue comme un réverbère pour la mettre à l'abri des chats et jouir du chant des oiseaux dans le feuillage. La potence est en fer et peut se transporter et se ficher dans la terre à volonté.

Nous avons cherché (chap. VI) à donner une idée des jardins zoologiques de Londres. On peut voir, pl. 92, quelques-unes des fabriques que le promeneur curieux y rencontre à chaque pas. La loge n° 1 pourrait renfermer un ours blanc ; la cage 3, très-vaste, est celle des singes ; le n° 2 est un *tunnel* ou passage souterrain qui conduit sous la voie publique pour réunir une partie du jardin à un autre terrain que l'on a acquis du côté opposé. Ces trois vignettes sont tirées du *Zoological garden* de *Regent's Park*.

Les trois autres numéros sont du jardin de *Surrey*, et représentent des loges de quadrupèdes et une grande volière située au midi, pour y recevoir les oiseaux des tropiques.

Nous avons extrait ce qui suit de nos Notes sur les

Jardins de l'Italie, insérées dans les Annales de la Société d'horticulture de Paris.

« Je citerai un des ornements les plus riches et les plus gracieux à la fois qui ornent le parc royal de Capo di Monte, près de Naples, trop modestement appelé le *Bosquet*. Les vertes et grandes pelouses des parties claires du *Bosquet* sont peuplées de paons au plumage d'or et d'émeraude; mais ce ne sont point deux ou trois de ces oiseaux de luxe... On voit ici le nombre, peut-être inconnu partout ailleurs, de *plus de* deux cents. Leur promenade a lieu sans cesse sur la pelouse verte et propre; aussi font-ils briller la richesse du plumage le plus éclatant. Parmi eux, un certain nombre porte le plumage blanc, et l'on ne peut se faire une idée de la beauté de leur gracieux éventail se détachant sur la verdure, au milieu des buissons.

» Ce bel oiseau se plaît dans nos climats, et je le signale avec plaisir comme ornement des jardins à ceux des favoris de la fortune qui cherchent des idées nouvelles, et qui voudront employer en très-grand nombre ces oiseaux gracieux, pour en faire le plus beau des spectacles de ce genre.

» Le roi de Naples affectionne beaucoup ses paons; ils le connaissent, et, quand il arrive et qu'il les appelle, ils répondent par de nombreux cris de joie à la voix de leur maître; aussi Sa Majesté a-t-elle défendu expressément qu'il en fût tué un seul avant que leur nombre eût atteint deux mille.

» A ce peuple de paons se mêlent encore des faisans de diverses espèces et des dindons blancs choisis, dont les mâles se croisent avec les femelles paonnes, et produisent des mulets singuliers, mais se rapportant seulement au dindon.

» Toute cette population volatile se répand principalement dans une *plaine*, pittoresquement ornée de grandes fabriques, telles qu'une faisanderie ornée dans le genre gothique en ruine, et qui contient les faisans dorés, une chapelle, un couvent véritable et des fabriques d'ornement d'un goût propre au pays. »

§ 3. Fabriques d'ornement et de récréation.

Ces fabriques, *quoique quelques-unes puissent être utilisées*, sont plus particulièrement destinées à la décoration, et demandent à être motivées moins rigoureusement que les précédentes; cependant elles doivent toujours être en convenance avec le genre des scènes qu'elles servent autant à caractériser qu'à orner.

Des Cabanes.

Les cabanes sont des chaumières de trop petite proportion pour servir de logement, ou bien elles ne pourraient servir que pour loger des animaux; nous en avons réuni plusieurs pour ce motif dans les articles précédents. Celles dont il nous reste à parler sont destinées à servir de pavillons de repos, et nous pouvons rappeler à cet usage les fig. 2, pl. 86, et 1-2, pl. 87.

L'amateur des jardins assez heureux pour posséder dans sa serre des palmiers et autres grands végétaux exotiques à effet, susceptibles d'être placés à l'air dans la belle saison, les groupera, à leur sortie de la serre, de manière à composer une scène étrangère. La décoration pittoresque qui les accompagnera sera une cabane semblable à l'une de celles de Java, pl. 93, fig. 1, 2, ou de Sumatra, fig. 3, 4, ou de la baie de Tolaga, fig. 5, ou la chaumière indienne, pl. 95, fig. 1. Nous regrettons que les voyageurs n'aient pas apporté la vue extérieure de la belle cabane de Tonga-Tabou, fig. 6, pl. 93.

Les cabanes de la pl. 94 peuvent être considérées aussi comme ermitages; celles de la pl. 95, fig. 2, 3, seront placées sur de légères éminences ainsi que la cabane fig. 9, pl. 91; les cabinets 4, 5, pl. 95, serviront à *tel usage* que l'on voudra.

Nous avons recueilli, pl. 96 à 101, des fabriques d'ornements qui ornent le jardin agreste de M. Panckoucke. Il nous a paru intéressant de réunir ensemble toutes ces jolies esquisses, même la vue de l'orangerie chinoise que nous aurions pu joindre aux planches de *Serres*. Elle est placée ici comme ornement éminemment pittoresque.

Sur une terrasse, un joli reposoir gothique (pl. 99, fig. 3) invite à s'abriter des rayons du soleil sous des guirlandes touffues de jasmin de Virginie aux longues fleurs pourpres.

Cette terrasse, terminée par les grises murailles des maisons voisines, contrastait tristement avec le coup d'œil magnifique dont on jouit dans toute sa longueur; mais une riche et gracieuse décoration où brillent ensemble l'or, les peintures et la porcelaine chinoise, dérobe aux yeux cette sombre enceinte, et ce n'est point une vaine décoration, c'est un palais destiné à loger des orangers aux fruits dorés. On peut apercevoir dans le dessin (pl. 102) la cour chinoise qui précède cette orangerie et une balustrade entourant un bassin d'eau vive. A gauche, à travers une décoration chinoise à jour, on jouit de la vue d'une campagne immense : à droite se présente le *Berceau Chinois* de la pl. 99, fig. 2.

A l'extrémité de ce berceau, et sur un terrain qui s'élève, un banc se présente d'où l'on se plaît à retrouver sous un autre aspect la vue dont on a joui sur la terrasse; mais ici la campagne n'est visible qu'à travers l'ovale d'une espèce d'*Écran Chinois*. Assis sous un ombrage épais, tout ce côté de l'écran est dans une demi-obscurité favorable pour faire ressortir avec éclat le paysage encadré par ce médaillon. Nous recommandons aux amateurs de tableaux pittoresques cette idée ingénieuse. (Voyez pl. 101, fig. 2.)

Sur la planche 100, n° 2, on a figuré la façade de la chapelle de Guillaume Tell, imitée de celle qui est au lac d'Uri.

Près d'un marronnier touffu, qui s'élève au milieu d'un bosquet, vous n'avez d'autre vue que celle des troncs d'arbres; peu de chose était à faire pour jouir d'un beau panorama, et c'est ce qu'on peut exécuter au moyen d'un escalier rustique qui enlace le vieux marronnier comme la vigne embrasse l'ormeau. Là, les écoliers n'ont pas besoin de jeter des pierres pour faire tomber les marrons, car ils peuvent les cueillir avec la main à la cime de l'arbre. (Pl. 100, n° 3.)

Au bord d'un fourré épais et sauvage convient la cabane (pl. 101, fig. 4), imitée de celles de l'île de Jisey, et aux murs intérieurs de laquelle sont appendus des armes et des ustensiles apportés du pays même.

Quand le terrain monte et descend fréquemment, les lieux de repos doivent être souvent répétés : là s'élèveront de jolis petits pavillons couverts de chaume (pl. 96, fig. 3, 4, et pl. 100, fig. 1); puis un banc circulaire autour d'un majestueux chêne auquel est fixé un parasol immense. (1, pl. 96.)

Nous prendrons occasion de ce chêne pour donner un conseil sur l'art de vaincre une difficulté en horticulture. Le pied d'un arbre couvert, comme celui-ci, est privé du bienfait de la pluie, et il ne peut manquer de dépérir : le remède, cependant, est facile, car il ne s'agit que de lui rendre par des arrosements fréquents ce qu'il perd en pluie.

La chaumière russe (fig. 1, pl. 99) est grande et élevée d'un étage; on monte sur le balcon rustique pour jouir du point de vue pittoresque que l'on doit y découvrir, et l'on est surpris de se trouver dans un élégant salon dont tous les meubles et les peintures originales de Boucher et de Coypel vous reportent aux règnes de Louis XIV, de la Régence et de Louis XV. Fermez les yeux, jardinistes classiques; jouissez sans examen, amis de la variété et du plaisir!

Sur le bord d'un lac, un des principaux ornements est le rocher (pl. 97, fig. 1), que l'espace ne nous a pas permis de rendre plus en grand; la fig. 3 le représente, le spectateur étant supposé entré sous sa voûte à demi éclairée, d'où on jouit de la vue du lac. Ce rocher est d'une construction heureuse et naturelle. Dans la fig. 4, pl. 99, nous en donnons l'esquisse, toujours à l'intérieur, et prise de côté.

Le coteau où est situé ce jardin n'offre pas d'eaux vives à la surface du sol, il a fallu en tirer du sein de la terre. Beaucoup de personnes eussent établi un puits et un manége mu par un cheval. Mais ce manége, d'une forme disgracieuse, on n'y a pas pensé, et *le cheval à l'écurie* a été remplacé par quatre légères ailes de moulin qui, arborées sur une construction à jour, en arbres et en branchages recueillis dans le bois même, mettent en jeu une invisible pompe qui élève l'eau à une grande hauteur, d'où elle est versée dans des réservoirs dont un est renfermé dans une cabane (fig. 2, pl. 97); de là elle fournit au lac et à tous les besoins dans les jardins.

Nous avons tracé sur la pl. 97 le plan du moulin pris à tous les étages, et toujours en y comprenant les étages inférieurs : le n° 4 est celui du rez-de-chaussée, sur le sol qui couvre le rocher; le n° 5 est pris au premier étage; le n° 6 au second et le n° 7 à la partie supérieure où ne se trouve plus que la partie supérieure de la machine représentée plus en grand n° 8.

La belle galerie représentée fig. 1, pl. 98, vue de face, et fig. 2 dans sa perspective intérieure, est meublée dans toute sa longueur de siéges et de tables rustiques. Un escalier vous conduit dans le belvédère (fig. 3), où des surprises de tous genres vous attendent. D'abord la vue de la campagne frappe vos regards, puis un grand miroir magique (fig. 4) où vous voyez en miniature ce que vous apercevez de l'autre côté avec tout le grandiose de la nature; ensuite l'écran fantastique (fig. 5), où sont enchâssés des verres transparents de toutes les couleurs, et que vous faites changer vingt fois en lui imprimant un mouvement circulaire sur son axe; vous commandez ainsi au clair de lune, au soleil brûlant qui semble embraser la nature, l'incendie est sous vos yeux, à votre commandement.

Le léger belvédère (fig. 2, pl. 96) est à l'extrémité d'une terrasse couverte où l'on trouve tout ce qui concerne les jeux et les exercices gymnastiques.

Pavillons, Belvédères, Kiosques, Observatoires.

Les *Pavillons* se placent isolément partout où une scène gracieuse demande une fabrique élégante. Ils doivent cependant offrir un lieu de repos, non-seulement agréable comme décoration, mais encore comme point de vue. Tantôt, leur architecture sera enrichie de sculptures et de statues; d'autres fois, elle sera légère et gracieuse. Placé sur un rocher au milieu d'un petit lac, ou sur une île partageant les ondes d'un ruisseau, un pavillon communiquera avec la terre par deux ponts légers, et réfléchira ses colonnes élancées sur le cristal des eaux; du coin d'un bois, ou à l'entrée d'un bocage solitaire, il offrira au promeneur un abri romantique contre les ardeurs du jour.

Les *Pavillons Rustiques* jetteront de l'agrément sur les scènes champêtres. Quelquefois on se servira du rez-de-chaussée pour serrer les outils du jardinier, et le dessus offrant un petit cabinet élégamment décoré, fera un contraste piquant. Ces derniers se trouvent en convenance avec le jardin irrégulier d'une médiocre étendue.

Parmi les pavillons rustiques, il en est que l'on pourrait désigner sous la dénomination de *Pittoresques*, par la raison qu'ils tirent tout leur mérite de la bizarrerie de leurs formes et de la rusticité des matériaux employés dans leur construction. On pourra leur donner la physionomie étrangère d'une chaumière indienne ou d'une cabane sauvage, comme il y en a sur les pl. 93 à 101 : ils plairont toujours par leur aspect pittoresque, mais ils feront un effet charmant quand ils uniront la hardiesse dans la construction à l'originalité de la conception. La fig. 3, pl. 114, offre un modèle de pavillon suspendu et sur pivot, capable de surprendre par sa bizarrerie.

Les *Pavillons en Rotonde* de la pl. 109 et fig. 7, pl. 141, peuvent être utilisés pour former des salles de danse et de concerts. Quoique toujours indépendantes, et même assez éloignées de l'habitation principale, ces constructions peuvent en prendre le caractère, à moins qu'elles ne forment elles-mêmes l'objet principal d'une scène. La rotonde ornée de colonnes, de pilastres et de sculptures, fera un effet convenable lorsqu'elle sera motivée par un château élégant. Dans une scène champêtre, ses colonnes disparaîtront, et la toiture en ardoises ou en zinc sera remplacée par une modeste couverture de chaume, fig. 2, pl. 109. Dans un paysage agreste ou pittoresque, la rotonde rustique se trouvera en harmonie avec le pavillon d'habitation ayant le même caractère. La rotonde demi-champêtre, fig. 3, peut sans inconvenance trouver place dans le jardin régulier de moyenne proportion.

Nous avons recueilli des modèles de différents genres de ces constructions sur les pl. 103 à 111. La fig. 1, pl. 111, est celle d'un pavillon de concert et de danse; les fig. 2 et 3 sont des pavillons de repos entourés de la galerie que les Anglais appellent *Veranda* (voir page 168).

Le *Pavillon d'Été*, fig. 3, pl. 59, dans le genre de ceux élevés aux expositions d'horticulture et aussi au bois de

Boulogne, est tout en bois. C'est une espèce de tente pour la conversation. On s'y abrite en moyen de stores. Il serait facile de le vitrer entièrement et d'en faire une salle de billard.

Autre *Pavillon d'Été*, du même genre, [fig. 2, pl. 59, qu'il serait possible, de transformer en habitation sous la même forme, en pratiquant un petit étage, et baissant les deux porches qui servent d'entrée.

La fig. 4, pl. 111 représente un pavillon d'architecture mauresque. La fig. 5 est un pavillon ouvert servant de décoration au fond d'un jardin de ville.

La fig. 6 donne la façade d'un théâtre d'amateurs.

Les *Kiosques* ne sont rien autre chose, chez les peuples de l'Asie, que des pavillons-belvédères, ordinairement consacrés à aller le soir savourer le sorbet, jouir d'une fraîcheur délicieuse et contempler le vaste horizon coloré des derniers feux du jour.

Chez nous on donne ce nom à de petits monuments légers et élancés, construits pour fournir un point de vue remarquable en plaçant le spectateur à une hauteur déterminée.

Le *Belvédère* est construit le plus ordinairement sur une maison, sur une terrasse; le kiosque est plus élancé et souvent plus petit et plus léger. Nous confondrons quelquefois ces deux mots, dont la définition n'est pas bien arrêtée. Belvédère veut dire *Belle Vue*.

Il arrive assez souvent qu'une colline, une forêt, ou tout autre objet se trouve interposé entre un jardin et une perspective intéressante, de manière à la masquer aux yeux du promeneur, faute par lui de n'être pas assez élevé pour que sa vue puisse dominer par-dessus. C'est dans ces lieux que l'on construit une petite tour renfermant un escalier par lequel on monte dans la lanterne plus ou moins élégante qui en couronne le sommet. Tantôt on lui donnera la forme athénienne de la *Lanterne de Démosthène*, dont le modèle admirable existe au parc de Saint-Cloud; tantôt on figurera un *Minaret* (pl. 117, fig. 4), semblable à ceux où les imans vont crier l'heure de la prière chez les peuples mahométans. Il est une autre espèce de kiosques non moins pittoresques, quoique d'un tout autre genre : ce sont ces petites constructions qui saillent d'un mur de façade ou de l'angle d'une terrasse (Voy. pl. 117). Elles sont bâties dans la même intention que les précédentes : seulement il y a cette différence qu'il ne s'agit plus d'élever le spectateur pour lui faire apercevoir l'objet intéressant, mais seulement de le changer de position, et de lui donner la facilité de se placer dans un lieu où il n'aurait pu arriver si on ne lui en avait ménagé la facilité par le moyen de ce petit pavillon suspendu.

Les belvédères sont destinés à attirer et retenir le promeneur dans un lieu découvert offrant une perspective remarquable. C'est souvent sur le sommet d'une montagne ou d'un coteau qu'on les construit, de manière que rarement on a besoin de les élever au-dessus du sol. Cependant s'il arrivait que pour gagner de l'étendue dans le coup d'œil on eût à en exhausser un de quelques pieds, c'est alors que, pour éviter de lui donner la forme d'une tour, on pourrait risquer de lui faire une base en rochers artificiels. Nous en avons fait dessiner deux, pl. 115 et 116, qui peuvent donner au lecteur une idée de leur construction et de l'effet qu'on doit chercher à en tirer : l'un est percé de manière à former un pont naturel; l'autre offre à sa base l'entrée d'une grotte. Il ne suffit pas qu'un belvédère soit bâti dans une heureuse situation, il faut encore que l'élégance et la grâce aient présidé à sa construction.

Les pavillons des pl. 108 et 110 pourraient être classés dans les kiosques et belvédères. Le n° 2 de la pl. 108 a son escalier en grume derrière la façade représentée.

La pl. 112 représente, fig. 1, un kiosque d'architecture orientale. Les fig. 2 et 3, des kiosques chinois placés sur des ponts. Les fig. 4 et 5, des kiosques aériens fantastiques, tirés du jardin de Muskau. La fig. 6, un pavillon persan ou indien dont M. Canissié, architecte, nous a donné le dessin sous le nom de kiosque.

Pl. 113, le petit pavillon n° 2 peut servir de belvédère. N° 1, belvédère fermé par des vitres. N°s 3 et 4, kiosques de forme orientale construits en bois et en zinc peint, même les draperies. N° 5, kiosque en treillage. N° 6, kiosque de bois en grume.

Les pl. 114, 115 et 116 représentent des kiosques et belvédères de formes très-variées. Le n° 1 de la pl. 116 représente le kiosque en fer de la butte du Jardin des Plantes de Paris, où il y avait autrefois un petit labyrinthe qui n'existe plus depuis un siècle.

Les fig. 4, 5 et 6, pl. 60, représentent de très-jolis kiosques. Un autre charmant kiosque est figuré pl. 61, n° 6. Celui-ci a un caractère d'architecture assez riche pour exiger d'être placé dans une propriété importante, où il serait bien en vue de tous côtés.

On est toujours plus ou moins renfermé dans le plus beau salon de rez-de-chaussée. Aussi voit-on rechercher avec plaisir un *Cabinet* où l'on puisse plus complétement jouir de l'air et de la vue du jardin. Ce cabinet vitré donne la vue de la verdure et des fleurs autour de soi, tout en garantissant du vent et du soleil, car ordinairement on le place sous des arbres assez grands pour procurer une fraîcheur agréable, et cela le plus près possible du salon, de manière à ne pas trop séparer la compagnie. Le cabinet de la pl. 61, fig. 4, peut avoir de 3 à 4 mètres de diamètre; il est élevé sur un soubassement de quelques marches où l'on monte sous un léger péristyle. On en comprend mieux la forme sur le plan, fig. 4 *bis*.

Un autre cabinet vitré, fig. 3, n'a que 2 mètres. Il est carré, construit légèrement en bois, et peut être transporté entier si on veut le changer de place, et même *déménager*, comme il nous est arrivé de faire du nôtre, qui a été rapporté de la campagne à Paris.

Dans la *Fête du château*, dans celle du village, on dresse *une Tente* pour placer avantageusement l'orchestre de la danse ou de l'harmonie, car les musiciens doivent être abrités des rayons du soleil. Celle que nous avons dessinée sur la pl. 61, fig. 8, a figuré à l'exposition de la Société d'horticulture de Paris pour ombrager les fleurs. On en a vu de semblables dans d'autres exhibitions et lieux de réjouissances. Sur un terre-plein élevé de quelques degrés, on plante au milieu un fort mât en bois terminé par une boule et soutenant le centre d'une tente de coutil. Vingt lances, plantées obliquement dans le même terre-plein, supportent le contour de cette tente, ornée de lambrequins bordés de galons de laine cramoisie.

L'*Observatoire* est un belvédère très-élevé, dont nous avons donné plusieurs modèles. Ceux de la pl. 117 sont, fig. 1re, un minaret musulman, et fig. 2, une tour. Les dessins de M. Canissié, pl. 118, représentent les plus jolis monuments qu'il soit possible d'imaginer en ce genre.

S'il arrivait que dans une localité la vue se trouvât masquée par quelque colline, et que cependant, sans beaucoup de frais, on voulût élever un observatoire d'où le coup d'œil s'étendrait au loin, nous donnons comme un exemple fort simple l'observatoire dessiné fig. 4, pl. 117, et que nous avons esquissé en Suisse.

Chapelles, Oratoires, Ermitages, Ex-Voto, Temples.

Parmi les fabriques d'ornement, les unes sont de simples constructions tirant toute leur importance de leur effet; ce sont celles que nous venons de décrire. Mais d'autres sont de véritables monuments destinés à réveiller dans notre âme de touchants souvenirs, ou à y appeler la douce quiétude de la piété; telles sont les chapelles, car leur effet pittoresque a engagé à les placer dans les scènes naturelles des grands jardins où l'espace a permis de les isoler.

La chapelle italienne, pl. 119, deviendra, par son étendue, *l'Église d'un Hameau* où les fidèles se rendront à l'appel de la cloche dont la voix leur dit que tout dans ce monde est périssable, et que les plaisirs ne doivent pas former la seule occupation de l'existence. Telle sera aussi l'église figurée pl. 141, fig. 4.

Nous avons représenté, pl. 120, la jolie chapelle formant une des plus intéressantes fabriques du jardin de madame Delisle. Cette chapelle, riche d'architecture semi-gothique, est remplie intérieurement de richesses artistiques. (Voy. page 162.)

Les *Chapelles* et *Oratoires* de styles de divers pays, pl. 121 et pl. 122, fig. 1 et 2, cette dernière d'un style gothique anglais, pourront être adoptés selon le caractère du site où on voudra les élever; mais presque toujours une fabrique de ce genre sera placée dans une scène tranquille, isolée, si elle est d'une architecture sévère; la chapelle gothique, si elle est ombragée par quelques groupes d'arbres antiques, ne manquera jamais de réveiller en nos cœurs un germe de piété religieuse.

Quelquefois un simple *Ex-Voto*, enrichi par la munificence des pèlerins qui s'y sont rendus en foule, a été changé avec le temps en une petite chapelle, ou même en une église le plus ordinairement desservie par un ermite. Cette circonstance, assez commune dans nos chroniques, peut suffisamment motiver un semblable édifice dans une localité sauvage, écartée des habitations; mais alors, à peu de distance, on placera l'humble demeure du solitaire.

L'*Ermitage* (pl. 122, fig. 3) sera d'une construction simple et rustique; une cloche, suspendue sous un petit dôme élevé sur le toit, servira au chapelain à instruire les villages voisins de l'heure à laquelle il adresse ses prières à l'Éternel. Un portique couvert de chaume ombragera le rustique porche de sa cabane, et à l'entrée sera la pierre sur laquelle le saint homme aime à venir méditer sur les grandeurs du Dieu de miséricorde. Un arbre devant le banc, et un petit jardin légumier faisant face à la porte, tels sont les accessoires seuls en harmonie avec l'austérité du lieu.

La fig. 4, pl. 73 offre encore un ermitage pittoresque.

Ce genre de fabrique ne convient pas seulement aux scènes sauvages et agrestes, il peut se placer avec convenance dans tous les genres de jardins, pourvu que ce soit dans un lieu solitaire, écarté du bruit et du mouvement. Les deux cabanes pl. 94, pl. 95, fig. 1, celle pl. 101, peuvent, au moyen d'un petit clocher ou d'une croix, être converties en ermitages.

Il est un autre genre de monuments qui appartiennent aussi à la piété et qui, se rattachant à des souvenirs d'événements merveilleux, font naître dans le cœur un sentiment de respect religieux, de curiosité et d'admiration : ce sont les *Ex-Voto*. Ils seront motivés sur la lisière d'un bois, où jadis la protection d'une sainte, invoquée dans le moment d'un grand danger, a sauvé miraculeusement le voyageur égaré pendant une nuit obscure. (V. pl. 120, pl. 123, fig. 2, et tous les sujets de la pl. 124.) Auprès d'une fontaine dont les eaux procureront des guérisons merveilleuses, on ne sera pas surpris de voir la statue miraculeuse de la Notre-Dame à laquelle elles doivent leurs vertus (pl. 123, fig. 1, 2, 3 et 4). Ces petites constructions, qui peuvent accompagner un ermitage ou une chapelle, sont extrêmement pittoresques. Les *Croix isolées*, placées d'une manière toute pittoresque, deviennent ex-voto ; tels sont les exemples que nous en donnons pl. 124.

Les *Temples*, qui tiennent aussi à des traditions religieuses, peuvent se motiver dans les scènes où l'on veut, pour un moment, transporter le promeneur vers des climats étrangers ou à des époques reculées. L'imagination peut trouver un certain charme à rétrograder de quelques siècles vers ces temps où les arts, dans leur enfance, annonçaient déjà ce qu'ils deviendraient un jour. Ainsi la fig. 5, pl. 123, rappellera l'architecture primitive ; les troncs d'arbres soutenant le toit de chaume indiquent l'origine des colonnes ; cette sorte de hangar aura servi d'abord à abriter des intempéries de l'air l'autel de gazon sur lequel nos premiers aïeux offraient à leurs dieux les prémices de leurs récoltes et sacrifiaient, pour les apaiser, des génisses blanches. Puis l'art commençant à faire des progrès, et le merveilleux pénétrant les esprits, les hommes qui se vouaient au culte religieux s'entourèrent de mystères : c'est alors que les images du Dieu qu'ils révéraient furent dérobées aux yeux du peuple dans le fond d'un sombre sanctuaire ; des clôtures plus riches s'élevèrent pour le cacher aux profanes (pl. 123, fig. 6). Les prêtres devinrent opulents des dons de la piété, et, dans la suite, des colonnes de marbre et tout le luxe de l'architecture vinrent remplacer les piliers grossiers et la simplicité rustique des premiers temples.

L'architecture devint un art que l'on soumit à des règles plus ou moins sévères ; mais quoique ayant la même origine, elle se plia bientôt au goût particulier de chaque peuple, et prit par conséquent des caractères différents.

Les *Temples Rustiques* se trouveront parfaitement placés à l'entrée d'une sombre forêt, dont l'aspect majestueux terminera une scène champêtre. Ils peuvent encore figurer dans un paysage agreste ou riant, mais boisé, et toujours ils seront accompagnés de groupes d'arbres et de bosquets.

Les *Temples Égyptiens*, pl. 125, fig. 1, 2, ne peuvent se rencontrer avec quelque vraisemblance que dans un désert aride et où les rares végétaux qui croissent dans les pays brûlants laisseront naître à peine leur feuillage pauvre et

18.

desséché ; mais le temple, pl. 125, fig. 3 et 4, d'un style grec le plus pur, et aussi les deux temples élevés à l'Amour, fig. 1, 2, pl. 126, celui dédié à Flore, fig. 3, et le temple d'Esculape de la villa Borghèse, fig. 4, sont des modèles qui peuvent être imités dans toutes les scènes majestueuses, riantes, tranquilles, mélancoliques, etc., parce que les règles de bon goût de cet ancien peuple ont été adoptées par toutes les nations modernes de l'Europe. A ces scènes conviendra aussi l'élégant temple de la Reconnaissance que renferme le jardin de Muskau, pl. 125, fig. 5, 6.

Obélisques, Tombeaux, Statues, Vases.

Parmi les fabriques formant monument, les *Obélisques* tiennent un des premiers rangs, si on les considère sous le rapport des effets de perspective. Comme les temples, ils sont empreints d'une espèce de caractère historique qui les rend intéressants, parce qu'ils rappellent de grands souvenirs. Dans une scène artificielle, l'aiguille de Cléopâtre (pl. 127, fig. 2), surchargée de mystérieux hiéroglyphes, reportera notre esprit vers cette époque où un grand homme abandonna pour la belle Cléopâtre la possession de l'univers. Dans un vallon romantique, sous l'ombrage mélancolique d'un if ou d'un saule pleureur, un obélisque de marbre blanc (pl. 127, fig. 3) sera édifié à la mémoire d'un ami. Aucune inscription ne sera gravée sur la pierre, mais une couronne de laurier et un flambeau renversé diront que le guerrier a succombé sous le fer meurtrier des ennemis de sa patrie. Enfin, un obélisque (pl. 127, fig. 1) s'élevant dans la clairière d'une forêt, à l'enfourchure de plusieurs chemins tracés pour la commo-

dité des chasseurs, éternisera la place où se passa une bonne action. De loin, sa forme régulière et élancée, sa couleur blanchâtre se dessinant sur la verdure rembrunie des arbres de la forêt, formeront avec elle un contraste aussi agréable que frappant. Ces monuments, et surtout le dernier, ne produisent tout leur effet pittoresque que lorsqu'ils sont vus à une assez grande distance ; ainsi il faudra donc les placer dans des échappées de vue pour terminer une perspective.

Aujourd'hui que les cimetières sont devenus de véritables jardins, et que l'on se plaît à décorer les tombes d'emblèmes disant la vie de ceux qu'elles renferment, et à les entourer de végétaux, idée touchante qui fait que le souvenir de celui qui n'est plus se réveille incessamment à la vue des fleurs qu'il aimait, nous avons cru devoir donner quelques figures sur cette sorte de fabrique ; non pas que l'on doive en être prodigue, car, à moins d'avoir l'esprit rempli d'amertume et un penchant décidé pour les promenades mélancoliques, la rencontre d'une tombe inspirera toujours quelque idée pénible, et il faudra plusieurs heures avant que l'imagination soit entièrement dégagée de l'impression qu'elle aura produite. La place d'un monument funéraire est dans la *scène mélancolique* ; c'est là où sera le *champ de repos* lorsqu'une famille voudra conserver dans sa propriété les restes mortels de ceux qui lui furent chers, ou du moins élever un monument à leur mémoire. Si ce ne sont pas de semblables motifs qui fassent admettre une tombe, et que l'on veuille en établir une pour compléter une scène, alors elle portera le nom d'un de ces génies qui, de loin en loin, apparaissent comme de brillants météores pour éclairer le genre humain, ou celui de quelque homme de bien, obscur pendant sa vie, mais dont les bienfaits laissent après lui un souvenir semblable à ces fleurs qui, détachées de leur rameau par l'orage, se fanent, et cependant imprègnent encore l'air de leur parfum.

L'architecture des tombeaux sera plus ou moins riche, selon l'importance du personnage dont ils couvriront les cendres. Il faut éviter de s'abandonner à l'enthousiasme de la douleur et des regrets lorsque l'on élève ces funèbres constructions, si l'on veut toujours rester dans les règles de bon goût et de convenances morales qui doivent passer avant toutes les autres considérations. Ainsi, il serait aussi ridicule qu'inconvenant de voir une mère élever un sarcophage magnifique à un jeune enfant reposant à côté des restes de son père, dont la tombe ne serait marquée que par une simple pierre sépulcrale. Toutes les ressources de l'architecte se déploieront pour ériger à un grand homme un monument digne de lui. (Voyez les pl. 125, fig. 7; pl. 128, fig. 1, 2, 3; pl. 129, fig. 1, 2, 3, et pl. 141, fig. 6.)

Dans ce dernier cas, on se trouve pour ainsi dire chargé de payer à sa mémoire la dette de la patrie; mais lorsqu'un tombeau n'est élevé que pour un homme ordinaire et par une affection particulière, trop de faste et de grandeur dans sa construction deviendraient inconvenance; il doit être simple et modeste comme les vertus de celui dont il recèle la dépouille mortelle. (Voyez pl. 129, fig. 4, et pl. 130, fig. 1, 2, 3.) Parfois le monument gothique, à l'aiguille élancée, aux ciselures délicates, élevé à la mémoire d'une sainte, se présentera aux regards comme celui de la fig. 7,

pl. 129, dont le plan est donné fig. 8. Le monument de la famille pourra prendre la forme d'un *columbarium*, pl. 129, fig. 5 et 6.

Les *Statues* sont le luxe de la richesse : aussi conviennent-elles principalement à l'ornement des parterres symétriquement dessinés devant le palais ou le château d'un homme riche. Il faut que, indépendamment de la matière, les statues soient précieuses par la beauté du travail. Si l'on n'est pas assez heureux pour pouvoir se procurer les chefs-d'œuvre des premiers maîtres, que l'on en ait au moins de bonnes copies; mais que jamais on ne fasse figurer dans une composition, de quelque genre que ce soit, ces ébauches grossières, produits monstrueux du ciseau d'un vaniteux tailleur de pierre.

Il est cependant quelques circonstances où l'on pourrait peut-être motiver quelques morceaux de sculpture, en ne les présentant à l'œil que comme accessoires de certaines scènes. Par exemple, un buste de Pan, placé sur un piédestal dans un tableau champêtre, peut se trouver en convenance; les bas-reliefs des quatre Saisons, pl. 26, fig. 4, autour d'une colonne s'élevant sur un banc circulaire, ne seront pas déplacés dans un bosquet où l'on aura réuni, autant que possible, des végétaux qui donnent successivement des fleurs ou des fruits pendant les quatre parties de l'année; enfin, la statue d'un ancien preux dans un petit monument gothique, pl. 125, fig. 7, élevé au coin d'une forêt, sur la place où une vieille chronique annoncerait que, victime d'une noire trahison, il est tombé sous la lance d'un chevalier discourtois. Dans tous les cas, ces constructions sont, dans un jardin paysager, des anomalies qui peuvent être agréables, mais dont on doit user sobrement. Cependant, qui peut résister à l'effet attrayant d'une statue se détachant sur un sombre feuillage, et que l'on aperçoit à une distance raisonnée d'une habitation de luxe? Au bout d'une allée droite, les bustes fig. 4, 5, 6, pl. 31, seront d'un bel effet, et l'élévation du piédestal les fera apercevoir par-dessus les bosquets.

Les *Colonnes Isolées*, terminées par des statues, sont d'un bel effet dans les jardins paysagers avec lesquels elles sont en harmonie, comme on en peut juger d'après celle du bosquet du Roi à Versailles. Elles prouvent que l'art peut quelquefois s'allier avec bonheur aux tableaux de la nature. Nous donnons, fig. 7, 8, pl. 31, des exemples de ces sortes de colonnes, que l'on peut exhausser beaucoup plus au moyen des piédestaux, comme dans la fig. 9, représentant la colonne du bosquet du Roi.

La fig. 10, prise à l'*Isola Bella*, l'une des îles Borromées, est un pilier portant une statue en pierre.

Les *Vases* sont destinés aux mêmes usages que les statues, mais ils sont beaucoup moins sévères dans leurs convenances. Pour peu qu'une habitation appartienne à un genre d'architecture déterminé, et que la composition générale soit régulière, ils y seront parfaitement en harmonie. Ils tirent tout leur mérite de l'élégance de leurs formes, de la beauté des bas-reliefs dont ils sont ornés et de la richesse de leur matière. On les place en lignes, par paires ou isolés, sur des portiques, des piédestaux, des murs, des terrasses, etc. Si l'on plaçait un vase de forme élégante, connu sous le nom de *Médicis*, par exemple, près d'une chaumière, on ferait un contre-sens absurde; il existe cer-

taines formes antiques qui seront en harmonie avec la chaumière elle-même. Le vase, fig. 17, pl. 54, ne sera déplacé nulle part. Nous l'avons vu employé en grand nombre et servant, entre autres, à orner une maison suisse dans un jardin à Suresnes.

Le vase, fig. 12, pl. 141, rappelant l'architecture lombarde, pourra être placé au milieu d'un bosquet.

Exèdre.

Par ce mot on entendait en architecture, chez les anciens, un lieu de réunion où se trouvaient disposés des bancs d'où l'on pouvait, de l'un à l'autre, se voir et converser. Les deux bancs demi-circulaires qui existent à la porte de Pompéi, et qui ont été imités dans les bosquets du jardin des Tuileries, à Paris, sont des exèdres.

Un exèdre est représenté sur la pl. 26, fig. 5. On monte par quelques marches à un banc circulaire en marbre; sur le dossier de ce banc sont placés des vases contenant des plantes à fleurs. Celui-ci est l'exèdre antique proprement dit, semblable à ceux de Pompéi et des Tuileries. Il est couvert d'une tente de zinc dont la peinture imite la toile d'indienne et qui est soutenue par des lances; çà et là sont plantées au devant des corbeilles de fleurs.

Nous avons dû donner le nom d'exèdre à la décoration que nous avons fait graver sur la pl. 24. La fig. 1 représente l'élévation et la fig. 2 le plan. La lettre *a* indique des piliers en pierre ou toute autre matière, de 30 à 40 centimètres carrés; ils supportent des vases où l'on entretient des plantes en fleur et surtout des *Geranium* et des *Petunia*. Des arbrisseaux grimpants, toujours verts, entourent les piliers avec légèreté, si la matière de ces piliers (ou colonnes) est de nature à être vue, ou bien ils sont entièrement couverts s'ils sont sujets à se détériorer. Dans ce cas, le lierre remplirait très-bien le but. La lettre *b* indique des vases placés devant les quatre piliers qui forment deux pavillons à l'entrée de l'exèdre A. Les lettres *c d* sont aussi des vases placés en rapport avec les piliers qui forment le demi-cercle extérieur; le rang des vases *d* est plus élevé que le rang *c*, de manière qu'entre ces vases se trouvent deux marches *e f*, pour monter sur le terre-plein *g*, où sont placés les bancs *h*. Deux marches servent de même à arriver aux pavillons A.

D'un pilier ou d'une colonne à l'autre, les arbrisseaux se détacheront en guirlandes. En attendant que le lierre ou les autres arbrisseaux aient atteint la hauteur des piliers, on pourrait jouir néanmoins de la verdure au moyen de plantes grimpantes annuelles ou vivaces, plus promptes à garnir que les arbrisseaux.

On conçoit qu'un tel plan peut être modifié de plusieurs manières, et que la pergole semi-circulaire de la fig. 3 le remplace, quoique avec moins de richesse. Nous l'avons placé ici, parce qu'il est susceptible des plus riches décorations en marbre, car nous aurions pu le classer dans la section de l'*Emploi des Végétaux.*

Nous avons employé cet exèdre dans la composition du parterre fig. 4. En effet, s'il forme une belle décoration quand on le voit de près, il doit aussi être vu à une certaine distance pour que l'on en obtienne tout l'effet dont il est susceptible. Nous avons donné dans la description du jardin cosmopolite, pl. 14, le détail et la description de ce parterre fleuri.

Les *Barques*, destinées à varier le plaisir de la promenade, pourraient entrer dans la classe des fabriques, parce qu'elles font le charme d'un jardin placé dans un site assez heureux pour avoir d'abondantes eaux. On a moins besoin de les adapter aux caractères des scènes, mais leur forme devra toujours être élégante. Les *Gondoles*, pl. 139, fig. 1, et pl. 142, la *Jonque chinoise*, pl. 140, fig. 1, sont de charmants modèles; on aime la forme de ces sortes de barques parce qu'elles sont généralement légères et gracieuses dans les détails. Toutes ont un pavillon pour abriter les promeneurs au soleil.

Si dans une scène dont l'aspect est italien, on aime que tous les accessoires portent le même caractère, alors la barque prendra la forme de ces élégantes gondoles qui sillonnent le Rialto, pl. 140, fig. 2, et pour quelques instants on pourra se croire au milieu de Venise la belle.

Si vous préférez la chaloupe française, alors, nautonier habile, vous dirigerez votre esquif à travers les récifs et les îles, en vous servant de la rame et des voiles, pendant que vos voyageurs tendront aux poissons des filets trompeurs ou leur présenteront l'hameçon perfide. (Pl. 139, fig. 2, 3, 4, et pl. 141, fig. 8, 9, 11.) La fig. 10, même planche, donne l'exemple d'une galère grecque. Quelle que soit la forme que l'on veuille donner à un bateau, il faudra toujours sacrifier l'élégance à la solidité; s'il peut inspirer la moindre crainte de danger, même à la personne la moins timide, on aura manqué le but qu'on se proposait, quand même le peu de profondeur de l'eau ne rendrait le danger qu'apparent. Loin d'éprouver du plaisir dans une promenade, elle deviendrait un véritable supplice pour la grande partie des personnes qui auraient osé s'embarquer sur une frêle nacelle, toujours près de faire naufrage au moindre choc. La pl. 60 représente, fig. 2 et 3, des embarcadères en jolis dessins variés.

Les *Jeux* servent peu à décorer un jardin, parce qu'ils ne font pas précisément fabriques; mais il en est quelques-uns dont la mécanique ingénieuse peut se présenter très-agréablement à l'œil. C'est près de l'habitation, dans les scènes riantes et gaies, que l'on établira la balançoire qui plaît à la jeunesse (pl. 143), le jeu de bague (pl. 144 et 145), et la bascule (pl. 144). Le *Tir à l'Arc* sera dessiné par une palissade de verdure, sur la lisière d'une prairie ou d'une pelouse; ceux *au Pistolet* et *au Fusil* seront très-éloignés, non-seulement pour éviter les accidents, mais encore pour que le bruit des détonations ne parvienne pas aux oreilles des personnes qui se trouvent dans l'habitation. Beaucoup de femmes ne peuvent entendre le bruit d'une arme à feu sans effroi, et ce bruit répété devient incommode à tout le monde. Outre cela, il effraye les oiseaux domestiques au point de les faire déserter pour toujours le colombier ou la basse-cour.

Nous aurions eu beaucoup d'autres appareils pour les jeux à citer et à représenter ici, mais ce sujet comporte beaucoup de détails, et nous n'aurions pu que répéter ce que nous avions déjà publié dans les Amusements de la campagne, ouvrage en 4 volumes, qui est entre les mains de tous les amateurs des plaisirs à la campagne.

Nous avons ajouté à cette édition le *Jeu de Bagues*, pl. 145, dont le mécanisme est souterrain. Il a été composé par M. Canissié. En voici la description. Pl. 145, à droite, vue du jeu de bague; à gauche, coupe et plan; *a*, plan de la charpente; *b*, plan du plancher haut; *c*, escalier en bois pour monter sur le plancher haut; *d*, palier; *e*, tribune pour celui qui est chargé de placer les bagues. Les serviteurs chargés de tourner sont dans un soubassement, attachés à un bras du levier transversal. Les dragons et les nacelles sont abrités du soleil et de la pluie par une couverture en tôle de zinc, formant parasol, et qui tourne avec l'arbre du milieu.

L'appareil de la *Danse de Corde* est figuré pl. 143; il est fort simple et peut être exécuté partout. Un moufle sert à tendre la corde, laquelle est peu élevée de terre. Nous ne donnons pas cet appareil comme une décoration pour les jardins, mais comme une récréation des plus piquantes. Nous ne voyons que le *Jeu de la Vessie* qui soit plus récréatif. (Voyez les *Amusements de la Campagne.*)

L'*Enjambée des géants* ou *vindas*, pl. 144, fig 2, est un exercice gymnastique qui a lieu sur un autre appareil fort simple : il s'agit seulement de fixer en terre, avec la plus grande solidité, un mât ou poutre de 5 à 6 mètres. On pose sur son sommet une calotte en fer disposée pour y tourner très-facilement sur un pivot; à cette calotte, et à distances égales, sont attachées quatre cordes qui descendent jusqu'à 1 mètre ou 1 mètre 30 centimètres de terre, et au bas desquelles sont fixés par le milieu autant de petits paloniers, ou barres de bois longues de 30 à 50 centimètres. Les élèves saisissent ces barres par les deux mains, s'écartent du mât, et courent de toute leur force en décrivant un cercle. Bientôt la vitesse et l'élan leur font quitter la terre qu'ils ne touchent par intervalle que de la pointe du pied. Ils peuvent même, en relevant les genoux contre la poitrine, être transportés ainsi pendant longtemps. Quelquefois ils se choquent, mais toujours sans se faire de mal. Cet exercice, qui est très-actif, est un des plus amusants et des plus salutaires.

Nous avons fait graver aussi le *Portique de la Gymnastique*, sur lequel la jeunesse aura à s'exercer pour acquérir la vigueur et l'adresse. Il est construit avec une grande simplicité, puisqu'il consiste en une seule barre très-forte, posée et attachée à deux arbres, à 3 mètres 20 centimètres, s'il doit servir à des adultes, et seulement 2 mètres s'il n'est destiné qu'à de jeunes enfants. Voyez fig. 5, pl. 25.

Le premier objet pendant au portique est une *échelle de corde*, le 2ᵉ une *corde lisse*, le 3ᵉ un *trapèze*, le 4ᵉ une *corde vacillante* et le 5ᵉ une *corde nouée*; tout l'appareil est uni en haut par une *corde à passage*. Divers exercices se pratiquent sur ce portique : on monte par une corde et l'on se suspend à la corde à passage pour redescendre par une autre, ou par l'échelle, etc., tantôt libre, tantôt armé, ou portant un fardeau plus ou moins embarrassant. La barre transversale, qui forme et soutient le portique, peut être escaladée pour s'y exercer debout, ou à califourchon, et redescendre par les cordes. Le trapèze fait l'office d'une sorte de balançoire sur laquelle on peut varier les exercices à l'infini par toutes sortes de mouvements et de voltiges. La *corde vacillante* est un bâton.

Barrières, Treillages, Palis ou Palissades.

Les *Barrières, Treillages* et *Palis* sembleraient, au premier coup d'œil, présenter peu d'intérêt; cependant, employés avec intelligence ils produiront un effet pittoresque qu'on n'obtient pas toujours de constructions plus considérables. Vus au travers des masses de verdure, leur couleur uniforme et leur régularité contrastent agréablement avec les formes variées et le brillant coloris du feuillage. La porte à claire-voie peut aisément prendre le caractère d'une scène, et même le rendre plus saillant. C'est ainsi qu'on pourra la faire gothique, pl. 146, fig. 2; rustique, fig. 4; pl. 147, fig. 2; et 150, fig. 4; champêtre, pl. 146, fig. 3; ou ornée, pl. 147, fig. 1ʳᵉ, 3 et 4; et 150, fig. 2. On pourra même lui donner la physionomie étrangère, telle que la chinoise, pl. 146, fig. 1; 150, fig. 4, pour la mettre en harmonie avec un tableau particulier. On a représenté aussi, pl. 42, des portes et entrées.

La fig. 1ʳᵉ, pl. 150, représente une barrière anglaise. Ces sortes de portes sont établies très-solidement et ne sont pas sujettes à se déplacer. La barre oblique *a a a* les soutient contre leur propre poids. La barrière nº 3, pl. 146, est anglaise aussi et construite d'après le même principe de solidité.

On voit, dans quelques jardins, employer, pour masquer des murs, ou pour servir de rideaux, des treillages très-serrés et décorés à l'ancienne manière. Des amateurs nous ont questionnés pour savoir où l'on pourrait trouver des dessins de ces sortes de décorations. Nous en avons fait graver trois modèles : l'un, fig. 6, pl. 51, représente un bosquet en arcades et terminé par une coupole ; un autre, formant *niche* avec banc, fig. 16, pl. 54, et enfin un obélisque, fig. 18, pl. 54. Ces différents modèles, offrant assez de détails pour être exécutés, sont tirés des anciens jardins de Versailles, où ils existaient du temps de Louis XIV. On trouvera aussi sur la pl. 148 une arcade en treillage de ce genre, donnant deux modèles différents de dessin, l'un á droite et l'autre à gauche.

Les palissades serviront non-seulement à clore les petits parcs tracés autour des cabanes des animaux (*), mais on les emploiera encore, dans certaines circonstances, à tromper l'œil sur les limites de quelques compositions champêtres. Par exemple, un massif, une touffe de bois qui se trouveraient placés au milieu d'une pelouse ou d'une prairie, mais hors du jardin, paraîtraient s'y rattacher si on les entourait d'une petite palissade peinte en blanc ; le promeneur, loin de soupçonner que l'intention de l'artiste a été de faire paraître sa composition d'une étendue plus considérable qu'elle n'est réellement, croira que cette palissade n'a été placée là que pour défendre la propriété contre la dent des bestiaux. On s'en sert pour le même effet, en les établissant dans des lieux très-reculés au delà des véritables limites, mais de manière à les faire remarquer et à les faire prendre pour des portions de clôture. Ces petites constructions demandent beaucoup de goût et d'art dans la manière de les établir. Les plus simples et les plus agréables consistent en baguettes de châtaignier ou autre bois très-souple, entrelacées avec grâce, maintenues par des osiers, représentant des portiques, des

(*) Voir page 198, pour les grillages de clôtures.

losanges composés, et mille autres figures plus ingénieuses les unes que les autres. Nos planches 148 et 149 offrent des modèles de celles qui nous ont paru les plus jolies. Celles de la pl. 148 ont de 2 à 3 mètres de hauteur.

Les *bancs*, pl. 149 et 150, sont des objets de peu d'importance, si on les compare aux différentes fabriques dont nous nous sommes occupés ; cependant ils ne doivent pas moins fixer l'attention de l'artiste, et se trouver en harmonie avec le caractère des scènes. Le bon goût en dessinera les formes et en indiquera la matière : le marbre sera employé devant un palais, la pierre ou même les planches dans un jardin symétrique ; ils seront rustiques, c'est-à-dire en treillage de bois couvert de son écorce, dans un jardin paysager. C'est surtout leur place qui demande à être choisie avec discernement. Un banc est le véritable moyen de fixer l'attention du spectateur sur un tableau, et de l'amener sans effort à en observer tous les détails. Dans leur construction on donnera toujours la préférence au bois plutôt qu'au marbre et à la pierre, parce que ces derniers sont très-froids et peuvent être dangereux. On fera bien de composer le siége même du banc de deux pièces de bois, au lieu d'une seule, comme on fait ordinairement. Chacune des deux pièces ou planches sera inclinée de 2 centimètres au milieu, et laissera une ouverture égale pour écouler les eaux de pluie. Cette inclinaison donne le creux que l'on a soin de pratiquer aux chaises de paille, et prête mieux au repos. Nous avons vu quelquefois un banc tournant comme un tour de potier, et d'un usage amusant pour quelques personnes, lorsqu'il était placé dans un endroit dont il barrait le passage, pl. 108, fig. 6.

Nous avons réuni dans les fig. 6 à 11, pl. 150, des siéges en *grume*, dont on fabrique de toutes formes plus gracieuses les unes que les autres. Les n°° 6, 7, 8, sont des bancs où l'on a réuni le confortable autant que possible. Les n°° 9 *a*, 9 *b*, 9 *c*, sont de jolies chaises habilement ouvragées. Le n° 9 *d* est un modèle suisse. Le n° 10 donne un fauteuil-trône gothique. On voit dans les promenades publiques des chaises et fauteuils, en grillage de fil de fer, qui sont très-commodes, et dont le n° 9 *e* donne un modèle des plus simples.

Le *Banc couvert* du jardin Panckoucke, fig. 10, pl. 91, est construit de bois en grume. La fig. 10 *bis* représente le plafond qui est sous le toit. On a esquissé dans le même jardin le banc rustique, fig. 11, entrelacé dans les arbres.

Les bois les meilleurs pour construire des siéges de bois en grume ou à écorce sont, en première ligne, le châtaignier, et ensuite l'érable. Les racines de vigne donnent des pièces contournées et noueuses pour les ornements. On emploie aussi le chêne et le sapin pour les pièces à travailler. Le hêtre sert à faire des ouvrages propres, mais il est de peu de durée. On fait peu de tenons et de mortaises : ils sont remplacés dans une partie de ces ouvrages par des encoches dans les grosses pièces, voyez pl. 150, fig. 12, et par de bons clous d'épingle. Les autres parties s'ajustent en sifflet. On emploie aussi l'écorce de châtaignier pour recouvrir des pièces plates, apprêtées en sapin ou en chêne, et on les fixe avec des clous d'épingle fins, à tête. Les parties très-courbes se forment, comme dans le treillage ordinaire, par des traits de scie plus ou moins rapprochés les uns des autres, selon que l'on veut cintrer plus ou moins. Quand les pièces du siége sont posées et clouées, on les coupe toutes à la longueur qu'elles doivent avoir pour la place qu'elles occupent.

Dans la pl. 150, fig. 5, on voit une *Étagère* ou *Théâtre de Fleurs* pour placer avantageusement les collections de plantes en pots, telles que œillets, orcilles-d'ours, plantes grasses, etc. La forme régulière convient à cette construction.

FIN.

TABLE DES MATIÈRES.

FIN DE LA TABLE DES MATIÈRES.

Avis au relieur.

Le volume de texte se compose des pages 1 à 220.

Le volume de planches se compose { du frontispice, de la TABLE DES FIGURES, des planches 1 à 160, plus les planches *bis* ; en tout 168.

PARIS. TYPOGRAPHIE DE HENRI PLON, RUE GARANCIÈRE, 8.

PARIS. — TYPOGRAPHIE DE HENRI PLON, IMPRIMEUR DE L'EMPEREUR, RUE GARANCIÈRE.